Testamentsvollstreckung an Gesellschaftsbeteiligungen

Schriften zum Privat-, Wirtschafts- und Verfahrensrecht

Herausgegeben von Barbara Völzmann-Stickelbrock

Band 6

Zur Qualitätssicherung und Peer Review der vorliegenden Publikation

Die Qualität der in dieser Reihe erscheinenden Arbeiten wird vor der Publikation durch den Herausgeber der Reihe geprüft.

Notes on the quality assurance and peer review of this publication

Prior to publication, the quality of the work published in this series is reviewed by the editor of the series.

Mario Vallelonga

Testamentsvollstreckung an Gesellschaftsbeteiligungen

Ein Beitrag zur Kompetenzabgrenzung zwischen Erb- und Gesellschaftsrecht

PETER LANG

Bibliografische Information der Deutschen Nationalbibliothek
Die Deutsche Nationalbibliothek verzeichnet diese Publikation in der Deutschen Nationalbibliografie; detaillierte bibliografische Daten sind im Internet über http://dnb.d-nb.de abrufbar.

Zugl.: Hagen, Fernuniv., Diss., 2022

„Inauguraldissertation zur Erlangung des Grades eines Doktors der Rechte der Rechtswissenschaftlichen Fakultät der FernUniversität in Hagen"

D 708
ISSN 2193-262X
ISBN 978-3-631-89144-5 (Print)
E-ISBN 978-3-631-89150-6 (E-PDF)
E-ISBN 978-3-631-89151-3 (EPUB)
DOI 10.3726/b20264

Peter Lang – Berlin · Bern · Bruxelles · New York · Oxford · Warszawa · Wien

Diese Publikation wurde begutachtet.

www.peterlang.com

Vorwort

Die vorliegende Arbeit lag der FernUniversität in Hagen im Sommersemester 2022 als Dissertation vor. Rechtsprechung und Literatur wurden, soweit für die behandelten Fragen von Bedeutung, bis Ende Mai 2022 berücksichtigt.

Mein besonderer Dank gilt Frau Prof. Dr. Barbara Völzmann-Stickelbrock, die diese Arbeit betreut hat und mir während meiner Zeit als wissenschaftlicher Mitarbeiter zu jeder Zeit überaus wertschätzend und wohlwollend zur Seite stand. Einen herzlichen Dank möchte ich auch Herrn Prof. Dr. Andreas Bergmann für die Übernahme der Zweitkorrektur aussprechen. Beiden danke ich außerdem für die äußerst zügige Erstellung der Gutachten.

Bielefeld, im September 2022
Mario Vallelonga

Inhaltsverzeichnis

Einleitung

Monografische Abhandlungen zur Testamentsvollstreckung im Gesellschaftsrecht wurden schon etliche geschrieben. Warum also, so mag man sich fragen, eine weitere Arbeit zu diesem Thema?

Zum einen, weil trotz Klärung einiger der großen Streitpunkte der vergangenen Jahrzehnte durch die Rechtsprechung des BGH, allen voran der Frage nach der Nachlasszugehörigkeit vererbter Personengesellschaftsanteile[1] sowie der Zulässigkeit der Testamentsvollstreckung an Kommanditanteilen[2], im Einzelnen immer noch große Unsicherheiten bestehen, was die Reichweite der Verwaltungsbefugnis des Testamentsvollstreckers angeht, etwa an der sog. „Außenseite"[3] der Beteiligung oder im Kernbereich der Mitgliedschaft. Insoweit besteht von Seiten der Rechtspraxis weiterhin ein unverkennbares Bedürfnis nach der Festlegung verbindlicher Grenzlinien für die Rechtsmacht des Testamentsvollstreckers.

Zum anderen, und das ist der eigentliche Anstoß für diese Arbeit, beschäftigen sich die meisten der bislang erschienenen Schriften entweder nur mit der Testamentsvollstreckung an Personengesellschafts- oder nur mit der Testamentsvollstreckung an Kapitalgesellschaftsanteilen. Frühzeitliche Werke behandeln vor dem Hintergrund, dass die Fremdverwaltung von Kapitalgesellschaftsanteilen keine grundsätzlichen Probleme aufwirft, überwiegend die Testamentsvollstreckung im Recht der Personengesellschaften[4] und nehmen dabei zumeist auch nur einzelne Beteiligungsarten[5] in den Blickpunkt. Arbeiten jüngeren Datums verfolgen demgegenüber zwar einen ganzheitlicheren Ansatz. Sobald allerdings Kapitalgesellschaftsanteile in die Betrachtung einbezogen werden, begnügen sich diese Autoren damit, die Untersuchung auf das Recht der GmbH zu beschränken[6]; Aktien werden regelmäßig von der Analyse ausgenommen und

---

1 BGH, Urt. v. 14.5.1986 – IVa ZR 155/84, BGHZ 98, 48 = NJW 1986, 2431.

2 BGH, Beschl. v. 3.7.1989 – II ZB 1/89, BGHZ 108, 187 = NJW 1989, 3152.

3 Dazu näher unter A.II.2.

4 Siehe etwa das gleichnamige Werk von *Weidlich*; ebenso *Hüfner*, Testamentsvollstreckung; *Richardi*, Verwaltungsrecht.

5 Vor allem zur Testamentsvollstreckung an Kommanditanteilen sind eine Vielzahl von Monografien erschienen, u.a. von *Ehrl*, Verwaltungstestamentsvollstreckung; *Friedrich*, Testamentsvollstreckung; *Wessels*, Testamentsvollstreckung.

6 Exemplarisch *Dörrie*, dessen Arbeit den Titel „Die Testamentsvollstreckung im Recht der Personenhandelsgesellschaften und der GmbH" trägt; speziell zum Recht der GmbH *Philippi*, Testamentsvollstreckung.

sind wiederum Gegenstand separater Studien[7]. Das grundsätzliche Problem einer solchen isolierten Betrachtung besteht darin, Gefahr zu laufen, die bei den jeweiligen Beteiligungsarten auftretenden Fragestellungen trotz ihrer Parallelität unterschiedlich zu beantworten und sich dieser Divergenzen oftmals gar nicht bewusst zu sein. Besonders augenfällig wird dies bei der Frage, ob sich aus dem Handeln des Testamentsvollstreckers, etwa im Zusammenhang mit Kapitalmaßnahmen oder im Falle des Empfangs haftungsschädlicher (§ 172 Abs. 4 HGB) bzw. verbotener (§§ 30, 31 GmbHG, §§ 57, 62 AktG) Zahlungen, eine gegenständlich unbeschränkte persönliche Haftung des Gesellschafter-Erben ergeben kann. Hierzu existiert in Rechtsprechung und Schrifttum ein geradezu verwirrendes Meinungsbild.

Die vorliegende Arbeit unternimmt den Versuch, Umfang und Grenzen der Testamentsvollstreckung im Gesellschaftsrecht umfassend und in allgemeingültiger Weise zu bestimmen, wohl wissend, dass sich ein solcher Untersuchungsansatz seinerseits Einwänden gegenüber sieht, insbesondere dem, dass die Bemühung, alle wesentlichen Beteiligungsarten mit in die Analyse einzubeziehen, zu einer lediglich verknappenden, handbuchartigen Darstellung geraten kann.[8] Aus diesem Grund und zur Vermeidung von Wiederholungen werden im zweiten Teil dieser Arbeit, der bewährten Tradition gesetzessystematischer Ordnungen folgend, gewissermaßen im Rahmen eines „Allgemeinen Teils", zunächst die erb- und gesellschaftsrechtlichen Grenzen der Testamentsvollstreckung im Hinblick auf unternehmerische Beteiligungen rechtsformübergreifend beleuchtet. Erst danach wird darauf aufbauend im dritten Teil der Arbeit, quasi in einem „Besonderen Teil", untersucht, wie sich diese Schranken auf die Befugnisse des Testamentsvollstreckers bei der Verwaltung von GbR-, OHG-, Komplementär-, Kommandit- und GmbH-Anteilen sowie Aktien *in concreto* auswirken. Nur so können, ausgehend von dem in der Praxis und Lehre erreichten Diskussionsstand, Konvergenzen und Friktionen hervortreten, welche ansonsten unentdeckt blieben. Im ersten Schritt wird man jedoch zuerst einmal die Rahmenbedingungen einer Testamentsvollstreckung im Gesellschaftsrecht Revue passieren lassen müssen, nicht zuletzt auch deswegen, um sich den unvereinbaren Gegensatz von erbrechtlich auf den Nachlass beschränkter bzw. beschränkbarer (vgl. § 2206 Abs. 2 BGB) und gesellschaftsrechtlich zwingend unbeschränkter Haftung vor

---

7 Siehe zur Testamentsvollstreckung an Aktien *Frank*, Kleine AG, S. 231 ff. und *Unsöld*, Testamentsvollstreckung.

8 Vgl. *Lorz*, Testamentsvollstreckung, S. 10, der einen ähnlichen Ansatz verfolgt, jedoch ohne die aktienrechtlichen Fragestellungen zu berücksichtigen.

Augen zu führen, aus dem sich weitreichende Implikationen ergeben, die sich wie ein roter Faden durch die gesamte Arbeit ziehen.

Mit dem am 17.8.2021 verkündeten Gesetz zur Modernisierung des Personengesellschaftsrechts (Personengesellschaftsrechtsmodernisierungsgesetz – MoPeG) vom 10.8.2021[9] wird das seit Inkrafttreten von BGB und HGB, also seit dem 1.1.1900 nahezu unveränderte[10] Recht der Personengesellschaften grundlegend reformiert und neu strukturiert.[11] Vorbehaltlich einzelner Sonderregelungen tritt das MoPeG am 1.1.2024 in Kraft, Art. 137 MoPeG.[12] Für die in dieser Arbeit zu behandelnden Themen ergeben sich daraus keine wesentlichen Neuerungen. Insbesondere die Frage, ob und unter welchen Voraussetzungen die Testamentsvollstreckung an einem Anteil eines unbeschränkt haftenden Gesellschafters zulässig ist, bleibt von der Reform unberührt.[13] Der Rechtsanwender wird sich künftig jedoch vor allem im Recht der GbR und OHG darauf einstellen müssen, bekannte Vorschriften mit neuer Zählung und zum Teil redaktionell veränderter Textfassung vorzufinden.[14] Hierauf wird, soweit tunlich, an den entsprechenden Stellen in dieser Arbeit hingewiesen.

---

9 BGBl. 2021 I, 3436.

10 *Schäfer*, ZIP 2020, 1149.

11 Das Gesetz beruht im Wesentlichen auf dem als „Mauracher Entwurf" bekannten Vorschlag der von der Bundesministerin der Justiz und für Verbraucherschutz eingesetzten und mit namenhaften Wissenschaftlern und Praktikern besetzten Expertenkommission v. 20.4.2020, siehe dazu *Schäfer*, ZIP 2020, 1149 ff. Der Abschlussbericht der Kommission sowie der von ihr erarbeitete Gesetzentwurf sind über die Internetseite des Bundesministeriums der Justiz abrufbar (https://www.bmj.de/SharedDocs/Downloads/DE/News/PM/042020_Entwurf_Mopeg.pdf;jsessionid=385C37194FC1E8AB87AE96A93072DDCE.2_cid324?__blob=publicationFile&v=3 [zuletzt abgerufen am 10.6.2022]).

12 Nach dem RegE sollte das MoPeG bereits zum 1.1.2023 in Kraft treten, BT-Drs. 19/27635, S. 99. Erst auf Empfehlung des Rechtsausschusses des Bundestages wurde das Inkrafttreten des Gesetzes wegen der von den Bundesländern benötigten Vorlaufzeit für die technisch-organisatorische Umsetzung des neu eingeführten „Gesellschaftsregisters" (dazu unten Fn. 55) um ein Jahr verschoben, vgl. BT-Drs. 19/31105, S. 11.

13 So ausdr. RegBegr. MoPeG, BT-Drs. 19/27635, S. 145 (zu § 711 Abs. 2 BGB n.F.), S. 227 (zu § 109 Abs. 4 HGB n.F.), S. 252 (zu § 161 Abs. 2 HGB n.F.); krit. dazu *Lange/Kretschmann*, ZEV 2021, 545, 550; *Weidlich/Friedberger*, notar 2021, 187, 192; BeckOGK BGB/*v. Proff*, Stand 1.12.2021, § 727 Rn. 136.

14 *Bachmann*, NJW 2021, 3073, 3076.

Erster Teil: Rahmenbedingungen einer Testamentsvollstreckung an unternehmerischen Beteiligungen

A. Zulässigkeit der Testamentsvollstreckung bei unternehmerisch gebundenen Nachlässen

I. Grundsatzdiskussion zur Zulässigkeit der Testamentsvollstreckung an Personengesellschaftsanteilen – Rückblick

Während die Testamentsvollstreckung an GmbH-Anteilen[15] und Aktien[16] seit jeher weitgehend als unproblematisch erachtet wird, wird die Frage nach der Zulässigkeit der Testamentsvollstreckung – genauer: der Verwaltungs- bzw. Dauervollstreckung im Sinne von § 2209 S. 1 BGB – an Beteiligungen werbender Personengesellschaften gemeinhin als eines der schwierigsten und umstrittensten Probleme im ohnehin schon unübersichtlichen, von zahlreichen ungelösten Einzelfragen geprägten Grenzbereich zwischen Erb- und Gesellschaftsrecht

15 BGH NJW 1959, 1820 f.; BayObLG NJW 1976, 1692, 1693; NJW-RR 1991, 1252, 1254; BayObLGZ 1997, 1, 19; OLG Frankfurt, ZEV 2008, 606; aus dem gesellschaftsrechtlichen Schrifttum: *Klein/Lindemeier*, in: MünchHdb GesR II, § 42 Rn. 55; *Philippi*, Testamentsvollstreckung, S. 35; *Priester*, in: FS Stimpel, 463, 466 ff.; MüKoGmbHG/*Weller/Reichert*, § 15 Rn. 485; *K. Schmidt*, in: FS Maier-Reimer, 629, 633; *ders.*, GesR, § 35 II 3 c; Scholz/*Seibt*, GmbHG, § 15 Rn. 250; Noack/Servatius/Haas/*Servatius*, GmbHG, § 15 Rn. 17; *Wiedemann*, Übertragung, S. 338; aus dem erbrechtlichen Schrifttum: BeckOK BGB/*Lange*, Stand 1.2.2022, § 2205 Rn. 64; *Pauli*, in: Bengel/Reimann, Hdb. Testamentsvollstreckung, § 5 Rn. 240; Staudinger/*Dutta*, BGB, § 2205 Rn. 202; *Weidlich*, in: Mayer/Bonefeld/Tanck, Testamentsvollstreckung Hdb., § 19 Rn. 50; MüKoBGB/*Zimmermann*, § 2205 Rn. 52; *ders.*, Testamentsvollstreckung, Rn. 531; zu der heute nicht mehr vertretenen Gegenmeinung vgl. die Nachw. bei *Buschmann*, Testamentsvollstreckung, S. 182 Fn. 508.

16 *Bayer/Sarakinis*, NZG 2018, 561, 570; *Frank*, Kleine AG, S. 237; *ders.*, ZEV 2002, 389, 390; *Grunsky*, ZEV 2008, 1; *R. Kössinger/Zintl*, in: Nieder/Kössinger, Hdb. Testamentsgestaltung, § 15 Rn. 145; BeckOK BGB/*Lange*, Stand 1.2.2022, § 2205 Rn. 68; *Mutter*, AG 2006, 637, 643; *Pauli*, in: Bengel/Reimann, Hdb. Testamentsvollstreckung, § 5 Rn. 263; Staudinger/*Dutta*, BGB, § 2205 Rn. 210; *Weidlich*, in: Mayer/Bonefeld/Tanck, Testamentsvollstreckung Hdb., § 19 Rn. 68; MüKoBGB/*Zimmermann*, § 2205 Rn. 54; *ders.*, Testamentsvollstreckung, Rn. 533; vgl. auch BGH NJW 1957, 1026.

bezeichnet.[17] Das Thema beschäftigt die Rechtswissenschaft schon seit mehreren Jahrzehnten[18] und der Umfang der zu dieser Frage im Schrifttum erschienenen Beiträge hat ein solches Ausmaß angenommen, dass die Diskussion für den Praktiker kaum noch zu überschauen, geschweige denn zu bewältigen sein dürfte.[19] Die Schwierigkeiten resultieren daraus, dass spezifische erbrechtliche und (personen-)gesellschaftsrechtliche Grundprinzipien aufeinandertreffen, die sich nicht ohne weiteres miteinander in Einklang bringen lassen. Inzwischen haben mehrere höchstrichterliche Entscheidungen zu einer gewissen Konsolidierung der Debatte geführt, wodurch, jedenfalls für die Praxis, viele der ehemals gegen die Zulässigkeit einer Testamentsvollstreckung erhobenen Grundsatzbedenken an Bedeutung verloren bzw. sich sogar ganz erledigt haben. Dies betrifft zuvorderst die einst höchst umstrittene erbrechtliche Fragestellung, ob ein vom gesamthänderisch gebundenen Nachlass getrennter und im Wege der Sondererbfolge[20] auf die Erben übergegangener Personengesellschaftsanteil überhaupt in den Nachlass des verstorbenen Gesellschafters fällt[21], was Grundvoraussetzung dafür ist, dass

---

17 Siehe etwa *Klein*, DStR 1992, 292; *ders./Lindemeier*, in: MünchHdb GesR I, § 80 Rn. 34; *Reimann*, MittBayNot 1985, 134, 135; *Schmitz*, ZGR 1988, 140, 141; *Weidlich*, ZEV 1994, 205; *Winkler*, Testamentsvollstrecker, Rn. 334a.

18 Als Ausgangspunkt gilt der Beschluss des RG vom 26.3.1931, RGZ 132, 138, in dem es die registerrechtliche Frage, ob die Anordnung der Testamentsvollstreckung für ein zum Nachlass gehörendes Handelsgeschäft in das Handelsregister eingetragen werden kann, mit der (materiellrechtlichen) Begründung verneint hat, dass die Fortführung eines Handelsgeschäfts durch einen Testamentsvollstrecker mit dessen Rechtsstellung schlechthin unvereinbar sei; diese Grundsätze übertrug das RG auf die OHG- und später dann auch auf die Kommanditbeteiligung, RGZ 170, 392; 172, 199.

19 EBJS/*Lorz*, HGB, § 139 Rn. 61; *ders.*, Testamentsvollstreckung, S. 10; *Raddatz*, Nachlaßzugehörigkeit, S. 156; *Reimann*, Anm. z. BGH, Urt. v. 25.2.1985 – II ZR 130/84, MittBayNot 1985, 135; *Schmitz*, ZGR 1988, 140, 141; siehe auch *Damrau*, NJW 1984, 2785, der in diesem Zusammenhang auf die Gefahr hinweist, dass man „vor lauter Bäumen nicht mehr den Wald sieht".

20 Nach gewohnheitsrechtlich anerkannter höchstrichterlicher Rspr. geht die Mitgliedschaft in einer werbenden Personengesellschaft abweichend von allgemeinen erbrechtlichen Grundsätzen nicht als „Ganzes" auf die insoweit nicht mitgliedsfähige Erbengemeinschaft (§§ 2032 ff. BGB), sondern unmittelbar und geteilt entsprechend ihrer Erbquoten auf die einzelnen Miterben über, BGH NJW 1957, 180; 1977, 1339, 1342; 1981, 749, 750; 1983, 2376, 2377; 1986, 2431, 2432; 1989, 3152, 3153 f.; 1999, 571, 572; mit dem MoPeG v. 10.8.2021, BGBl. 2021 I, 3436, wird die Sondererbfolge im Personengesellschaftsrecht durch § 711 Abs. 2 S. 2 BGB n.F. gesetzlich verankert, siehe dazu unten B.I.2.a).

21 Lange Zeit dagegen *Ulmer*, in: FS Schilling, 79, 85 ff.; *ders.*, ZHR 1982, 555, 558 ff.; *ders.*, NJW 1984, 1496, 1498, begrifflich strikt zwischen „Erbschaft" (§ 1922 BGB)

die Beteiligung von der angeordneten Testamentsvollstreckung überhaupt erfasst wird.[22] Insoweit hat der frühere Erbrechtssenat des BGH mit seinem Grundsatzurteil vom 14.5.1986 für Klarheit gesorgt, indem er die Nachlasszugehörigkeit eines vererbten Personengesellschaftsanteils ausdrücklich bejaht hat.[23] Bis dahin sollten nach der Rechtsprechung des für das Gesellschaftsrecht zuständigen II. Zivilsenats des BGH lediglich der Anteilswert bzw. die mit dem Anteil verbundenen, selbstständig übertragbaren vermögensrechtlichen Ansprüche nach § 717 S. 2 BGB[24], insbesondere also der (künftige) Anspruch auf das Auseinandersetzungs- bzw. Abfindungsguthaben, in den (bei mehreren Erben gesamthänderisch gebundenen) Nachlass fallen und der Verwaltungsbefugnis des Testamentsvollstreckers unterliegen[25], während die im Wege der Sondererbfolge unmittelbar auf den oder die Erben übergehende Beteiligung als solche aus der Nachlassmasse ausgegliedert zu sein schien[26] (sog. „Abspaltungsthese"). Die Nachlassqualität vererbter Personengesellschaftsanteile ist jedoch, nachdem sich wenige Jahre später auch der Gesellschaftsrechtssenat des BGH in seiner Grundsatzentscheidung zur Kommanditbeteiligung der Betrachtung des Erbrechtssenats angeschlossen hat[27], nunmehr

---

und „Nachlass" (§ 2205 BGB) unterscheidend; vgl. zum früheren Meinungsstand die umfangr. Nachw. bei *Muscheler*, Haftungsordnung, S. 469 mit Fn. 1-3.

22 Unter Hinweis auf die fehlende Nachlasszugehörigkeit die Zulässigkeit einer Testamentsvollstreckung an einem Personengesellschaftsanteil abl. RGZ 170, 392, 394; 172, 199, 203; dieser Beurteilung hatte sich der Gesellschaftsrechtssenat des BGH NJW 1981, 749, 750 – so zumindest die gängige Lesart – zunächst angeschlossen, während der Erbrechtssenat in seinen Entscheidungen schon immer die Nachlasszugehörigkeit der Beteiligung betonte, siehe nur BGH NJW 1983, 2376; aus der obergerichtlichen Rspr. OLG Frankfurt, NJW 1983, 1806; OLG Hamburg, ZIP 1984, 1226, 1227; BayObLGZ 1983, 176, 178, jeweils die Nachlasszugehörigkeit verneinend.

23 BGH, Urt. v. 14.5.1986 – IVa ZR 155/84, BGHZ 98, 48 = NJW 1986, 2431; davor bereits BGH NJW 1977, 1540; 1983, 2376.

24 § 711a S. 2 BGB i.d.F. des MoPeG v. 10.8.2021, BGBl. 2021 I, 3436.

25 BGH NJW 1981, 749, 750; 1985, 1953, 1954; vgl. auch BGH NJW 1984, 2104, 2105 für den Nachlasskonkurs sowie BGH NJW 1967, 1991, 1992 für die Nachlassverwaltung.

26 Inwiefern der in Fn. 25 zitierten Rspr. des II. Senats tatsächlich ein solcher Bedeutungsgehalt beigemessen werden konnte, darüber besteht Streit. Da die Nachlasszugehörigkeit eines vererbten Personengesellschaftsanteils mittlerweile jedoch allg. anerkannt ist, soll diese Frage hier nicht weiter vertieft werden, ausf. dazu *Raddatz*, Nachlaßzugehörigkeit, S. 30 ff.

27 BGH, Beschl. v. 3.7.1989 – II ZB 1/89, BGHZ 108, 187 = NJW 1989, 3152, 3154, allerdings unter (teilw.) Beibehaltung der „Abspaltungsthese", soweit es um die aus der Beteiligung abzuleitenden, selbstständig übertragbaren Vermögensrechte geht, die der

unbestritten[28], weshalb die Zulässigkeit der Testamentsvollstreckung richtigerweise nicht mehr unter Hinweis auf die fehlende Nachlasszugehörigkeit verneint werden kann.[29] Und auch die von Seiten des gesellschaftsrechtlichen Schrifttums aus dem Abspaltungsverbot, dem Prinzip der Selbstorganschaft und der Personenbezogenheit der Mitgliedschaft zuweilen gefolgerten Einwände können inzwischen als überwunden bezeichnet werden.[30] Wie der BGH in seiner Grundsatzentscheidung zur Zulässigkeit der Testamentsvollstreckung am Kommanditanteil festgestellt hat, steht das Verbot der Übertragung einzelner, aus der Beteiligung fließender Verwaltungsrechte gem. § 717 S. 1 BGB[31], wie etwa des Stimmrechts[32], der Zulässigkeit einer Dauervollstreckung bereits deshalb nicht entgegen, weil es durch die Testamentsvollstreckung nicht zu einer willkürlichen Abspaltung einzelner Rechte von dem Gesellschaftsanteil kommt, vielmehr der Testamentsvollstrecker die Mitgliedschaftsrechte – jedenfalls grundsätzlich[33] – *insgesamt* anstelle des Gesellschafter-Erben ausübt.[34] Auch das personengesellschaftsrechtliche Prinzip der

---

Gesellschaftsrechtssenat ausdr. von der Sondererbfolge ausnimmt und weiterhin dem *gesamthänderisch* gebundenen Nachlass zuordnet; dazu noch unter B.I.2.a).

28 Siehe nur BGH NJW 1996, 1284, 1285; 1998, 1313 f.; NJW-RR 2012, 730, 731; NZG 2014, 945; Oetker/*Kamanabrou*, HGB, § 139 Rn. 7; Henssler/Strohn/*Klöhn*, HGB, § 139 Rn. 17; EBJS/*Lorz*, HGB, § 139 Rn. 11; Hopt/*Roth*, HGB, § 139 Rn. 14; MüKoBGB/*Schäfer*, § 727 Rn. 41; MüKoHGB/*K. Schmidt*, § 139 Rn. 12, § 177 Rn. 15; EBJS/*Strohn*, HGB, § 177 Rn. 17; *Zimmermann*, Testamentsvollstreckung, Rn. 516.

29 So auch EBJS/*Lorz*, HGB, § 139 Rn. 67; *ders.*, Testamentsvollstreckung, S. 132; *ders.*, Anm. z. BGH, Beschl. v. 10.1.1996 – IV ZB 21/94, ZEV 1996, 110, 112; *Muscheler*, Testamentsvollstreckung, S. 473; *Reimann*, MittBayNot 1986, 232, 233; *Ulmer/Schäfer*, ZHR 1996, 413, 439.

30 MüKoBGB/*Schäfer*, § 705 Rn. 112; MüKoHGB/*K. Schmidt*, § 139 Rn. 45.

31 § 711a S. 1 BGB i.d.F. des MoPeG v. 10.8.2021, BGBl. 2021 I, 3436.

32 Siehe zur Unzulässigkeit einer Stimmrechtsabspaltung BGH NJW 1952, 178, 179; 1956, 1198, 1199.

33 Der Erblasser kann die dem Testamentsvollstrecker in §§ 2203–2206 BGB für den Normalfall eingeräumten Befugnisse nach § 2208 Abs. 1 BGB individuell beschränken; zur Kollision mit dem gesellschaftsrechtlichen Abspaltungsverbot, wenn Testamentsvollstreckung lediglich zum Zwecke der Ausübung des Stimmrechts angeordnet wird, siehe unten C.I.

34 BGH NJW 1989, 3152, 3155; zust. EBJS/*Lorz*, HGB, § 139 Rn. 67; *ders.*, Testamentsvollstreckung, S. 140; *Muscheler*, Haftungsordnung, S. 462; *Omlor*, jM 2015, 99, 100; *Raddatz*, Nachlaßzugehörigkeit, S. 172 f.; *Rowedder*, in: FS Goerdeler, 445, 464; MüKoBGB/*Schäfer*, § 705 Rn. 118; *Ulmer/Schäfer*, ZHR 1996, 413, 439; *Ulmer*, NJW 1990, 73, 78; MüKoBGB/*Zimmermann*, § 2205 Rn. 37; *Schilling*, in: FS Schmidt, 208, 213 f.; krit. dazu *Schmellenkamp*, MittRhNotK 1986, 181, 184; a.A. *Buschmann*,

Selbstorganschaft[35] stellt nach herrschender Ansicht kein unüberwindbares Hindernis für die Durchführbarkeit einer Verwaltungsvollstreckung dar.[36] Entsprechendes gilt für den persönlichkeits- bzw. individualbezogenen Charakter des gesellschaftsrechtlichen Zusammenschlusses in einer Personengesellschaft. Zwar müssen sich die Mitgesellschafter innerhalb der als Arbeits- und Haftungsgemeinschaft verfassten Gesellschaft niemanden aufdrängen lassen, mit dem sie sich nicht auf die Gesellschaft eingelassen haben.[37] Insoweit besteht weitgehend Einigkeit darüber, dass eine (auch die Mitverwaltungsrechte in der Gesellschaft umfassende) Testamentsvollstreckung zwingend der Zustimmung der Mitgesellschafter bedarf, wodurch den berechtigten Interessen der übrigen Gesellschafter in ausreichendem Maße Rechnung getragen wird.[38]

II. Haftungsrechtliche Inkompatibilitäten

1. Grundproblematik

Als zentraler Einwand verbleiben damit im Wesentlichen nur die divergierenden Haftungsgrundsätze im Handels- und Personengesellschaftsrecht einerseits sowie im Erbrecht andererseits. Die Verwaltungs- und Verfügungsbefugnis des Testamentsvollstreckers ist nach § 2205 BGB auf das zum Nachlass gehörende Vermögen beschränkt. Dementsprechend kann der Testamentsvollstrecker gem. § 2206 Abs. 1 S. 1 BGB Verbindlichkeiten auch nur „für den Nachlass“

Testamentsvollstreckung, S. 13 f.; *Damrau*, NJW 1984, 2785, 2788; siehe zum GmbH-Anteil *Mayer*, ZEV 2002, 209, 210; *Philippi*, Testamentsvollstreckung, S. 23; *Priester*, in: FS Stimpel, 463, 467 f.; MüKoGmbHG/*Weller/Reichert*, § 15 Rn. 485; *Wachter*, ZNotP 1999, 226, 227; zur AG *Unsöld*, Testamentsvollstreckung, S. 49.

35 Siehe dazu BGH NJW 1960, 1997, 1998; 1982, 1817; 1982, 2495; EBJS/*Born*, HGB, § 109 Rn. 15; *K. Schmidt*, GesR, § 14 II 2 a.

36 *Kämper*, RNotZ 2016, 625, 633; NK-BGB/*Kroiß*, § 2205 Rn. 53; BeckOK BGB/*Lange*, Stand 1.2.2022, § 2205 Rn. 52; EBJS/*Lorz*, HGB, § 139 Rn. 67; MüKoBGB/*Schäfer*, § 705 Rn. 119; MüKoHGB/*K. Schmidt*, § 139 Rn. 47; *Stimpel*, in: FS Brandner, 779, 783 f.; *Weidlich*, ZEV 1994, 205, 208; *Winkler*, Testamentsvollstrecker, Rn. 340; MüKoBGB/*Zimmermann*, § 2205 Rn. 37; *ders.*, Testamentsvollstreckung, Rn. 521; a.A. soweit ersichtlich nur *Hehemann*, BB 1995, 1301, 1307 f.

37 BGH NJW 1986, 2431, 2433; 1975, 1774, 1776; 1957, 1026; 1954, 1155, 1156.

38 *Bommert*, BB 1984, 178, 182; *Everts*, MittBayNot 2003, 427, 428; *Faust*, DB 2002, 189, 190; *Kämper*, RNotZ 2016, 625, 632; *Lorz*, Testamentsvollstreckung, S. 153; *Marotzke*, JZ 1986, 457, 460; *Muscheler*, Haftungsordnung, S. 554; MüKoBGB/*Schäfer*, § 705 Rn. 112; MüKoHGB/*K. Schmidt*, § 139 Rn. 47; *Weidlich*, Testamentsvollstreckung, S. 41; MüKoBGB/*Zimmermann*, § 2205 Rn. 37.

begründen, sog. Nachlassverwaltungsschulden[39] als Untergruppe der Erbfallschulden im Sinne von § 1967 Abs. 2 Alt. 2 BGB. Eine Erweiterung der Rechtsmacht des Testamentsvollstreckers durch den Erblasser auf das Privatvermögen des Erben ist ausgeschlossen.[40] Die Haftung des Erben für Nachlassverbindlichkeiten ist zwar grundsätzlich unbeschränkt, § 1967 Abs. 1 BGB; Miterben haften als Gesamtschuldner, § 2058 BGB. Daran ändert auch die mit der Testamentsvollstreckung verbundene Sonderung des Nachlasses (*separatio bonorum*[41]) vorerst nichts.[42] Der Erbe hat jedoch – was § 2206 Abs. 2 Halbs. 2 BGB nochmals ausdrücklich klarstellt – die Möglichkeit, seine Haftpflicht nach allgemeinen erbrechtlichen Grundsätzen[43] *gegenständlich* auf den Nachlass zu beschränken und damit die Einstandspflicht mit seinem eigenen, nicht im Erbgang erworbenen Vermögen auszuschließen. Der Testamentsvollstrecker kann den Erben also kraft seines Amtes[44] immer nur mit dem Nachlass-, nicht auch mit seinem nachlassfreien Privatvermögen verpflichten und er kann nicht verhindern, dass der Erbe eine Haftungsbeschränkung auf den Nachlass herbeiführt. Dies müsste, ließe man eine Testamentsvollstreckung insoweit zu, folgerichtig auch für solche Verpflichtungen gelten, die der Testamentsvollstrecker als Vertreter[45] einer

---

39 NK-BGB/*Krug*, § 1967 Rn. 55; MüKoBGB/*Küpper*, § 1967 Rn. 11, 13; BeckOK BGB/*Lange*, Stand 1.2.2022, § 2206 Rn. 9; *Weidlich*, in: Mayer/Bonefeld/Tanck, Testamentsvollstreckung Hdb., § 19 Rn. 5.

40 Statt aller MüKoBGB/*Zimmermann*, § 2206 Rn. 9, § 2208 Rn. 15.

41 Die Testamentsvollstreckung führt zu einer über die allgemeinen erbrechtlichen Vorschriften hinausgehenden Abtrennung des verwalteten Nachlasses vom Eigenvermögen des Erben („Sondervermögen"), auch wenn dieser nicht in einer Erbengemeinschaft gesamthänderisch gebunden ist, BGH NJW 1967, 2399; BeckOGK BGB/*Grotheer*, Stand 1.4.2022, § 2205 Rn. 31; NK-BGB/*Kroiß*, § 2205 Rn. 1; *Lange*, Erbrecht, § 64 Rn. 102; MüKoBGB/*Zimmermann*, Vorbem. zu § 2197 Rn. 6.

42 BeckOGK BGB/*Grotheer*, Stand 1.4.2022, § 2197 Rn. 110; *Lange*, Erbrecht, § 64 Rn. 102; MüKoBGB/*Zimmermann*, Vorbem. zu § 2197 Rn. 6.

43 Vgl. §§ 1975 ff., 1980, 1981 BGB, 315 ff. InsO; Überbl. über die verschiedenen erbrechtlichen Haftungsbeschränkungsmöglichkeiten bei *Graf*, ZEV 2000, 125 ff.; *Herzog*, ErbR 2013, 70 ff.; *dies.*, ErbR 2013, 104 ff.

44 Nach der herrschenden „Amtstheorie" ist der Testamentsvollstrecker Träger und Inhaber eines privaten Amtes und hat die Stellung eines Treuhänders inne, BGH NJW 1954, 1036; 1957, 1916; 1983, 40; *Dietz*, in: Bengel/Reimann, Hdb. Testamentsvollstreckung, § 1 Rn. 11; *Lange*, Erbrecht, § 63 Rn. 40; *Mayer/Bonefeld*, in: Mayer/Bonefeld/Tanck, Testamentsvollstreckung Hdb., § 2 Rn. 6; Staudinger/*Dutta*, BGB, Vorbem. zu §§ 2197–2228 Rn. 19; *Winkler*, Testamentsvollstrecker, Rn. 1.

45 Der Erbe, der an die Stelle des verstorbenen Gesellschafters in die Gesellschaft eintritt, rückt vorbehaltlich entgegenstehender gesellschaftsvertraglicher Regelungen auch

Personengesellschaft eingeht. Die aus seinem Amt folgenden Verwaltungs- und Verfügungsbefugnisse würden in unzulässiger Weise erweitert, wenn der Testamentsvollstrecker den Erben über § 128 HGB für die Verbindlichkeiten der Gesellschaft zugleich auch persönlich verpflichten könnte.[46] Eine solche auf den Nachlass beschränkte bzw. nach Maßgabe von § 2206 Abs. 2 BGB beschränkbare Haftung steht jedoch in Widerspruch zu der gesellschaftsrechtlich zwingend unbeschränkten persönlichen Haftung der Gesellschafter einer OHG bzw. der Komplementäre einer Kommanditgesellschaft, welche abgesehen vom Wahlrecht nach § 139 HGB[47] grundsätzlich auch den im Wege der Gesamtrechtsnachfolge in die Gesellschaft eintretenden Erben[48] trifft, §§ 128, 130, 161 Abs. 2 HGB[49].

Entsprechendes gilt im Hinblick auf die Fremdverwaltung eines GbR-Anteils. Nachdem bereits im Jahr 2001 der II. Zivilsenat des BGH in seiner Grundsatzentscheidung „ARGE Weißes Ross“[50] die Rechtsfähigkeit der (Außen-)GbR entgegen der gesetzlichen Konzeption der §§ 705 ff. BGB im Wege richterlicher Rechtsfortbildung anerkannt und sie dem Haftungsregime der OHG unterstellt hat, vollzieht der Gesetzgeber mit dem MoPeG vom 10.8.2021[51] diese langjährige Rechtsentwicklung nach[52] und bestimmt in Anlehnung an den geltenden

---

in die Geschäftsführungs- und Vertretungsbefugnis des Erblassers ein, BGH NJW 1959, 192.

46 Vgl. BGH NJW 2010, 69 Rn. 14 zur persönlichen Haftung der OHG-Gesellschafter für die Kosten des Insolvenzverfahrens über das Vermögen der Gesellschaft und die von dem Insolvenzverwalter in diesem Verfahren begründeten Masseverbindlichkeiten (mittlerweile wieder aufgegeben durch BGH NJW 2021, 938 Rn. 23 ff.).

47 § 131 HGB i.d.F. des MoPeG v. 10.8.2021, BGBl. 2021 I, 3436.

48 Vgl. dazu MüKoHGB/*K. Schmidt*, § 130 Rn. 14.

49 Das Haftungsregime der OHG ist nach dem MoPeG v. 10.8.2021, BGBl. 2021 I, 3436, in §§ 126-128 HGB n.F. geregelt: § 126 HGB n.F. übernimmt wortlautgleich den geltenden § 128 HGB, § 127 HGB n.F. entspricht inhaltlich dem geltenden § 130 HGB und § 128 HGB n.F. befasst sich mit den bislang in § 129 HGB normierten Einwendungen und Einreden des Gesellschafters gegen seine persönliche Inanspruchnahme, BT-Drs. 19/27635, S. 242.

50 BGH NJW 2001, 1056; zuvor bereits BGH NJW 1999, 3483 zur Unzulässigkeit einer allgemeinen Haftungsbegrenzung durch den Zusatz „mbH“; vgl. zur Grundbuchfähigkeit auch BGH NJW 2009, 594.

51 BGBl. 2021 I, 3436.

52 Die Konsolidierung des Rechts der GbR gehört zu den erklärten Zielen des MoPeG, nachdem sich Rspr. und Kautelarpraxis immer weiter von dem überkommenen Regelungskonzept der §§ 705 ff. BGB entfernt haben und der Rechtsanwender das maßgebliche Recht dem Gesetz vielfach nicht mehr entnehmen kann, BT-Drs. 19/27635, S. 1, 100 f.

§ 124 Abs. 1 HGB[53] in § 705 Abs. 2 Alt. 1 BGB n.F. ausdrücklich, dass die Gesellschaft selbst Rechte erwerben und Verbindlichkeiten eingehen kann, wenn sie nach dem gemeinsamen Willen[54] der Gesellschafter am Rechtsverkehr teilnehmen soll.[55] Außerdem ordnet § 721 S. 1 BGB n.F. explizit die persönliche, gesamtschuldnerische Haftung der Gesellschafter für die Verbindlichkeiten der Gesellschaft an.[56] Die Gesetzesbegründung weist in diesem Zusammenhang ausdrücklich darauf hin, dass der Normenkomplex der §§ 721 ff. BGB n.F. als eine nicht abschließende Regelung konzipiert ist, die institutionelle Haftungsbeschränkungen[57] auch weiterhin grundsätzlich zulässt.[58] Sollte sich also die

53 § 105 Abs. 2 HGB i.d.F. des MoPeG v. 10.8.2021, BGBl. 2021 I, 3436.

54 Dementsprechend zeichnet sich die *nicht* rechtsfähige Gesellschaft gem. § 705 Abs. 2 Alt. 2 BGB i.d.F. des MoPeG v. 10.8.2021, BGBl. 2021 I, 3436, dadurch aus, dass ihr dieser gemeinsame Wille der Gesellschafter gerade fehlt und sie den Gesellschaftern lediglich „zur Ausgestaltung ihres Rechtsverhältnisses untereinander" dient, siehe dazu BT-Drs. 19/27635, S. 126.

55 Mit der gesetzlichen Anerkennung der Rechtsfähigkeit der Außen-GbR geht als wesentliche Änderung durch das MoPeG die Einführung eines neuen „Gesellschaftsregisters" einher, §§ 707 ff. BGB n.F., welches neben das bestehende Handels-, Genossenschafts-, Partnerschafts- und Vereinsregister tritt und durch das die bisherigen Transparenz- und Publizitätsdefizite der GbR, etwa im Hinblick auf den Gesellschafterkreis oder die Vertretungsverhältnisse, behoben werden sollen, BT-Drs. 19/27635, S. 101 f., 127 f.; dazu *Schäfer*, ZIP 2020, 1149, 1151 f.; *Hermanns*, DNotZ 2022, 3, 5 ff. Im Zuge dessen wird auch der im Jahr 2009 als Reaktion auf die Anerkennung der Grundbuchfähigkeit der GbR (s.o. Fn. 50) zur Sicherung des Grundstücksverkehrs neu eingeführte § 899a BGB wieder aufgehoben, siehe dazu BT-Drs. 19/27635, S. 193 ff. Für die Eintragungsfähigkeit eines Testamentsvollstreckervermerks in das zu schaffende Gesellschaftsregister entsprechend der BGH-Rspr. zum Kommanditanteil (dazu unten F.I) *Weidlich/Friedberger*, notar 2021, 187, 192, allerdings auf Grundlage einer vollumfänglich zulässigen Testamentsvollstreckung; abl. dazu aber unter A.II.3.

56 Auch i.Ü. wird das Haftungsregime der GbR vollständig an dasjenige der OHG angeglichen: Neben dem bereits erwähnten § 721 BGB n.F., der dem geltenden § 128 HGB entspricht, ist § 721a BGB n.F. (Haftung des eintretenden Gesellschafters) dem geltenden § 130 HGB und § 721b BGB n.F. (Einwendungen und Einreden des Gesellschafters) dem geltenden § 129 HGB nachgebildet, siehe dazu BT-Drs. 19/27635, S. 165 ff.

57 Siehe zu den von der Rspr. und dem Schrifttum entwickelten Ausnahmen von der unbeschränkten Gesellschafterhaftung, etwa für Bauherrengemeinschaften, geschlossene Immobilienfonds, Gelegenheitsgesellschaften und gemeinnützige Gesellschaften, BGH NJW 2002, 1642; OLG Bamberg, NZG 2000, 364; MüKoBGB/*Schäfer*, § 714 Rn. 61 m.w.N.; insoweit bezweckt das MoPeG keine Abkehr von diesen Grundsätzen, BT-Drs. 19/27635, S. 165.

58 BT-Drs. 19/27635, S. 104, 165.

unbeschränkte Gesellschafterhaftung bei einer „umfassenden Abwägung“ der Interessen von Gesellschaftsgläubigern und Gesellschaftern im Einzelfall als „unangemessen“ erweisen, könne auf andere adäquate Haftungsmodelle zurückgegriffen werden, etwa auf eine Haftung nach Kopfteilen, eine anteilige Haftung, eine Haftung nur bis zur Höhe des vereinbarten Beitrags analog §§ 171 ff. HGB oder auf eine Haftungsbeschränkung auf das Gesellschaftsvermögen mit daneben bestehender Handelndenhaftung analog § 54 S. 2 BGB[59].[60] Allerdings bestehe kein Anlass, von der im Regelfall für sachgerecht erachteten unbeschränkten Gesellschafterhaftung einzelfallbezogene Ausnahmen im Gesetz zuzulassen.[61]

Weil der Testamentsvollstrecker den Erben also – so zumindest die herkömmliche Lesart – ohne sein Einverständnis nicht über die Mittel des Nachlasses hinaus verpflichten *kann*[62], eine solche unbeschränkte Haftung aber notwendigerweise mit der Stellung als persönlich haftender Gesellschafter verbunden ist, haben Rechtsprechung und herrschende Lehre eine Testamentsvollstreckung an Beteiligungen unbeschränkt haftender Gesellschafter lange Zeit von vornherein als unzulässig abgelehnt.[63] Gleiches gilt wegen der insoweit vergleichbaren handelsrechtlichen Haftungssituation gem. §§ 25, 27 HGB für die Fortführung eines zum Nachlass gehörenden einzelkaufmännischen Unternehmens.[64] Die Fortsetzung des Handelsgeschäfts durch den Testamentsvollstrecker würde hier auf die Führung eines „Handelsgeschäfts mit beschränkter Haftung“ hinauslaufen, was in Anbetracht der vom Gesetz zur Verfügung gestellten besonderen Rechtsformen haftungsbeschränkter Handelsgesellschaften als unzulässig erachtet werden muss.[65] Die Kautelarpraxis behilft sich, indem sie zurückgreift auf die bekannten „Ersatzlösungen“ der treuhänderischen Übertragung des Gesellschaftsanteils auf

59 § 54 Abs. 2 BGB i.d.F. des MoPeG v. 10.8.2021, BGBl. 2021 I, 3436.

60 BT-Drs. 19/27635, S. 104, 165; siehe dazu *Bachmann*, NJW 2021, 3073, 3075.

61 BT-Drs. 19/27635, S. 104, 165.

62 Auf die Frage, ob diese Grundannahme im Zusammenhang mit der Verwaltung von Gesellschaftsanteilen uneingeschränkt Geltung beanspruchen kann oder die auf den Nachlass beschränkte Verpflichtungsbefugnis des Testamentsvollstreckers hier vielmehr nur als Schranke seines rechtlichen „Dürfens“ zu interpretieren ist, wird an späterer Stelle zurückzukommen sein (C.II.3.).

63 RGZ 170, 392, 394 f.; BGH WM 1969, 492, 493; NJW 1977, 1339, 1343; vgl. i.Ü. die umfangreichen Fundstellennachw. bei *Lorz*, Testamentsvollstreckung, S. 141 Fn. 103 sowie *Muscheler*, Haftungsordnung, S. 460 Fn. 131.

64 RGZ 132, 138, 142; BGH NJW 1954, 636; BayObLGZ 1969, 138, 141; eingehend dazu *Lorz*, Testamentsvollstreckung, S. 33-94.

65 RGZ 132, 138, 144.

den Testamentsvollstrecker (sog. „Treuhandlösung") oder der unwiderruflichen Bevollmächtigung des Testamentsvollstreckers zur Ausübung der Gesellschafterrechte für den Erben (sog. „Vollmachtslösung").[66] Diese laufen darauf hinaus, dass entweder der Testamentsvollstrecker oder der Erbe die unbeschränkte persönliche Haftung übernimmt.[67] Dadurch wird versucht, der Testamentsvollstreckung möglichst nahekommende Ergebnisse zu erzielen, um eine Fremdverwaltung von Personengesellschaftsanteilen bzw. einzelkaufmännischen Unternehmen, wenn auch nur auf konstruktiven Umwegen, letztlich doch zu ermöglichen, wofür es – ungeachtet aller rechtlichen Hürden – anerkanntermaßen[68] ein großes praktisches Bedürfnis gibt.

Bei Kommanditanteilen stellt sich die Problematik insoweit anders dar, als der Kommanditist gem. §§ 164 S. 1 Halbs. 1, 170 HGB[69] bereits nach der gesetzlichen Regel von der Geschäftsführung und Vertretung der Gesellschaft ausgeschlossen ist, die Begründung von Gesellschaftsverbindlichkeiten durch den Testamentsvollstrecker deshalb grundsätzlich ausscheidet. Auch unterscheidet sich die Rechtsstellung eines Kommanditisten von derjenigen eines persönlich haftenden Gesellschafters dadurch, dass die persönliche Haftung für

---

66 Auf die nähere Erörterung dieser Ersatzkonstruktionen wird im Rahmen dieser Arbeit entsprechend der Beschränkung ihres Untersuchungsgegenstandes auf die Möglichkeiten einer „echten" Testamentsvollstreckung verzichtet; Überbl. über die versch. kautelarjuristischen Hilfskonstruktionen bei *R. Kössinger/Zintl*, in: Nieder/Kössinger, Hdb. Testamentsgestaltung, § 15 Rn. 113 ff.; eingehend dazu *Muscheler*, Haftungsordnung, S. 295-388.

67 *R. Kössinger/Zintl*, in: Nieder/Kössinger, Hdb. Testamentsgestaltung, § 15 Rn. 113; *Pauli*, in: Bengel/Reimann, Hdb. Testamentsvollstreckung, § 5 Rn. 113. Vgl. neuerdings auch *Eichten*, OHG-Anteil im Spannungsfeld, S. 345 ff., der den Testamentsvollstrecker für die von ihm in Vertretung der OHG begründeten rechtsgeschäftlichen Gesellschaftsverbindlichkeiten geradewegs über die Anwendung der Grundsätze der „Handelndenhaftung" persönlich haftbar machen möchte; ein solches Lösungsmodell dürfte in der Praxis jedoch regelmäßig daran scheitern, dass sich kaum ein Testamentsvollstrecker bereitfinden wird, das Risiko einer vollen persönlichen Außenhaftung für Gesellschaftsschulden aus § 128 HGB auf sich zu nehmen, vgl. zur treuhänderischen Übertragung der Gesellschaftsbeteiligung auf den Testamentsvollstrecker *Klein/Lindemeier*, in: MünchHdb GesR I, § 80 Rn. 40; *R. Kössinger/Zintl*, in: Nieder/Kössinger, Hdb. Testamentsgestaltung, § 15 Rn. 134; *Bommert*, BB 1984, 178, 183; *Esch*, NJW 1981, 2222, 2226; *Kämper*, RNotZ 2016, 625, 641; MüKoBGB/*Zimmermann*, § 2205 Rn. 28.

68 Siehe nur BGH NJW 1989, 3152, 3154.

69 §§ 164 Halbs. 1, 170 Abs. 1 HGB i.d.F. des MoPeG v. 10.8.2021, BGBl. 2021 I, 3436.

Gesellschaftsverbindlichkeiten summenmäßig auf die Höhe der Haftsumme beschränkt und nach Erbringung der vereinbarten Einlage gänzlich ausgeschlossen ist, § 171 Abs. 1 Halbs. 1 und 2 HGB. Insofern bestehen jedenfalls bei voll eingezahlter Kommanditeinlage ebenso wie bei Kapitalgesellschaften, für deren Verbindlichkeiten den Gläubigern gem. §§ 13 Abs. 2 GmbHG, 1 Abs. 1 S. 2 AktG von vornherein nur das Gesellschaftsvermögen offen steht[70], *prima facie* keine durchschlagenden haftungsrechtlichen Bedenken gegen eine verwaltende Testamentsvollstreckung.[71] Gleichwohl war deren Zulässigkeit lange Zeit unklar[72], was nicht zuletzt auch vor dem Hintergrund, dass Kommanditanteile (bei allen Strukturunterschieden zwischen Personen- und Kapitalgesellschaften im Einzelnen) in wirtschaftlicher Hinsicht beträchtliche Gemeinsamkeiten zu GmbH-Beteiligungen aufweisen und bei letzteren die Frage nach der Zulässigkeit der Testamentsvollstreckung nicht einmal problematisiert wird, durchaus überraschen mag.[73]

2. Aktueller Stand der höchstrichterlichen Rechtsprechung

Der BGH ist von seiner strikt ablehnenden Haltung gegenüber der Testamentsvollstreckung an vollhaftenden Gesellschaftsanteilen inzwischen abgerückt. In dem bereits erwähnten Grundsatzurteil vom 14.5.1986 hat sich der IVa-Zivilsenat als Konsequenz der bejahten Nachlasszugehörigkeit vererbter Personengesellschaftsanteile erstmals auch für die grundsätzliche Möglichkeit einer Dauervollstreckung an Beteiligungen vollhaftender Gesellschafter ausgesprochen.[74] Der BGH stellt jedoch ausdrücklich klar, dass die grundsätzliche Zuordnung des ererbten Gesellschafteranteils zum Nachlass nicht zur Folge habe, dass der Testamentsvollstrecker auch in die inneren Angelegenheiten der Gesellschaft eingreifen dürfe oder könne. Sie verhindere jedoch, „daß der Gesellschafter-Erbe in Fällen der gedachten Art über den ererbten Gesellschaftsanteil verfügen

---

70 Krit. ggü. einer auf § 13 Abs. 2 GmbHG gestützten Argumentation zur Bejahung der Zulässigkeit einer Testamentsvollstreckung an GmbH-Geschäftsanteilen *Philippi*, Testamentsvollstreckung, S. 50.

71 So bereits *Bommert*, BB 1984, 178, 179, 183; *Damrau*, NJW 1984, 2785, 2788; *Schmellenkamp*, MittRhNotK 1986, 181, 185; *Wiedemann*, Übertragung, S. 321 f.

72 Abl. RGZ 172, 199, 202 ff.; der BGH hat die Frage lange Zeit offen gelassen, BGH NJW 1957, 1026, 1028; 1977, 1339, 1344; 1984, 2104, 2105; 1985, 1953, 1954.

73 Zutr. *Priester*, in: FS Stimpel, 463, 465; *Lorz*, Testamentsvollstreckung, S. 15; *Philippi*, Testamentsvollstreckung, S. 49 f.

74 BGH, Urt. v. 14.5.1986 – IVa ZR 155/84, BGHZ 98, 48 = NJW 1986, 2431.

kann und daß seine Eigengläubiger in den Anteil und die daraus erwachsenden Vermögensrechte vollstrecken können (§ 2214 BGB)".[75] Insofern unterliegt der Gesellschaftsanteil – in den Worten des IVa-Zivilsenats – als „Ganzes", gewissermaßen mit seiner „Außenseite" der Verwaltung des Testamentsvollstreckers.[76] Auch in ihren späteren Entscheidungen haben sowohl der (heutige) Erb-[77] als auch der Gesellschaftsrechtssenat[78] immer wieder betont, dass eine vom Erblasser angeordnete Testamentsvollstreckung grundsätzlich auch den Anteil eines persönlich haftenden Gesellschafters einer Personenhandelsgesellschaft oder eines geschäftsführenden Gesellschafters einer BGB-Gesellschaft erfasse, eine Testamentsvollstreckung insoweit also nicht schlechthin ausgeschlossen sei. Im Hinblick auf die Gesellschaftsbeteiligung sei damit aber wegen der „Besonderheiten der zwischen den Gesellschaftern gebildeten Arbeits- und Haftungsgemeinschaft" keine uneingeschränkte Verwaltungs- und Verfügungsbefugnis des Testamentsvollstreckers verbunden, vielmehr werde dessen Rechtsposition „aus im Gesellschaftsrecht wurzelnden Gründen" begrenzt.[79] Wo genau diese Grenzen liegen, dazu hat sich der BGH nicht geäußert. Dies hat zu der im Schrifttum höchst kontrovers diskutierten Frage geführt, welche Mitgliedschaftsrechte der „Außen"- und welche der „Innenseite" der Beteiligung zuzuordnen sind.[80]

Was die Möglichkeit einer Testamentsvollstreckung an Kommanditanteilen angeht, hat der für das Gesellschaftsrecht zuständige II. Zivilsenat des BGH hingegen, nachdem er zuvor die Frage lange Zeit offen gelassen hatte[81], mit seinem Grundsatzbeschluss vom 3.7.1989 den Weg frei gemacht für eine vollumfängliche Dauervollstreckung.[82] Anders als bei vollhaftenden Gesellschaftsbeteiligungen bestünden vor dem Hintergrund der summenmäßig beschränkten und im Falle vollständiger Einlageleistung gänzlich ausgeschlossenen Kommanditistenhaftung keine Bedenken gegen die Zulassung einer Verwaltungsvollstreckung.[83] Der BGH betont, dass dies auch dann gelte, wenn der Kommanditisten-Erblasser

75 BGH NJW 1986, 2431, 2433.
76 BGH NJW 1986, 2431, 2433.
77 BGH NJW 1996, 1284, 1285.
78 BGH NJW 1998, 1313, 1314.
79 BGH NJW 1996, 1284, 1285; 1998, 1313, 1314; ebenso OLG Düsseldorf, ZEV 2008, 142, 143.
80 Ausf. dazu unter E.II.
81 BGH NJW 1957, 1026, 1028; 1977, 1339, 1344; 1984, 2104, 2105; 1985, 1953, 1954 (hier bereits mit starker Tendenz in Richtung Zulässigkeit).
82 BGH, Beschl. v. 3.7.1989 – II ZB 1/89, BGHZ 108, 187 = NJW 1989, 3152.
83 BGH NJW 1989, 3152, 3154.

seine Einlage zu Lebzeiten nicht voll eingezahlt oder wieder zurückerhalten habe, ungeachtet der sich daraus ergebenden Haftungsgefahren nach §§ 171 Abs. 1, 172 Abs. 4 HGB, die den Erben jedoch auch ohne die angeordnete Testamentsvollstreckung träfen.[84] Die laufenden Geschäfte, durch die sich die Haftung verwirklichen könne, führe nicht der Testamentsvollstrecker, sondern der persönlich haftende Gesellschafter. Insoweit bestehe kein Grund, die Testamentsvollstreckung nur bei voll eingezahlter Einlage zuzulassen.[85] Entsprechendes gelte, wenn im Zeitpunkt des Erbfalls die Kommanditgesellschaft als solche oder der rechtsgeschäftliche Eintritt des Kommanditisten-Erblassers in die Gesellschaft noch nicht im Handelsregister eingetragen gewesen seien, da die in diesen Fällen bereits den Erblasser treffende und auf den Erben übergehende, summenmäßig nicht beschränkte Haftung gem. § 176 Abs. 1 bzw. 2 HGB ebenfalls unabhängig von der angeordneten Testamentsvollstreckung sei.[86] Der BGH verkennt freilich nicht, dass es auch bei der Verwaltung von Kommanditanteilen zu Situationen kommen kann, in denen der Testamentsvollstrecker den Erben einer unbeschränkbaren persönlichen Haftung aussetzen könnte, insbesondere wenn er sich die Einlage des Erben gem. § 172 Abs. 4 HGB ganz oder teilweise zurückzahlen lässt oder an einer Erhöhung der Einlage mitwirkt. Insoweit begnügt sich der BGH jedoch mit der Feststellung, dass dabei keine unüberwindbaren Schwierigkeiten zu erwarten seien, an denen die grundsätzliche Zulässigkeit der Testamentsvollstreckung scheitern müsste.[87] Die Diskussion hat sich seitdem, ebenso wie im Kapitalgesellschaftsrecht, wo die Frage schon seit längerem erörtert wird, von der Zulässigkeit hin zu den Grenzen der Testamentsvollstreckung

---

84 BGH NJW 1989, 3152, 3155; zust. *Raddatz*, Testamentsvollstreckung, S. 159; MüKoHGB/*K. Schmidt*, § 177 Rn. 27. Umstr. ist nur, inwieweit der Erbe seine Haftung für die schon zu Lebzeiten des Erblassers begründeten Gesellschaftsverbindlichkeiten erbrechtlich auf den Nachlass beschränken kann, dafür *Muscheler*, Haftungsordnung, S. 495 f.; dagegen MüKoHGB/*K. Schmidt*, § 173 Rn. 44, jeweils m.w.N.

85 BGH NJW 1989, 3152, 3154.

86 BGH NJW 1989, 3152, 3155; zust. *Lorz*, Testamentsvollstreckung, S. 196; *Raddatz*, Testamentsvollstreckung, S. 168. Ebenfalls ohne jede Bedeutung für die Beurteilung der Zulässigkeit der angeordneten Testamentsvollstreckung ist die bis dahin umstrittene und vom BGH in dieser Entscheidung im negativen Sinne beantwortete Frage, ob die erbrechtliche Nachfolge in einen *eingetragenen* Kommanditanteil als „Eintritt" i.S.v. § 176 Abs. 2 HGB anzusehen ist, siehe zum Streitstand MüKoHGB/*K. Schmidt*, § 176 Rn. 22, 23 m.w.N.

87 BGH NJW 1989, 3152, 3154.

verlagert.[88] Lediglich für den Fall, dass der Kommanditisten-Erblasser nicht entsprechend der gesetzlichen Regel der §§ 164, 170 HGB von der Geschäftsführung und Vertretung der Gesellschaft ausgeschlossen war, hat der BGH die Frage nach der rechtlichen Durchführbarkeit der Testamentsvollstreckung weiterhin offen gelassen.[89]

3. Weitergehende Lösungsansätze in der Literatur

In der Vergangenheit hat es nicht an Versuchen gefehlt, eine „echte", von den praktizierten Ersatzlösungen losgelöste Testamentsvollstreckung an Personengesellschaftsanteilen zu etablieren. Im Hinblick auf die Fremdverwaltung von Kommanditanteilen hat sich die Debatte im Wesentlichen erledigt. Was vollhaftende Gesellschaftsbeteiligungen hingegen angeht, sind diese Stimmen nach der vom BGH grundsätzlich anerkannten Möglichkeit einer Testamentsvollstreckung an der „Außenseite" der Beteiligung nicht etwa verstummt, sondern in Anbetracht der sich daraus ergebenden Abgrenzungsschwierigkeiten („Innen"-/„Außenseite") eher noch lauter geworden. Die dafür angeführten, im Einzelnen unterschiedlichen Begründungen tragen jedoch nicht.

a) *Primat des Gesellschaftsrechts*

Ältere Lösungsansätze versuchten den von der herrschenden Meinung als unüberwindbar erachteten Haftungskonflikt noch durch wechselseitige Zurückdrängung entweder der erb- oder der gesellschaftsrechtlichen Haftungsgrundsätze aufzulösen.[90] Dabei geht die Mehrheit dieser Autoren – insoweit noch in Übereinstimmung mit der herrschenden Meinung – von einer gesellschaftsrechtlich zwingend unbeschränkten Haftung eines jeden Gesellschafters aus und ist dementsprechend darum bemüht, auf vielerlei Wegen zu begründen, warum der Erbe im Hinblick auf solche Rechtsgeschäfte, die der Testamentsvollstrecker im Namen der Gesellschaft abschließt, seine Haftung nicht nach erbrechtlichen Regeln auf den Nachlass beschränken können soll.[91] Diese Vorschläge

88 Die Frage der Zulässigkeit einer Verwaltungsvollstreckung an Kommanditanteilen wird in den Folgeentscheidungen des BGH nicht einmal mehr problematisiert, siehe etwa BGH NJW-RR 2012, 730 Rn. 14; ZEV 2014, 662 Rn. 14.

89 BGH NJW 1989, 3152, 3154; ausf. dazu unter F.IV.

90 Zusammenfassende Darstellung bei *Lorz*, Testamentsvollstreckung, S. 141 ff.

91 Auf eine ausführliche Darstellung dieser Begründungsversuche wird im Rahmen dieser Arbeit mangels Praxistauglichkeit und -relevanz verzichtet; eingehend dazu *Muscheler*,

stehen freilich im eklatanten Widerspruch zu dem vorherrschenden Verständnis, wonach der Erbe, wenn er für Nachlassverbindlichkeiten nicht unbeschränkt haftet, den Zugriff derjenigen, die auf Grund einer Rechtshandlung des Testamentsvollstreckers einen Anspruch gegen ihn erworben haben, von seinem Privatvermögen abwenden und sie auf die Befriedigung aus dem Nachlass verweisen kann, § 2206 Abs. 2 BGB.[92]

Zu keinem anderen Ergebnis führt auch eine neuere, im Vordringen befindliche Auffassung, die daran anknüpfend bzw. darauf aufbauend die fehlende Befugnis des Testamentsvollstreckers, den Gesellschafter-Erben mit seinem Privatvermögen zu verpflichten, lediglich als Ausdruck seines auf den Nachlass begrenzten rechtlichen „Dürfens" im Innenverhältnis zum Erben interpretiert.[93] Demnach könne aus dem Handeln des Testamentsvollstreckers durchaus eine unbeschränkbare Haftung des Gesellschafter-Erben resultieren; sofern eine erbrechtliche Haftungsbeschränkung auf den Nachlass mit zwingenden Vorgaben anderer Rechtsgebiete unvereinbar sei, müsse § 2206 Abs. 2 BGB eben teleologisch reduziert werden.[94] Die Begründung einer unbeschränkten Haftung stellt jedoch keine Maßnahme der ordnungsgemäßen Verwaltung des Nachlasses im Sinne von § 2216 Abs. 1 BGB dar und ist deshalb vom Testamentsvollstrecker zur Vermeidung einer eigenen Schadensersatzhaftung nach § 2219 Abs. 1 BGB zu unterlassen.[95] Gestützt wird diese Ansicht durch die Feststellungen des BGH in seiner Grundsatzentscheidung zur Kommanditbeteiligung, wonach sich im Falle einer Einlagenrückgewähr an den Testamentsvollstrecker die persönliche, nicht auf das Nachlassvermögen beschränkte Haftung des Erben nach § 172 Abs. 4 HGB wegen des nötigen Schutzes der Gläubiger nicht vermeiden lassen wird.[96] Die damit für den Erben verbundenen Gefahren würden aber dadurch

---

Haftungsordnung, S. 540 ff.; *Weidlich*, Testamentsvollstreckung, S. 33 ff., jeweils mit überzeugenden Argumenten dagegen.

92 Siehe nur BGH NJW 1955, 339 sowie oben die Darstellung der Haftungssituation bei angeordneter Testamentsvollstreckung unter A.II.1.

93 I.d.S. vor allem *Brandner*, in: FS Kellermann, 37, 44; *Lorz*, Testamentsvollstreckung, S. 142 f., 189.

94 *Lorz*, Testamentsvollstreckung, S. 189; für eine teleologische Reduktion der Vorschrift im GmbH-Recht auch *Mayer*, ZEV 2002, 209, 211; *Pauli*, in: Bengel/Reimann, Hdb. Testamentsvollstreckung, § 5 Rn. 245.

95 *Brandner*, in: FS Kellermann, 37, 44; *Lorz*, Testamentsvollstreckung, S. 190; *Raddatz*, Nachlaßzugehörigkeit, S. 165; *Schneider*, NJW 2015, 1142, 1143; MüKoBGB/*Zimmermann*, § 2205 Rn. 44, 46.

96 BGH NJW 1989, 3152, 3155.

gemildert, dass man Maßnahmen, die zu einer persönlichen Haftung des Erben führten, nicht mehr als ordnungsmäßige Verwaltung des Nachlasses gem. § 2216 Abs. 1 BGB werde ansehen können.[97] Gleichwohl lassen sich aus der allgemeinen Erkenntnis, dass sich aus Handlungen des Testamentsvollstreckers innerhalb der Gesellschaft eine unbeschränkbare Haftung des Erben ergeben *kann*, keine Rückschlüsse für eine weitergehende Zulässigkeit einer Testamentsvollstreckung an vollhaftenden Beteiligungen ziehen. Denn hier löst prinzipiell jede, auch ordnungsgemäße, Ausübung der auf den Anteil entfallenden Geschäftsführungs- und Vertretungsbefugnis eine für den Erben unerwünschte persönliche Haftung aus, was zu der in ihren Konsequenzen geradezu absurden Situation führen würde, dass der Testamentsvollstrecker seine erbrechtliche Pflicht zur ordnungsgemäßen Nachlassverwaltung *permanent* überschreiten müsste.[98] Die Verwaltung der Mitgliedschaftsrechte eines persönlich unbeschränkt haftenden Gesellschafters ist somit auch nach dieser Auffassung mit dem Amt des Testamentsvollstreckers nicht zu vereinbaren.[99]

b) Erbrechtskonforme Lösung

aa) Muschelers *Ansatz*

Genau den umgekehrten Weg geht *Muscheler*, der in seiner viel beachteten Habilitationsschrift in Anlehnung an die erbrechtskonforme „echte Testamentsvollstreckerlösung" von *Baur*[100] das „Dogma" der herrschenden Meinung von der zwingend unbeschränkten Haftung des Handels- und Gesellschaftsrechts grundsätzlich in Frage stellt.[101] Hiernach soll dem Erben die Möglichkeit der erbrechtlichen Haftungsbeschränkung für die während der Testamentsvollstreckung begründeten Gesellschaftsverbindlichkeiten erhalten bleiben, und zwar sowohl für die durch den Testamentsvollstrecker im Namen der Gesellschaft

---

97 BGH NJW 1989, 3152, 3155.

98 Zutr. *Brandner*, in: FS Kellermann, 37, 43 mit Fn. 18; *Lorz*, Testamentsvollstreckung, S. 143, 189.

99 Deshalb muss die Frage, ob die auf den Nachlass beschränkte Verpflichtungsbefugnis des Testamentsvollstreckers im Zusammenhang mit der Verwaltung unternehmerischer Beteiligungen als Schranke seines rechtlichen „Könnens" oder nur als Schranke seines rechtlichen „Dürfens" aufzufassen ist, hier noch nicht beantwortet werden; ausf. dazu aber unten C.II.3.

100 *Baur*, in: FS Dölle, 249, 259 ff. im Zusammenhang mit der Testamentsvollstreckung an einem Handelsgeschäft.

101 *Muscheler*, Haftungsordnung, S. 549 ff.

eingegangenen als auch für solche Verbindlichkeiten, die ihren Ursprung in einem Handeln der Mitgesellschafter haben – bei letzteren soll der für die Einordnung als „Nachlass"-verbindlichkeit erforderliche kausale Zurechnungszusammenhang in dem Unterlassen eines Widerspruchs durch den Testamentsvollstrecker gem. § 115 Abs. 1 Halbs. 2 HGB[102] zu sehen sein.[103] *Muscheler* begründet seine Ansicht damit, dass der in § 105 HGB zum Ausdruck kommende Grundsatz der Unbeschränktheit der Haftung nur einer durch Gesellschaftsvertrag vereinbarten, d.h. auf dem Willen der Gesellschafter beruhenden, gewillkürten Haftungsbeschränkung entgegensteht, jedoch nicht solchen Beschränkungen, die aus dem Gesetz, z.B. dem ehelichen Güterrecht, dem sonstigen Familienrecht oder dem öffentlichen Recht, folgen.[104] Zu diesen gesetzlich normierten Ausnahmefällen gehöre auch die beschränkbare Haftung des Erben für Schulden aus § 128 HGB bei angeordneter Testamentsvollstreckung, da sich diese ebenfalls nicht aus dem Gesellschaftsvertrag, sondern unmittelbar aus dem Gesetz ergebe, § 2206 BGB.[105] Auch wenn *Muschelers* Vorschlag im Schrifttum durchaus Anklang gefunden hat[106], konnte sich auch dieser letztlich nicht durchsetzen. Ein unternehmerisches Handeln mit der Möglichkeit einer Haftungsbeschränkung außerhalb der dafür gesetzlich vorgesehenen Rechtsformen verstößt gegen den *Numerus clausus* der Gesellschaftsformen und rüttelt damit an den „Grundfesten des Gesellschaftsrechts".[107] Wie der Gesellschaftsrechtssenat des BGH in

102 § 116 Abs. 3 S. 3 HGB i.d.F. des MoPeG v. 10.8.2021, BGBl. 2021 I, 3436.

103 *Muscheler*, Haftungsordnung, S. 546; ebenso für die GbR im Hinblick auf das bislang in § 711 BGB geregelte Widerspruchsrecht BeckOGK BGB/*v. Proff*, Stand 1.12.2021, § 727 Rn. 59.3.

104 *Muscheler*, Haftungsordnung, S. 550; vgl. zu weiteren gesetzlich normierten Ausnahmefällen *Winkler*, Testamentsvollstecker, Rn. 293a.

105 *Muscheler*, Haftungsordnung, S. 553.

106 Zust. etwa *Kämper*, RNotZ 2016, 625, 633 f.; *Winkler*, Testamentsvollstecker, Rn. 293a unter (5); BeckOGK BGB/*v. Proff*, Stand 1.12.2021, § 727 Rn. 59; vgl. für die Nachlassverwaltung auch *Pütter*, Nachlaßverwalter, S. 85, der sich allerdings für die Testamentsvollstreckung gegen die Zulässigkeit einer Haftungsbeschränkung auf den Nachlass ausspricht mit dem Argument, dass es sich dabei im Gegensatz zur Nachlassverwaltung nicht nur um einen vorübergehenden Rechtszustand, sondern um ein lang andauerndes Verfahren handelt und sich deshalb auf lange Sicht eine Sonderform der OHG herausbilden könnte (S. 93 f.).

107 So *Lorz*, Testamentsvollstreckung, S. 146; gegen die Zulässigkeit einer Haftungsbeschränkung auf den Nachlass auch *Buschmann*, Testamentsvollstreckung, S. 24 ff.; *Everts*, MittBayNot 2003, 427; *Faust*, DB 2002, 189, 191; *Pütter*, Nachlaßverwalter, S. 93 f.; *Weidlich*, Testamentsvollstreckung, S. 32 f.; *Wiedemann*, Übertragung, S. 322.

seiner Grundsatzentscheidung zur Kommanditbeteiligung betont hat, ist der tragende Grund, warum der Testamentsvollstrecker den Anteil eines persönlich haftenden Gesellschafters nicht verwalten kann, der, dass er den Erben ohne dessen Einverständnis nur im Rahmen des Nachlassvermögens verpflichten kann, „ein persönlich haftender Gesellschafter aber *notwendigerweise* [Hervorhebung durch den Verfasser] unbeschränkt haftet".[108]

bb) Abweichende Beurteilung nach Inkrafttreten des MoMiG?

Neuen Auftrieb hat *Muschelers* Ansatz durch die durch das Gesetz zur Modernisierung des GmbH-Rechts und zur Bekämpfung von Missbräuchen (MoMiG) vom 23.10.2008[109] neu eingeführte Unternehmergesellschaft (UG) erhalten, für die gem. § 5a Abs. 1 GmbHG das Mindeststammkapitalerfordernis von 25.000 Euro nicht gilt. *Weidlich* tritt vor dem Hintergrund, dass eine solche Gesellschaft fast kapitallos[110] gestellt werden kann, dafür ein, den Standpunkt der Rechtsprechung, jedenfalls soweit es um die Fortführung einzelkaufmännischer Unternehmen durch den Testamentsvollstrecker geht, neu zu überdenken.[111] Wegen der insoweit vergleichbaren Haftungsproblematik[112] kann aber für die Fremdverwaltung vollhaftender Gesellschaftsbeteiligungen grundsätzlich nichts anderes gelten.[113]

Aus der Einführung der UG Rückschlüsse auf die Zulässigkeit der Testamentsvollstreckung im Handels- und Gesellschaftsrecht ziehen zu wollen, erscheint jedoch verfehlt. Mit der Schaffung der UG als Rechtsformvariante[114]

---

108 BGH NJW 1989, 3152, 3154; ebenso OLG Düsseldorf, ZEV 2008, 142, 143.

109 BGBl. 2008 I, 2026.

110 Wegen § 5 Abs. 2 S. 1 GmbHG muss eine UG lediglich ein Stammkapital im Nennbetrag von 1 Euro ausweisen.

111 *Weidlich*, NJW 2011, 641, 645; *ders.*, in: Mayer/Bonefeld/Tanck, Testamentsvollstreckung Hdb., § 19 Rn. 4, 78; Grüneberg/*ders.*, BGB, § 2205 Rn. 7; *ders./Friedberger*, notar 2021, 187, 191; zust. Burandt/Rojahn/*Heckschen*, BGB, § 2205 Rn. 28.

112 S.o. A.II.1 bei Fn. 64.

113 Zutr. insoweit *Kämper*, RNotZ 2016, 625, 634; anlässlich des MoPeG jetzt auch *Weidlich* in: Mayer/Bonefeld/Tanck, Testamentsvollstreckung Hdb., § 19 Rn. 80, der hierzu bislang einen eigenständigen Lösungsansatz vertrat (dazu sogleich).

114 Auf die UG finden grundsätzlich alle Vorschriften des GmbHG Anwendung, soweit § 5a GmbHG keine Abweichungen enthält, Noack/Servatius/Haas/*Servatius*, GmbHG, § 5a Rn. 3. Von der Schaffung einer eigenständigen Rechtsform unterhalb der GmbH wurde wegen des damit verbundenen unverhältnismäßigen Regulierungsaufwands bewusst abgesehen, vgl. BT-Drs. 16/6140, S. 31.

der GmbH hat der Gesetzgeber auf die im ersten Jahrzehnt dieses Jahrhunderts durch die EuGH-Urteile *Centros, Überseering* und *Inspire Art*[115] möglich gewordene starke Verbreitung der britischen *Private Company Limited by Shares* – kurz: Limited (Ltd.) – in Deutschland reagiert, welche ohne nennenswertes Eigenkapital gegründet werden kann.[116] Wenngleich das Ausmaß dieses Phänomens bisweilen überschätzt wurde[117] und die Befürchtung, dass die GmbH von der britischen Ltd. verdrängt werden könnte, aus heutiger Sicht als übertrieben erscheinen mag:[118] Aus der daraus resultierenden gesetzgeberischen Antwort zur Stärkung der internationalen „Wettbewerbsfähigkeit" der deutschen GmbH Folgerungen für die Testamentsvollstreckung an einem Handelsgeschäft oder einer Personengesellschaftsbeteiligung ableiten zu wollen, wird weder den Motiven noch dem Willen des Gesetzgebers gerecht. Insbesondere die Argumentation, durch die (faktische) Abschaffung des Mindeststammkapitalerfordernisses entfalle die bislang für unabdingbar gehaltene Korrelation zwischen gesetzlich aufzubringendem Garantiekapital und Haftungsbeschränkung[119], verfängt nicht. Mag durch das MoMiG das in Deutschland bislang vorherrschende Haftkapitalsystem bzw. die Funktion des Mindestkapitals als Legitimation für die Haftungsbeschränkung[120] in Frage gestellt worden sein:[121] Von einem generellen Fehlen eines Gläubigerschutzkonzepts, das es rechtfertigen würde, bei angeordneter Testamentsvollstreckung eine Haftungsbeschränkung für Geschäftsverbindlichkeiten entgegen dem *Numerus clausus* der Gesellschaftsformen für zulässig zu erachten, kann keine Rede sein.[122] Vielmehr hat sich der Gläubigerschutz, dem Vorbild ausländischer Rechtsordnungen folgend, von einer präventiven

---

115 EuGH NJW 1999, 2027; 2002, 3614; 2003, 3331.

116 BT-Drs. 16/6140, S. 25; Lutter/Hommelhoff/*Kleindiek*, GmbHG, § 5a Rn. 1; MüKoGmbHG/*Rieder*, § 5a Rn. 1; Noack/Servatius/Haas/*Servatius*, GmbHG, § 5a Rn. 1; Überbl. über die Reformziele des MoMiG bei Noack/Servatius/Haas/*Fastrich*, GmbHG, Einl. Rn. 38 f.

117 Konkrete Zahlen bei Lutter/Hommelhoff/*Hommelhoff*, GmbHG, Einl. Rn. 25; MüKoGmbHG/*Rieder*, § 5a Rn. 3.

118 I.d.S. MüKoGmbHG/*Rieder*, § 5a Rn. 3; krit. auch Noack/Servatius/Haas/*Servatius*, GmbHG, § 5a Rn. 1.

119 Siehe *Weidlich*, NJW 2011, 641, 645; *Kämper*, RNotZ 2016, 625, 634.

120 Siehe zur Legitimationsfunktion des Mindestkapitals BGH NJW 1992, 1824, 1826.

121 So insbes. *Schall*, ZGR 2009, 126, 129; krit. auch Noack/Servatius/Haas/*Fastrich*, GmbHG, Einl. Rn. 52; der Gesetzgeber sieht hingegen keinen zwingenden Zusammenhang von Mindestkapital und Haftkapitalsystem, BT-Drs. 16/6140, S. 31.

122 So aber *Weidlich*, NJW 2011, 641, 645; ihm folgend *Kämper*, RNotZ 2016, 625, 634.

Kapitalaufbringungshaftung hin zu nachgelagerten Verhaltenspflichten der Gesellschafter und Geschäftsführer im Vorfeld und in der Insolvenz verlagert (sog. Exit-Haftung).[123] Zu dieser „zweiten Säule“[124] des Gläubigerschutzes, welche die Gegenmeinung scheinbar völlig unberücksichtigt lässt, gehören etwa die Insolvenzantragspflichten bei Zahlungsunfähigkeit und Überschuldung gem. § 15a Abs. 1 InsO, welche bei Führungslosigkeit der Gesellschaft grundsätzlich auch die Gesellschafter treffen, § 15a Abs. 3 InsO, die Haftung der Geschäftsführer für Zahlungen an Gesellschafter, die zur Zahlungsunfähigkeit der Gesellschaft führen mussten, § 15b Abs. 5 S. 1 InsO, sowie dazu ergänzend die Haftung der Gesellschafter für existenzvernichtende Eingriffe.[125] Erst eine solche normativ garantierte, strenge Kapitalsicherung vermag eine Haftungsbeschränkung auf das Gesellschaftsvermögen als Ausnahme von der grundsätzlich unbeschränkten persönlichen Vermögenshaftung zu rechtfertigen.[126] An diesem wechselseitigen Legitimationsverhältnis ändert auch das MoPeG vom 10.8.2021[127] nichts. Ganz im Gegenteil: In der Gesetzesbegründung zu § 721 BGB n.F.[128] heißt es insoweit ausdrücklich, dass es der GbR „an einer Kapitalsicherung [fehlt], die eine beschränkte Haftung rechtfertigen würde“, und die Anordnung der unbeschränkten persönlichen Haftung der Gesellschafter den Zweck verfolgt, „die fehlende Kapitalsicherung auszugleichen“.[129] Da im Hinblick auf das Sondervermögen „Nachlass“ derartige Sicherungsmechanismen fehlen, kann eine hierauf beschränkte bzw. beschränkbare Haftung für geschäftliche Verbindlichkeiten nicht zugelassen werden.[130]

c) *Vermittelnder Ansatz*

Eine vermittelnde Lösung bietet *Weidlich* an. Dieser spricht sich für die Zulässigkeit einer Testamentsvollstreckung an einem Anteil eines unbeschränkt

---

123 *Eidenmüller,* ZGR 2007, 168, 187; Noack/Servatius/Haas/*Fastrich,* GmbHG, Einl. Rn. 54; *Schall,* ZGR 2009, 126, 130.

124 Noack/Servatius/Haas/*Fastrich,* GmbHG, Einl. Rn. 11.

125 Überbl. bei Noack/Servatius/Haas/*Fastrich,* GmbHG, Einl. Rn. 11, 54 m.w.N.

126 Vgl. zum wechselseitigen Legitimationsverhältnis zwischen Haftungsbeschränkung und Kapitalsicherung *K. Schmidt,* GesR, § 18 IV 1 c.

127 BGBl. 2021 I, 3436.

128 Dazu bereits oben A.II.1 bei Fn. 56.

129 BT-Drs. 19/27635, S. 165, ebenso S. 242 zu § 126 HGB n.F.

130 So auch bereits *Lorz,* Testamentsvollstreckung, S. 36, 146 f. zur Rechtslage vor Inkrafttreten des MoMiG.

haftenden Gesellschafters aus, sofern nur der Testamentsvollstrecker von der organschaftlichen Vertretungsmacht und Geschäftsführung in der Gesellschaft ausgeschlossen ist.[131] In diesem Fall könne die persönliche Außenhaftung des Erben nicht mit der beschränkten Verpflichtungsmacht des Testamentsvollstreckers kollidieren, da dieser im Außenverhältnis für die Gesellschaft nicht tätig werde.[132] Die Anhänger dieser Lösung berufen sich auf die Ausführungen des BGH in seiner Grundsatzentscheidung zur Kommanditbeteiligung. Dort hatte der Gesellschaftsrechtssenat seine Aussage, dass eine Testamentsvollstreckung auch bei nicht voll eingezahlter Einlage zulässig sei, davon abhängig gemacht, dass mit dem vererbten Kommanditanteil entsprechend der gesetzlichen Regel der §§ 164, 170 HGB keine Geschäftsführungs- und Vertretungsbefugnis verbunden sei, da in diesem Fall die laufenden Geschäfte, durch die sich die Haftung des Erben verwirklichen könne, nicht der Testamentsvollstrecker, sondern der persönlich haftende Gesellschafter führe.[133] Wenn also die rechtliche Stellung des Erben im Innenverhältnis derjenigen eines Kommanditisten angeglichen sei – entweder weil bereits der Gesellschafter-Erblasser von der Geschäftsführung und Vertretung ausgeschlossen war[134] oder ein solcher Ausschluss jedenfalls mit der Vererbung des Anteils gewährleistet ist[135] – stehe einer „echten" Testamentsvollstreckung nichts im Wege.[136]

Hieran wird vielfach zu Recht kritisiert, dass die Haftung des Erben nicht allein auf Geschäftsführungshandlungen bzw. ein Tätigwerden des Testamentsvollstreckers im Außenverhältnis zurückzuführen sei, sondern ihre Grundlage auch in der Ausübung interner Kontroll-, Mitsprache- und Überwachungsrechte

---

131 *Weidlich*, Testamentsvollstreckung, S. 63 ff.; *ders.*, ZEV 1994, 205, 207; davor bereits *Bommert*, BB 1984, 178, 182; zust. *Lorz*, Testamentsvollstreckung, S. 150; mit gewissen Sympathien auch *Klein*, DStR 1992, 292, 295; *Reimann*, MittBayNot 1993, 268, 269; vgl. auch *Marotzke*, JZ 1986, 457, 465 f.

132 *Bommert*, BB 1984, 178, 182; *Weidlich*, Testamentsvollstreckung, S. 63.

133 Siehe BGH NJW 1989, 3152, 3154 f.

134 Nur unter dieser Voraussetzung erachtet *Bommert*, BB 1984, 178, 182 eine Testamentsvollstreckung für zulässig.

135 Neben der allg. anerkannten Möglichkeit, den erbrechtlichen Übergang der Geschäftsführungs- und Vertretungsbefugnis gesellschaftsvertraglich auszuschließen, spricht sich *Weidlich*, Testamentsvollstreckung, S. 67 f. darüber hinausgehend dafür aus, dem Gesellschafter-Erblasser die Rechtsmacht einzuräumen, hinsichtlich seines zu vererbenden Anteils das automatische Erlöschen der Geschäftsführungs- und Vertretungsmacht testamentarisch anzuordnen.

136 Vgl. oben die Nachw. in Fn. 132.

haben könne, z.B. nach § 116 Abs. 2 HGB[137].[138] Außerdem sei es untunlich, die Durchführbarkeit der Testamentsvollstreckung von der jeweiligen Gestaltung des Gesellschaftsvertrags abhängig zu machen.[139] Davon abgesehen sei eine solche Lösung in der Praxis im Normalfall auch gar nicht gewünscht, da dem Testamentsvollstrecker nach dem Willen des Erblassers in der Regel die unternehmerische Leitung in der Gesellschaft zuteilwerden solle.[140] Insofern lässt sich schon bezweifeln, ob dieser Lösungsweg einen echten Zugewinn gegenüber der vom BGH bereits jetzt als zulässig erachteten Testamentsvollstreckung an der vermögensrechtlichen „Außenseite" der Beteiligung darstellt. Daneben stellt sich die ganz grundsätzliche und wohl im negativen Sinne zu beantwortende Frage, ob ungeachtet der erbrechtlichen Schutzinstrumente der §§ 2205 S. 3, 2216, 2218, 2219, 2227 BGB eine verdrängende Fremdherrschaft, wie sie mit der Testamentsvollstreckung einhergeht, mit einer unbeschränkten Gesellschafterhaftung überhaupt vereinbar ist.[141]

III. Zusammenfassung

Als Ergebnis kann man somit festhalten, dass die Testamentsvollstreckung an Kapitalgesellschaftsanteilen von vornherein als unproblematisch gilt. Im Personengesellschaftsrecht ist hingegen nach der höchstrichterlichen Rechtsprechung zwischen Beteiligungen unbeschränkt haftender Gesellschafter einerseits und Kommanditanteilen andererseits zu unterscheiden. Nur für letztere ist eine vollumfängliche Verwaltungskompetenz des Testamentsvollstreckers anerkannt, während bei GbR-, OHG-, und Komplementäranteilen der Testamentsvollstrecker wegen seiner auf den Nachlass beschränkten Verpflichtungsbefugnis nur

137 § 116 Abs. 2 S. 1 Halbs. 2 HGB i.d.F. des MoPeG v. 10.8.2021, BGBl. 2021 I, 3436.

138 OLG Düsseldorf, ZEV 2008, 142, 143; *Dörrie*, ZEV 1996, 370, 371; *Schmellenkamp*, MittRhNotK 1986, 181, 184; MüKoBGB/*Zimmermann*, § 2205 Rn. 35; ebenso bereits *Wiedemann*, Übertragung, S. 322; a.A. *Lorz*, Testamentsvollstreckung, S. 151, der insoweit einwendet, eine solche Betrachtung würde die hinter § 2206 BGB stehende gesetzgeberische Wertung „überzeichnen".

139 MüKoBGB/*Zimmermann*, § 2205 Rn. 35.

140 *Everts*, MittBayNot 2003, 427, 434.

141 Dafür *Lorz*, Testamentsvollstreckung, S. 153; *Marotzke*, JZ 1986, 457, 460 ff.; BeckOGK BGB/*v. Proff*, Stand 1.12.2021, § 727 Rn. 59; dagegen BGH NJW 1996, 1284, 1286; 1984, 2104, 2105; *Dörrie*, ZEV 1996, 370, 371; *Stodolkowitz*, in: FS Kellermann, 439, 443; vgl. auch RegBegr. MoPeG, BT-Drs. 19/27635, S. 165 (zu § 721 BGB n.F.), S. 242 (zu § 126 HGB n.F.), wo der „Gleichlauf von Herrschaft und Haftung" ausdr. hervorgehoben wird.

die Rechte an der sog. „Außenseite“ der Beteiligung wahrnehmen kann. Alternative Lösungsvorschläge, die der Testamentsvollstreckung einen größeren Anwendungsbereich verschaffen sollen, haben sich zu Recht nicht durchgesetzt, da diese, wie gezeigt[142], mit Grundprinzipien des Gesellschaftsrechts nicht in Einklang zu bringen sind. Vor diesem Hintergrund sollte der Erblasser davon Abstand nehmen, den vollhaftenden Gesellschaftsanteil einer Verwaltungsvollstreckung unterstellen zu wollen[143], sofern es ihm dabei nicht lediglich um die dingliche Absicherung außenstehender Nachlassbeteiligter[144] gem. §§ 2214, 2211 Abs. 1 BGB, sondern um die Übertragung der unternehmerischen Entscheidungskompetenz auf eine ihm vertraute Person geht. Letzterenfalls bleibt nur der Rückgriff auf die bekannten Ersatzkonstruktionen oder – noch besser – die Überführung des Anteils in eine der Testamentsvollstreckung zugänglichere Beteiligungsform, also die Umwandlung[145] des Unternehmens in eine Kommandit- oder Kapitalgesellschaft.[146]

---

142 S.o. A.II.3.b).

143 So auch die allg. Handlungsempfehlung im kautelarjuristischen Schrifttum, siehe etwa *Everts*, MittBayNot 2003, 427, 437; *Winkler*, Testamentsvollstrecker, Rn. 366a; *Pauli*, in: Bengel/Reimann, Hdb. Testamentsvollstreckung, § 5 Rn. 173; *R. Kössinger/Zintl*, in: Nieder/Kössinger, Hdb. Testamentsgestaltung, § 15 Rn. 139.

144 Siehe dazu unter B.II.1.c).

145 Zur Umwandlungsbefugnis des Testamentsvollstreckers siehe unten D.III.2.b).

146 *Heckschen/Strnad*, NZG 2014, 1201, 1204; *Kämper*, RNotZ 2016, 625, 646; *Klein*, DStR 1992, 292, 296; *Grigas*, BWNotZ 2002, 25, 35; *Pauli*, in: Bengel/Reimann, Hdb. Testamentsvollstreckung, § 5 Rn. 173; *Reimann*, GmbHR 2011, 1297, 1298; *Weidlich*, ZEV 1994, 205, 212; *Zimmermann*, Testamentsvollstreckung, Rn. 497.

B. Vorfragen zur Durchführbarkeit der Testamentsvollstreckung an Gesellschaftsbeteiligungen

Bevor Überlegungen zu möglichen Aufgaben des Testamentsvollstreckers und Umfang der ihm zustehenden Befugnisse am Gesellschaftsanteil angestellt werden können, müssen zunächst einige Vorfragen geklärt werden. Diese betreffen zum einen die erbrechtliche Nachfolge in die Gesellschafterstellung des Erblassers. Insoweit kommt es darauf an, welche Regelung der Gesellschaftsvertrag oder – in Ermangelung einer solchen Bestimmung – das Gesetz für den Fall des Todes eines Gesellschafters vorsieht. Zum anderen muss sichergestellt werden, dass eine Fremdeinwirkung in der Gesellschaft verbandsrechtlich zulässig ist.

I. Gesellschafternachfolge von Todes wegen

1. Kapitalgesellschaftsanteile

Nach § 2205 BGB unterliegt der Testamentsvollstreckung nur das zum Nachlass gehörende Vermögen des Erblassers. Damit der Gesellschaftsanteil von der angeordneten Testamentsvollstreckung erfasst wird, ist es deshalb von elementarer Bedeutung, dass die Beteiligung des verstorbenen Gesellschafters in den Nachlass fällt.[147] Die Nachlasszugehörigkeit von Kapitalgesellschaftsbeteiligungen bereitet keine Schwierigkeiten.[148]

GmbH-Geschäftsanteile sind nach der Regelung des § 15 Abs. 1 GmbHG per Gesetz frei vererblich. Die Vorschrift ist zwingend, § 15 Abs. 5 GmbHG lässt Einschränkungen nur für die Abtretung, also die *rechtsgeschäftliche* Übertragung des Geschäftsanteils zu, nicht jedoch für die gesetzliche Rechtsnachfolge kraft Erbenstellung.[149] Die Vererblichkeit kann durch Gesellschaftsvertrag somit weder ausgeschlossen noch eingeschränkt werden („Vorrang des Erbrechts")[150];

---

147 *Kämper*, RNotZ 2016, 625, 626; *Todtenhöfer*, RNotZ 2017, 557, 558.

148 Siehe zum Geschäftsanteil *Altmeppen*, GmbHG, § 15 Rn. 28; MHLS/*Ebbing*, GmbHG, § 15 Rn. 6; Noack/Servatius/Haas/*Servatius*, GmbHG, § 15 Rn. 9; zur Aktie MüKoBGB/*Leipold*, § 1922 Rn. 103.

149 *Altmeppen*, GmbHG, § 15 Rn. 28; Staudinger/*Kunz*, BGB, § 1922 Rn. 250; MüKoGmbHG/*Weller/Reichert*, § 15 Rn. 442; Scholz/*Seibt*, GmbHG, § 15 Rn. 26.

150 *Altmeppen*, GmbHG, § 15 Rn. 28; MHLS/*Ebbing*, GmbHG, § 15 Rn. 6; *Ivo*, ZEV 2006, 252 f.; MüKoGmbHG/*Weller/Reichert*, § 15 Rn. 441.

lediglich das weitere Schicksal der Mitgliedschaft *nach* dem Erbfall kann in gewissem Umfang gesteuert werden[151]. Solche gesellschaftsvertraglichen Nachfolgeregelungen ändern jedoch nichts daran, dass der Geschäftsanteil zunächst in den Nachlass fällt.[152]

Im AktG fehlt es zwar an einer ausdrücklichen Vorschrift. Aus dem Wortlaut des § 69 Abs. 3 S. 2 AktG („Erben eines Aktionärs") ergibt sich aber, dass auch dem Aktienrecht der Grundsatz der freien Vererblichkeit zugrunde liegt.[153] Eine Bestimmung, nach der die Vererblichkeit der Aktien ausgeschlossen ist, ist auch hier unwirksam, vgl. § 23 Abs. 5 AktG.[154]

Der Übergang auf den oder die Nachfolger-Erben vollzieht sich nach allgemeinen erbrechtlichen Regeln, §§ 1922 ff. BGB. Mehrere Erben erwerben die Beteiligung in ihrer gesamthänderischen Verbundenheit, §§ 1922 Abs. 1, 2032 Abs. 1 BGB. Eine automatische Aufspaltung unter den Miterben entsprechend ihrer Erbquote wie im Personengesellschaftsrecht (Stichwort: Sondererbfolge[155]) findet nicht statt.[156] Ein Testamentsvollstrecker ist – genauso wie der Nachlassverwalter und Nachlassinsolvenzverwalter – kraft seines Amtes automatisch gemeinschaftlicher Vertreter der Erbengemeinschaft im Sinne von §§ 18 Abs. 1 GmbHG, 69 Abs. 1 AktG.[157] Die Bevollmächtigung eines anderweitigen

---

151 Siehe dazu MHLS/*Ebbing*, GmbHG, § 15 Rn. 22; MüKoGmbHG/*Weller/Reichert*, § 15 Rn. 453 ff.; *Lenz*, GmbHR 2000, 927, 928 f.

152 MHLS/*Ebbing*, GmbHG, § 15 Rn. 8; MüKoGmbHG/*Weller/Reichert*, § 15 Rn. 441.

153 MüKoBGB/*Gergen*, § 2032 Rn. 89; *Hübner/Hammes*, BB 2013, 2307, 2308; *Ivens*, ZEV 2011, 177, 178; MüKoBGB/*Leipold*, § 1922 Rn. 103; Staudinger/*Löhnig*, BGB, § 2032 Rn. 57; *Unsöld*, Testamentsvollstreckung, S. 42.

154 MüKoBGB/*Leipold*, § 1922 Rn. 103; *Unsöld*, Testamentsvollstreckung, S. 45.

155 Dazu sogleich.

156 MüKoBGB/*Gergen*, § 2032 Rn. 88; *Ivens*, ZEV 2011, 177, 178; *W. Kössinger/Najdecki*, in: Nieder/Kössinger, Hdb. Testamentsgestaltung, § 20 Rn. 69; Staudinger/*Löhnig*, BGB, § 2032 Rn. 57; *Pauli*, in: Bengel/Reimann, Hdb. Testamentsvollstreckung, § 5 Rn. 240; *Philippi*, Testamentsvollstreckung, S. 11; *Priester*, in: FS Stimpel, 463, 466 f.; Staudinger/*Dutta*, BGB, § 2205 Rn. 200; *K. Schmidt*, GesR, § 35 II 3 a; *Unsöld*, Testamentsvollstreckung, S. 42; *Winkler*, Testamentsvollstrecker, Rn. 393; MüKoBGB/*Zimmermann*, § 2205 Rn. 51.

157 MüKoAktG/*Bayer*, AktG, § 69 Rn. 10; *ders./Sarakinis*, NZG 2018, 561, 570; MHLS/*Ebbing*, GmbHG, § 18 Rn. 50; *Frank*, Kleine AG, S. 246; *ders.*, ZEV 2002, 389, 390; *Koch*, AktG, § 69 Rn. 3; MüKoGmbHG/*Weller/Reichert*, § 18 Rn. 71; *Unsöld*, Testamentsvollstreckung, S. 43, 73; *Zimmermann*, Testamentsvollstreckung, Rn. 533.

Vertreters durch die Mitberechtigten läuft dem Zweck der vom Erblasser angeordneten Testamentsvollstreckung zuwider und scheidet deswegen aus.[158]

2. Personengesellschaftsanteile

a) Rechtsfolgen bei Tod eines Gesellschafters

Im Recht der Personengesellschaften gestaltet sich die Situation im Hinblick auf den Tod eines Gesellschafters komplizierter. Das Ableben eines Gesellschafters zeitigt hier – je nach Beteiligungsart – unterschiedliche Wirkungen.[159] Mit Ausnahme von Kommanditanteilen, welche bereits kraft Gesetzes vererblich sind (§ 177 HGB), geht eine Personengesellschaftsbeteiligung mit dem Tod eines Gesellschafters nicht ohne weiteres auf dessen Erben über. Nach der gesetzlichen Regel des § 131 Abs. 3 S. 1 Nr. 1 HGB[160] führt der Tod eines OHG-Gesellschafters zum Ausscheiden des betreffenden Gesellschafters; die Gesellschaft wird allein unter den verbleibenden Gesellschaftern fortgesetzt.[161] Entsprechendes gilt über die Verweisung in § 161 Abs. 2 HGB[162] für den Tod eines Komplementärs.[163] Die Mitgliedschaft des verstorbenen Gesellschafters erlischt[164], weshalb eine

158 MüKoAktG/*Bayer*, AktG, § 69 Rn. 10; *ders./Sarakinis*, NZG 2018, 561, 570; *Koch*, AktG, § 69 Rn. 3; MüKoGmbHG/*Weller/Reichert*, § 18 Rn. 71.

159 Vgl. zur Nachfolge von Todes wegen in einen Personengesellschaftsanteil nach dem MoPeG *Lange/Kretschmann*, ZEV 2021, 545 ff.

160 § 130 Abs. 1 Nr. 1 HGB i.d.F. des MoPeG v. 10.8.2021, BGBl. 2021 I, 3436.

161 *Klein/Lindemeier*, in: MünchHdb GesR I, § 78 Rn. 1; vgl. zu der bis zum Inkrafttreten des Handelsrechtsreformgesetz (HRefG) v. 22.6.1998 (BGBl. 1998 I, 1474) geltenden Fassung des Gesetzes, wonach der Tod eines persönlich haftenden Gesellschafters mangels anderer gesellschaftsvertraglicher Regelung noch die Auflösung der Gesellschaft zur Folge hatte (§ 131 Nr. 4 HGB a.F.), MüKoHGB/*K. Schmidt*, § 131 Rn. 53, 62.

162 Die Verweisung auf das Recht der OHG ist nach dem MoPeG v. 10.8.2021, BGBl. 2021 I, 3436, nicht mehr als Rechtsgrundverweisung ausgestaltet, stattdessen werden die Vorschriften über die OHG in der ab dem 1.1.2024 geltenden Fassung des Gesetzes nur noch i.S.e. Rechtsanalogie „entsprechend" auf die KG für anwendbar erklärt, da die aktuelle Regelung den verbleibenden Strukturunterschieden beider Gesellschaftsrechtsformen nicht hinreichend gerecht wird, BT-Drs. 19/27635, S. 251.

163 *Klein/Lindemeier*, in: MünchHdb GesR II, § 40 Rn. 1.

164 Genauer gesagt wächst der Anteil des verstorbenen Gesellschafters am Gesellschaftsvermögen gem. § 738 Abs. 1 S. 1 BGB ggf. i.V.m. §§ 105 Abs. 3, 161 Abs. 2 HGB den verbleibenden Gesellschaftern an (Anwachsungsprinzip), während die personenrechtliche Seite der Mitgliedschaft (Geschäftsführungs-, Vertretungs-, Stimm- und Informationsrechte etc.) ersatzlos wegfällt, *Klein/Lindemeier*, in: MünchHdb GesR I,

Testamentsvollstreckung insoweit nicht in Betracht kommt. Eine GbR wird nach geltendem Recht durch den Tod eines Gesellschafters sogar aufgelöst, sofern nicht aus dem Gesellschaftsvertrag sich ein anderes ergibt, § 727 Abs. 1 BGB. Dem liegt noch die historisch überholte Annahme zugrunde, dass die GbR ein an die Person des Gesellschafters gebundenes Vertragsverhältnis darstellt.[165] In der Rechtspraxis ist die GbR jedoch bereits seit Langem nicht mehr lediglich als Gelegenheitsgesellschaft, sondern als Dauergesellschaft mit erwerbswirtschaftlichem Charakter ausgestaltet, die mit eigenen Rechten und Pflichten ausgestattet ist.[166] Dementsprechend findet sich in vielen Gesellschaftsverträgen die Regelung, dass beim Tod eines Gesellschafters die werbende Gesellschaft abweichend von § 727 Abs. 1 BGB unter den übrigen Gesellschaftern fortbestehen soll (sog. Fortsetzungsklausel), § 736 Abs. 1 BGB.[167] Durch das MoPeG vom 10.8.2021[168] wird die Fortsetzung der Gesellschaft beim Tod eines Gesellschafters gem. § 723 Abs. 1 Nr. 1 BGB n.F. zum gesetzlichen Regelfall erklärt.[169] Zum gewandelten Leitbild der GbR passt es auch, dass im Zuge des MoPeG auch alle anderen Auflösungsgründe, die, wie die Kündigung der Mitgliedschaft durch den Gesellschafter nach § 723 BGB oder durch einen Pfändungspfandgläubiger des Gesellschafters nach § 725 BGB oder die Eröffnung des Insolvenzverfahrens über das Vermögen des Gesellschafters nach §728 Abs. 2 BGB, in der Person des Gesellschafters begründet sind, im Interesse der Verbandskontinuität zu Ausscheidensgründen umgewandelt werden, § 723 Abs. 1 BGB n.F. Der bisher im Recht der GbR geltende Grundsatz „Auflösung der Gesellschaft vor Ausscheiden eines Gesellschafters“ wird so in „Ausscheiden eines Gesellschafters vor Auflösung der Gesellschaft“ umgekehrt.[170]

Sollen entgegen der dispositiven[171] gesetzlichen Anordnung unmittelbar die Erben in die Gesellschafterposition des verstorbenen Gesellschafters einrücken,

---

§ 78 Rn. 12; *dies.*, in: MünchHdb GesR II, § 40 Rn. 15; BeckOGK BGB/*Riedel*, Stand 1.5.2022, § 1922 Rn. 482.

165 BT-Drs. 19/27635, S. 169.

166 Dazu bereits oben A.II.1. bei Fn. 50; eingehend zum Leitbildwandel im Recht der GbR BT-Drs. 19/27635, S. 105 ff.; *Schäfer*, ZIP 2020, 1149, 1150 f.

167 Dazu *Klein/Lindemeier*, in: MünchHdb GesR I, § 11 Rn. 12 ff.

168 BGBl. 2021 I, 3436.

169 *Lange/Kretschmann*, ZEV 2021, 545, 547; BeckOGK BGB/*v. Proff*, Stand 1.12.2021, § 727 Rn. 128; *Weidlich*, in: Mayer/Bonefeld/Tanck, Testamentsvollstreckung Hdb., § 19 Rn. 74; *ders./Friedberger*, notar 2021, 187, 190.

170 BT-Drs. 19/27635, S. 69 f.

171 Siehe zum Grundsatz der Gestaltungsfreiheit künftig ausdr. §§ 708 BGB, 108 HGB i.d.F. des MoPeG v. 10.8.2021, BGBl. 2021 I, 3436.

ist dazu eine erbrechtliche[172] Nachfolgeklausel im Gesellschaftsvertrag erforderlich, vgl. § 139 Abs. 1 HGB[173].[174] Eine solche Klausel kann sich darauf beschränken, den Anteil – so wie für die Kommanditbeteiligung bereits gesetzlich vorgesehen[175], § 177 HGB – lediglich vererblich zu stellen, ohne darüberhinausgehende Erfordernisse an die Person des Nachfolger-Erben zu stellen (sog. einfache Nachfolgeklausel).[176] In Folge einer solchen Klausel können alle Erben in die Gesellschafterstellung des Erblassers nachrücken, so dass sich der Gesellschafter-Nachfolger ausschließlich nach der durch den Erblasser bestimmten oder in Ermangelung einer solchen letztwilligen Verfügung nach der gesetzlichen Erbfolge richtet.[177] Die Klausel kann aber auch Einschränkungen im Hinblick auf die Anzahl, Person (z.B. Verwandtschaftsgrad) oder Qualifikation der zugelassenen Nachfolger vorsehen (sog. qualifizierte Nachfolgeklausel), wodurch nur diejenigen Erben die Nachfolge in der Gesellschaft antreten können, die diesen Anforderungen entsprechen.[178] Diese von der Kautelarpraxis entwickelten Gestaltungsmöglichkeiten, den erbrechtlichen Übergang des Gesellschaftsanteils durch qualifizierte Nachfolgeklausel nur für bestimmte Personen als Erben zuzulassen, bleiben durch das MoPeG unberührt.[179]

---

172 Davon abzugrenzen sind rechtsgeschäftliche Nachfolgeklauseln, bei denen sich der Übergang der Beteiligung außerhalb des Nachlasses vollzieht, wodurch eine Testamentsvollstreckung von vornherein ausscheidet, *Kämper*, RNotZ 2016, 625, 627; *Klein*, DStR 1992, 292, 293 f.; zur Auslegung gesellschaftsvertraglicher Nachfolgeregelungen BGH NJW, 1977, 1339; BayObLG, NZG 2000, 1026, 1027.

173 § 131 Abs. 4 HGB bzw. für die GbR § 711 Abs. 2 S. 1 BGB, jeweils i.d.F. des MoPeG v. 10.8.2021, BGBl. 2021 I, 3436.

174 Vgl. zu Nachfolgeregelungen bei Personengesellschaften *Klein/Lindemeier*, in: MünchHdb GesR I, § 79; *W. Kössinger/Najdecki*, in: Nieder/Kössinger, Hdb. Testamentsgestaltung, § 20.

175 Eine (einfache) Nachfolgeklausel ist damit hinsichtlich eines Kommanditanteils überflüssig und hat, falls trotzdem vorhanden, nur klarstellende Funktion, *Ivo*, ZEV 2006, 302, 303.

176 *Klein/Lindemeier*, in: MünchHdb GesR I, § 79 Rn. 20 mit Formulierungsvorschlag; *W. Kössinger/Najdecki*, in: Nieder/Kössinger, Hdb. Testamentsgestaltung, § 20 Rn. 20; MüKoBGB/*Schäfer*, § 727 Rn. 30.

177 *Klein*, DStR 1992, 292, 293; *ders./Lindemeier*, in: MünchHdb GesR I, § 79 Rn. 20.

178 *Klein*, DStR 1992, 292, 293; *ders./Lindemeier*, in: MünchHdb GesR I, § 79 Rn. 22.

179 BT-Drs. 19/27635, S. 145 (zu § 711 Abs. 2 BGB n.F.); ebenso *Weidlich*, in: Mayer/Bonefeld/Tanck, Testamentsvollstreckung Hdb., § 19 Rn. 74; *ders./Friedberger*, notar 2021, 187, 190; *Lange/Kretschmann*, ZEV 2021, 545, 546 (zur OHG), 548 (zur GbR).

Nach gewohnheitsrechtlich anerkannter höchstrichterlicher Rechtsprechung geht die bereits kraft gesetzlicher Anordnung vererbliche oder aufgrund gesellschaftsvertraglicher Nachfolgeklausel vererblich gestellte Mitgliedschaft in einer werbenden Personengesellschaft abweichend von allgemeinen erbrechtlichen Grundsätzen nicht als „Ganzes" auf die insoweit nicht mitgliedsfähige Erbengemeinschaft über, sondern im Wege der Sondererbfolge[180] unmittelbar und geteilt entsprechend ihrer Erbquoten auf die einzelnen Miterben.[181] Mit dem MoPeG wird dieses Prinzip in § 711 Abs. 2 S. 2 BGB n.F. auch gesetzlich festgeschrieben[182]; über die Verweisung in §§ 105 Abs. 3, 161 Abs. 2 HGB findet die Vorschrift auch auf die OHG und Kommanditgesellschaft Anwendung[183]. Der Nachlasszugehörigkeit und damit der Möglichkeit einer Testamentsvollstreckung am Personengesellschaftsanteil steht dies freilich nicht entgegen.[184] Die Sonderzuordnung des vererbten Anteils wirkt wie eine automatische Teilauseinandersetzung der Erbengemeinschaft.[185] Miterben erwerben mit dem Tod des Gesellschafter-Erblassers unmittelbar jeweils eigenständige Gesellschaftsbeteiligungen (vgl. § 139 Abs. 1 HGB[186]: „jeder Erbe") und sind deshalb auch einzeln mit ihren jeweiligen Beteiligungen als Gesellschafter in das Handelsregister einzutragen.[187] Die dadurch bewirkte Vervielfältigung der Mitgliedschaftsrechte führt dazu, dass der Verwaltungsvollstrecker mehrere selbstständige Gesellschaftsbeteiligungen zu verwalten hat. Demgegenüber erübrigt sich nach allgemeiner Ansicht – jedenfalls im Hinblick auf den Anteil als solchen – eine reine Abwicklungsvollstreckung gem. § 2204 BGB, da es aufgrund der automatischen Aufsplitterung einer Auseinandersetzung unter den Miterben nach §§ 2042 ff.

---

180 Verschiedentlich auch als „Sonderrechtsnachfolge", „Einzelrechtsnachfolge", „Sondernachfolge" oder „Sonderzuordnung" bezeichnet, krit. hierzu *Bommert*, BB 1984, 178, 180 („terminologisches Durcheinander").

181 St. Rspr., siehe etwa BGH NJW 1957, 180; 1977, 1339, 1342; 1981, 749, 750; 1983, 2376, 2377; 1986, 2431, 2432; 1989, 3152, 3153 f.; 1999, 571, 572.

182 Zu den damit zusammenhängenden ungeregelten Folgefragen *Lange/Kretschmann*, ZEV 2021, 545, 549 f.

183 *Weidlich*, in: Mayer/Bonefeld/Tanck, Testamentsvollstreckung Hdb., § 19 Rn. 74; *ders./Friedberger*, notar 2021, 187, 190; zweifelnd offenbar *Lange/Kretschmann*, ZEV 2021, 545, 546 im Hinblick auf den Tod eines Kommanditisten.

184 S.o. die Nachw. in Fn. 28.

185 MüKoHGB/*K. Schmidt*, § 139 Rn. 13; *ders.*, GesR, § 45 V a; krit. dazu *Lange/Kretschmann*, ZEV 2021, 545, 549 f. zur Rechtslage nach dem MoPeG.

186 § 131 Abs. 1 HGB bzw. für die GbR § 724 Abs. 1 BGB, jeweils i.d.F. des MoPeG v. 10.8.2021, BGBl. 2021 I, 3436.

187 Staudinger/*Dutta*, BGB, § 2205 Rn. 166; MüKoHGB/*K. Schmidt*, § 177 Rn. 16.

BGB durch den Testamentsvollstrecker nicht mehr bedarf.[188] Unklar in diesem Zusammenhang ist jedoch, was mit den aus der Gesellschaftsbeteiligung abzuleitenden, selbstständig übertragbaren vermögensrechtlichen Ansprüchen gem. § 717 S. 2 BGB[189] geschieht. Nach der Rechtsprechung des Gesellschaftsrechtssenats[190] des BGH sollen diese Ansprüche, insbesondere der Anspruch auf das (künftige) Auseinandersetzungs- bzw. Abfindungsguthaben, von der Sondererbfolge ausgenommen und dem *gesamthänderisch* gebundenen Nachlassvermögen zuzuordnen sein, während der Erbrechtssenat[191] offenkundig von einem einheitlichen Übergang des Anteils auf die einzelnen Miterben unter Einschluss der aus der Beteiligung resultierenden Vermögensrechte ausgeht. Bei Zugrundelegung der Betrachtungsweise des II. Zivilsenats wäre hinsichtlich der bei der Gesamthand verbliebenen Vermögensansprüche noch eine Auseinandersetzung unter den Miterben durch den Abwicklungsvollstrecker durchzuführen.[192] Die „Abspaltungsthese" des Gesellschaftsrechtssenats wird jedoch mehrheitlich zu Recht als überflüssig abgelehnt, nachdem die Nachlasszugehörigkeit eines vererbten Personengesellschaftsanteils unbestritten ist und somit keine Notwendigkeit mehr besteht, die Vermögensansprüche vom übrigen Gesellschaftsanteil abzutrennen, um den Nachlassgläubigern zur Aufrechterhaltung der erbrechtlichen Haftungsordnung den Zugriff auf den Vermögenswert des Anteils zu ermöglichen.[193] Spätestens mit Inkrafttreten

---

188 KG, NJW-RR 2000, 1704, 1705; *Damrau*, NJW 1984, 2785, 2786; *Grigas*, BWNotZ 2002, 25, 27; *Kämper*, RNotZ 2016, 625, 628 f.; *Klein*, DStR 1992, 292, 294; *R. Kössinger/Zintl*, in: Nieder/Kössinger, Hdb. Testamentsgestaltung, § 15 Rn. 140; BeckOK BGB/*Lange*, Stand 1.2.2022, § 2205 Rn. 45; EBJS/*Lorz*, HGB, § 139 Rn. 64; *Pauli*, in: Bengel/Reimann, Hdb. Testamentsvollstreckung, § 5 Rn. 158; MüKoHGB/*K. Schmidt*, § 139 Rn. 44, § 177 Rn. 25; *Weidlich*, Testamentsvollstreckung, S. 109; *Winkler*, Testamentsvollstrecker, Rn. 295; MüKoBGB/*Zimmermann*, § 2205 Rn. 32, 43.

189 § 711a S. 2 BGB i.d.F. des MoPeG v. 10.8.2021, BGBl. 2021 I, 3436.

190 Siehe etwa BGH NJW 1981, 749, 750; 1985, 1953, 1954; 1989, 3152, 3154; sog. „Abspaltungsthese", vgl. dazu bereits oben A.I.

191 Vgl. BGH NJW 1986, 2431, 2433, allerdings unter Ausschluss der *nach* dem Erbfall entstehenden, laufenden Gewinnansprüche, welche nicht völlig dem Nachlass, sondern zu einem „angemessenen" Anteil ausschließlich dem Gesellschafter-Erben zuzuordnen sein sollen; ausf. dazu unter E.II.1.b).

192 Dafür OLG München, NJW-RR 2010, 15, 16; KG, NJW-RR 1991, 835, 836; *Grigas*, BWNotZ 2002, 25, 27.

193 *Flume*, NJW 1988, 161, 163; *ders.*, in: FS Der Betrieb, 181, 188; *Hehemann*, BB 1995, 1301, 1303; NK-BGB/*Kroiß*, § 2205 Rn. 49; *Lorz*, Testamentsvollstreckung, S. 134; *Marotzke*, AcP 1987, 223, 232 f.; *Raddatz*, Nachlaßzugehörigkeit, S. 142; *Weidlich*, Testamentsvollstreckung, S. 29 f.; *ders.*, ZEV 1994, 205, 206; *Zimmermann*, Testamentsvollstreckung, Rn. 516, 666; selbst *Ulmer*, ZHR 1996, 413, 420 und

des MoPeG dürfte sich die Streitfrage, ob die selbstständig abtretbaren Ansprüche ebenfalls der Sondererbfolge unterfallen oder von der Erbengemeinschaft geltend zu machen sind, erledigt haben, da in § 711 Abs. 2 S. 3 BGB n.F. die Vorschriften über die Erbengemeinschaft ausdrücklich für unanwendbar erklärt werden.[194] Eine Auseinandersetzungsvollstreckung am vererbten Anteil einer werbenden Personengesellschaft ist deshalb in der Regel insgesamt als gegenstandslos zu betrachten.

b) Testamentsvollstreckung bei fehlender erbrechtlicher Nachfolge

aa) Verwaltung des Abfindungsanspruchs

Wird die Mitgliedschaft des Erblassers in der werbenden Personengesellschaft nicht auf erbrechtlichem Wege auf die Erben übergeleitet, stellt sich die Frage, was stattdessen als Objekt der Testamentsvollstreckung in Betracht kommt. Im Falle des Ausscheidens des Erblassers aus der Gesellschaft fällt – soweit nicht gesellschaftsvertraglich ausgeschlossen[195] – der gegen die Gesellschaft gerichtete Abfindungsanspruch des § 738 Abs. 1 S. 2 BGB[196] in den bei mehreren Erben gesamthänderisch gebundenen Nachlass.[197] Der Anspruch auf das Abfindungsguthaben unterliegt als verkehrsfähiger vermögensrechtlicher Anspruch ohne weiteres der Verwaltung durch den Testamentsvollstrecker.[198] Allein der Testamentsvollstrecker ist berechtigt,

---

Stodolkowitz, in: FS Kellermann, 439, 458 f., seines Zeichens ehem. Vorsitzender des II. Zivilsenats des BGH, sprechen sich mittlerweile gegen die Aufrechterhaltung der „Abspaltungsthese" aus.

194 Ebenso *Lange/Kretschmann*, ZEV 2021, 545, 550; *Weidlich*, in: Mayer/Bonefeld/Tanck, Testamentsvollstreckung Hdb., § 19 Rn. 74; *ders./Friedberger*, notar 2021, 187, 190.

195 Vgl. zu Zulässigkeit und Schranken gesellschaftsvertraglicher Abfindungsbeschränkungen, namentlich durch sog. Buchwertklauseln, *Bühler*, DNotZ 2021, 725; MüKoBGB/*Schäfer*, § 738 Rn. 41 ff., jeweils m.w.N; zu der umstrittenen Frage, ob der Testamentsvollstrecker im Falle einer gesellschaftsvertraglichen Abfindungsbeschränkung zur Ausübung eines Kündigungs- bzw. Austrittsrechts befugt ist, siehe unten C.III.3.c)bb).

196 § 728 Abs. 1 S. 1 BGB i.d.F. des MoPeG v. 10.8.2021, BGBl. 2021 I, 3436. Die Rechtsfolgen des Ausscheidens aus einer Personenhandelsgesellschaft werden durch das MoPeG aus „Gründen der Rechtsklarheit" einheitlich in §§ 135 ff. HGB n.F. geregelt, ohne dass es eines Rückgriffs auf das Recht der GbR bedarf, BT-Drs. 19/27635, S. 245; der bislang über §§ 105 Abs. 3, 161 Abs. 2 HGB i.V.m. § 738 Abs. 1 S. 2 BGB zu begründende Abfindungsanspruch des ausscheidenden OHG- oder KG-Gesellschafters ergibt sich künftig unmittelbar aus § 135 Abs. 1 S. 1 HGB n.F. (ggf. i.V.m. § 161 Abs. 2 HGB), dazu *Lange/Kretschmann*, ZEV 2021, 545, 546.

197 MüKoHGB/*K. Schmidt*, § 131 Rn. 66; MüKoBGB/*Zimmermann*, § 2205 Rn. 29; ebenso *Lange/Kretschmann*, ZEV 2021, 545, 548 zur Rechtslage nach dem MoPeG.

198 Soergel/*Damrau*, BGB, § 2205 Rn. 39; Staudinger/*Dutta*, BGB, § 2205 Rn. 163; *Klein/Lindemeier*, in: MünchHdb GesR I, § 80 Rn. 34; BeckOK BGB/*Lange*, Stand 1.2.2022, § 2205 Rn. 47; *Lorz*, Testamentsvollstreckung, S. 31; EBJS/*ders.*, HGB, § 139 Rn. 63;

bei der Feststellung des Abfindungsanspruchs mitzuwirken, den Anspruch für die Erben gegen die Gesellschaft geltend zu machen und Auszahlungen hierauf entgegen zu nehmen.[199] Einer Zustimmung der Mitgesellschafter bedarf es dazu nicht.[200]

Entsprechendes gilt, wenn der Erbe, nachdem er zunächst aufgrund erbrechtlicher Nachfolgeklausel in die Stellung eines persönlich haftenden Gesellschafters eingerückt ist, innerhalb der Frist des § 139 Abs. 3 HGB gem. § 139 Abs. 2 HGB sein Ausscheiden aus der Gesellschaft erklärt[201] für den dadurch entstehenden Abfindungsanspruch, welcher analog § 2041 BGB[202] in den Nachlass gelangt.[203] Die Befugnisse aus § 139 HGB[204], über den Verbleib bzw. die weitere Stellung in der Gesellschaft zu entscheiden, stehen übrigens nach einhelliger Ansicht allein dem Erben und nicht dem Testamentsvollstrecker zu.[205] Dies

---

Pauli, in: Bengel/Reimann, Hdb. Testamentsvollstreckung, § 5 Rn. 151; *Schmellenkamp*, MittRhNotK 1986, 181, 186; *Winkler*, Testamentsvollstrecker, Rn. 374; MüKoBGB/*Zimmermann*, § 2205 Rn. 29; *ders.*, Testamentsvollstreckung, Rn. 514.

199 *Klein*, DStR 1992, 292, 294; *Muscheler*, Haftungsordnung, S. 447 f.; *Pauli*, in: Bengel/Reimann, Hdb. Testamentsvollstreckung, § 5 Rn. 151; *Weidlich*, in: Mayer/Bonefeld/Tanck, Testamentsvollstreckung Hdb., § 19 Rn. 31; *Winkler*, Testamentsvollstrecker, Rn. 374.

200 *Winkler*, Testamentsvollstrecker, Rn. 348a; MüKoBGB/*Zimmermann*, § 2205 Rn. 31; *ders.*, Testamentsvollstreckung, Rn. 514.

201 Die Ablehnung des Antrags durch die Mitgesellschafter, dem Erben die Stellung eines Kommanditisten einzuräumen (§ 139 Abs. 1 HGB), begründet für den nachfolgenden Erben ein außerordentliches Austrittsrecht, MüKoHGB/*K. Schmidt*, § 132 Rn. 42, § 139 Rn. 83.

202 Das auf die Erbengemeinschaft bezogene Surrogationsprinzip des § 2041 BGB findet entsprechende Anwendung auf sonstige Fälle, in denen es – wie bei einer Testamentsvollstreckung (s.o. Fn. 41) – zu einer Absonderung des Nachlasses vom Eigenvermögen des Erben kommt, Staudinger/*Löhnig*, BGB, § 2041 Rn. 24; zur analogen Anwendung der Vorschrift auf den durch einen Testamentsvollstrecker verwalteten Nachlass RGZ 138, 132, 134; BGH NJW 1991, 842; 2012, 316 Rn. 4; BayObLG, NJW-RR 1992, 328 f.; OLG Hamm, ZEV 2001, 275; MüKoBGB/*Gergen*, § 2041 Rn. 3; Staudinger/*Löhnig*, BGB, § 2041 Rn. 24.

203 Soergel/*Damrau*, BGB, § 2205 Rn. 39; *Dörrie*, Testamentsvollstreckung, S. 139; *Klein*, DStR 1992, 292, 295; BeckOK BGB/*Lange*, Stand 1.2.2022, § 2205 Rn. 47; EBJS/*Lorz*, HGB, § 139 Rn. 63; *Muscheler*, Haftungsordnung, S. 448; *Pauli*, in: Bengel/Reimann, Hdb. Testamentsvollstreckung, § 5 Rn. 157; *Weidlich*, in: Mayer/Bonefeld/Tanck, Testamentsvollstreckung Hdb., § 19 Rn. 31; *Winkler*, Testamentsvollstrecker, Rn. 374; MüKoBGB/*Zimmermann*, § 2205 Rn. 31.

204 § 131 HGB i.d.F. des MoPeG v. 10.8.2021, BGBl. 2021 I, 3436.

205 RGZ 170, 392, 395; Soergel/*Damrau*, BGB, § 2205 Rn. 41; *Dörrie*, ZEV 1996, 370, 375 mit Fn. 71; *Kämper*, RNotZ 2016, 625, 627; *Klein*, DStR 1992, 292, 295; BeckOK

ergibt sich richtigerweise bereits daraus, dass die aus § 139 HGB resultierenden Rechte nicht von dem Erblasser herrühren, sondern – genauso wie das erbrechtliche Ausschlagungsrecht des § 1943 BGB – *originär* in der Person des Erben entstehen.[206] Durch das MoPeG vom 10.8.2021[207] hat der Gesetzgeber das bislang in § 139 HGB normierte Recht, die Einräumung einer Kommanditistenstellung zu verlangen, für die GbR in § 724 BGB n.F. übernommen und damit die nicht zu rechtfertigende Schlechterstellung des Erben eines GbR-Anteils gegenüber dem Erben eines OHG- oder Komplementäranteils beseitigt.[208] Im Unterschied zu § 139 HGB ist § 724 BGB n.F. jedoch als dispositive Regelung konzipiert, weshalb es an einer dem § 139 Abs. 5 HGB entsprechenden Vorschrift fehlt.[209] Eine unter Umständen auch stillschweigende Abbedingung des Wahlrechts ist also möglich.[210] Voraussetzung für die Beschränkung der gesellschaftsrechtlichen Haftung ist, dass die Umwandlung der GbR in eine Kommanditgesellschaft rechtlich überhaupt möglich ist, vgl. § 724 Abs. 1 BGB n.F. Denn anders als einer OHG steht nicht jeder GbR der Weg in die Kommanditgesellschaft offen, vgl. § 107 Abs. 1 HGB n.F. i.V.m. § 161 Abs. 2 HGB.[211] Insoweit dürfte es sich jedoch als förderlich erweisen, dass nach dem MoPeG die Rechtsformen der Personenhandelsgesellschaften vorbehaltlich der berufsrechtlichen Zulässigkeit[212] auch

---

BGB/*Lange*, Stand 1.2.2022, § 2205 Rn. 47; *Lorz*, Testamentsvollstreckung, S. 145; *Marotzke*, JZ 1986, 457, 462; *Pauli*, in: Bengel/Reimann, Hdb. Testamentsvollstreckung, § 5 Rn. 165; Staub/*Schäfer*, HGB, § 139 Rn. 62; MüKoHGB/*K. Schmidt*, § 139 Rn. 51; *Ulmer*, JuS 1986, 856, 860; *Weidlich*, in: Mayer/Bonefeld/Tanck, Testamentsvollstreckung Hdb., § 19 Rn. 31, 74 (zu § 724 BGB n.F.); *ders.*, ZEV 1994, 205, 210; *Wiedemann*, Übertragung, S. 321; *Winkler*, Testamentsvollstrecker, Rn. 369; MüKoBGB/*Zimmermann*, § 2205 Rn. 39; vgl. auch *Hehemann*, BB 1995, 1301, 1310; für die Nachlassverwaltung auch BGH NJW 1967, 1961, 1962.

206 *Faust*, DB 2002, 189, 192; *Lorz*, Testamentsvollstreckung, S. 145; Staub/*Schäfer*, HGB, § 139 Rn. 62; MüKoHGB/*K. Schmidt*, § 139 Rn. 51; *Wiedemann*, Übertragung, S. 321.

207 BGBl. 2021 I, 3436.

208 *Lange/Kretschmann*, ZEV 2021, 545, 549; zust. auch BeckOGK BGB/*v. Proff*, Stand 1.12.2021, § 727 Rn. 131.

209 BT-Drs. 19/27635, S. 171.

210 BT-Drs. 19/27635, S. 171; *Lange/Kretschmann*, ZEV 2021, 545, 549.

211 Die damit verbundenen Einschränkungen für die Geltendmachung des Wahlrechts nimmt der Gesetzgeber des MoPeG bewusst in Kauf, vgl. BT-Drs. 19/27635, S. 171.

212 Siehe etwa für Rechtsanwälte die Regelung in § 59b Abs. 2 S. 1 Nr. 1 BRAO i.d.F. des Gesetzes zur Neuregelung des Berufsrechts der anwaltlichen und steuerberatenden Berufsausübungsgesellschaften sowie zur Änderung weiterer Vorschriften im Bereich der rechtsberatenden Berufe v. 7.7.2021, BGBl. 2021 I, 2363, welches am 1.8.2022 in Kraft tritt.

Angehörigen Freier Berufe offen stehen, § 107 Abs. 1 S. 2 HGB n.F.[213] Ist eine Fortführung der GbR als Kommanditgesellschaft nicht möglich oder lehnen die übrigen Gesellschafter das Ansinnen des Erben, ihm die Stellung eines Kommanditisten einzuräumen, ab, ist der Erbe befugt, seine Mitgliedschaft ohne Einhaltung einer Kündigungsfrist zu kündigen, § 724 Abs. 2 BGB n.F. Nach der Umwandlung der vollhaftenden Beteiligung in einen Kommanditanteil unterliegen die daraus resultierenden Mitgliedschaftsrechte vollumfänglich der Verwaltungsbefugnis des Testamentsvollstreckers.[214]

Ähnlich verhält es sich, wenn der Gesellschafterwechsel mittels gesellschaftsvertraglicher Eintrittsklausel vollzogen wird.[215] Mit dem Tod des Erblassers treten hier zunächst ebenfalls die Rechtsfolgen des § 131 Abs. 3 S. 1 Nr. 1 HGB[216] ein, d.h. Anwachsung gem. § 738 Abs. 1 S. 1 BGB[217] und – soweit nicht gesellschaftsvertraglich ausgeschlossen – Abfindungsanspruch der Erben gem. § 738 Abs. 1 S. 2 BGB.[218] Auch dieser Anspruch fällt in den Nachlass und unterliegt bei angeordneter Testamentsvollstreckung dem Verwaltungsrecht des Testamentsvollstreckers.[219] Möchte also etwa der eintrittsberechtigte Erbe im Rahmen des Aufnahmevertrages mit der Gesellschaft seinen Abfindungsanspruch in die Gesellschaft einbringen bzw. diesen mit seiner Einlagepflicht verrechnen[220], bedarf er dazu der Mitwirkung des Testamentsvollstreckers bzw. der Freigabe dieses Anspruchs nach § 2217 Abs. 1 BGB.[221] Die Ausübung des Eintrittsrechts als eines im Gesellschaftsvertrag begründeten, von der Erbfolge unabhängigen Anspruchs gem. § 328 BGB ist jedoch genauso wie bei § 139 HGB nicht Sache des

213 Die Öffnung der Personenhandelsgesellschaften für Freiberufler gehört zu den zentralen Änderungen des MoPeG im Recht der OHG, vgl. BT-Drs. 19/27635, S. 110; siehe dazu *Schäfer*, ZIP 2020, 1149, 1153 f.; Hopt/*Roth*, HGB, Einl. vor § 105 Rn. 51; vgl. zur bisherigen Rechtslage *Bachmann*, NJW 2021, 3073, 3078 m.w.N.

214 *Klein*, DStR 1992, 292, 295.

215 Dazu *Klein/Lindemeier*, in: MünchHdb GesR I, § 79 Rn. 73 ff.

216 § 130 Abs. 1 Nr. 1 HGB bzw. künftig auch für die GbR § 723 Abs. 1 Nr. 1 BGB, jeweils i.d.F. des MoPeG v. 10.8.2021, BGBl. 2021 I, 3436.

217 § 712 Abs. 1 BGB i.d.F. des MoPeG v. 10.8.2021, BGBl. 2021 I, 3436.

218 *Klein*, DStR 1992, 292, 293; *ders./Lindemeier*, in: MünchHdb GesR I, § 79 Rn. 82; MüKoHGB/*K. Schmidt*, § 139 Rn. 28; anders ist dies bei einer erb- oder rechtsgeschäftlichen Nachfolgeklausel, durch die ein *unmittelbarer* Übergang der Gesellschaftsbeteiligung des verstorbenen Gesellschafters auf die nachfolgeberechtigte Person bewirkt wird, *Klein*, DStR 1992, 292, 293; *ders./Lindemeier*, in: MünchHdb GesR I, § 79 Rn. 73.

219 *Klein*, DStR 1992, 292, 294; *Ulmer*, NJW 1990, 73, 82.

220 Dazu *Klein/Lindemeier*, in: MünchHdb GesR I, § 79 Rn. 90.

221 *Muscheler*, Haftungsordnung, S. 452; *Ulmer*, NJW 1990, 73, 82.

Testamentsvollstreckers, sondern allein des begünstigten Erben persönlich.[222] Dies gilt auch dann, wenn der Erblasser dem Testamentsvollstrecker letztwillig die Befugnis eingeräumt hat, den Eintrittsberechtigten zu bestimmen.[223] In diesem Fall steht dem Testamentsvollstrecker allein das Benennungsrecht zu, die Entscheidung über die Ausübung des Eintrittsrechts bleibt dem Benannten vorbehalten.[224] Auch eine Testamentsvollstreckung an der durch die Ausübung des Eintrittsrechts *originär* erworbenen Beteiligung scheidet aus.[225] Insoweit handelt es sich nicht um den Gesellschaftsanteil des Erblassers, dieser wurde ja gerade nicht vererbt, § 131 Abs. 3 S. 1 Nr. 1 HGB, sondern um eine durch Abschluss eines Aufnahmevertrages zwischen dem Eintrittsberechtigten und den überlebenden Gesellschaftern auf rechtsgeschäftlichem Wege *neu* begründete Mitgliedschaft.[226]

bb) Befugnisse des Testamentsvollstreckers im Liquidationsstadium

Wird die Gesellschaft durch den Tod einer ihrer Gesellschafter aufgelöst[227], besteht die Gesellschaft bis zur vollständigen Auseinandersetzung nach §§ 730 ff. BGB[228] einstweilen als Abwicklungs- bzw. Liquidationsgesellschaft

---

222 BeckOK BGB/*Lange*, Stand 1.2.2022, § 2205 Rn. 59; *Muscheler*, Haftungsordnung, S. 451; Staudinger/*Dutta*, BGB, § 2205 Rn. 163; *Ulmer*, NJW 1990, 73, 82; *Weidlich*, in: Mayer/Bonefeld/Tanck, Testamentsvollstreckung Hdb., § 19 Rn. 32; MüKoBGB/*Zimmermann*, § 2205 Rn. 39.

223 Dies ist zulässig, § 2065 BGB steht dem nicht entgegen, *Klein/Lindemeier*, in: MünchHdb GesR I, § 79 Rn. 80.

224 *Klein*, DStR 1992, 292, 294 f.; *Muscheler*, Haftungsordnung, S. 451.

225 *Kämper*, RNotZ 2016, 625, 627; *Klein*, DStR 1992, 292, 294; *Schneider*, NJW 2015, 1142, 1144; *Ulmer*, NJW 1990, 73, 82; *Winkler*, Testamentsvollstrecker, Rn. 383; diff. *Muscheler*, Haftungsordnung, S. 452 f.

226 *Klein*, DStR 1992, 292, 293 f.; *ders./Lindemeier*, in: MünchHdb GesR I, § 79 Rn. 86; MüKoHGB/*K. Schmidt*, § 139 Rn. 29.

227 Nach dem MoPeG v. 10.8.2021, BGBl. 2021 I, 3436, ist dies nur dann noch der Fall, wenn der Gesellschaftsvertrag für den Fall des Todes eines Gesellschafters die Auflösung der Gesellschaft vorsieht, vgl. § 723 Abs. 1 Halbs. 2 BGB n.F.; siehe zu Auflösungsklauseln in Gesellschaftsverträgen *Klein/Lindemeier*, in: MünchHdb GesR I, § 79 Rn. 99 ff.

228 Die bisher auf die §§ 730-735 BGB verteilten Regelungen zur Auseinandersetzung der GbR werden durch das MoPeG in Kapitel 6 unter der Überschrift „Liquidation der Gesellschaft" in §§ 735-739 BGB n.F. zusammengefasst und, sowohl was die Terminologie als auch den Gesetzesaufbau angeht, dem Recht der Personenhandelsgesellschaften angeglichen, BT-Drs. 19/27635, S. 182. Auch die bislang in §§ 145-158 HGB enthaltenen Bestimmungen zur Liquidation der OHG bzw. KG werden durch das

fort.[229] Die Beteiligung des verstorbenen Gesellschafters an der Abwicklungsgesellschaft fällt in den Nachlass.[230] Mehrere Erben rücken in ihrer gesamthänderischen Verbundenheit als Erbengemeinschaft an die Stelle des Erblassers in die Gesellschaft ein.[231] Das Prinzip der Gesamtrechtsnachfolge bleibt somit erhalten.[232] Daran hat auch das MoPeG vom 10.8.2021[233] und die gesetzliche Anerkennung der Sondererbfolge in § 711 Abs. 2 BGB n.F. nichts geändert, da diese Vorschrift nur auf die werbende Gesellschaft Anwendung findet.[234] Eine letztwillig angeordnete Testamentsvollstreckung erstreckt sich unstreitig auf die Beteiligung an der Liquidationsgesellschaft.[235] Der Testamentsvollstrecker übt unter Ausschluss der Erben alle Befugnisse als Liquidator aus und ist dementsprechend nicht nur berechtigt, den Auseinandersetzungsanspruch für die Erben geltend zu machen, sondern auch die sich aus §§ 146 Abs. 1, 149 HGB[236] ergebenden Aufgaben wahrzunehmen.[237] Haftungsrechtliche Bedenken bestehen

---

MoPeG redaktionell überarbeitet und in den §§ 143-152 HGB n.F. neu gegliedert, ohne dass wesentliche inhaltliche Änderungen damit verbunden sind, BT-Drs. 19/27635, S. 247.

229 *Gummert*, in: MünchHdb GesR I, § 21 Rn. 4; MüKoBGB/*Schäfer*, § 730 Rn. 1; *K. Schmidt*, GesR, § 45 V 2 b.

230 *Kämper*, RNotZ 2016, 625, 628; *Klein*, DStR 1992, 292, 293; *Pauli*, in: Bengel/Reimann, Hdb. Testamentsvollstreckung, § 5 Rn. 239; *Weidlich*, in: Mayer/Bonefeld/Tanck, Testamentsvollstreckung Hdb., § 19 Rn. 30; *ders.*, Testamentsvollstreckung, S. 128.

231 BGH NJW 1982, 170, 171; 1995, 3314, 3315; *Grigas*, BWNotZ 2002, 25, 26; *Gummert*, in: MünchHdb GesR I, § 21 Rn. 65; *K. Schmidt*, GesR, § 45 V 2 b; *Weidlich*, Testamentsvollstreckung, S. 128.

232 *Weidlich*, in: Mayer/Bonefeld/Tanck, Testamentsvollstreckung Hdb., § 19 Rn. 30; *ders.*, Testamentsvollstreckung, S. 128.

233 BGBl. 2021 I, 3436.

234 Vgl. BT-Drs. 19/27635, S. 145 (zu § 711 BGB n.F.) und S. 178 (zu § 730 BGB n.F.); ebenso *Weidlich*, in: Mayer/Bonefeld/Tanck, Testamentsvollstreckung Hdb., § 19 Rn. 74; *ders./Friedberger*, notar 2021, 187, 190; *Lange/Kretschmann*, ZEV 2021, 545, 550.

235 BGH NJW 1981, 749, 750; 1986, 2431, 2434; *Dörrie*, Testamentsvollstreckung, S. 139; *Klein*, DStR 1992, 292, 294; NK-BGB/*Kroiß*, § 2205 Rn. 67; *Lorz*, Testamentsvollstreckung, S. 30; *K. Schmidt*, GesR, § 45 V 2 b; *Schmitz*, ZGR 1988, 140, 142; *Weidlich*, Testamentsvollstreckung, S. 129; *Wiedemann*, Übertragung, S. 321.

236 §§ 144 Abs. 1, 148 Abs. 2 HGB bzw. für die GbR §§ 736 Abs. 1, 736d Abs. 2 BGB, jeweils i.d.F. des MoPeG v. 10.8.2021, BGBl. 2021 I, 3436.

237 *Kämper*, RNotZ 2016, 625, 628 f.; *Klein*, DStR 1992, 292, 294; *Muscheler*, Haftungsordnung, S. 442; *Pauli*, in: Bengel/Reimann, Hdb. Testamentsvollstreckung, § 5 Rn. 156; *Schmellenkamp*, MittRhNotK 1986, 181, 186; *Weidlich*, in: Mayer/Bonefeld/Tanck,

nicht, da der Erbe für die durch die Liquidation entstehenden Gesellschaftsverbindlichkeiten nur nach erbrechtlichen Grundsätzen haftet, d.h. mit der Möglichkeit, seine Haftung auf den Nachlass zu beschränken.[238] Einer Zustimmung der Mitgesellschafter bedarf es – auch soweit es um die inneren Angelegenheiten in der Liquidationsgesellschaft geht – anders als in der werbenden Gesellschaft[239] nicht.[240] Bei einer ohnehin auf Auflösung gerichteten Gesellschaft wird ein schützenswertes Interesse der Mitgesellschafter, keine gesellschaftsfremden Dritten aufgedrängt zu bekommen, abgelehnt.[241] Dieselben Grundsätze gelten auch, wenn sich die Gesellschaft bereits vor dem Tod des Erblassers aus sonstigen Gründen im Liquidationsstadium befunden hatte und die Auseinandersetzung zum Zeitpunkt des Erbfalles noch nicht vollständig abgeschlossen war.[242]

Soll die aufgelöste Gesellschaft nach dem Willen der Gesellschafter fortgesetzt und wieder in das werbende Stadium zurückversetzt werden, bedarf der gem. § 2038 Abs. 1 S. 1 BGB von sämtlichen Miterben gemeinsam mit den überlebenden Gesellschaftern zu fassende Fortsetzungsbeschluss[243] der Zustimmung des Testamentsvollstreckers.[244] Im Hinblick auf die fortgesetzte Gesellschaft finden

---

Testamentsvollstreckung Hdb., § 19 Rn. 30; *ders.*, Testamentsvollstreckung, S. 129; *Winkler*, Testamentsvollstrecker, Rn. 295.

238 Vgl. BGH NJW 1982, 45, 46; NK-BGB/*Kroiß*, § 2205 Rn. 67; *Weidlich*, Testamentsvollstreckung, S. 128 f.

239 Dazu sogleich.

240 *Kämper*, RNotZ 2016, 625, 629; NK-BGB/*Kroiß*, § 2205 Rn. 67; *Lorz*, Testamentsvollstreckung, S. 30; *Pauli*, in: Bengel/Reimann, Hdb. Testamentsvollstreckung, § 5 Rn. 239; BeckOGK BGB/*v. Proff*, Stand 1.12.2021, § 727 Rn. 15; *ders.*, DStR 2018, 415; Staudinger/*Dutta*, BGB, § 2205 Rn. 163; *Weidlich*, Testamentsvollstreckung, S. 130.

241 *Pauli*, in: Bengel/Reimann, Hdb. Testamentsvollstreckung, § 5 Rn. 239; *Weidlich*, Testamentsvollstreckung, S. 130.

242 *Kämper*, RNotZ 2016, 625, 628; *Klein*, DStR 1992, 292, 293; vgl. BGH NJW 1982, 45, 46.

243 Ein solcher Fortsetzungsbeschluss wird allgemein für zulässig erachtet, soweit eine fortsetzungsfähige, also noch nicht voll beendete Gesellschaft vorhanden, der Auflösungsgrund behoben ist und die Gesellschafter – in der Regel einstimmig – die Fortsetzung beschließen, BGH NJW 1995, 2843, 2844; NZG 2007, 860; *K. Schmidt*, GesR, § 11 V 5; MüKoHGB/*ders.*, § 145 Rn. 72, 78; siehe künftig zur Fortsetzung der aufgelösten Gesellschaft §§ 734 BGB, 142 HGB i.d.F. des MoPeG v. 10.8.2021, BGBl. 2021 I, 3436.

244 *Klein*, DStR 1992, 292, 294; NK-BGB/*Kroiß*, § 2205 Rn. 67; *Muscheler*, Haftungsordnung, S. 446 f.; BeckOGK BGB/*v. Proff*, Stand 1.12.2021, § 727 Rn. 16; *Weidlich*, Testamentsvollstreckung, S. 131.

dann wieder die für die werbende Gesellschaft und die jeweilige Beteiligungsart geltenden Grundsätze Anwendung. Im Falle eines vollhaftenden Anteils beschränkt sich das Verwaltungsrecht des Testamentsvollstreckers auf die vermögensrechtliche „Außenseite" der Beteiligung.[245] Demgegenüber richten sich die Befugnisse des Testamentsvollstreckers, wenn die Gesellschaft erst nach dem Tod des Erblassers aufgelöst wird, weiter nach den Regeln für die werbende Gesellschaft.[246] Hat der Testamentsvollstrecker einen vollhaftenden Personengesellschaftsanteil zu verwalten, kann er somit zwar den Anspruch auf das Auseinandersetzungsguthaben geltend machen. Die Abwicklung selbst ist jedoch, nachdem der Anteil an der werbenden Gesellschaft erst einmal im Wege der Sondererbfolge auf die Erben übergegangen ist, „deren Gesellschaftersache".[247] Das Verwaltungsrecht des Testamentsvollstreckers wird also durch die nachträgliche Auflösung der Gesellschaft nicht erweitert und anders als im umgekehrten Fall einer nachträglich beschlossenen Fortsetzung einer durch den Tod des Erblassers oder bereits vorher aufgelösten Gesellschaft kommt es nicht zu einem „Regimewechsel"[248] bei der Testamentsvollstreckung. Dies wird unter Hinweis darauf, dass der zulässige Umfang der angeordneten Testamentsvollstreckung allein vom zeitlichen Zufall abhängt, ob zuerst der Auflösungsgrund eintritt oder das Ereignis, das die Testamentsvollstreckung ausgelöst hat, zum Teil kritisiert.[249] Die unterschiedliche Behandlung ist jedoch dem Umstand geschuldet, dass sich bei einer nachträglich aufgelösten Gesellschaft die im Rahmen der werbenden Gesellschaft geltende Haftungsordnung nach Ablauf der Dreimonatsfrist des § 139 Abs. 3 HGB[250] auch im Liquidationsstadium fortsetzt, weshalb sich auch der Umfang der Befugnisse des Testamentsvollstreckers nach den Regeln für die werbende Gesellschaft richten muss.[251]

---

245 BeckOGK BGB/*v. Proff*, Stand 1.12.2021, § 727 Rn. 16 zum GbR-Anteil.

246 NK-BGB/*Kroiß*, § 2205 Rn. 67.

247 BGH NJW 1981, 749, 750; ebenso für den Nachlassinsolvenzverwalter BGH NJW 2017, 3715 Rn. 20.

248 *v. Proff*, NJW 2018, 828, 830.

249 Siehe etwa *v. Proff*, NJW 2018, 828, 830.

250 Bei einer Auflösung der Gesellschaft innerhalb der Frist des § 139 Abs. 3 HGB haftet der Erbe für die durch die Liquidation entstehenden Gesellschaftsverbindlichkeiten wiederum nur erbrechtlich (§ 139 Abs. 4 HGB), weshalb eine Vollstreckung in diesem Fall genauso wie bei einer Auflösung unmittelbar durch den Erbfall unproblematisch ist, *Muscheler*, Haftungsordnung, S. 441; *Weidlich*, Testamentsvollstreckung, S. 131.

251 Zutr. NK-BGB/*Kroiß*, § 2205 Rn. 67.

II. Gesellschaftsvertragliche Zulässigkeit der Testamentsvollstreckung

1. Personengesellschaftsrecht

a) Zustimmungserfordernis

Die Möglichkeit einer umfassenden, auch die Mitverwaltungsrechte innerhalb der werbenden Personengesellschaft beinhaltenden Testamentsvollstreckung ist nach nahezu einhelliger Meinung gesellschaftsrechtlich von der Zustimmung der übrigen Gesellschafter abhängig.[252] Das Zustimmungserfordernis wird vornehmlich aus dem höchstpersönlichen Charakter des gesellschaftlichen Zusammenschlusses in der Personengesellschaft gefolgert, wonach sich die Gesellschafter – sofern nicht ein Fall notwendiger Vertretung gegeben ist – gegen ihren Willen innerhalb der Gemeinschaft niemanden aufdrängen lassen müssen, mit dem sie sich nicht auf die Gesellschaft eingelassen haben.[253] Dieser höchstpersönliche Charakter ist auch der Grund, warum die Mitgliedschaft in einer Personengesellschaft – vorbehaltlich abweichender gesellschaftsvertraglicher Regelungen – mit Ausnahme der Kommanditbeteiligung nicht vererblich[254] ist und ohne Zustimmung der übrigen Gesellschafter nicht übertragen[255] werden

---

252 BGH NJW 1977, 1339, 1344; 1985, 1953, 1954; 1986, 2431, 2433; 1989, 3152, 3153; NJW-RR 2012, 730, 731; OLG Hamm, NJW-RR 1991, 837; *Dörrie*, Testamentsvollstreckung, S. 84; *Klein/Lindemeier*, in: MünchHdb GesR II, § 42 Rn. 53; *Marotzke*, JZ 1986, 457, 460; *ders.*, AcP 1987, 223, 238 f.; Oetker/*Oetker*, HGB, § 177 Rn. 16; *Pauli*, in: Bengel/Reimann, Hdb. Testamentsvollstreckung, § 5 Rn. 202; *Raddatz*, Nachlaßzugehörigkeit, S. 170; Staudinger/*Dutta*, BGB, § 2205 Rn. 181; Staub/*Schäfer*, HGB, § 139 Rn. 61; MüKoHGB/*K. Schmidt*, § 139 Rn. 48; EBJS/*Strohn*, HGB, § 177 Rn. 18; Staub/*Thiessen*, HGB, § 177 Rn. 20; *Ulmer*, NJW 1990, 73, 76; *ders./Schäfer*, ZHR 1996, 413, 439; *Weidlich*, in: Mayer/Bonefeld/Tanck, Testamentsvollstreckung Hdb., § 19 Rn. 45; *Winkler*, Testamentsvollstrecker, Rn. 368; ebenso bereits *Wiedemann*, Übertragung, S. 335 f.; a.A. für den Kommanditanteil *K. Schmidt*, in: FS Maier-Reimer, 629, 633; MüKoHGB/*ders.*, § 177 Rn. 27; NK-HGB/*Schall*, HGB, § 177 Rn. 5.

253 Siehe die Nachw. in Fn. 252; krit. dazu Hopt/*Roth*, HGB, § 139 Rn. 26; mehr auf die haftungsrechtlichen Folgen im Innenverhältnis abstellend *Muscheler*, Haftungsordnung, S. 475.

254 S.o. B.I.2.a).

255 Vgl. dazu BGH NJW 1954, 1155; MüKoBGB/*Schäfer*, § 719 Rn. 27; MüKoHGB/*K. Schmidt*, § 105 Rn. 213; *ders.*, GesR, § 45 III 2 b; siehe zum Zustimmungserfordernis künftig ausdr. § 711 Abs. 1 S. 1 BGB i.d.F. des MoPeG v. 10.8.2021, BGBl. 2021 I, 3436.

kann.[256] Eine Zustimmung zur Testamentsvollstreckung wird deshalb auch dann für erforderlich gehalten, wenn im Wege von Ersatzkonstruktionen (Treuhand-/ Vollmachtslösung) eine umfassende Verwaltungsbefugnis des Testamentsvollsteckers am Anteil eines vollhaftenden Gesellschafters begründet werden soll.[257] Nur wenn einer von mehreren Mitgesellschaftern zum Testamentsvollstrecker berufen ist, ist der persönliche Charakter der Beziehungen der Gesellschafter untereinander nicht betroffen, weshalb hier teilweise auf eine Zustimmung der übrigen Gesellschafter verzichtet wird.[258] Da aber nach herrschender Meinung die Ausübung des Stimmrechts durch Bevollmächtigte des Gesellschafters ebenfalls von der Zustimmung der Mitgesellschafter abhängig ist, und zwar auch dann, wenn die Vertretung durch einen Mitgesellschafter erfolgen soll[259], ist eine solche Einschränkung abzulehnen.[260]

Die Zustimmung kann entweder bereits vorab im Gesellschaftsvertrag (sog. Testamentsvollstreckerklausel[261]) – sei es generell oder beschränkt auf bestimmte Gesellschaftsanteile oder bestimmte Personen als Testamentsvollstrecker[262] – oder nachträglich erteilt werden.[263] Eine später erteilte Zustimmung stellt eine Änderung des Gesellschaftsvertrags dar, weshalb sie der für Änderungen unter Umständen vorgesehenen Mehrheit[264] und Form

256 *Muscheler*, Haftungsordnung, S. 475.

257 *Pauli*, in: Bengel/Reimann, Hdb. Testamentsvollstreckung, § 5 Rn. 169; *Weidlich*, in: Mayer/Bonefeld/Tanck, Testamentsvollstreckung Hdb., § 19 Rn. 35, 40.

258 Siehe etwa Soergel/*Damrau*, BGB, § 2205 Rn. 30; *Winkler*, Testamentsvollstrecker, Rn. 346.

259 Vgl. BGH NJW 1970, 706; Hopt/*Roth*, HGB, § 119 Rn. 21; Oetker/*Lieder*, HGB, § 119 Rn. 17; Staub/*Schäfer*, HGB, § 119 Rn. 59; MüKoBGB/*ders.*, § 709 Rn. 77; a.A. wohl MüKoHGB/*Enzinger*, § 119 Rn. 19.

260 Zutr. *Dörrie*, Testamentsvollstreckung, S. 88; i.E. ebenso *Muscheler*, Haftungsordnung, S. 476 wegen des „Haftungsarguments" (vgl. dazu oben Fn. 253).

261 Formulierungsvorschlag bei *Pauli*, in: Bengel/Reimann, Hdb. Testamentsvollstreckung, § 5 Rn. 210.

262 Staub/*Schäfer*, HGB, § 139 Rn. 61; MüKoBGB/*ders.*, § 705 Rn. 116; MüKoBGB/*Zimmermann*, § 2205 Rn. 34; zur Personenbezogenheit der Zustimmung OLG Stuttgart, ZIP 1988, 1335, 1337.

263 BGH NJW 1985, 1953, 1954; 1989, 3152, 3153; NJW-RR 2012, 730, 731; *Dörrie*, Testamentsvollstreckung, S. 84 f.; *Klein/Lindemeier*, in: MünchHdb GesR II, § 42 Rn. 53; Oetker/*Oetker*, HGB, § 177 Rn. 16; Staudinger/*Dutta*, BGB, § 2205 Rn. 181; *Ulmer*, NJW 1990, 73, 76; *Wiedemann*, Übertragung, S. 336; *Winkler*, Testamentsvollstrecker, Rn. 346.

264 *Dörrie*, Testamentsvollstreckung, S. 85 hält einen Beschluss mit der im Gesellschaftsvertrag vorgesehenen Mehrheit für ausreichend, während die Gegenansicht wohl eine

bedarf.[265] Da im Recht der Personengesellschaften jedoch, anders als etwa im GmbH-Recht (§§ 53, 54 GmbHG), keine zwingenden Formvorgaben für Gesellschaftsvertragsänderungen existieren, kann eine Abänderung hier grundsätzlich auch stillschweigend bzw. konkludent erfolgen[266], etwa durch die widerspruchslose Hinnahme der Mitwirkung des Testamentsvollstreckers in gesellschaftsinternen Angelegenheiten[267]. Erklärungsgegner einer solchen *ad-hoc*-Zustimmung sind nach zutreffender Ansicht die jeweils anderen Gesellschafter.[268] Streitigkeiten über die Wirksamkeit von Gesellschafterbeschlüssen sind bei Personengesellschaften grundsätzlich unter den Gesellschaftern auszutragen, die Gesellschaft ist insoweit nicht dispositionsbefugt.[269] Deshalb kann die Gesellschaft auch nicht Erklärungsempfängerin der Zustimmung sein.[270] Eine nachträgliche Zustimmung hat für die überlebenden Mitgesellschafter den Vorteil, dass sie über die Zulassung der Testamentsvollstreckung in jedem Einzelfall individuell entscheiden können, zumal sie als Genehmigung (§ 184 Abs. 1 BGB) auch rückwirkend[271] erteilt werden kann.[272] Aus Sicht des betroffenen Erblassers stellt diese Dispositionsbefugnis jedoch ein Problem dar, kann sie doch den testamentarisch bekundeten Willen, den eigenen Anteil nach dem Ableben durch einen Testamentsvollstrecker verwalten zu lassen, konterkarieren. Gegen die Gefahr einer verweigerten Zustimmung sollte sich der Testator daher zu Lebzeiten durch die Aufnahme einer eindeutigen Regelung im Gesellschaftsvertrag absichern.[273]

Zustimmung aller Gesellschafter verlangt, siehe etwa *Marotzke*, JZ 1986, 457, 460; *ders.*, AcP 1987, 223, 238 f.; MüKoHGB/*K. Schmidt*, § 139 Rn. 48.

265 *Holch*, DNotZ 1958, 282, 300; *Winkler*, Testamentsvollstrecker, Rn. 348.

266 *Klein/Lindemeier*, in: MünchHdb GesR II, § 42 Rn. 53; vgl. auch OLG Frankfurt a.M., ZEV 2008, 606, 607.

267 *Dörrie*, Testamentsvollstreckung, S. 87.

268 *Mayer*, ZIP 1990, 976, 977; ihm folgend *Klein/Lindemeier*, in: MünchHdb GesR II, § 42 Rn. 53; *Muscheler*, Haftungsordnung, S. 474 mit Fn. 21; *Pauli*, in: Bengel/Reimann, Hdb. Testamentsvollstreckung, § 5 Rn. 202.

269 BGH NJW 1967, 2159; WM 1983, 785.

270 Vgl. *Löffler*, NJW 1989, 2656, 2661 mit Fn. 75 zu Eingriffen in den Kernbereich der Mitgliedschaft.

271 *Muscheler*, Haftungsordnung, S. 474; *Schneider*, NJW 2015, 1142, 1144; *Weidlich*, ZEV 1994, 205, 210; *Winkler*, Testamentsvollstrecker, Rn. 348.

272 *Ulmer*, NJW 1990, 73, 76.

273 *Lorz*, Testamentsvollstreckung, S. 173.

b) Auslegung des Gesellschaftsvertrags

Fehlt eine eindeutige Regelung, kann dem Gesellschaftsvertrag auch im Auslegungswege eine Zustimmung zur Testamentsvollstreckung entnommen werden.[274] Insoweit finden die für die Auslegung von Rechtsgeschäften geltenden allgemeinen Grundsätze Anwendung, §§ 133, 157 BGB. Danach kommt es ohne strikte Bindung an den Vertragswortlaut darauf an, welche Regelung die vertragschließenden Gesellschafter nach Treu und Glauben unter Berücksichtigung der Interessenlage tatsächlich gewollt haben.[275] Für die Frage der Zulassung der Ausübung von Mitgliedsrechten durch einen Testamentsvollstrecker ist die vertragliche Ausgestaltung der Gesellschafterverhältnisse und der Grad der durch den Gesellschaftsvertrag zugelassenen Fremdverwaltung maßgeblich.[276] Je geringer die persönliche Verbundenheit zwischen den Mitgesellschaftern, desto eher wird man ein Einverständnis der Gesellschafter mit einer Fremdeinwirkung annehmen können.[277] Letztlich handelt es sich um ein Auslegungsproblem, weshalb sich generalisierende Aussagen nur bedingt treffen lassen.[278] Vor diesem Hintergrund ist auch die im Schrifttum häufig anzutreffende Aussage, wonach bereits in der freien Übertragbarkeit oder Vererblichkeit der Anteile eine Zustimmung zur Testamentsvollstreckung zu sehen sei, bedenklich.[279] Für eine solche Interpretation spricht zwar, dass die Gesellschafter, wenn die Anteile nach dem Gesellschaftsvertrag frei veräußerlich oder bei Vorhandensein einer einfachen Nachfolgeklausel frei vererblich sind, zu verstehen geben, dass sie jeden beliebigen Dritten in der Gesellschaft zu akzeptieren bereit sind, weshalb sie auch gegen die Rechtsausübung durch einen Testamentsvollstrecker kaum

---

274 BGH NJW 1977, 1339, 1344; OLG Hamm, NJW-RR 1991, 837, 839; *Dörrie*, Testamentsvollstreckung, S. 85; *Klein/Lindemeier*, in: MünchHdb GesR II, § 42 Rn. 53; *Lorz*, Testamentsvollstreckung, S. 136, 173; *Muscheler*, Haftungsordnung, S. 475; *Ulmer*, NJW 1990, 73, 76; *Wiedemann*, Übertragung, S. 336.

275 Vgl. zur Auslegung von Personengesellschaftsverträgen BGH NJW 1978, 264, 265; 1979, 1705; OLG Hamm, NJW-RR 1991, 837, 839; MüKoBGB/*Schäfer*, § 705 Rn. 171; MüKoHGB/*K. Schmidt*, § 105 Rn. 149.

276 *Dörrie*, Testamentsvollstreckung, S. 85; *Lorz*, Testamentsvollstreckung, S. 136, 173.

277 *Lorz*, Testamentsvollstreckung, S. 136, 173.

278 Ebenso *Dörrie*, Testamentsvollstreckung, S. 85; *Lorz*, Testamentsvollstreckung, S. 136; *Muscheler*, Haftungsordnung, S. 475; *Ulmer*, NJW 1990, 73, 76.

279 *Dörrie*, Testamentsvollstreckung, S. 86; zur Zurückhaltung mahnend auch *Lorz*, Testamentsvollstreckung, S. 135 f.; EBJS/*Strohn*, HGB, § 177 Rn. 18; MüKoBGB/*Zimmermann*, § 2205 Rn. 34, 44.

etwas einzuwenden haben dürften.[280] Dies müsste mit Rücksicht auf die Regelung des § 177 HGB sogar dann gelten, wenn der Gesellschaftsvertrag zur erbrechtlichen Nachfolge in den Kommanditanteil überhaupt keine Regelung trifft, die gesetzlich vorgesehene Vererblichkeit gesellschaftsvertraglich also lediglich nicht abbedungen oder – wie im Falle einer qualifizierten[281] Nachfolgeklausel – beschränkt worden ist.[282] Im Ergebnis würde dies einem völligen Verzicht auf das Zustimmungserfordernis gleichkommen.[283]

Die Gegenmeinung verweist indes zu Recht darauf, dass es für die Gesellschafter sehr wohl einen Unterschied macht, ob nur ein für sie fremder Dritter bzw. der Erbe oder zusätzlich ein Testamentsvollstrecker, der anders als der Nachfolger-Erbe typischerweise nicht zu den Abkömmlingen des verstorbenen Gesellschafters gehört, in die Gesellschaft eintritt.[284] Denn während ein Gesellschafter in der Regel ein gesteigertes persönliches Interesse an dem Wohlergehen der Gesellschaft hat, trifft das auf den allein dem objektiven Nachlassinteresse verpflichteten Amtsinhaber nur bedingt zu.[285] Vor diesem Hintergrund verliert auch das Argument, dass der Erblasser den Testamentsvollstrecker aufgrund einer solchen Nachfolgeklausel bzw. der Regelung des § 177 HGB sogar zum Erben hätte machen können und sich die Gesellschafter deshalb erst recht ein „Weniger", nämlich die Ernennung dieser Person zum Testamentsvollstrecker gefallen lassen müssten[286], sichtlich an Überzeugungskraft. Aus der freien

280 I.d.S. etwa *Holch*, DNotZ 1958, 282, 299; Soergel/*Damrau*, BGB, § 2205 Rn. 30; Koller/Kindler/Roth/Drüen/*Kindler*, HGB, § 177 Rn. 7; MüKoBGB/*Schäfer*, § 705 Rn. 116; Staub/*ders.*, HGB, § 139 Rn. 61; *Winkler*, Testamentsvollstrecker, Rn. 347; ebenfalls dazu tendierend BGH NJW 1977, 1339, 1344.

281 Insoweit scheidet die Annahme einer konkludenten Zustimmung nach übereinstimmender Meinung aus, siehe etwa *Holch*, DNotZ 1958, 282, 298; Soergel/*Damrau*, BGB, § 2205 Rn. 30; Staudinger/*Dutta*, BGB, § 2205 Rn. 181; MüKoBGB/*Schäfer*, § 705 Rn. 11; Staub/*ders.*, HGB, § 139 Rn. 61; *Winkler*; Testamentsvollstrecker, Rn. 347.

282 Für die Annahme einer konkludenten Zustimmung in diesem Fall *Schilling*, in: FS Schmidt, 208, 216; Staub/*Thiessen*, HGB, § 177 Rn. 21; MüKoBGB/*Zimmermann*, § 2205 Rn. 44.

283 Dafür *K. Schmidt*, in: FS Maier-Reimer, 629, 633; MüKoHGB/*ders.*, § 139 Rn. 48, § 177 Rn. 27; ebenso NK-HGB/*Schall*, HGB, § 177 Rn. 5.

284 *Dörrie*, Testamentsvollstreckung, S. 86 f.; EBJS/*Strohn*, HGB, § 177 Rn. 18; *Ulmer*, NJW 1990, 73, 76; auf den Unterschied zwischen „Eigentum und Amt" hinweisend bereits *Wiedemann*, Übertragung, S. 336.

285 OLG Hamburg, ZIP 1984, 1226, 1228; *Dörrie*, Testamentsvollstreckung, S. 86 f.; EBJS/*Strohn*, HGB, § 177 Rn. 18.

286 I.d.S. *Holch*, DNotZ 1958, 282, 299.

Veräußerlichkeit des Anteils oder der Existenz einer einfachen Nachfolgeklausel im Gesellschaftsvertrag *allein* kann deshalb ebenso wenig wie aus der schlichten Geltung des § 177 HGB auf eine konkludente Zustimmung der Gesellschafter zur Testamentsvollstreckung geschlossen werden.[287] Anders ist dies nur, wenn offensichtlich jegliches personalistische Element fehlt, namentlich bei rein kapitalistischen Publikums-Kommanditgesellschaften[288]. Gleiches gilt im Falle einer personalistisch strukturierten, beteiligungskonformen GmbH & Co. KG, wenn man die bedingungslose Zulässigkeit der Testamentsvollstreckung am GmbH-Anteil[289] auf der einen und das typische Interesse der Gesellschafter an übereinstimmenden Rechtsverhältnissen in den betroffenen Gesellschaften auf der anderen Seite berücksichtigt.[290]

c) Folgen verweigerter Zustimmung

Auch wenn die Mitgesellschafter ihre Zustimmung zur Testamentsvollstreckung verweigern, geht die Vollstreckungsanordnung nicht vollständig ins Leere. Die Befugnisse des Testamentsvollstreckers an den selbstständig übertragbaren Vermögensansprüchen (§ 717 S. 2 BGB[291]) sind allein erbrechtlichen Ursprungs und damit genauso wie bei lebzeitiger Abspaltung dieser Ansprüche durch

---

287 Gegen eine entsprechende Grundsatzbildung auch OLG Hamburg, ZIP 1984, 1226, 1228; *Brandner*, in: FS Kellermann, 37, 48; *Klein/Lindemeier*, in: MünchHdb GesR II, § 42 Rn. 53; *Lorz*, Testamentsvollstreckung, S. 136, 173; *Muscheler*, Haftungsordnung, S. 475; *Ulmer*, NJW 1990, 73, 76; EBJS/*Strohn*, HGB, § 177 Rn. 18; *Wiedemann*, Übertragung, S. 336.

288 *Brandner*, in: FS Kellermann, 37, 48; Henssler/Strohn/*Gummert*, HGB, § 177 Rn. 10; *Klein*, DStR 1992, 326; *ders./Lindemeier*, in: MünchHdb GesR II, § 42 Rn. 53; *Lorz*, Testamentsvollstreckung, S. 173; *Mayer*, ZIP 1990, 976, 977; Oetker/*Oetker*, HGB, § 177 Rn. 16; *Pauli*, in: Bengel/Reimann, Hdb. Testamentsvollstreckung, § 5 Rn. 202; Staudinger/*Dutta*, BGB, § 2205 Rn. 181; Hopt/*Roth*, HGB, § 139 Rn. 26; MüKoBGB/*Schäfer*, § 705 Rn. 116; Staub/*ders.*, HGB, § 139 Rn. 61; *Ulmer*, NJW 1990, 73, 76; *Weidlich*, in: Mayer/Bonefeld/Tanck, Testamentsvollstreckung Hdb., § 19 Rn. 45; *Winkler*; Testamentsvollstrecker, Rn. 347.

289 Siehe dazu unter B.II.2.a).

290 *Lorz*, Testamentsvollstreckung, S. 173; *Mayer*, ZIP 1990, 976, 977; *Muscheler*, Haftungsordnung, S. 476; *Ulmer*, NJW 1990, 73, 76; ebenfalls dazu tendierend *Klein*, DStR 1992, 326; *ders./Lindemeier*, in: MünchHdb GesR II, § 42 Rn. 53 („wofür einiges spricht"); zurückhaltend *Pauli*, in: Bengel/Reimann, Hdb. Testamentsvollstreckung, § 5 Rn. 202.

291 § 711a S. 2 BGB i.d.F. des MoPeG v. 10.8.2021, BGBl. 2021 I, 3436.

den Erblasser von der Zustimmung der übrigen Gesellschafter unabhängig.[292] Inwieweit der Testamentsvollstrecker also bei fehlender organisationsrechtlicher Zulassung genauso wie beim Anteil eines persönlich haftenden Gesellschafters zumindest über den mitgliedschaftlich nicht gebundenen Anspruch auf das künftige Auseinandersetzungs- bzw. Abfindungsguthaben sowie über die Gewinnansprüche, d.h. über die „Außenseite"[293] der Beteiligung disponieren kann, hängt davon ab, ob dies dem Willen des Erblassers entspricht bzw. ob sich ein solcher Erblasserwille dem Testament im Auslegungswege entnehmen lässt.[294] Ging es dem Erblasser in erster Linie darum, dem Testamentsvollstrecker die unternehmerische Leitung in der Gesellschaft zu überlassen und den Erben aus den innerhalb der Gesellschaft zu treffenden Entscheidungen herauszuhalten, war also eine echte „Fremd"-Verwaltung des Anteils gewollt, ist wohl zu konstatieren, dass die testamentarische Bestimmung ihren Zweck verfehlt hat[295]; in diesem Fall verbleibt allenfalls der Rückgriff auf die bisher praktizierten Ersatzlösungen[296]. Anders ist der Fall zu beurteilen, wenn der Erblasser das Ziel verfolgt hat, die vererbte Beteiligung und die aus ihr fließenden Vermögensrechte vor dem Zugriff der Eigengläubiger (§ 2214 BGB) sowie vor Verfügungen des Erben (§ 2211 Abs. 1 BGB) zu schützen, etwa um eine langfristig wirkende dingliche Absicherung außenstehender Nachlassgläubiger (Vermächtnisnehmer, gesellschaftsvertraglich nicht qualifizierte Miterben) zu erreichen, denen er einen Teil der Gewinne aus dem Gesellschaftsanteil vermacht hat.[297] Dieses Anliegen lässt sich ebenso gut durch eine Testamentsvollstreckung an der

---

292 BGH NJW 1985, 1953, 1954; Staudinger/*Dutta*, BGB, § 2205 Rn. 181; *Kämper*, RNotZ 2016, 625, 632; *Klein/Lindemeier*, in: MünchHdb GesR II, § 42 Rn. 53; *Pauli*, in: Bengel/Reimann, Hdb. Testamentsvollstreckung, § 5 Rn. 193; BeckOGK BGB/*v. Proff*, Stand 1.12.2021, § 727 Rn. 59; *Reimann*, Anm. z. OLG Hamm, Beschl. v. 17.1.1991 – 15 W 428/90, FamRZ 1992, 117; *Schneider*, NJW 2015, 1142, 1144; *Weidlich*, in: Mayer/Bonefeld/Tanck, Testamentsvollstreckung Hdb., § 19 Rn. 47; *Winkler*, Testamentsvollstrecker, Rn. 348; *Zimmermann*, Testamentsvollstreckung, Rn. 529.

293 Genauer noch zur konkreten Reichweite der Befugnisse des Testamentsvollstreckers an der sog. „Außenseite" der Beteiligung unter E.II.

294 *Lorz*, Testamentsvollstreckung, S. 167; *Weidlich*, Testamentsvollstreckung, S. 101 f.; *ders.*, ZEV 1994, 205, 210.

295 *Weidlich*, Testamentsvollstreckung, S. 101.

296 *Lorz*, Testamentsvollstreckung, S. 167.

297 Siehe dazu *Lorz*, Testamentsvollstreckung, S. 167; *Pauli*, in: Bengel/Reimann, Hdb. Testamentsvollstreckung, § 5 Rn. 193; *Weidlich*, Testamentsvollstreckung, S. 102.

„Außenseite" des Anteils erreichen[298], weshalb hier einer entsprechenden Auslegung der Erblasseranordnung nichts im Wege steht.[299]

2. Kapitalgesellschaftsrecht

a) Gesetzliche Ausgangslage

Die gesetzliche Ausgangslage im Hinblick auf die organisationsrechtliche Zulässigkeit einer Testamentsvollstreckung ist im Kapitalgesellschaftsrecht eine gänzlich andere. Im Gegensatz zu Personen- sind Kapitalgesellschaften, jedenfalls dem gesetzlichen Leitbild zufolge, nicht von dem persönlichen Zusammenschluss der Gesellschafter, sondern „lediglich" von ihrer kapitalistischen Beteiligung geprägt, weshalb ein schützenswertes Interesse, keine gesellschaftsfremden Dritten innerhalb der Gemeinschaft aufgedrängt zu bekommen, nicht anzuerkennen ist.[300] Dies zeigt sich etwa darin, dass GmbH-Geschäftsanteile und Aktien, sofern die Satzung nichts anderes vorschreibt, bereits per Gesetz frei veräußerlich und vererblich sind, §§ 15 Abs. 1 GmbHG, 69 Abs. 3 S. 2 AktG. Besonders deutlich wird der unterschiedliche Wesenscharakter von Personen- und Kapitalgesellschaften bei der Frage der Zulässigkeit von Stimmrechtsvollmachten. Während in der Personengesellschaft die Ausübung des Stimmrechts durch Dritte nur möglich ist, wenn die Stimmabgabe durch Bevollmächtigte entweder im Gesellschaftsvertrag oder durch *ad hoc*-Zustimmung seitens der Mitgesellschafter zugelassen ist[301], gilt im GmbH- und Aktienrecht genau der umgekehrte Grundsatz: Die Stimmrechtsvollmacht ist gem. §§ 47 Abs. 3 GmbHG, 134 Abs. 3 S. 1 AktG nicht auf den Kreis der Mitgesellschafter beschränkt und kann somit vorbehaltlich entgegenstehender Satzungsregelungen[302] auch einem

298 Dies setzt freilich voraus, dass auch die *nach* dem Erbfall entstehenden Gewinnansprüche in den Nachlass fallen und nicht etwa, und sei es auch nur teilweise, dem Gesellschafter-Erben privat zugeordnet sind; eingehend dazu unten E.II.1.b).

299 S.o. die Nachw. in Fn. 297.

300 *Philippi*, Testamentsvollstreckung, S. 33 f.; Staudinger/*Dutta*, BGB, § 2205 Rn. 201; *Todtenhöfer*, RNotZ 2017, 557, 560; diff. *Dörrie*, Testamentsvollstreckung, S. 89.

301 Dazu BGH NJW 1952, 178, 179; 1970, 706; Hopt/*Roth*, HGB, § 119 Rn. 21; MüKoBGB/*Schäfer*, § 709 Rn. 61, 77; Staub/*ders.*, HGB, § 119 Rn. 58, 59.

302 Die Satzung der GmbH kann die Zulässigkeit der rechtsgeschäftlichen (nicht der gesetzlichen) Vertretung einschränken oder ganz verbieten, MüKoGmbHG/*Drescher*, § 47 Rn. 94; Noack/Servatius/Haas/*Noack*, GmbHG, § 47 Rn. 44; anders ist dies in der AG wegen des aktienrechtlichen Prinzips der Satzungsstrenge (§ 23 Abs. 5 AktG), MüKoAktG/*Arnold*, AktG, § 134 Rn. 45; *Koch*, AktG, § 134 Rn. 21; Entsprechendes gilt

Gesellschafterfremden erteilt werden, ohne dass die Mitgesellschafter dagegen einschreiten könnten.[303] Die Testamentsvollstreckung an GmbH-Anteilen und Aktien bedarf deshalb nach einhelliger Meinung zu ihrer Durchführung keiner gesellschaftsvertraglichen Zulassung bzw. Zustimmung der Mitgesellschafter.[304] Dies gilt auch dann, wenn die Gesellschaft – wie in der Praxis bei GmbHs und „kleinen", nicht börsennotierten Aktiengesellschaften häufig der Fall – aus einem kleinen, miteinander eng verbundenen Gesellschafterkreis besteht, d.h. personalistisch strukturiert ist.[305] Eine Differenzierung zwischen kapitalistisch und personalistisch geprägten Gesellschaften ist dem Gesetz fremd und mangels eindeutiger Abgrenzungskriterien auch kaum möglich.[306] Maßgeblich ist vielmehr, inwieweit die konkrete Ausgestaltung des Gesellschaftsverhältnisses durch die GmbH-Satzung eine Fremdeinwirkung in der Gesellschaft ausschließt.[307]

---

für die Beschränkung der Stimmrechtsausübung durch einen Testamentsvollstrecker, ausf. dazu unten B.II.2.b)bb).

303 *Priester*, in: FS Stimpel, 463, 469; *Winkler*, Testamentsvollstrecker, Rn. 398, jeweils zur GmbH; krit. ggü. einem solchen Begründungsansatz *Dörrie*, Testamentsvollstreckung, S. 88 wegen der Weisungsunabhängigkeit des Testamentsvollstreckers; ihm zust. *Philippi*, Testamentsvollstreckung, S. 33.

304 Für die GmbH *Klein/Lindemeier*, in: MünchHdb GesR II, § 42 Rn. 55; *Klumpp*, ZEV 2006, 257, 258; *R. Kössinger/Zintl*, in: Nieder/Kössinger, Hdb. Testamentsgestaltung, § 15 Rn. 144; *Pauli*, in: Bengel/Reimann, Hdb. Testamentsvollstreckung, § 5 Rn. 240; *Philippi*, Testamentsvollstreckung, S. 29 f.; *Priester*, in: FS Stimpel, 463, 469 f.; *Wachter*, ZNotP 1999, 226, 227; *Wiedemann*, Übertragung, S. 338; MüKoBGB/*Zimmermann*, § 2205 Rn. 52; zur AG *Unsöld*, Testamentsvollstreckung, S. 53 f.

305 *Priester*, in: FS Stimpel, 463, 468 ff.; ebenso *R. Kössinger/Zintl*, in: Nieder/Kössinger, Hdb. Testamentsgestaltung, § 15 Rn. 144; *Pauli*, in: Bengel/Reimann, Hdb. Testamentsvollstreckung, § 5 Rn. 240; *Philippi*, Testamentsvollstreckung, S. 34; *Todtenhöfer*, RNotZ 2017, 557, 560; Scholz/*Seibt*, GmbHG, § 15 Rn. 250; *Weidlich*, in: Mayer/Bonefeld/Tanck, Testamentsvollstreckung Hdb., § 19 Rn. 53; *Winkler*, Testamentsvollstrecker, Rn. 398; MüKoBGB/*Zimmermann*, § 2205 Rn. 52; zur AG *Unsöld*, Testamentsvollstreckung, S. 55.

306 *Priester*, in: FS Stimpel, 463, 469; *Unsöld*, Testamentsvollstreckung, S. 55; vgl. auch BGH BB 1981, 926, 927 für die Auslegung des Gesellschaftsvertrags einer personalistisch strukturierten GmbH.

307 Zutr. *Philippi*, Testamentsvollstreckung, S. 34.

b) *Statutarische Beschränkungen der Testamentsvollstreckung*

aa) *GmbH*

In der GmbH, bei der das Gesetz den Gesellschaftern hinsichtlich der inneren Verfassung und Organisationsstruktur durch § 45 Abs. 1 GmbHG weitreichenden Gestaltungsspielraum einräumt[308], kann die Satzung nach herrschender Meinung die Ausübung von mitgliedschaftlichen Verwaltungsrechten durch Außenstehende[309], also auch durch einen Testamentsvollstrecker, wirksam ausschließen oder beschränken.[310] Im Vergleich zum Personengesellschaftsrecht besteht somit gewissermaßen ein umgekehrtes Regel-Ausnahme-Verhältnis: Während bei der Personengesellschaft eine Testamentsvollstreckung nur dann in Frage kommt, wenn der Gesellschaftsvertrag dies zulässt oder die Mitgesellschafter einer Fremdeinwirkung später zustimmen, ist bei der GmbH eine Fremdverwaltung grundsätzlich zulässig, es sei denn, die Satzung schränkt die Mitwirkung eines Testamentsvollstreckers ein oder schließt diese insgesamt aus.[311]

Fehlt es insoweit an einer ausdrücklichen Regelung im Gesellschaftsvertrag, wird genauso wie im Recht der Personengesellschaften – nur eben unter umgekehrten Vorzeichen – diskutiert, wann von einem konkludenten Ausschluss

---

308 Grundsatz der Satzungsautonomie, dazu MHLS/*Römermann*, GmbHG, § 45 Rn. 1; Noack/Servatius/Haas/*Noack*, GmbHG, § 45 Rn. 1a.

309 Zum Ausschluss der Stimmrechtsausübung durch Dritte s.o. die Nachw. in Fn. 302.

310 OLG Frankfurt, ZEV 2008, 606; *Dörrie*, Testamentsvollstreckung, S. 89 f.; MüKoGmbHG/*Drescher*, § 47 Rn. 88; MHLS/*Ebbing*, GmbHG, § 15 Rn. 53; *Groß*, GmbHR 1994, 596, 597 mit Fn. 4; *Hübner/Hammes*, BB 2013, 2307, 2311; *Klein/Lindemeier*, in: MünchHdb GesR II, § 42 Rn. 55; *Klumpp*, ZEV 2006, 257, 258; *Mayer*, ZEV 2002, 209, 210; *Pauli*, in: Bengel/Reimann, Hdb. Testamentsvollstreckung, § 5 Rn. 247; *Philippi*, Testamentsvollstreckung, S. 38; MüKoGmbHG/*Weller/Reichert*, § 15 Rn. 486; Staudinger/*Dutta*, BGB, § 2197 Rn. 61; Scholz/*Seibt*, GmbHG, § 15 Rn. 250; Noack/Servatius/Haas/*Servatius*, GmbHG, § 15 Rn. 17; *Todtenhöfer*, RNotZ 2017, 557, 563; *Wachter*, ZNotP 1999, 226, 227; *Weidlich*, in: Mayer/Bonefeld/Tanck, Testamentsvollstreckung Hdb., § 19 Rn. 50, 64 mit Formulierungsbeispiel; *Wicke*, ZGR 2015, 161, 167; MüKoBGB/*Zimmermann*, § 2205 Rn. 53; a.A. Scholz/*K. Schmidt*, GmbHG, § 47 Rn. 16; *ders.*, in: FS Maier-Reimer, 629, 633 f. unter Hinweis darauf, dass auch die Rechtsausübung durch gesetzliche Vertreter oder durch einen Insolvenzverwalter durch die Satzung der GmbH nicht ausgeschlossen werden kann; dagegen auch *Wiedemann*, Übertragung, S. 338; zweifelnd Noack/Servatius/Haas/*Noack*, GmbHG, § 47 Rn. 42.

311 *Winkler*, Testamentsvollstrecker, Rn. 399; ebenso *Wicke*, ZGR 2015, 161, 167.

ausgegangen werden kann. Kapitalgesellschaftsverträge sind ebenfalls der Auslegung zugänglich. Nach der Judikatur des BGH und der herrschenden Lehre ist insoweit zwischen *körperschafts-* und *individualrechtlichen* Satzungsbestimmungen zu unterscheiden.[312] Körperschaftsrechtlichen Charakter hat eine Satzungsbestimmung dann, wenn sie nicht nur für die aktuellen Gesellschafter, sondern für einen unbestimmten Personenkreis, zu denen gegenwärtige und künftige Gesellschafter sowie Gläubiger der Gesellschaft gehören können, von Bedeutung ist.[313] Individualrechtliche Satzungsbestimmungen enthalten hingegen lediglich schuldrechtliche Individualvereinbarungen zwischen den Gesellschaftern, die auch außerhalb des Gesellschaftsvertrages – deshalb teilweise auch als „unechte“ Satzungsbestandteile bezeichnet[314] – hätten getroffen werden können.[315] Nur für letztere gelten die allgemeinen Auslegungsgrundsätze der §§ 133, 157 BGB.[316] Körperschaftliche Satzungsbestimmungen hingegen schaffen objektives Recht auch Dritten gegenüber (Gläubiger, künftige Gesellschafter) und sind deshalb nach rein objektiven Maßstäben einheitlich aus sich heraus auszulegen (objektiver Erklärungswert).[317] Maßgeblich sind Wortlaut, Zweck und systematischer Zusammenhang der in der Satzungsurkunde enthaltenen Regelung sowie die sie betreffenden allgemein zugänglichen Dokumente nach § 9 HGB.[318] Nicht allgemein erkennbare Gesichtspunkte, wie etwa Wille und Vorstellungen der Gründer, können demgegenüber nicht herangezogen werden.[319] Diese Grundsätze gelten gleichermaßen für personalistisch strukturierte Gesellschaften, da auch hier ein späterer Beitritt anderer Gesellschafter nicht ausgeschlossen werden kann.[320]

---

312 Siehe zum Ganzen Noack/Servatius/Haas/*Fastrich*, GmbHG, § 2 Rn. 29 ff.; MüKoGmbHG/*Heinze*, § 2 Rn. 150 ff.

313 Noack/Servatius/Haas/*Fastrich*, GmbHG, § 2 Rn. 31; MHLS/*J. Schmidt*, GmbHG, § 2 Rn. 83; Beispiele für von der Rspr. als körperschaftlich qualifizierte Satzungsregelungen bei MüKoGmbHG/*Heinze*, § 2 Rn. 157; MHLS/*J. Schmidt*, GmbHG, § 2 Rn. 85.

314 Noack/Servatius/Haas/*Noack*, GmbHG, § 53 Rn. 17.

315 Noack/Servatius/Haas/*Fastrich*, GmbHG, § 2 Rn. 32; MHLS/*J. Schmidt*, GmbHG, § 2 Rn. 83.

316 Noack/Servatius/Haas/*Fastrich*, GmbHG, § 2 Rn. 32; MüKoGmbHG/*Heinze*, § 2 Rn. 151; MHLS/*J. Schmidt*, GmbHG, § 2 Rn. 86.

317 BGH NJW 1954, 1401; 1983, 1910, 1911; 1994, 51, 52; DStR 2011, 2418; BayObLGZ 1987, 314, 321 f.; Lutter/Hommelhoff/*Bayer*, GmbHG, § 2 Rn. 19.

318 BGH NJW 1994, 51, 52; Noack/Servatius/Haas/*Fastrich*, GmbHG, § 2 Rn. 31; MHLS/*J. Schmidt*, GmbHG, § 2 Rn. 84.

319 BGH NJW-RR 1990, 99; Noack/Servatius/Haas/*Fastrich*, GmbHG, § 2 Rn. 31.

320 BGH NJW-RR 1990, 99, 100; vgl. BGH BB 1981, 926, 927.

Die überwiegende Ansicht geht von einem konkludenten Ausschluss der Testamentsvollstreckung aus, wenn die Satzung die höchstpersönliche Wahrnehmung der Mitverwaltungsrechte, insbesondere des Stimmrechts, durch die Gesellschafter vorschreibt.[321] Gleiches soll im Zweifel für den praktisch sehr viel häufigeren Fall gelten, dass der Gesellschaftsvertrag die Vertretung von Gesellschaftern auf bestimmte Personen oder Personen aus einer bestimmten Personengruppe, z.B. Mitgesellschafter, Familien- oder Angehörige einer zur Verschwiegenheit verpflichteten Berufsgruppe, beschränkt, sofern der Testamentsvollstrecker nicht zu dem zugelassenen Personenkreis gehört.[322] Durch solche statuarischen Regelungen wird eine personalistische Struktur geschaffen, die derjenigen entspricht, die bei einer Personengesellschaft bereits kraft Gesetzes besteht, weshalb sich die Gesellschafter eine Fremdeinwirkung durch einen Testamentsvollstrecker gegen ihren Willen nicht aufdrängen lassen müssen.[323]

Hingegen setzen Vinkulierungsklauseln, nach denen gem. § 15 Abs. 5 GmbHG eine rechtsgeschäftliche Übertragung der Geschäftsanteile von der Zustimmung der Gesellschaft[324] oder der Gesellschafter abhängig ist, dem Handeln des Testamentsvollstreckers nach zutreffender herrschender Ansicht keine Grenzen.[325]

---

321 *Dörrie*, Testamentsvollstreckung, S. 90; *Haegele*, Rpfleger 1969, 186, 189; *Mayer*, ZEV 2002, 209, 213; *Pauli*, in: Bengel/Reimann, Hdb. Testamentsvollstreckung, § 5 Rn. 247; *Philippi*, Testamentsvollstreckung, S. 47 f.; *Priester*, in: FS Stimpel, 463, 471; *Todtenhöfer*, RNotZ 2017, 557, 563; *Weidlich*, in: Mayer/Bonefeld/Tanck, Testamentsvollstreckung Hdb., § 19 Rn. 64; *Winkler*, Testamentsvollstrecker, Rn. 399; a.A. *K. Schmidt*, in: FS Maier-Reimer, 629, 634, wonach solche Klauseln lediglich eine *gewillkürte* Stellvertretung ausschließen.

322 *Dörrie*, Testamentsvollstreckung, S. 90; MHLS/*Ebbing*, GmbHG, § 15 Rn. 53; *Groß*, GmbHR 1994, 596, 597 mit Fn. 4; *Mayer*, ZEV 2002, 209, 213; *Pauli*, in: Bengel/Reimann, Hdb. Testamentsvollstreckung, § 5 Rn. 247; *Philippi*, Testamentsvollstreckung, S. 48 f.; *Priester*, in: FS Stimpel, 463, 471; MüKoGmbHG/*Weller/Reichert*, § 15 Rn. 486; Scholz/*Seibt*, GmbHG, § 15 Rn. 250; *Todtenhöfer*, RNotZ 2017, 557, 563; *Wachter*, ZNotP 1999, 226, 227; *Weidlich*, in: Mayer/Bonefeld/Tanck, Testamentsvollstreckung Hdb., § 19 Rn. 64; *Werner*, ZEV 2018, 252; *Winkler*, Testamentsvollstrecker, Rn. 399; a.A. *Wicke*, ZGR 2015, 161, 168.

323 *Mayer*, ZEV 2002, 209, 213; *Weidlich*, in: Mayer/Bonefeld/Tanck, Testamentsvollstreckung Hdb., § 19 Rn. 65; *Winkler*, Testamentsvollstrecker, Rn. 399.

324 Zuständig für die Erteilung der Zustimmung ist in diesem Fall der Geschäftsführer (§ 35 Abs. 1 S. 1 GmbHG), Noack/Servatius/Haas/*Servatius*, GmbHG, § 15 Rn. 42.

325 *Mayer*, ZEV 2002, 209, 210; *Pauli*, in: Bengel/Reimann, Hdb. Testamentsvollstreckung, § 5 Rn. 240; *Philippi*, Testamentsvollstreckung, S. 47; *K. Schmidt*, in: FS Maier-Reimer, 629, 633; Scholz/*Seibt*, GmbHG, § 15 Rn. 250; *Todtenhöfer*, RNotZ 2017, 557, 560; *Wachter*, ZNotP 1999, 226, 227; *Weidlich*, in: Mayer/Bonefeld/

Die Gegenmeinung macht geltend, dass in der Vinkulierung der Geschäftsanteile ebenfalls der Wille der Gesellschafter zum Ausdruck komme, den Kreis der Gesellschafter und damit das Eindringen fremder Personen in die Gesellschaft einzuschränken.[326] Für die Annahme eines konkludenten Ausschlusses könnte es ferner sprechen, wenn man sich der im Recht der Personalgesellschaften von einigen Autoren vertretenen Ansicht anschließt, dass bei einer gesellschaftsvertraglich zugelassenen Übertragbarkeit der Anteile von einer konkludenten Zustimmung der Gesellschafter zur Testamentsvollstreckung auszugehen ist.[327] Insofern könnte es widersprüchlich sein, im umgekehrten Fall einer satzungsmäßigen Vinkulierung der Geschäftsanteile einen konkludenten Satzungsausschluss zu verneinen. Allerdings wirkt sich hier der Unterschied aus, dass die Gesellschafter einer GmbH anders als in der Personengesellschaft grundsätzlich nicht gezwungen sind, ihre Rechte persönlich auszuüben (vgl. § 47 Abs. 3 GmbHG), weshalb durch die Vinkulierung der Geschäftsanteile *allein* eine Fremdeinwirkung in der Gesellschaft, und sei es auch durch einen Testamentsvollstrecker, nicht verhindert werden kann.[328]

Ist nach der Satzung die Mitwirkung des Testamentsvollstreckers ausgeschlossen, bedarf die nachträgliche Zulassung der Testamentsvollstreckung der ausdrücklichen Zustimmung der Gesellschafter in Form eines mit qualifizierter Mehrheit zu fassenden, notariell zu beurkundenden und im Handelsregister einzutragenden satzungsändernden Gesellschafterbeschlusses, §§ 53, 54 GmbHG. Ein stillschweigendes Abgehen von einer solchen Regelung kommt nicht in Betracht.[329] Die Erblasseranordnung geht jedoch auch ohne eine solche

---

Tanck, Testamentsvollstreckung Hdb., § 19 Rn. 50; *Winkler*, Testamentsvollstrecker, Rn. 398; MüKoBGB/*Zimmermann*, § 2205 Rn. 52; grds. auch *Priester*, in: FS Stimpel, 463, 471, der den Gesellschaftern bei einer satzungsmäßigen Vinkulierung der Geschäftsanteile jedoch das Recht zubilligt, den Testamentsvollstrecker aus „sachlich gerechtfertigten Gründen" ablehnen zu können; dagegen zu Recht *Philippi*, Testamentsvollstreckung, S. 44.

326 *Dörrie*, Testamentsvollstreckung, S. 90.

327 Siehe dazu die Nachw. in Fn. 280.

328 Ebenso *Philippi*, Testamentsvollstreckung, S 47; *Priester*, in: FS Stimpel, 463, 470 f.; *Winkler*, Testamentsvollstrecker, Rn. 398; vgl. auch *Altmeppen*, GmbHG, § 47 Rn. 54, wonach Vinkulierungsklauseln der Zulässigkeit der Stimmabgabe durch rechtsgeschäftlich bestellte Vertreter nicht entgegenstehen.

329 OLG Frankfurt, ZEV 2008, 606, 607; *Pauli*, in: Bengel/Reimann, Hdb. Testamentsvollstreckung, § 5 Rn. 247; *Weidlich*, in: Mayer/Bonefeld/Tanck, Testamentsvollstreckung Hdb., § 19 Rn. 64.

Satzungsänderung nicht vollständig ins Leere. Vielmehr wird die sachgerechte Auslegung des Erblasserwillens in der Regel dazu führen, dass – entsprechend der Rechtslage im Personengesellschaftsrecht bei fehlender organisationsrechtlicher Zulassung der Testamentsvollstreckung[330] – zumindest die vermögensrechtlichen Ansprüche an der sog. „Außenseite“ der Beteiligung, insbesondere der Anspruch auf Gewinn und Liquidationserlös, dem Machtbereich des Testamentsvollstreckers unterfallen.[331] Die Mitverwaltungsrechte in der Gesellschaft stehen hingegen den Erben zur alleinigen Ausübung zu[332], sofern diese nicht ebenfalls nach der Satzung von der Wahrnehmung dieser Rechte ausgeschlossen sind[333].

bb) Aktiengesellschaft

Für die AG lehnt die herrschende Ansicht im Schrifttum die Möglichkeit einer satzungsmäßigen Beschränkung der Testamentsvollstreckung wegen des aktienrechtlichen Grundsatzes der Satzungsstrenge gem. § 23 Abs. 5 AktG und des in § 134 Abs. 3 S. 1 AktG statuierten Rechts der Gesellschafter, ihr Stimmrecht durch einen Bevollmächtigten ausüben zu lassen, ab.[334] *Unsöld* bejaht hingegen die Zulässigkeit einer die Verwaltungsvollstreckung untersagenden bzw. einschränkenden Satzungsregelung mit der formalen Begründung, der Testamentsvollstrecker sei nicht „Bevollmächtigter“ des Erben, sondern übe das Stimmrecht

---

330 S.o. B.II.1.c).

331 *Haegele*, Rpfleger 1969, 186, 189; BeckOK BGB/*Lange*, Stand 1.2.2022, § 2205 Rn. 64; *Mayer*, ZEV 2002, 209, 213; *Pauli*, in: Bengel/Reimann, Hdb. Testamentsvollstreckung, § 5 Rn. 248; *Philippi*, Testamentsvollstreckung, S. 37; *Priester*, in: FS Stimpel, 463, 471 f.; *Schilling*, in: FS Schmidt, 208, 218; *Todtenhöfer*, RNotZ 2017, 557, 563; *Wachter*, ZNotP 1999, 226, 227; *Weidlich*, in: Mayer/Bonefeld/Tanck, Testamentsvollstreckung Hdb., § 19 Rn. 65; *Winkler*, Testamentsvollstrecker, Rn. 400; MüKoBGB/*Zimmermann*, § 2205 Rn. 53; *ders*., Testamentsvollstreckung, Rn. 531.

332 OLG Frankfurt, ZEV 2008, 606; *Mayer*, ZEV 2002, 209, 213; *Pauli*, in: Bengel/Reimann, Hdb. Testamentsvollstreckung, § 5 Rn. 247; *Priester*, in: FS Stimpel, 463, 471; Scholz/*Seibt*, GmbHG, § 15 Rn. 250; Noack/Servatius/Haas/*Servatius*, GmbHG, § 15 Rn. 17; *Todtenhöfer*, RNotZ 2017, 557, 563; *Weidlich*, in: Mayer/Bonefeld/Tanck, Testamentsvollstreckung Hdb., § 19 Rn. 64.

333 *Mayer*, ZEV 2002, 209, 213; *Weidlich*, in: Mayer/Bonefeld/Tanck, Testamentsvollstreckung Hdb., § 19 Rn. 64 mit Formulierungsvorschlag.

334 *Wicke*, ZGR 2015, 161, 166; ihm folgend *Bayer/Sarakinis*, NZG 2018, 561, 570; *Koch*, AktG, § 134 Rn. 31; BeckOK BGB/*Lange*, Stand 1.2.2022, § 2205 Rn. 68.

kraft Amtes aus.[335] Daran ist richtig, dass § 134 Abs. 3 AktG nicht explizit die Stimmrechtsausübung durch einen Amtswalter regelt, die Unwirksamkeit einer entsprechenden Satzungsbestimmung sich deshalb nicht unbedingt bereits aus § 23 Abs. 5 S. 1 AktG ableiten lässt.[336] Allerdings bringt § 134 Abs. 3 AktG allgemein zum Ausdruck, dass das Stimmrecht keinen höchstpersönlichen Charakter hat und durch eine beliebige Person ausgeübt werden kann.[337] Die Vorschrift enthält insoweit eine abschließende Regelung im Sinne von § 23 Abs. 5 S. 2 AktG, so dass nach inzwischen herrschender Meinung in der Aktiengesellschaft die Stimmrechtsvertretung weder grundsätzlich ausgeschlossen oder begrenzt werden kann noch einschränkende Vorgaben hinsichtlich der Person des Bevollmächtigten gemacht werden können.[338] Dementsprechend muss auch der Ausschluss der Stimmrechtsausübung durch einen Testamentsvollstrecker ausscheiden.

Die übrigen Aktionärsrechte werden von § 134 Abs. 3 AktG nicht erfasst, weshalb insoweit ein statutarischer Ausschluss des Testamentsvollstreckers durchaus denkbar wäre. Allerdings würde dieser darauf hinauslaufen, dass dem Testamentsvollstrecker allein die Ausübung des Stimmrechts verbliebe, während die Erben für die Wahrnehmung der übrigen Mitgliedschaftsrechte zuständig wären. Eine sich allein auf die Ausübung des Stimmrechts beschränkende Testamentsvollstreckung wird jedoch wegen Verstoßes gegen das gesellschaftsrechtliche Abspaltungsverbot nach überwiegender Ansicht zu Recht abgelehnt.[339] Im Aktienrecht sind deshalb jegliche Satzungsklauseln, durch die Befugnisse des Testamentsvollstreckers eingeschränkt werden, als unzulässig zu betrachten.[340] Die daraus resultierende Diskrepanz zur GmbH ist letztlich Folge des in § 23 Abs. 5 AktG zum Ausdruck kommenden Prinzips der Satzungsstrenge und ist deshalb ungeachtet des ansonsten im Hinblick auf die Testamentsvollstreckung gemeinhin befürworteten Gleichlaufs[341] zwischen GmbH-Geschäftsanteilen und Aktien hinzunehmen.

---

335 *Unsöld*, Testamentsvollstreckung, S. 63 mit der Folge, dass die angeordnete Testamentsvollstreckung ins Leere geht.

336 Zutr. insoweit *Unsöld*, Testamentsvollstreckung, S. 62 f.

337 *Koch*, AktG, § 134 Rn. 21.

338 OLG Stuttgart, NJW-RR 1990, 1316, 1317; OLG Düsseldorf, NJW-RR 1992, 100, 11; OLG Braunschweig, Beschl. v. 27.8.2013 – 2 W 142/12, BeckRS 2014, 20216 Rn. 22; MüKoAktG/*Arnold*, AktG, § 134 Rn. 45; *Koch*, AktG, § 134 Rn. 25.

339 Vgl. dazu unten C.I.

340 I.E. so wie hier *Bayer/Sarakinis*, NZG 2018, 561, 570.

341 Siehe dazu noch unten H.I.

Zweiter Teil: Erb- und gesellschaftsrechtliche Grenzen der Testamentsvollstreckung

C. Erbrechtliche Schranken

Der Testamentsvollstrecker unterliegt zunächst einmal den allgemeinen erbrechtlichen, in Bezug auf die aus einem ganzen Bündel an Rechten und Pflichten bestehende Mitgliedschaft jedoch ungleich schwieriger zu bedienenden[342] Schranken. Dazu gehören das *Ge*bot der ordnungsmäßigen Verwaltung des Nachlasses nach § 2216 Abs. 1 BGB sowie das *Ver*bot unentgeltlicher Verfügungen gem. § 2205 S. 3 BGB. Daneben kann auch der Erblasser selbst das Verwaltungsrecht des Testamentsvollstreckers testamentarisch einschränken, § 2208 Abs. 1 BGB.

I. Testamentarische Beschränkungen, § 2208 Abs. 1 BGB

Das Gesetz geht in den §§ 2203 bis 2206 BGB vom Leitbild des sog. Generalvollstreckers aus.[343] Danach ist das Verwaltungsrecht des Testamentsvollstreckers grundsätzlich allgemein, ausschließlich und unbeschränkt, erstreckt sich also auf den gesamten Nachlass und schließt insoweit das Verfügungsrecht des Erben aus, § 2211 Abs. 1 BGB.[344] Nach § 2208 Abs. 1 S. 1 BGB hat der Erblasser jedoch die Möglichkeit, die Stellung des Testamentsvollstreckers abweichend vom gesetzlichen Normalfall beliebig einzuschränken und so die Testamentsvollstreckung auf seine individuellen Bedürfnisse anzupassen.[345] Er kann die Verwaltungs-, Verfügungs- und Verpflichtungsbefugnis des Testamentsvollstreckers ganz oder teilweise ausschließen, ihm nur einzelne Aufgaben zuweisen, ihn an die Zustimmung des Erben binden oder ihm nur ein Vetorecht gegenüber dem Erben einräumen.[346] Maßgeblich ist insoweit der in der letztwilligen Verfügung zum Ausdruck gekommene Wille des Erblassers. Fehlt es an einer ausdrücklichen Regelung, können im Rahmen der Auslegung auch außerhalb der Verfügung gemachte Äußerungen oder sonstige Umstände herangezogen werden,

---

342 Zutr. *Dörrie*, ZEV 1996, 370, 371.

343 NK-BGB/*Kroiß*, § 2208 Rn. 1; MüKoBGB/*Zimmermann*, § 2208 Rn. 3.

344 *Dietz*, in: Bengel/Reimann, Hdb. Testamentsvollstreckung, § 1 Rn. 61.

345 BeckOK BGB/*Lange*, Stand 1.2.2022, § 2208 Rn. 1 („Testamentsvollstreckung nach Maß").

346 NK-BGB/*Kroiß*, § 2208 Rn. 8; BeckOK BGB/*Lange*, Stand 1.2.2022, § 2208 Rn. 5; Staudinger/*Dutta*, BGB, § 2208 Rn. 7; *Reimann*, in: Bengel/Reimann, Hdb. Testamentsvollstreckung, § 2 Rn. 78.

sofern diese im Testament zumindest *angedeutet*[347] sind.[348] Angesichts des Ausnahmecharakters des § 2208 BGB ist mit der Annahme eines die Befugnisse des Testamentsvollstreckers beschränkenden (mutmaßlichen) Erblasserwillens jedoch grundsätzlich Zurückhaltung geboten.[349] Testamentarische Beschränkungen nach §2208 Abs. 1 BGB haben nach heute herrschender Meinung anders als die nur schuldrechtlich wirkenden Verwaltungsanordnungen gem. § 2216 Abs. 2 BGB[350] dingliche Wirkung.[351] Sie schränken die Rechtsmacht im Außenverhältnis gegenüber Dritten ein, so dass dagegen verstoßende Verfügungen des Testamentsvollstreckers grundsätzlich unwirksam sind und nicht lediglich Schadensersatzansprüche des Erben nach § 2219 Abs. 1 BGB auslösen.[352]

Im Hinblick auf den zu verwaltenden Gesellschaftsanteil ist eine Beschränkung der Verfügungsbefugnis des Testamentsvollstreckers etwa insoweit denkbar, als dieser nicht berechtigt sein soll, die Beteiligung zu veräußern. Insbesondere bei familiengeführten Unternehmen kann so einer möglichen Überfremdung der Gesellschaft frühzeitig entgegengewirkt werden.[353] Ebenso kann der Erblasser die Rechtsmacht des Testamentsvollstreckers zur Ausübung des Stimmrechts dergestalt einschränken, dass er bei bestimmten Beschlussgegenständen, z.B. solchen, die den Kernbereich der Mitgliedschaft des Gesellschafter-Erben berühren, die Zustimmung des Erben einholen muss.[354] Der erbrechtlichen Gestaltungsfreiheit werden lediglich durch das gesellschaftsrechtliche Abspaltungsverbot[355] Grenzen gesetzt. Eine letztwillige Beschränkung der Funktion

---

347 Siehe zur „Andeutungstheorie" im Zusammenhang mit der Testamentsauslegung Staudinger/*Otte*, BGB, Vorbem. zu §§ 2064 ff. Rn. 28 ff.

348 NK-BGB/*Kroiß*, § 2208 Rn. 4; MüKoBGB/*Zimmermann*, § 2208 Rn. 6; Staudinger/*Dutta*, BGB, § 2208 Rn. 4.

349 NK-BGB/*Kroiß*, § 2208 Rn. 4; BeckOK BGB/*Lange*, Stand 1.2.2022, § 2208 Rn. 2; MüKoBGB/*Zimmermann*, § 2208 Rn. 6.

350 Dazu unten C.II.2.

351 BGH NJW 1984, 2464, 2465; OLG München, MittBayNot 2016, 426, 427; MüKoBGB/*Zimmermann*, § 2205 Rn. 93; Staudinger/*Dutta*, BGB, § 2208 Rn. 3, 18; NK-BGB/*Kroiß*, § 2208 Rn. 16; BeckOK BGB/*Lange*, Stand 1.2.2022, § 2208 Rn. 12.

352 NK-BGB/*Kroiß*, § 2208 Rn. 16; BeckOK BGB/*Lange*, Stand 1.2.2022, § 2208 Rn. 12.

353 Siehe etwa zur AG *Frank*, Kleine AG, S. 264; *ders.*, ZEV 2002, 389, 394.

354 *Everts*, MittBayNot 2003, 427, 430; *Lorz*, Testamentsvollstreckung, S. 181; *ders.*, in: FS Boujong, 319, 334; *Muscheler*, Haftungsordnung, S. 507; *Philippi*, Testamentsvollstreckung, S. 96; *Priester*, in: FS Streck, 891, 901; anderenfalls ist der Testamentsvollstrecker im Verhältnis zu den Mitgesellschaftern auch zur Wahrung der Minderheitsrechte des Gesellschafter-Erben zuständig (eingehend dazu unten D.III.).

355 Vgl. dazu bereits oben A.I. bei Fn. 34.

des Testamentsvollstreckers auf ein nicht isoliert übertragbares Mitgliedschaftsrecht im Sinne von § 717 S. 1 BGB[356] (sog. „abspaltende" Testamentsvollstreckung) scheidet daher aus.[357] Insbesondere kann ein Testamentsvollstrecker nach zutreffender Ansicht nicht ausschließlich zu dem Zweck ernannt werden, das Stimmrecht aus dem Gesellschaftsanteil unter Ausschluss des Erben auszuüben.[358]

II. Gebot ordnungsgemäßer Verwaltung, § 2216 Abs. 1 BGB

1. Bedeutung der Vorschrift für das Verwaltungshandeln des Testamentsvollstreckers

Nach § 2216 Abs. 1 BGB ist der Testamentsvollstrecker zur ordnungsgemäßen Verwaltung des Nachlasses verpflichtet. Die Vorschrift ist zwingendes Recht, der Erblasser kann den Testamentsvollstrecker hiervon nicht befreien, § 2220 BGB. Die Verpflichtung besteht gegenüber den Erben und etwaigen Vermächtnisnehmern (vgl. § 2219 Abs. 1 BGB) und schränkt so die ansonsten grundsätzlich unabhängige Stellung[359] des Testamentsvollstreckers gegenüber dem Erben ein.[360] Jeder einzelne Erbe kann den Testamentsvollstrecker auf Erfüllung seiner Pflichten aus § 2216 Abs. 1 BGB – d.h. entweder auf Vornahme der

---

356 § 711a S. 1 BGB i.d.F. des MoPeG v. 10.8.2021, BGBl. 2021 I, 3436.

357 MHLS/*Ebbing*, GmbHG, § 15 Rn. 52; *Mayer*, ZEV 2002, 209, 210.

358 Siehe zum Kommanditanteil BGH BB 1953, 926; ebenso zur GmbH MHLS/*Ebbing*, GmbHG, § 15 Rn. 52; *Groß*, GmbHR 1994, 596, 591 mit Fn. 5; *Priester*, in: FS Stimpel, 463, 468; MüKoGmbHG/*Weller/Reichert*, § 15 Rn. 485; Scholz/*Seibt*, GmbHG, § 15 Rn. 251; *Vogel*, GmbHR 1971, 132, 137; krit. auch *Schilling*, in: FS Schmidt, 208, 217; zur AG *Frank*, Kleine AG, S. 246; *ders.*, ZEV 2002, 389, 390; Grigoleit/*Herrler*, AktG, § 134 Rn. 44; *Koch*, AktG, § 134 Rn. 31; Schmidt/Lutter/*Spindler*, AktG, § 134 Rn. 68; *Unsöld*, Testamentsvollstreckung, S. 50, 72; a.A zur GmbH OLG Hamm, BB 1956, 511; MüKoGmbHG/*Drescher*, § 47 Rn. 88; *Haegele*, Rpfleger 1969, 186, 188 f.; *Weidlich*, in: Mayer/Bonefeld/Tanck, Testamentsvollstreckung Hdb., § 19 Rn. 51 mit Fn. 134; *Philippi*, Testamentsvollstreckung, S. 25 f.; *Wiedemann*, Übertragung, S. 338; *Winkler*, Testamentsvollstecker, Rn. 395; MüKoBGB/*Zimmermann*, § 2205 Rn. 52; Noack/Servatius/Haas/*Noack*, GmbHG, § 47 Rn. 42; unklar *Mayer*, ZEV 2002, 209, 210 (siehe einerseits Fn. 24 und andererseits den Text bei Fn. 35).

359 Siehe dazu RGZ 133, 128, 134; BGH NJW 1957, 1916; NZG 2014, 945 Rn. 26; Staudinger/*Dutta*, BGB, § 2203 Rn. 33; MüKoBGB/*Zimmermann*, § 2203 Rn. 14.

360 *Lange*, Erbrecht, § 64 Rn. 102; Staudinger/*Dutta*, BGB, § 2216 Rn. 14; MüKoBGB/*Zimmermann*, § 2216 Rn. 6.

gebotenen Verwaltungshandlung oder auf Unterlassung einer ordnungswidrigen Maßnahme – in Anspruch nehmen und dies, wenn nötig, auch gerichtlich im Klage- oder einstweiligen Verfügungsverfahren (§§ 935 ff. ZPO) durchsetzen.[361] Bei schuldhafter Pflichtverletzung ist der Testamentsvollstrecker dem Erben sowie etwaigen Vermächtnisnehmern zum Ersatz des daraus resultierenden Schadens verpflichtet, § 2219 Abs. 1 BGB. Bei Vorliegen eines wichtigen Grundes kann der Erbe den Testamentsvollstrecker durch das Nachlassgericht als *ultima ratio* auch abberufen lassen, § 2227 BGB. Ein Verstoß gegen die aus § 2216 Abs. 1 BGB sich ergebenden Pflichten zieht also primär nur schuldrechtliche Folgen im Innenverhältnis zum Erben nach sich, die Wirksamkeit eines ordnungsmäßiger Verwaltung widersprechenden Rechtsgeschäfts wird davon grundsätzlich nicht berührt.[362] Insbesondere sind pflichtwidrige Verfügungen des Testamentsvollstreckers bis zur Grenze des § 2205 S. 3 BGB grundsätzlich wirksam, unbeschadet der Verpflichtung des Testamentsvollstreckers, im Verhältnis zum Erben und Vermächtnisnehmer auch bei der Verfügung über Nachlassgegenstände nach den Grundsätzen einer ordnungsmäßigen Verwaltung zu handeln.[363] Demgegenüber sind Verbindlichkeiten, die der Testamentsvollstrecker für den Nachlass eingeht, nach § 2206 Abs. 1 S. 1 BGB nur dann wirksam, wenn sie zur ordnungsgemäßen Nachlassverwaltung erforderlich sind, es sei denn, die Verbindlichkeit ist gem. § 2206 Abs. 1 S. 2 BGB auf die Verfügung über einen Nachlassgegenstand gerichtet[364] oder dem Testamentsvollstrecker steht die erweiterte Verpflichtungsbefugnis nach § 2207 S. 1 BGB zu, wovon bei einer Dauervollstreckung im Zweifel auszugehen ist, § 2209 S. 2 BGB. Der für das Innenverhältnis zum Erben maßgebliche Verpflichtungsrahmen schlägt also nur bei „reinen", nicht auf die Verfügung über Nachlassgegenstände abzielenden Verpflichtungsgeschäften auf das rechtliche Können im Außenverhältnis

---

361 BGH NJW 1957, 1916, 1917; NZG 2014, 945 Rn. 27; *Lange*, Erbrecht, § 64 Rn. 107; Staudinger/*Dutta*, BGB, § 2216 Rn. 14; MüKoBGB/*Zimmermann*, § 2216 Rn. 6, 15.

362 BGH NJW 1959, 1429, 1430; *Lange*, Erbrecht, § 64 Rn. 108; MüKoBGB/*Zimmermann*, § 2216 Rn. 17.

363 MüKoBGB/*Zimmermann*, § 2216 Rn. 17, § 2205 Rn. 60.

364 Insoweit ist die Verpflichtungsbefugnis des Testamentsvollstreckers nur durch das Schenkungsverbot des § 2205 S. 3 BGB beschränkt und entspricht damit dem Umfang der dinglichen Verfügungsmacht, da ein Zurückbleiben der Verpflichtungsbefugnis hinter der Verfügungsmacht im Hinblick auf § 812 BGB nicht sinnvoll wäre, OLG München, NJW-RR 2015, 139 Rn. 12; BeckOK BGB/*Lange*, Stand 1.2.2022, § 2206 Rn. 2; *ders.*, Erbrecht, § 64 Rn. 122; MüKoBGB/*Zimmermann*, § 2206 Rn. 4.

durch.[365] Insoweit wird die Verpflichtungsbefugnis des Testamentsvollstreckers durch den Zweck der Nachlassverwaltung beschränkt (sog. „kausale“ Beschränkung).[366] Nach herrschender Meinung ist der gutgläubige Vertragspartner jedoch dadurch geschützt, dass eine wirksame Nachlassverbindlichkeit auch dann zustande kommt, wenn dieser bei Vertragsschluss angenommen hat und ohne Fahrlässigkeit annehmen durfte, dass die Eingehung der Verbindlichkeit zur ordnungsmäßigen Verwaltung des Nachlasses erforderlich sei, auch wenn dies objektiv nicht der Fall war.[367]

2. Allgemeiner Pflichtenmaßstab des Testamentsvollstreckers

Allgemeingültige Aussagen darüber, was unter dem generalklauselartigen Gebot ordnungsgemäßer Verwaltung zu verstehen ist, lassen sich kaum treffen.[368] Inhalt und Umfang der Verwaltungspflicht richten sich in erster Linie nach den Anordnungen, die der Erblasser in Bezug auf die Verwaltung des Nachlasses durch letztwillige Verfügung gegebenenfalls getroffen hat (§ 2216 Abs. 2 BGB), sowie dem Zweck der Verwaltung bzw. den vom Erblasser dem Testamentsvollstrecker übertragenen Aufgaben (Abwicklungs- oder Dauervollstreckung, §§ 2203 ff., 2209 BGB).[369] Im Übrigen wird die Verwalterpflicht im jeweiligen Einzelfall durch das objektive Nachlassinteresse und die allgemeinen Regeln der Wirtschaftlichkeit konkretisiert.[370] Innerhalb dieses zu besonderer Gewissenhaftigkeit und Sorgfalt verpflichtenden Bindungsrahmens[371] ist anerkannt, dass dem Testamentsvollstrecker „ein angemessener, nicht engherzig zu bemessender

365 BeckOK BGB/*Lange*, Stand 1.2.2022, § 2206 Rn. 1; *ders.*, Erbrecht, § 64 Rn. 116.

366 *Lange*, Erbrecht, § 64 Rn. 116; Staudinger/*Dutta*, BGB, § 2206 Rn. 1; MüKoBGB/*Zimmermann*, § 2206 Rn. 1.

367 RGZ 83, 348, 353; 130, 131, 134; BGH NJW 1983, 40, 41; *Lange*, Erbrecht, § 64 Rn. 121; Staudinger/*Dutta*, BGB, § 2206 Rn. 12; MüKoBGB/*Zimmermann*, § 2206 Rn. 7.

368 Der unbestimmte Rechtsbegriff der ordnungsgemäßen Verwaltung wird im BGB auch an zahlreichen anderen Stellen verwendet (u.a. in §§ 2120 S. 1, 2130 Abs. 1 S. 1, 2313 Abs. 2 S. 2 BGB) und ist je nach gesetzlichem Kontext unterschiedlich zu interpretieren, Staudinger/*Dutta*, BGB, § 2216 Rn. 3.

369 BayObLG, NJWE-FER 1998, 110, 111; *Lange*, Erbrecht, § 64 Rn. 102; Staudinger/*Dutta*, BGB, § 2216 Rn. 5; MüKoBGB/*Zimmermann*, § 2216 Rn. 2.

370 BayObLG, NJWE-FER 1998, 110, 111; *Lange*, Erbrecht, § 64 Rn. 102; BeckOK BGB/*ders.*, Stand 1.2.2022, § 2216 Rn. 6; Staudinger/*Dutta*, BGB, § 2216 Rn. 8; MüKoBGB/*Zimmermann*, § 2216 Rn. 4; *Kroiß*, in: Mayer/Bonefeld/Tanck, Testamentsvollstreckung Hdb., § 9 Rn. 5.

371 RGZ 130, 131 135; BGH NJW 1987, 1070, 1071.

Ermessensspielraum zuzubilligen ist, der genügend Raum läßt für wirtschaftlich sinnvolle Eigeninitiative und der auch die Eingehung eines wirtschaftlich kalkulierten geschäftlichen Risikos nicht ausschließt".[372] Dies gilt vor allem, wenn auch nicht ausschließlich, bei einer länger andauernden Nachlassverwaltung sowie bei besonders strukturierten „dynamischen" Nachlässen, wie z.B. bei größeren Kapitalanlagevermögen oder eben unternehmerischen Beteiligungen, da hier vom Testamentsvollstrecker ein besonderes Maß an unternehmerischer Eigeninitiative verlangt wird.[373] Maßgeblich ist dabei, um mit dem BGH zu sprechen, „das Bild eines zwar umsichtigen und soliden, aber "dynamischen" Geschäftsführers, der die Risiken und Chancen kalkuliert und dann eingeht/nutzt oder nicht".[374]

3. Das Verbot persönlicher Verpflichtung des Gesellschafter-Erben im Besonderen, § 2206 BGB

a) *Die auf den Nachlass beschränkte Verpflichtungsbefugnis des Testamentsvollsteckers als Schranke seines rechtlichen „Könnens" oder rechtlichen „Dürfens"?*

Im Zusammenhang mit Gesellschaftsanteilen gehört es zu den zentralen Verwaltungspflichten des Testamentsvollstreckers, eine persönliche, auch das Privatvermögen betreffende Haftung des Erben zu vermeiden.[375] Eine solche Verpflichtung mag zwar zunächst einmal nur bei der Fremdverwaltung vollhaftender Gesellschaftsbeteiligungen von Bedeutung sein (dort ist der Testamentsvollstrecker von der Wahrnehmung der innergesellschaftlichen Mitgliedschaftsrechte jedoch ohnehin ausgeschlossen[376]). Für Verbindlichkeiten der Kapitalgesellschaft haftet

---

372 BayObLG, NJWE-FER 1998, 110, 112; ebenso BeckOK BGB/*Lange*, Stand 1.2.2022, § 2216 Rn. 9; *ders.*, Erbrecht, § 64 Rn. 102; *Schaub*, in: Bengel/Reimann, Hdb. Testamentsvollstreckung, § 4 Rn. 26; vgl. auch BGH NJW 1957, 1916, 1917; 1987, 1070, 1071; BayObLG, NJW 1976, 1692, 1693; NJW-RR 1990, 1420, 1422.

373 BeckOK BGB/*Lange*, Stand 1.2.2022, § 2216 Rn. 9; *Kroiß*, in: Mayer/Bonefeld/Tanck, Testamentsvollstreckung Hdb., § 9 Rn. 9; Staudinger/*Dutta*, BGB, § 2216 Rn. 12; *Schaub*, in: Bengel/Reimann, Hdb. Testamentsvollstreckung, § 4 Rn. 26.

374 BGH NJW 1987, 1070, 1071 zu Kapitalanlageentscheidungen des Testamentsvollstreckers; siehe auch BGH NJW-RR 1995, 577.

375 Siehe zum Kommanditanteil BGH NJW 1989, 3152, 3155; *Brandner*, in: FS Kellermann, 37, 44; *Esch*, NJW 1981, 2222, 2225; *Lorz*, Testamentsvollstreckung, S. 190; *ders.*, in: FS Boujong, 319, 330; *Raddatz*, Nachlaßzugehörigkeit, S. 165; *Schneider*, NJW 2015, 1142, 1143; MüKoBGB/*Zimmermann*, § 2205 Rn. 46.

376 S.o. A.II.2.

den Gläubigern hingegen gem. §§ 13 Abs. 2 GmbHG, 1 Abs. 1 S. 2 AktG von vornherein nur das Gesellschaftsvermögen und die Rechtsstellung des Kommanditisten ist gerade dadurch gekennzeichnet, dass die – nach § 171 Abs. 1 Halbs. 1 HGB auf den Betrag der Haftsumme ohnehin schon beschränkte – Außenhaftung durch Leistung der Einlage ausgeschlossen werden kann, § 171 Abs. 1 Halbs. 2 HGB. Dies darf aber nicht den Blick dafür versperren, dass auch aus den zuletzt genannten Beteiligungsarten, wenn auch vielleicht nicht so augenscheinlich wie bei vollhaftenden Gesellschaftsanteilen, wo die unbeschränkte persönliche Haftung bereits zum Wesensmerkmal der Mitgliedschaft gehört (vgl. § 105 Abs. 1 HGB), im Einzelfall Leistungspflichten resultieren können, hinsichtlich derer eine Beschränkung der Haftung auf den Nachlass mit gesellschaftsrechtlichen Haftungsgrundsätzen bzw. Prinzipen (Grundsatz der realen Kapitalaufbringung und Kapitalerhaltung) nicht zu vereinbaren wäre.[377] Dies betrifft nach richtiger, wenn auch nicht unumstrittener Ansicht in der Kommanditgesellschaft neben der bereits angesprochenen Rückgewähr der Einlage nach § 172 Abs. 4 HGB die Erhöhung der (Haft-)Einlage nach § 172 Abs. 1 oder 2 HGB. Bei der Verwaltung von Kapitalgesellschaftsanteilen fallen darunter wegen des besonderen Interesses der Gläubiger an der Aufbringung und Erhaltung des satzungsmäßigen Haftungsfonds vor allem die Mitwirkung des Testamentsvollstreckers an Kapitalerhöhungen, §§ 55 ff. GmbHG, §§ 182 ff. AktG, sowie an verbotenen Auszahlungen im Sinne von §§ 30, 31 GmbHG, §§ 57, 62 AktG.[378] Die entscheidende Frage lautet daher, inwiefern der Testamentsvollstrecker an der Ausübung von Mitgliedsrechten gehindert ist, sofern die entsprechende Maßnahme gesellschaftsrechtlich eine zwingend unbeschränkte persönliche Haftung des Gesellschafter-Erben erfordert. Dass es dem Testamentsvollstrecker nicht zusteht, den Erben in eine erbrechtlich nicht beschränkbare persönliche Haftung zu verstricken, sei es nun wie bei § 172 Abs. 1, 2 oder 4 HGB unmittelbar im Außenverhältnis zu den Gesellschaftsgläubigern oder „nur" im mitgliedschaftlichen Innenverhältnis gegenüber den Mitgesellschaftern bzw. der Gesellschaft, ist vor dem Hintergrund seiner auf den Nachlass beschränkten Verpflichtungsbefugnis gem. § 2206 BGB im Grunde unbestritten. Unklar ist lediglich der Weg dorthin, ob also der Testamentsvollstrecker den Gesellschafter-Erben nicht persönlich verpflichten *kann* oder dies „lediglich" nicht *darf*. Für die Frage der

377 Zutr. *Dörrie*, Testamentsvollstreckung, S. 75; *Philippi*, Testamentsvollstreckung, S. 52 f., jeweils für die GmbH.

378 Siehe im Einzelnen dazu im dritten Teil der Arbeit im Zusammenhang mit den jeweiligen Beteiligungsarten.

Zulässigkeit der Dauervollstreckung an vollhaftenden Gesellschaftsbeteiligungen ist dies, wie gesehen[379], ohne Bedeutung. Relevant wird dieser Unterschied jedoch bei der grundsätzlich als zulässig erachteten Fremdverwaltung von Kommandit- und Kapitalgesellschaftsanteilen im Hinblick auf die Folgen und Wirkungen, wenn sich der Testamentsvollstrecker an einer für den Erben im Einzelfall potenziell haftungsbegründenden gesellschaftsrechtlichen Maßnahme beteiligt.

Zu der Frage, ob die auf den Nachlass beschränkte Verpflichtungsbefugnis des Testamentsvollsteckers als Schranke seines rechtlichen „Könnens" oder als Schranke seines rechtlichen „Dürfens" aufzufassen ist, existiert in Wissenschaft und Rechtsprechung ein geradezu verwirrendes Meinungsbild. Das Problem wird, wenn überhaupt, immer nur punktuell im Zusammenhang mit den jeweiligen Einzelmaßnahmen und für jede Beteiligungsart gesondert erörtert und, was besonders bedauerlich ist, auch keineswegs einheitlich beurteilt.

Ein Beispiel: Im GmbH-Recht wird, soweit es um die Mitwirkung des Testamentsvollstreckers an einer Kapitalerhöhung gegen Einlagen gem. §§ 55 ff. GmbHG geht, im Hinblick auf die selbst übernommene Stammeinlage überwiegend die Ansicht vertreten, dass, sofern eine über die Mittel des Nachlasses hinausgehende persönliche Haftung des Erben nicht ausgeschlossen ist, die von dem Testamentsvollstrecker abgegebene Übernahmeerklärung des § 55 Abs. 1 GmbHG unwirksam ist.[380] Anders entscheiden dieselben Autoren aber bei der Frage der Wirksamkeit der Kapitalerhöhung im Übrigen. Die positive Mitwirkung des Testamentsvollstreckers am Erhöhungsbeschluss, d.h. dessen Stimmabgabe, soll ungeachtet einer dem Erben drohenden Ausfallhaftung aus § 24 GmbHG von der Unwirksamkeitsfolge ausgenommen bleiben.[381] Insoweit dürfe eine unter Mitwirkung des Testamentsvollstreckers beschlossene und durchgeführte Kapitalerhöhung aus Gründen des Gläubigerschutzes nicht gleich für unwirksam oder gar unzulässig erklärt werden.[382] Weiter heißt es, dass die aus der Annahme der Unwirksamkeit der Stimmabgabe folgende Anfechtbarkeit des Erhöhungsbeschlusses zu erheblicher Rechtsunsicherheit führen würde,

---

379 S.o. A.II.3.a) bei Fn. 98.

380 *Dörrie*, Testamentsvollstreckung, S. 77; *Philippi*, Testamentsvollstreckung, S. 164 f.; ebenso *Weidlich*, in: Mayer/Bonefeld/Tanck, Testamentsvollstreckung Hdb., § 19 Rn. 56.

381 *Dörrie*, Testamentsvollstreckung, S. 78, 119; *Philippi*, Testamentsvollstreckung, S. 166 f.

382 *Dörrie*, Testamentsvollstreckung, S. 78.

weshalb im Interesse der Gesellschaft an einer Kapitalerhöhung die Fälle einer gegen § 2206 BGB verstoßenden Mitwirkung des Testamentsvollstreckers „*ausnahmsweise* [Hervorhebung durch den Verfasser] nicht als Verstoß gegen die Grenzen des rechtlichen Könnens qualifiziert werden [dürften], sondern als Verstoß gegen die Grenzen des rechtlichen Dürfens".[383] Das daraus resultierende Restrisiko einer persönlichen Inanspruchnahme des Gesellschafter-Erben aus § 24 GmbHG ließe sich durch eine Schadensersatzpflicht des Testamentsvollstreckers gem. §§ 2216, 2219 BGB adäquat auffangen.[384]

Wie kann es aber sein, dass ein und dieselbe Vorschrift, § 2206 BGB, sich das eine Mal auf die Rechtsmacht des Testamentsvollstreckers im Außenverhältnis auswirkt, ein anderes Mal aber nur gem. § 2216 Abs. 1 BGB das rechtliche „Dürfen" im Innenverhältnis zum Gesellschafter-Erben ausformt mit der Folge einer unbeschränkten Haftung und eines Regressanspruchs des Erben im Falle eines Zuwiderhandelns des Testamentsvollstreckers? Wie sind diese Divergenzen in den Rechtswirkungen dogmatisch zu erklären? Geht es in all diesen Fällen in Wirklichkeit nicht immer um dieselbe Frage, nämlich um die der grundsätzlichen Reichweite der Verwaltungsbefugnis des Testamentsvollstreckers am Gesellschaftsanteil? Und bedarf es deshalb, anstatt eines „Flickenteppichs" unkoordinierter ad-hoc-Lösungen, nicht vielmehr einer konsistenten, rechtsformübergreifenden Antwort, nicht zuletzt auch mit Blick auf den rechtssicheren Umgang mit im Schrifttum bislang nicht erörterten Haftungssituationen?

b) Meinungsstand

Die überkommene herrschende Meinung ging bislang – mehr oder weniger implizit – davon aus, dass dem Testamentsvollstrecker für solche Maßnahmen, die gesellschaftsrechtlich eine zwingend unbeschränkte Haftung des Erben voraussetzen, von vornherein die Verwaltungszuständigkeit fehle mit der Folge, dass die betreffende Maßnahme, wie etwa die Zustimmung zur Erhöhung der Kommanditeinlage[385] oder die Übernahme neuer Stammeinlagepflichten[386]

---

383 *Philippi*, Testamentsvollstreckung, S. 166 f.; ebenso auf den Ausnahmecharakter dieser Rechtsfolge abstellend *Dörrie*, Testamentsvollstreckung, S. 78.

384 *Dörrie*, Testamentsvollstreckung, S. 78, 119; *Philippi*, Testamentsvollstreckung, S. 167.

385 BGH NJW 1989, 3152, 3155; NZG 2012, 385, 386 Rn. 20; *Damrau*, NJW 1984, 2785, 2788; MüKoHGB/*K. Schmidt*, § 177 Rn. 31; *Ulmer*, ZHR 1982, 555, 566; *ders.*, NJW 1990, 73, 79.

386 *Dörrie*, Testamentsvollstreckung, S. 77; *Philippi*, Testamentsvollstreckung, S. 164 f.; *Priester*, in FS Stimpel, 463, 477; *ders.*, in: FS Streck, 891, 899; *Weidlich*, in: Mayer/Bonefeld/Tanck, Testamentsvollstreckung Hdb., § 19 Rn. 56.

gem. § 55 Abs. 1 GmbHG, ohne Zustimmung des Erben (schwebend) unwirksam sei. Dadurch ist die Gefahr einer persönlichen Verpflichtung des Erben im Grundsatz ausgeschlossen; stattdessen kommt eine Eigenhaftung des Testamentsvollstreckers als *falsus procurator* gem. § 179 BGB analog[387] bzw. im Falle der Entgegennahme haftungsschädlicher Zahlungen gem. § 172 Abs. 4 HGB eine Rückgewährpflicht nach bereicherungsrechtlichen Grundsätzen[388] in Betracht. Ein solches Verständnis, bei dem der Testamentsvollstrecker den Erben ohne sein Einverständnis nicht über die Mittel des Nachlasses hinaus verpflichten *kann*, entspricht auch der tradierten Auffassung in Rechtsprechung und herrschender Lehre, wenn es um die Beurteilung der Zu- oder vielmehr der Unzulässigkeit einer Dauervollstreckung an vollhaftenden Gesellschaftsbeteiligungen geht.[389]

In seiner Grundsatzentscheidung zur Kommanditbeteiligung ist der BGH aber, wie bereits oben[390] erwähnt, erstmals von dieser Grundannahme abgerückt, indem er im Hinblick auf eine mögliche Einlagenrückgewähr nach § 172 Abs. 4 HGB an den Testamentsvollstrecker konstatieren musste, dass sich in einem solchen Fall wegen des nötigen Schutzes der Gläubiger die persönliche, nicht auf das Nachlassvermögen beschränkte Haftung des Erben nicht vermeiden lassen wird.[391] Die damit für den Erben verbundenen Gefahren würden aber dadurch gemildert, dass man Maßnahmen, die zu einer persönlichen Haftung des Erben führten, nicht mehr als ordnungsmäßige Verwaltung des Nachlasses gem. § 2216 Abs. 1 BGB werde ansehen können.[392]

Ausgehend von dieser Erkenntnis, dass sich aus dem Handeln des Testamentsvollstreckers eine unbeschränkbare Haftung des Gesellschafter-Erben ergeben kann, dies jedoch keine Maßnahme der ordnungsgemäßen Nachlassverwaltung im Sinne von § 2216 Abs. 1 BGB darstellt, hält eine im Vordringen befindliche Ansicht im Schrifttum den Testamentsvollstrecker – wenn auch nicht durchgängig und ausnahmslos[393] – nur im Innenverhältnis zum

---

387 So für die Abgabe der Übernahmeerklärung gem. § 55 Abs. 1 GmbHG *Dörrie*, Testamentsvollstreckung, S. 77; *ders.*, ZEV 1996, 370, 373; *Weidlich*, in: Mayer/Bonefeld/Tanck, Testamentsvollstreckung Hdb., § 19 Rn. 56.

388 *Ulmer*, ZHR 1982, 555, 567.

389 Siehe dazu oben A.II.1.

390 A.II.3.a) bei Fn. 96.

391 BGH NJW 1989, 3152, 3155.

392 BGH NJW 1989, 3152, 3155.

393 Am konsequentesten noch *Lorz*, Testamentsvollstreckung, S. 142 f., 188 f., 194, 218, 226, 241, 262 für die Verwaltung eines Personengesellschafts- und GmbH-Anteils.

Gesellschafter-Erben unter dem Gesichtspunkt ordnungsgemäßer Nachlassverwaltung für nicht berechtigt, ohne dessen Zustimmung eine erbrechtlich nicht beschränkbare Leistungspflicht zu begründen.[394] Die rechtstechnische Umsetzung dieses zweiten Lösungswegs macht freilich einen Eingriff in das erbrechtliche Haftungssystem erforderlich; *Lorz* spricht sich insoweit für eine teleologische Reduktion des § 2206 Abs. 2 BGB aus: Demnach sei die unbewusste Regelungslücke, dass aus Handlungen des Testamentsvollstreckers ausnahmsweise eine unbeschränkbare Verpflichtung der Erben resultieren könne, dadurch zu schließen, dass der Vorschrift gedanklich der Halbsatz angefügt werde, „es sei denn, die Beschränkung der Haftung ist mit zwingenden Vorgaben anderer Rechtsgebiete unvereinbar".[395] Das rechtliche „Können" des Testamentsvollstreckers im Außenverhältnis übersteige damit gleichsam das rechtliche „Dürfen" im Innenverhältnis, was allerdings bei der Übertragung einer auf ein Sondervermögen beschränkten Verwaltungsaufgabe geradezu typisch sei und die Zulässigkeit und Durchführbarkeit einer Testamentsvollstreckung nicht grundsätzlich in Frage stelle.[396] Auch die „kausale" Beschränkung des § 2206 Abs. 1 S. 1 BGB bildet nach dieser Ansicht kein Hindernis für eine wirksame Verpflichtung des Erben, da entweder die z.B. mit einer Kapitalerhöhung verbundene Satzungsänderung sich als Verfügung[397] über die Mitgliedschaft im Sinne des § 2206 Abs. 1 S. 2 BGB darstellt oder jedenfalls von einer erweiterten Verpflichtungsbefugnis des Dauertestamentsvollstreckers gem. §§ 2207 S. 1, 2209 S. 2 BGB auszugehen ist.[398]

c) Stellungnahme

Die obigen Ausführungen haben gezeigt, dass auch bei der gemeinhin für unproblematisch gehaltenen Vollstreckung in Kommandit- und

---

394 Siehe im Zusammenhang mit der Einlagenrückgewähr nach § 172 Abs. 4 HGB *Brandner*, in: FS Kellermann, 37, 42 ff.; *Raddatz*, Nachlaßzugehörigkeit, S. 165; *Schneider*, NJW 2015, 1142, 1143; MüKoBGB/*Zimmermann*, § 2205 Rn. 44; für die Übernahmeerklärung gem. § 55 Abs. 1 GmbHG *Mayer*, ZEV 2002, 209, 211; *Pauli*, in: Bengel/Reimann, Hdb. Testamentsvollstreckung, § 5 Rn. 245.

395 *Lorz*, Testamentsvollstreckung, S. 189; für eine teleologische Reduktion der Vorschrift im GmbH-Recht auch *Mayer*, ZEV 2002, 209, 211; *Pauli*, in: Bengel/Reimann, Hdb. Testamentsvollstreckung, § 5 Rn. 245.

396 *Brandner*, in: FS Kellermann, 37, 43; *Schneider*, NJW 2015, 1142, 1143; MüKoBGB/*Zimmermann*, § 2205 Rn. 44.

397 Siehe dazu unten C.III.2.

398 So für den GmbH-Anteil *Mayer*, ZEV 2002, 209, 211.

Kapitalgesellschaftsanteilen es zu einem Konflikt zwischen der auf den Nachlass beschränkten Verpflichtungsbefugnis des Testamentsvollstreckers und einer gesellschaftsrechtlich zwingend unbeschränkten Haftung des Gesellschafter-Erben kommen kann, die der historische Gesetzgeber so wohl nicht bedacht hat und dessen Lösung deshalb entweder einen Eingriff in die erbrechtliche Haftungs- oder Kompetenzordnung des Testamentsvollstreckers erforderlich macht. Dabei liegen die Vorzüge jener Ansicht, die aus der Regelung des § 2206 BGB lediglich Folgerungen für das rechtliche „Dürfen" des Testamentsvollstreckers ableitet, ohne dessen umfassende Rechtsmacht in der Gesellschaft in Zweifel zu ziehen, auf der Hand: Die Folgen eines verbotswidrig handelnden Testamentsvollstreckers bleiben auf das erbrechtliche Schuldverhältnis zwischen ihm und dem Gesellschafter-Erben beschränkt und berühren nicht die Wirksamkeit der gesellschaftsrechtlichen Mitwirkungshandlung im Außenverhältnis zu den Mitgesellschaftern bzw. der Gesellschaft oder den außenstehenden Gläubigern. Demgegenüber führt die herrschende Meinung, wonach die auf den Nachlass beschränkte Verpflichtungsbefugnis als dinglich wirkende Schranke der Verwaltungszuständigkeit aufzufassen sei, wenn man sich einmal für die grundsätzliche Zulassung einer auch die Mitverwaltungsrechte des Gesellschafter-Erben einschließenden Fremdverwaltung im Gesellschaftsrecht entschieden hat, zu folgenschweren Komplikationen, für die es keine zufriedenstellende Lösung gibt. Diese beschränken sich keineswegs nur auf die Frage, ob eine mit dem Erben nicht konsentierte Einlagenrückgewähr nach § 172 Abs. 4 HGB an den Testamentsvollstrecker die persönliche Haftung des Kommanditisten-Erben nach § 171 Abs. 1 HGB wiederaufleben lässt, wenngleich das „Dilemma" hier wohl am deutlichsten zum Vorschein tritt: Eine außenwirksame Beschränkung der Verwaltungsbefugnis des Testamentsvollstreckers wäre mit einer nicht zu rechtfertigenden Risikoverlagerung zu Lasten der außenstehenden Gesellschaftsgläubiger verbunden, die weder auf die Anordnung noch auf die konkrete Durchführung der Testamentsvollstreckung Einfluss nehmen können.[399] Diese müssten sich mangels „Empfangsberechtigung" des Testamentsvollstreckers damit abfinden, dass Leistungen an ihn aus dem gebundenen Gesellschaftsvermögen möglicherweise keine haftungsbegründende Wirkung zulasten des Erben hätten.[400]

---

399 Zutr. *Lorz*, Testamentsvollstreckung, S. 188; *Raddatz*, Nachlaßzugehörigkeit, S. 164 f.; *Weidlich*, Testamentsvollstreckung, S. 118; i.E. ebenso *Brandner*, in: FS Kellermann, 37, 42; *Dörrie*, Testamentsvollstreckung, S. 70.

400 Dafür *Ulmer*, ZHR 1982, 555, 567; *ders.*, NJW 1990, 73, 78; wohl auch OLG Hamm, OLGZ 1989, 148, 151 f.; *Bommert*, BB 1984, 178, 183; *Buschmann*,

Anstatt den Erben persönlich in Anspruch nehmen zu können, wären sie auf die Pfändung eines unter Umständen nur schwer realisierbaren Rückzahlungsanspruchs der Gesellschaft gegen den Testamentsvollstrecker beschränkt.[401] Deshalb leuchtet es auch nicht ein, warum der BGH im Gegensatz dazu einer durch den Testamentsvollstrecker nach § 172 Abs. 2 HGB ohne Zustimmung des Erben verlautbarten Erhöhung der Einlage keinerlei haftungsbegründende Wirkung beimessen möchte.[402] Gewiss kommt es im Fall einer gegen § 172 Abs. 4 HGB verstoßenden Zahlung zu einer Verschiebung von Gesellschaftsvermögen zu Gunsten des Nachlasses analog § 2041 BGB und damit effektiv zu einer Schmälerung der den Gläubigern potenziell zur Verfügung stehenden Haftungsmasse. Wahr ist aber auch, dass bei einer handelsüblichen Kundmachung der Erhöhung oder sonstigen Mitteilung[403] die Gesellschaftsgläubiger als Empfänger dieser Erklärung in ihrem Vertrauen mindestens genauso schutzwürdig sind, wie bei einer regelmäßig lediglich intern bleibenden Leistung an den Testamentsvollstrecker, von der sie als außenstehende Dritte (jedenfalls außerhalb eines Insolvenzverfahrens, vgl. § 171 Abs. 2 HGB) kaum jemals Kenntnis[404] erlangen dürften. Jedenfalls sind die Unterschiede zwischen § 172 Abs. 4 HGB und § 172 Abs. 2 HGB nicht so gewichtig, als es gerechtfertigt wäre, die beiden Fälle haftungsrechtlich anders zu beurteilen.

Aber auch bei der Fremdverwaltung von GmbH-Anteilen und Aktien ergeben sich auf Grundlage der herrschenden Meinung Probleme bei der praktischen Durchführung der Testamentsvollstreckung. So ist etwa bezeichnend, dass im GmbH-Recht, wie bereits gezeigt[405], für die Teilnahme des Testamentsvollstreckers an einer Kapitalerhöhung gegen Einlagen selbst diejenigen Autoren, die der Bestimmung des § 2206 BGB ansonsten Bedeutung für das rechtliche „Können“

Testamentsvollstreckung, S. 170; *Damrau*, NJW 1984, 2785, 2788; *Winkler*, Testamentsvollstrecker, Rn. 369.

401 Vgl. *Lorz*, Testamentsvollstreckung, S. 188; soweit der KG aufgrund der erfolgten Rückzahlung Erstattungsansprüche gegen den Kommanditisten zustehen, sind diese für die Gläubiger der KG pfändbar, Henssler/Strohn/*Gummert*, HGB, § 172 Rn. 46.

402 BGH NJW 1989, 3152, 3155; NZG 2012, 385 Rn. 20; ausf. dazu unten F.III.1.

403 Die handelsübliche Kundmachung steht einer Registereintragung (§ 172 Abs. 1 HGB) gleich und wirkt damit ggü. allen Gesellschaftsgläubigern unabhängig von deren Kenntnis, während eine Mitteilung in anderer Weise nur für diejenigen wirkt, denen sie zugeht, MüKoHGB/*K. Schmidt*, §§ 171, 172 Rn. 35 ff.

404 Zur der damit verbundenen Frage der Darlegungs- und Beweislast MüKoHGB/*K. Schmidt*, §§ 171, 172 Rn. 76.

405 S.o. C.II.3.a).

beimessen, sich ausnahmsweise für eine Beschränkung nur des rechtlichen „Dürfens" aussprechen, soweit es um die Beschlussmitwirkung des Testamentsvollstreckers geht.[406] Dahinter mag die zutreffende Überlegung stecken, dass eine fehlende Zustimmung des Erben die materielle Rechtmäßigkeit des allein unter Mitwirkung des Testamentsvollstreckers gefassten Kapitalerhöhungsbeschlusses und damit die Durchführung der Kapitalmaßnahme als solche nicht gefährden darf.[407] Insoweit gebietet also das Gesellschafts- bzw. Gesellschafterinteresse, die Beurteilung gesellschaftsinterner Maßnahmen allein gesellschaftsrechtlichen Maßstäben vorzubehalten und nicht durch erbrechtliche Fragestellungen zu überlagern. Dies gilt umso mehr in der Kapitalgesellschaft, bei der regelmäßig das kapitalistische Element und weniger der persönliche Zusammenschluss der Gesellschafter im Vordergrund steht und deshalb die Durchführbarkeit der Testamentsvollstreckung anders als im Recht der Personengesellschaften auch nicht von der Zustimmung sämtlicher Mitgesellschafter bzw. der Zulassung im Gesellschaftsvertrag abhängt.[408] So waren es auch diese Erwägungen, die den BGH in seiner jüngeren Entscheidung zur Reichweite eines Stimmverbots nach § 47 Abs. 4 GmbHG dazu bewogen haben, dem Testamentsvollstrecker trotz Bestehens eines in seiner Person liegenden Ausschlussgrundes die Befugnis zur Einberufung der Gesellschafterversammlung zu belassen, und zwar unabhängig von der Frage, ob die Einberufung gegebenenfalls erforderlich ist, um den in den Nachlass fallenden Gesellschaftsanteil ordnungsgemäß zu verwalten.[409] Würde man in so einem Fall den Erben selbst das Recht einräumen, die Einberufung zu verlangen und nachfolgend selbst einzuberufen, „würde der allein das erbrechtliche Innenverhältnis zwischen Erben und Testamentsvollstrecker betreffende Streit über die ordnungsgemäße (erbrechtliche) Verwaltung des Nachlasses in die Gesellschaft hineingetragen".[410] Die Ebene der Gesellschaft müsse aber – nicht zuletzt auch wegen des damit für die Gesellschaft verbundenen Kostenrisikos – von der Klärung von Streitigkeiten zwischen den Erben und dem Testamentsvollstrecker über die allein das zwischen ihnen bestehende erbrechtliche Innenverhältnis betreffende ordnungsgemäße Verwaltung des Nachlasses frei gehalten werden.[411] Derartige Streitigkeiten müssten vielmehr

---

406 S.o. die Nachw. in Fn. 381.

407 So ausdr. *Philippi*, Testamentsvollstreckung, S. 166 f.

408 Siehe dazu oben B.II.2.a).

409 BGH NZG 2014, 945 Rn. 26, näher dazu unter D.I.2.a).

410 BGH NZG 2014, 945 Rn. 26.

411 BGH NZG 2014, 945 Rn. 17.

außerhalb der Gesellschaft mit den dafür vorgesehenen erbrechtlichen Mitteln der §§ 2216 Abs. 1, 2219 Abs. 1, 2227 BGB geklärt werden.[412] Insoweit gilt es also zu verhindern, dass Konflikte aus dem durch das Erbrecht regulierten Binnenverhältnis zwischen Erben und Testamentsvollstrecker auf die Gesellschaft durchschlagen.[413] Dieser Gedanke lässt sich sicherlich auch für den vorliegenden Sachverhalt fruchtbar machen, wenngleich es hier um die Beantwortung der quasi vorgelagerten Frage geht, nämlich ob es sich bei der Begründung persönlicher Verpflichtungen des Gesellschafter-Erben durch den Testamentsvollstrecker tatsächlich nur um ein Problem der Ordnungsgemäßheit des Verwalterhandelns (§ 2216 Abs. 1 BGB) handelt oder ob dies die Reichweite seiner Rechtsmacht betrifft. Abgesehen von der Fundamentalkritik, der sich die oben genannten Autoren ausgesetzt sehen, nämlich dass sie der Bestimmung des § 2206 BGB – in Abhängigkeit vom gewünschten Ergebnis – ein unterschiedliches Verständnis beilegen und dadurch nicht gerade zur Grundsatzbildung und Rechtssicherheit beitragen[414], überzeugt diese Ansicht jedoch auch deshalb nicht, weil sie den von ihr angestrebten Zweck überhaupt nicht zu erreichen vermag. Das Registergericht darf gem. §§ 57a GmbHG, 188 AktG nicht nur unwirksame bzw. nichtige Kapitalerhöhungsbeschlüsse nicht eintragen[415]; vielmehr hat es die Eintragung auch dann abzulehnen, wenn Übernahmeverträge unwirksam sind bzw. es an einer vollständigen und wirksamen Zeichnung des Erhöhungsbetrags fehlt[416]. Insoweit genügt es nicht, den Testamentsvollstrecker lediglich im Hinblick auf die Mitwirkung am Kapitalerhöhungsbeschluss mit der entsprechenden Rechtsmacht zur Stimmabgabe auszustatten, die Befugnis zum Abschluss der Übernahme- bzw. Zeichnungsverträge aber weiterhin aus dessen Machtbereich auszuklammern. Dass es unter diesen Vorzeichen zu der

---

412 BGH NZG 2014, 945 Rn. 17.

413 Zutr. *Werner*, Anm. z. BGH, Urt. v. 13.5.2014 – II ZR 250/12, GmbHR 2014, 868, 869.

414 Dazu bereits oben C.II.3.a).

415 Siehe dazu Henssler/Strohn/*Gummert*, GmbHG, § 57a Rn. 3; MüKoGmbHG/*Lieder*, § 57a Rn. 5; anders ist dies für anfechtbare Beschlüsse, die bis zur Beschlussanfechtung wirksam sind und eingetragen werden müssen, *Altmeppen*, GmbHG, § 57a Rn. 4; MüKoGmbHG/*Lieder*, § 57a Rn. 5; nach erfolgter Anfechtung steht die Eintragung im pflichtgemäßen Ermessen des Registerrichters, *Altmeppen*, GmbHG, § 57a Rn. 4; Henssler/Strohn/*Gummert*, GmbHG, § 57a Rn. 5.

416 *Altmeppen*, GmbHG, § 57a Rn. 3; *Koch*, AktG, § 188 Rn. 20; MüKoAktG/*Schürnbrand*/*Verse*, AktG, § 188 Rn. 61; eine Ausnahme hiervon wird nur für den Fall gemacht, dass der Beschluss eine Kapitalerhöhung auch zu einem entsprechend verminderten Teilbetrag zulässt, *Altmeppen*, GmbHG, § 57a Rn. 7.

gewünschten Eintragung der Kapitalmaßnahme überhaupt nicht kommen darf, vernachlässigen die Vertreter dieser Ansicht offenbar, wenn weiter ausgeführt wird, dass der Erbe auch dann nicht zur Einlageleistung verpflichtet sei, sollte es gleichwohl zu der Eintragung der fehlerhaften Kapitalerhöhung in das Handelsregister kommen, da es insoweit – genauso wie bei einer vollmachtslosen Stellvertretung – an einer zurechenbaren Veranlassung seitens des Erben fehle.[417]

Für den Fall, dass die Einlagepflicht des Erben sofort fällig ist und aus Nachlassmitteln erfüllt werden kann, wird von dem Mitwirkungsverbot des Testamentsvollstreckers allgemein eine Ausnahme gemacht.[418] Ist die Gefahr einer persönlichen Inanspruchnahme des Gesellschafter-Erben praktisch ausgeschlossen, besteht auch kein Grund, das Handeln des Testamentsvollstreckers an die Zustimmung des Erben zu binden, egal ob man nun ein solches Zustimmungserfordernis aus der erbrechtlichen Beschränkung der Verpflichtungsbefugnis des Testamentsvollstreckers ableitet oder mit der gesellschaftsrechtlichen Kernbereichslehre[419] zu begründen versucht. Ausgehend von einem in seinem rechtlichen „Können" beschränkten Testamentsvollstrecker ist jedoch unklar, wie diese Vorgabe in der Registerpraxis umzusetzen sein soll. Steht nämlich tatsächlich die Wirksamkeit der entsprechenden Mitwirkungshandlung in Zweifel, müsste das Registergericht im Eintragungsverfahren die Volleinzahlung der Einlagen als materielle Eintragungsvoraussetzung überprüfen (dürfen)[420], da, wie gesagt, unwirksame Kapitalmaßnahmen nicht zur Eintragung gelangen dürfen. Für eine derartige registerrechtliche Prüfungskompetenz oder -pflicht fehlt es jedoch an einer gesetzlichen Grundlage. *Lorz* spricht diesen Punkt im Zusammenhang mit der ebenfalls umstrittenen Frage an, ob sich der Testamentsvollstrecker mit Wirkung für den Erben an der Neugründung einer GmbH beteiligen darf.[421] Die

---

417 So vor allem *Dörrie*, Testamentsvollstreckung, S. 77; *ders.*, ZEV 1996, 370, 373; *Philippi*, Testamentsvollstreckung, S. 166 mit Fn. 733; ebenso *Weidlich*, in: Mayer/Bonefeld/Tanck, Testamentsvollstreckung Hdb., § 19 Rn. 56.

418 Für die GmbH Lutter/Hommelhoff/*Bayer*, GmbHG, § 55 Rn. 37; MHLS/*Ebbing*, GmbHG, § 15 Rn. 50; *Groß*, GmbHR 1994, 596, 598; *Priester*, in: FS Stimpel, 463, 478; Scholz/*Seibt*, GmbHG, § 15 Rn. 252; *Wachter*, ZNotP 1999, 226, 231; MüKoGmbHG/*Weller/Reichert*, § 15 Rn. 492; für die Erhöhung der Kommanditeinlage BGH NZG 2012, 385 Rn. 20; *Dörrie*, ZEV 1996, 370, 373; *Kämper*, RNotZ 2016, 625, 637; *Reimann*, Anm. z. BGH, Beschl. v. 3.7.1989 – II ZB 1/89, DNotZ 1990, 190, 192; EBJS/*Strohn*, HGB, § 177 Rn. 20; *Ulmer*, NJW 1990, 73, 79; *Weidlich*, Testamentsvollstreckung, S. 119; *ders.*, ZEV 1994, 205, 208.

419 Dazu noch unten D.III.

420 So denn auch *Philippi*, Testamentsvollstreckung, S. 156.

421 *Lorz*, Testamentsvollstreckung, S. 217 f.

gleiche Problematik stellt sich jedoch auch bei der Mitwirkung an einer Kapitalerhöhung gegen Einlagen. Sowohl im GmbH- als auch im Aktienrecht beschränkt sich die Prüfung des Registergerichts auf die Erbringung der gesetzlichen Mindesteinlage[422], welche bei Anmeldung der Kapitalerhöhung von der Geschäftsleitung zu versichern ist, § 57 Abs. 2 GmbHG, §§ 188 Abs. 2 S. 1, 37 Abs. 1 AktG. Etwaige Mehrleistungen, seien es nun freiwillige oder solche aufgrund besonderer Anordnung im Erhöhungsbeschluss[423], sind nicht Prüfungsgegenstand.[424] Nach Abschaffung der Sicherungspflicht bei Einmanngründungen im Zuge des MoMiG vom 23.10.2008[425] kann eine Prüfungskompetenz des Registergerichts auch nicht mehr auf eine entsprechende Anwendung des § 7 Abs. 2 S. 3 GmbHG a.F.[426] bzw. § 36 Abs. 2 S. 2 AktG a.F. gestützt werden.[427] Bei der ebenfalls eintragungspflichtigen Haftsummenerhöhung des Kommanditisten nach § 175 HGB ist eine Registerprüfung mangels im Recht der Personengesellschaften angelegter Kapitalsicherung überhaupt nicht vorgesehen.[428] Solche Probleme lassen sich nur vermeiden, wenn sich der mit der Eintragung befasste Registerrichter auf

---

422 Vgl. § 7 Abs. 2 S. 1 GmbHG, §§ 36 Abs. 2, 36a Abs. 1 AktG.

423 Im Kapitalerhöhungsbeschluss kann ein höherer Einzahlungsbetrag als die gesetzliche Mindesteinlage vorgesehen werden, was auch vor dem Hintergrund der Regelung des § 23 Abs. 5 S. 2 AktG („Satzungsstrenge") unproblematisch ist, *Koch,* AktG, § 182 Rn. 14; für die GmbH MüKoGmbHG/*Lieder*, § 56a Rn. 5.

424 OLG Stuttgart, DNotZ 2012, 154; MüKoGmbHG/*Lieder*, § 57a Rn. 7, 19; *Koch*, AktG, § 188 Rn. 20.

425 BGBl. 2008 I, 2026.

426 Danach war der Alleingesellschafter verpflichtet, zusätzlich zur Mindesteinzahlung eine Sicherung für die noch ausstehende Einlageverpflichtung zu erbringen. Dem lag u.a. die Erwägung zugrunde, dass es bei der Einmanngründung an der die reale Kapitalaufbringung gewährleistenden Ausfallhaftung der Mitgesellschafter nach § 24 GmbHG fehlt. Daneben sah § 19 Abs. 4 GmbHG a.F. zur Vermeidung von Umgehungsversuchen vor, dass der Gesellschafter für den Fall, dass sich innerhalb von drei Jahren nach Eintragung der GmbH alle Geschäftsanteile in seiner Hand vereinigen, alle Geldeinlagen voll einzuzahlen, der Gesellschaft für die Zahlung der noch ausstehenden Beträge eine Sicherung zu bestellen oder einen Teil der Geschäftsanteile an einen Dritten zu übertragen hat, siehe zur alten Rechtslage MüKoGmbHG/*Herrler*, § 7 Rn. 67 f.; MHLS/*Tebben,* GmbHG, § 7 Rn. 37.

427 So noch für die Gründungsbeteiligung des Testamentsvollstreckers *Philippi*, Testamentsvollstreckung, S. 156 f.

428 Der BGH NJW 1989, 3152, 3155 statuiert in seinem Grundsatzbeschluss stattdessen eine registerrechtliche Anhörungsflicht des Kommanditisten-Erben; siehe dazu unten F.III.1.

die durch das Testamentsvollstreckerzeugnis nachgewiesene umfassende Vertretungsmacht des Testamentsvollstreckers verlassen kann und die konkreten Zahlungsmodalitäten lediglich für die Beurteilung der das Innenverhältnis zum Erben betreffenden Ordnungsgemäßheit des Verwalterhandelns von Bedeutung sind.[429]

Insgesamt sprechen also sowohl Gläubigerschutzgesichtspunkte als auch das Gesellschaftsinteresse sowie ganz profane registerrechtliche Zwänge dafür, von einer uneingeschränkten Rechtsmacht des Testamentsvollstreckers in der Gesellschaft auszugehen und diesen lediglich im Innenverhältnis zum Erben nach § 2216 Abs. 1 BGB für verpflichtet anzusehen, die persönliche Haftung des Erben auslösende Maßnahmen zu unterlassen. Der notwendige Schutz des Erben ist durch eine mögliche Schadensersatzhaftung des Testamentsvollstreckers gem. § 2219 Abs. 1 BGB gewährleistet. Anders als bei vollhaftenden Gesellschaftsbeteiligungen, wo grundsätzlich jede Mitwirkung des Testamentsvollstreckers in der Gesellschaft die persönliche Haftung des Erben zu begründen vermag, erscheint eine solche Schadensersatzlösung auch nicht von vornherein als mit den Interessen des Erben unvereinbar, da, wie gesehen[430], das Risiko einer persönlichen Inanspruchnahme als Kommanditist oder Gesellschafter einer Kapitalgesellschaft auf Einzelfälle beschränkt bleibt. Die im Wege teleologischer Reduktion[431] des § 2206 Abs. 2 BGB zu begründende Erkenntnis, dass der Testamentsvollstrecker den Gesellschafter-Erben ausnahmsweise auch ohne sein Einverständnis über die Mittel des Nachlasses hinaus verpflichten *kann*, steht freilich der bisherigen herrschenden Auffassung diametral entgegen. Hat die Testamentsvollstreckung jedoch einmal Eingang in das Gesellschaftsrecht gefunden, ist ein solches Verständnis unabdingbar, um einen möglichst reibungslosen Ablauf zu gewährleisten, und zwar auch und gerade in Bezug auf eher am Rande liegende Verwaltungsmaßnahmen, wo sich die Tragfähigkeit der im Unternehmensrecht allseits befürworteten Testamentsvollstreckung beweisen muss. Eine andere Beurteilung ist lediglich dort angezeigt, wo der Erbe, wie etwa bei der Begründung *höchstpersönlicher* Handlungs- oder Unterlassungspflichten, von vornherein nicht in seiner Eigenschaft als Träger des Nachlasses, sondern in seiner nachlassfreien Privatsphäre betroffen ist[432], wenn also die zu erbringende

429 Vgl. *Lorz*, Testamentsvollstreckung, S. 241 für die Gründungsbeteiligung.

430 S.o. C.II.3.a).

431 S.o. die Nachw. in Fn. 395.

432 Vgl. *Lorz*, Testamentsvollstreckung, S. 265 zur Schaffung *persönlich* zu erfüllender Nebenleistungspflichten i.S.v. § 3 Abs. 2 GmbHG; dazu unten G.III.2.

Leistung dem Nachlass überhaupt nicht entnommen werden kann[433] und das Handeln des Testamentsvollstreckers somit offensichtlich außerhalb seines Verwaltungsauftrags liegt.

Für die Frage der zulässigen Reichweite einer Testamentsvollstreckung an vollhaftenden Gesellschaftsbeteiligungen ergeben sich aus alldem keine Änderungen.[434] Insoweit bleibt es dabei, dass eine angeordnete Testamentsvollstreckung auf die vermögensrechtliche „Außenseite" der Beteiligung beschränkt bleiben muss und nicht die Mitverwaltungsrechte innerhalb der Gesellschaft erfasst. Lediglich die Beweisführung dafür wird auf neue Füße gestellt: Nicht, wie bisher angenommen, die fehlende Rechtsmacht des Testamentsvollstreckers, den Erben persönlich zu verpflichten, steht einer umfassenden Fremdverwaltung entgegen, sondern die Inkompatibilität mit seiner aus §§ 2206, 2216 Abs. 1 BGB resultierenden erbrechtlichen Pflichtenstellung, eine persönliche, auch das Privatvermögen betreffende Haftung des Erben zu vermeiden.[435] Insofern handelt es sich also weniger um einen Haftungs- als vielmehr um einen Kompetenzkonflikt. Dass auf diesem Weg, gewissermaßen durch die „Hintertür", eine weitergehende Testamentsvollstreckung auch an vollhaftenden Gesellschaftsbeteiligungen legitimiert werden könnte, steht somit nicht zu befürchten.

III. Verbot unentgeltlicher Verfügungen, § 2205 S. 3 BGB

1. Bedeutung der Vorschrift für das Verwaltungshandeln des Testamentsvollstreckers

Eine weitere erbrechtliche Schranke für das Handeln des Testamentsvollstreckers ergibt sich aus § 2205 S. 3 BGB. Hiernach ist der Testamentsvollstrecker zu unentgeltlichen Verfügungen über zum Nachlass gehörende Gegenstände grundsätzlich nicht befugt. Davon ausgenommen sind lediglich Pflicht- oder Anstandsschenkungen nach § 534 BGB, welche jedoch im Zusammenhang mit Gesellschaftsbeteiligungen kaum je eine Rolle spielen dürften.[436] Die Vorschrift ist der für die Vorerbschaft geltenden Bestimmung des § 2113 Abs. 2

433 *Dörrie*, Testamentsvollstreckung, S. 120.

434 Dazu bereits oben A.II.3.a) bei Fn. 98.

435 Vgl. *Brandner*, in: FS Kellermann, 37, 43 mit Fn. 18; *Lorz*, Testamentsvollstreckung, S. 143, 189.

436 *Priester*, in: FS Stimpel, 463, 474 mit Fn. 65; *Schneider*, NJW 2015, 1142, 1145 mit Fn. 36.

BGB nachgebildet und dient dem wertmäßigen Erhalt der Erbschaftsmasse.[437] Der Erblasser kann den Testamentsvollstrecker von dieser Beschränkung nicht befreien, vgl. § 2207 S. 2 BGB.[438] Das Recht des Testamentsvollstreckers, über Nachlassgegenstände zu verfügen, § 2205 S. 2 Alt. 2 BGB, wird im Unterschied zur Verpflichtungsbefugnis mit dinglicher Wirkung eingeschränkt, eine gegen dieses Verbot verstoßende Verfügung ist allerdings nur schwebend unwirksam, nicht nichtig.[439] Die Verfügungsbeschränkung kann nach herrschender Meinung mit Zustimmung derjenigen Personen, zu deren Schutz das Verfügungsverbot besteht – dazu gehören jedenfalls sämtliche Erben (auch Nacherben) sowie nach Ansicht des BGH auch die noch zu befriedigenden Vermächtnisnehmer –, überwunden werden.[440] Die nachträgliche Zustimmung wirkt auf den Zeitpunkt der Vornahme des Rechtsgeschäfts zurück, ihre Verweigerung führt zur Nichtigkeit.[441]

2. Verfügungen über Gesellschaftsbeteiligungen

Unter „Verfügung" im Sinne von § 2205 S. 3 BGB ist, wie sonst auch im BGB[442], jedes Rechtsgeschäft zu verstehen, durch das ein Recht unmittelbar übertragen, belastet, aufgehoben oder inhaltlich verändert wird.[443] Taugliches Objekt einer

---

437 NK-BGB/*Kroiß*, § 2205 Rn. 13; BeckOK BGB/*Lange*, Stand 1.2.2022, § 2205 Rn. 24; *ders.*, Erbrecht, § 65 Rn. 136.

438 Siehe für die Vorerbschaft § 2136 BGB.

439 NK-BGB/*Kroiß*, § 2205 Rn. 13; BeckOK BGB/*Lange*, Stand 1.2.2022, § 2205 Rn. 24; Staudinger/*Dutta*, BGB, § 2205 Rn. 75; *Schaub*, ZEV 2001, 257, 259; MüKoBGB/*Zimmermann*, § 2205 Rn. 73; Grüneberg/*Weidlich*, BGB, § 2205 Rn. 30; zu der heute nicht mehr vertretenen Ansicht, wonach § 2205 S. 3 BGB nur schuldrechtliche Wirkungen im Innenverhältnis zwischen dem Testamentsvollstrecker und dem Erben entfaltet, siehe die Nachw. bei *Pyszka*, Verfügungen, S. 6 Fn. 4.

440 BGH NJW 1971, 2264, 2266; BayObLG, BWNotZ 1989, 87, 88; *Lange*, Erbrecht, § 65 Rn. 150; Staudinger/*Dutta*, BGB, § 2205 Rn. 103; *Schaub*, ZEV 2001, 257, 259 f.; a.A. (nur Zustimmung der Erben, nicht aber der Vermächtnisnehmer erforderlich) OLG München, NJW-RR 2016, 846, 848 Rn. 19; Grüneberg/*Weidlich*, BGB, § 2205 Rn. 30 wegen des nur schuldrechtlichen Anspruchs der Vermächtnisnehmer gegen die Erben (§ 2174 BGB); diff. MüKoBGB/*Zimmermann*, § 2205 Rn. 83.

441 Vgl. MüKoBGB/*Zimmermann*, § 2205 Rn. 91.

442 Vgl. zum Verfügungsbegriff BGH NJW 1951, 645, 647; 1980, 175, 176; 1999, 1026, 1027; Grüneberg/*Ellenberger*, BGB, Überbl. v. § 104 Rn. 16.

443 *Pyszka*, Verfügungen, S. 8; Staudinger/*Dutta*, BGB, § 2205 Rn. 59; MüKoBGB/*Zimmermann*, § 2205 Rn. 62.

Verfügung kann auch die Mitgliedschaft in einem Personenverband sein.[444] Gehört eine solche Beteiligung zum Nachlass und hat der Erblasser Testamentsvollstreckung angeordnet, unterliegen damit auch Verfügungen des Testamentsvollstreckers über den Gesellschaftsanteil der Beschränkung des § 2205 S. 3 BGB.[445] Insoweit kommt das Verfügungsverbot vornehmlich bei der Veräußerung bzw. der Übertragung[446] des verwalteten Anteils nach §§ 398, 413 BGB oder der Ausübung eines Kündigungs- bzw. Austrittsrechts[447] zur Anwendung, wenn also eine Verfügung über die Mitgliedschaft „im Ganzen" vorliegt.[448] Aber auch die Änderung des Gesellschaftsvertrags kann sich aus Sicht der einzelnen Gesellschafter als Verfügung über deren Mitgliedschaft darstellen, wenn damit eine unmittelbare inhaltliche Änderung ihrer Rechtsstellung in der Gesellschaft einhergeht.[449] Dies ist insbesondere dann der Fall, wenn in einzelne Mitverwaltungs- bzw. Sonderrechte eingegriffen oder die vermögensrechtliche Position der Gesellschafter beeinträchtigt wird, etwa durch die Änderung des Gewinnverteilungsschlüssels[450], die nachträgliche Aufnahme einer Abfindungs- bzw. Buchwertklausel[451] in den Gesellschaftsvertrag oder die Begründung neuer

---

444 *K. Schmidt*, GesR, § 19 IV 2.

445 Vgl. zur Anwendbarkeit der insoweit vergleichbaren Regelung des § 2113 Abs. 2 BGB auf Verfügungen des Gesellschafter-Vorerben BGH NJW 1977, 1540; Staudinger/*Avenarius*, BGB, § 2113 Rn. 83; *Paschke*, ZIP 1985, 129, 132. Davon zu unterscheiden sind Verfügungen über einzelne Gegenstände des Gesellschaftsvermögens, welche nicht den erbrechtlichen Beschränkungen unterliegen, *Dillmann*, RNotZ 2002, 2, 17; *Hefermehl*, in: FS Westermann, 223, 226; *Paschke*, ZIP 1985, 129, 137.

446 Vgl. dazu MüKoBGB/*Schäfer*, § 719 Rn. 22; MüKoHGB/*K. Schmidt*, § 105 Rn. 214; *ders.*, GesR, § 45 III 3 a; siehe auch BGH NJW 1977, 1540 zur Veräußerung eines Kommanditanteils durch den Gesellschafter-Vorerben gegen ein Leibrentenversprechen.

447 Vgl. BGH NJW 1984, 362 zum Ausscheiden des Gesellschafter-Vorerben aus einer handelsrechtlichen Personengesellschaft.

448 *Dörrie*, Testamentsvollstreckung, S. 134; *Philippi*, Testamentsvollstreckung, S. 57 mit weiteren Beispielen für Verfügungen über den gesamten GmbH-Anteil in Fn. 247.

449 *Dörrie*, Testamentsvollstreckung, S. 108; *ders.*, ZEV 1996, 370, 371; MüKoGmbHG/*Heinze*, § 2 Rn. 143; *Lorz*, Testamentsvollstreckung, S. 204; *Philippi*, Testamentsvollstreckung, S. 57; *Priester*, in: FS Stimpel, 463, 475; siehe zur Vorerbschaft BGH NJW 1981, 115; 1981, 1560; Staudinger/*Avenarius*, BGB, § 2113 Rn. 86; *Dillmann*, RNotZ 2002, 2, 17; *Harder*, DNotZ 1994, 822 f.; MüKoBGB/*Lieder*, § 2113 Rn. 43; *Lutter*, ZGR 1982, 108, 111 f.; *Paschke*, ZIP 1985, 129, 132.

450 Vgl. BGH NJW 1981, 1560 zur Zustimmung des Gesellschafter-Vorerben zur Änderung des Gewinnverteilungsschlüssels.

451 Vgl. BGH NJW 1981, 115 zur Zustimmung des Gesellschafter-Vorerben zur Einführung einer Buchwertklausel.

Leistungspflichten.[452] Freilich bedeutet nicht gleich jede Satzungsänderung auch eine inhaltliche Veränderung der Mitgliedschaft. Werden z.B. nur die Modalitäten für die Einberufung der Gesellschafterversammlung oder die Vertretungsregeln geändert, haben diese Maßnahmen keinen verfügenden Charakter.[453]

Von der Frage, ob der Gesellschafterbeschluss seinem konkreten Inhalt nach eine Änderung der Mitgliedschaft bewirkt und damit als Verfügung im Sinne von § 2205 S. 3 BGB zu qualifizieren ist, ist die nach der Verfügungsqualität der entsprechenden Mitwirkungshandlung des Testamentsvollstreckers an der Beschlussfassung zu unterscheiden. Der Verfügungscharakter wird üblicherweise davon abhängig gemacht, dass die Mitwirkung des Testamentsvollstreckers für das wirksame Zustandekommen des Beschlusses ursächlich geworden ist.[454] Hängt die Wirksamkeit des gefassten Beschlusses von der Zustimmung[455] jedes einzelnen betroffenen Gesellschafters ab oder ist der Beschluss einstimmig[456] zu fassen, ist die Verfügungsqualität einer positiven Mitwirkung des Testamentsvollstreckers ohne weiteres zu bejahen.[457] Entsprechendes gilt, wenn der Erbe Alleingesellschafter einer Kapitalgesellschaft ist oder – bei geltendem Mehrheitsprinzip[458] – die satzungsändernde Mehrheit

---

452 *Dörrie*, Testamentsvollstreckung, S. 108; *ders.*, ZEV 1996, 370, 371; *Philippi*, Testamentsvollstreckung, S. 57.

453 So zur Vorerbschaft *Lutter*, ZGR 1982, 108, 112 f.; zust. *Lorz*, Testamentsvollstreckung, S. 204 mit Fn. 184; *Priester*, in: FS Stimpel, 463, 475 mit Fn. 74.

454 *Dörrie*, Testamentsvollstreckung, S. 109 f.; *ders.*, ZEV 1996, 370, 371; *Lorz*, Testamentsvollstreckung, S. 204; *Philippi*, Testamentsvollstreckung, S. 59; *Priester*, in: FS Stimpel, 463, 475; vgl. auch *Lutter*, ZGR 1982, 108, 119 zu der insoweit vergleichbaren Regelung des § 2113 Abs. 2 BGB.

455 So insbes. bei Beeinträchtigung von Vorzugs- oder Sonderrechten (§ 35 BGB), der Vermehrung von Beitragspflichten (§ 707 BGB, § 53 Abs. 3 GmbHG, § 180 Abs. 1 AktG) oder Eingriffen in *unentziehbare* Rechte bzw. in den Kernbereich der Mitgliedschaft; siehe zu letzteren ausf. unten D.III.

456 So wie grds. im Recht der Personengesellschaften, vgl. §§ 709 Abs. 1 BGB, 119 Abs. 1 HGB bzw. §§ 714 BGB, 109 Abs. 3 HGB i.d.F. des MoPeG v. 10.8.2021, BGBl. 2021 I, 3436; von dem gesetzlichen Einstimmigkeitsprinzip kann durch Vereinbarung im Gesellschaftsvertrag abgewichen werden, MüKoBGB/*Schäfer*, § 709 Rn. 82; MüKoHGB/*Enzinger*, § 119 Rn. 5; ebenso zur Rechtslage nach dem MoPeG BT-Drs. 19/27635, S. 149 (zu § 714 BGB n.F.).

457 *Dörrie*, Testamentsvollstreckung, S. 109; *Philippi*, Testamentsvollstreckung, S. 58; ebenso *Lutter*, ZGR 1982, 108, 118, 120 zu der insoweit vergleichbaren Regelung des § 2113 Abs. 2 BGB.

458 Siehe zur gesellschaftsinternen Willensbildung und Entscheidungsfindung im Recht der Kapitalgesellschaften §§ 47 Abs. 1 GmbHG, 133 Abs. 1 AktG.

hält.[459] Verfügt er demgegenüber nicht über die erforderliche Stimmenmehrheit, muss der Beschluss also von mehreren Gesellschaftern getragen werden, wird die Verfügungsqualität der Stimmabgabe des Testamentsvollstreckers grundsätzlich abgelehnt[460], es sei denn, dass gerade seine Stimme den entscheidenden Ausschlag für das Zustandekommen des Beschlusses gibt.[461] Da sich bei ungeklärten Mehrheitsverhältnissen im Vorfeld einer Abstimmung in der Regel nur schwerlich vorhersagen lässt, inwieweit es auf die eigene Stimme ankommt, ist der Testamentsvollstrecker jedoch auch in diesen Fällen gut beraten, bei seiner Stimmabgabe auf das Verfügungsverbot des § 2205 S. 3 BGB zu achten.[462]

3. Unentgeltlichkeitsbegriff

a) Allgemeine Unentgeltlichkeitsformel

Probleme bereitet der Unentgeltlichkeitsbegriff. Nach der herrschenden, auf die Rechtsprechung des Reichsgerichts zurückgehenden Formel ist eine Verfügung ebenso wie bei § 2113 Abs. 2 BGB[463] unentgeltlich, wenn (1.) aus der Erbschaftsmasse ein Opfer erbracht wird, ohne dass *objektiv* betrachtet die dadurch bewirkte Minderung des Nachlasses durch Zuführung entsprechender Vermögensvorteile ausgeglichen wird, und (2.) der Testamentsvollstrecker *subjektiv* entweder weiß, dass dem Vermögensabfluss keine gleichwertige Gegenleistung gegenübersteht, oder bei ordnungsmäßiger Verwaltung des Nachlasses unter Berücksichtigung seiner künftigen Pflicht, die Erbschaft an den Erben herauszugeben (§ 2218 Abs. 1 BGB i.V.m. § 667 BGB), das Fehlen oder die Unzulänglichkeit der Gegenleistung hätte erkennen müssen.[464]

---

459 *Dörrie*, Testamentsvollstreckung, S. 109; *Lutter*, ZGR 1982, 108, 119.

460 Weitergehend *Dörrie*, Testamentsvollstreckung, S. 110, der der Stimmabgabe in diesen Fällen bereits die *rechtsgeschäftliche* Qualität abspricht; dagegen *Philippi*, Testamentsvollstreckung, S. 59.

461 *Dörrie*, Testamentsvollstreckung, S. 110; ebenso *Lorz*, Testamentsvollstreckung, S. 204 f.; *Philippi*, Testamentsvollstreckung, S. 59; *Priester*, in: FS Stimpel, 463, 475; vgl. auch *Lutter*, ZGR 1982, 108, 119 zur Mitwirkung des Gesellschafter-Vorerben an Vertragsänderungen.

462 Zutr. *Dörrie*, Testamentsvollstreckung, S. 110.

463 Siehe dazu RGZ 125, 242, 245; BGH NJW 1952, 698, 699; 1953, 219; 1981, 115, 116; 1984, 366, 367; Staudinger/*Avenarius*, BGB, § 2113 Rn. 62; Grüneberg/*Weidlich*, BGB, § 2113 Rn. 10; für ein einheitliches Verständnis des Unentgeltlichkeitsbegriffs im Rahmen von §§ 2205 S. 3, 2113 Abs. 2 BGB BGH NJW 1963, 1613, 1614; 1991, 842 f.

464 St. Rspr., BGH NJW 1963, 1613, 1614; 1971, 2264, 2265; 1991, 842 f.; NJW-RR 2016, 457 Rn. 10; zust. Staudinger/*Dutta*, BGB, § 2205 Rn. 75; MüKoBGB/*Zimmermann*,

Entsprechend der gesetzgeberischen Intention, den Nachlass wertmäßig zu erhalten, ist damit ein auf den Zeitpunkt der Vornahme des Rechtsgeschäfts bezogenes *wertorientiertes* Verständnis maßgeblich. Eine Verfügung ist demnach nicht nur dann unentgeltlich, wenn wie bei einer Schenkung[465] gem. § 516 Abs. 1 BGB jegliche Gegenleistung fehlt; es genügt, dass zwischen dem Wert der Leistung und Gegenleistung objektiv ein Missverhältnis besteht mit der Folge der Gesamtunwirksamkeit[466] der teilweise unentgeltlichen Verfügung, wobei es hier jedoch in besonderem Maße darauf ankommen wird, inwiefern der Testamentsvollstrecker die erhaltene Gegenleistung als vollwertig ansehen durfte.[467] Insoweit wird dem Testamentsvollstrecker ein gewisser, durch den Maßstab ordnungsgemäßer Nachlassverwaltung objektiv begrenzter Ermessensspielraum zugestanden, um dem Erfordernis einer exakten Leistungsbewertung nicht ausnahmslos mit der strengen Sanktion der Unwirksamkeit der Verfügung begegnen zu müssen.[468] Dem Kriterium der Ordnungsgemäßheit kommt damit im

---

§ 2205 Rn. 75; *ders.*, Testamentsvollstreckung, Rn. 475; Grüneberg/*Weidlich*, BGB, § 2205 Rn. 28. Abweichenden Ansichten in der Literatur, wonach zwischen den Beteiligten Einigkeit über die Unentgeltlichkeit der Zuwendung bestehen (§ 516 Abs. 1 BGB), der Verfügende positive Kenntnis von der Unentgeltlichkeit der Verfügung haben oder auch der Empfänger die Pflichtverletzung des Verfügenden erkannt haben müsse, hat der BGH mehrfach mit der Begründung eine Absage erteilt, dass dadurch der bei den jeweiligen Vorschriften im Vordergrund stehende Schutz des von der Verfügungsmacht ausgeschlossenen Rechtsträgers (Erbe, Nacherbe) nicht hinreichend berücksichtigt werde, siehe nur BGH NJW 1963, 1613, 1614; 1984, 366, 367; 1991, 842.

465 Hierauf den Anwendungsbereich der §§ 2113, 2205 BGB beschränkend *Pyszka*, Verfügungen, S. 111 ff., 123, wodurch insbes. einseitige Verfügungen, wie etwa die Kündigung der Mitgliedschaft oder die Mitwirkung an Gesellschaftsvertragsänderungen, mangels „Einigung" über die (teilweise) Unentgeltlichkeit der Zuwendung grds. nicht dem Verfügungsverbot unterfallen würden.

466 Eine Aufteilung des Geschäfts in einen entgeltlichen und unentgeltlichen Teil erfolgt nicht, BGH NJW-RR 2016, 457 Rn. 10; BeckOGK BGB/*Grotheer*, Stand 1.4.2022, § 2205 Rn. 76; NK-BGB/*Kroiß*, § 2205 Rn. 14; MüKoBGB/*Zimmermann*, § 2205 Rn. 80.

467 MüKoBGB/*Zimmermann*, § 2205 Rn. 80; siehe auch BeckOK BGB/*Lange*, Stand 1.2.2022, § 2205 Rn. 25, der auf Grundlage der h.M. aus Verkehrsschutzgesichtspunkten ein „deutlich ersichtliches Ungleichgewicht" verlangt; ihm zust. NK-BGB/*Kroiß*, § 2205 Rn. 14; Grüneberg/*Weidlich*, BGB, § 2205 Rn. 28.

468 BeckOGK BGB/*Grotheer*, Stand 1.4.2022, § 2205 Rn. 76; NK-BGB/*Kroiß*, § 2205 Rn. 14; MüKoBGB/*Zimmermann*, § 2205 Rn. 75; siehe zu der insoweit vergleichbaren Regelung des § 2113 Abs. 2 BGB OLG Frankfurt, NJOZ 2012, 643, 644; OLG Stuttgart,

Rahmen dieses zweiteiligen Unentgeltlichkeitsbegriffs grundsätzlich nur für die Beurteilung der Erkennbarkeit der objektiven Ungleichwertigkeit der ausgetauschten Leistungen Bedeutung zu, dieses dient jedoch – jedenfalls grundsätzlich – nicht der Bestimmung der Entgeltlichkeit der Verfügung als solche.[469] Insoweit ist zwischen dem für das schuldrechtliche Innenverhältnis zum Erben maßgeblichen Pflichtenmaßstab des § 2216 Abs. 1 BGB und der Verfügungsmacht des Testamentsvollstreckers zu unterscheiden, welche aus Verkehrsschutzgründen, anders als die Verpflichtungsbefugnis gem. § 2206 Abs. 1 S. 1 BGB, von dem internen Verpflichtungsrahmen unabhängig, d.h. nicht „kausal" beschränkt ist.[470] Gerade im Zusammenhang mit Gesellschaftsbeteiligungen lässt sich jedoch mit diesem ersichtlich auf Austauschverträge zugeschnittenen Unentgeltlichkeitsbegriff die „Entgeltlichkeit" von auch inhaltliche Änderungen der Mitgliedschaft umfassenden Verfügungen nicht immer sachgerecht erfassen bzw. beurteilen, weshalb die Rechtsprechung bisweilen auf eine allgemein an Wirtschaftlichkeitsüberlegungen orientierte Betrachtungsweise zurückgreift.

b) Grundsätze des BGH zu Verfügungen des Gesellschafter-Vorerben, § 2113 Abs. 2 BGB

Für die Vor- und Nacherbschaft in Gesellschaftsbeteiligungen und der insoweit vergleichbaren Regelung des § 2113 Abs. 2 BGB unterscheidet der BGH zwischen Verfügungen des Gesellschafter-Vorerben über den Anteil „im Ganzen" und Eingriffen in die Mitgliedschaft. Demnach ließen sich mit der gebräuchlichen Unentgeltlichkeitsformel noch vergleichsweise einfach die Fälle lösen, bei denen sich – wie bei der entgeltlichen Übertragung des Anteils oder dem Ausscheiden aus der Gesellschaft gegen Abfindung – Leistung und Gegenleistung in einem synallagmatischen Verhältnis unmittelbar gegenüberstünden und anhand des konkreten Marktwerts oder eines anderen geeigneten Vergleichsmaßstabs sich unschwer beurteilen ließe, ob der erzielte Erlös bzw. die gezahlte Abfindung dem vollen wirtschaftlichen Wert des Anteils entspreche.[471] Der BGH macht die Wirksamkeit einer solchen Verfügung deshalb davon abhängig, dass bei einer Veräußerung des Anteils der „volle Kaufpreis" und bei einer Kündigung eine

RNotZ 2019, 24, 26; MüKoBGB/*Lieder*, § 2113 Rn. 41; krit. und für einen rein objektiven Begriff der Unentgeltlichkeit hingegen *Harder*, DNotZ 1994, 822, 828 f.

469 Siehe nur *Paschke*, ZIP 1985, 129, 133 für die Vorerbschaft; ebenso *Lorz*, Testamentsvollstreckung, S. 203; *Philippi*, Testamentsvollstreckung, S 70.

470 MüKoBGB/*Zimmermann*, § 2205 Rn. 60, 69; siehe dazu auch bereits oben C.II.1.

471 BGH NJW 1981, 115.

entsprechend der gesetzlichen Regelung des § 738 Abs. 1 S. 2 BGB[472] vollwertige Abfindung in den Nachlass an die Stelle des Anteils fließt.[473] Sieht der Gesellschaftsvertrag für den Fall des Ausscheidens aus der Gesellschaft eine Abfindungs- bzw. Bewertungsklausel vor, durch die der Abfindungsanspruch der Gesellschafter auf einen niedrigeren Betrag als den vollen Wert des vererbten Anteils an der werbenden Gesellschaft festgesetzt wird[474], kann nach der Auffassung des BGH vor dem Hintergrund, dass es verbindliche oder allgemeingültige Grundsätze für die Ermittlung des Wertes eines lebenden Unternehmens nicht gibt[475], eine solche Kompensation unter dem Gesichtspunkt ordnungsgemäßer Verwaltung nur dann als voll entgeltlich im Sinne von § 2113 Abs. 2 BGB angesehen werden, wenn die Vertragsklausel lediglich den Sinn hat, Streit über die anzuwendenden Bewertungsmethoden zu vermeiden, zugleich aber den Zweck verfolgt, den Anteil möglichst richtig zu erfassen und nicht die Abfindungsansprüche des Ausscheidenden im Interesse der Lebensfähigkeit des Unternehmens zu beschneiden.[476]

---

472 § 728 Abs. 1 S. 1 BGB i.d.F. des MoPeG v. 10.8.2021, BGBl. 2021 I, 3436, allerdings entfällt die nach geltendem Recht bestehende Verknüpfung zum fiktiven Auseinandersetzungsanspruch, nachdem die in der Person des Gesellschafters liegenden Auflösungsgründe durch das MoPeG in Ausscheidensgründe umgewandelt worden sind, BT-Drs. 19/27635, S. 175. Nach § 728 Abs. 1 S. 1 BGB n.F. und dem insoweit gleichlautenden § 135 Abs. 1 S. 1 HGB n.F. muss der Abfindungsanspruch „angemessen", d.h. zum Schutz des ausgeschiedenen Gesellschafters ein „vollwertiges Äquivalent" für den durch das Ausscheiden aus der Gesellschaft bedingten Verlust der Mitgliedschaft sein und den „wahren Wert" des Anteils widerspiegeln, BT-Drs. 19/27635, S. 176.

473 BGH NJW 1981, 115; 1984, 362, 364.

474 Zur Zulässigkeit gesellschaftsvertraglicher Abfindungsbeschränkungen s.o. die Nachw. in Fn. 195.

475 Vgl. zur Unternehmens- und Anteilsbewertung im Gesellschaftsrecht BGH NJW 1985, 192, 193 („Ertragswertverfahren"); *K. Schmidt*, GesR, § 50 IV 1 d; Hopt/*Merkt*, HGB, Einl. vor § 1 Rn. 51 ff.; auch der Gesetzgeber des MoPeG hat angesichts der Vielfalt an geeigneten Bewertungsmethoden von der Vorgabe bestimmter Bewertungsmethoden ausdr. abgesehen („Prinzip der Methodenoffenheit"), BT-Drs. 19/27635, S. 176 (zu § 728 BGB n.F.).

476 BGH NJW 1984, 362, 364; zust. Staudinger/*Avenarius*, BGB, § 2113 Rn. 84; *Dillmann*, RNotZ 2002, 2, 17; gegen eine solche Einschränkung *Lutter*, ZGR 1982, 108, 116 mit dem Argument, dass das „Entgelt" bereits im „ererbten" Gesellschaftsvertrag fixiert sei; ebenso *Paschke*, ZIP 1985, 129, 136; ähnl. *Michalski*, DB 1987, Beil. Nr. 16, S. 1, 16, wonach sich mangels günstigerer Verfügungsalternativen mit dem Austritt lediglich der Wert des Anteils zu den vertraglich festgelegten Bedingungen realisiere.

Ungleich schwieriger gestaltet sich die Lage, wenn der Vorerbe durch die Mitwirkung an einer Änderung des Gesellschaftsvertrags rechtsmindernd oder pflichtvermehrend auf den Gesellschaftsanteil einwirkt. Von einer „Gegenleistung", die unmittelbar dem Nachlass zugutekäme, könne in solchen Fällen, so der BGH, keine Rede sein oder allenfalls „in einem weiteren Sinne" gesprochen werden.[477] Auf Grundlage eines streng wertorientierten Verständnisses müsste jede Gesellschaftsvertragsänderung im Falle des Eintritts[478] der Nacherbfolge gem. § 2139 BGB für unwirksam erklärt werden, sofern die Beeinträchtigung der Mitgliedschaftsrechte nicht ausnahmsweise durch andere rechtliche Vorteile oder durch eine in den Nachlass fließende Entschädigung ausgeglichen werde.[479] Eine notwendige Umstrukturierung wäre so nach Ansicht des BGH kaum noch möglich, was in Anbetracht der Tatsache, „daß ein Gesellschaftsvertrag das Verwaltungsstatut für ein lebendes Unternehmen ist, das im Laufe der Jahre vielfältigen Schwankungen und Entwicklungen ausgesetzt sein kann, an die sich die Gesellschafter, wollen sie sie bewältigen, ständig anpassen müssen", zu einer für die Mitgesellschafter unannehmbaren Zementierung der bestehenden Verhältnisse in der Gesellschaft führen würde.[480] Zur Vermeidung eines solchen Ergebnisses müssten „Veränderungen des Gesellschaftsvertrages, die förmlich die Mitgliedschaftsrechte und -pflichten zum Nachteil eines Gesellschafter-Vorerben beschneiden, [...] auch danach beurteilt werden, ob sie nicht im Hinblick auf gewandelte Verhältnisse und künftige Entwicklungen des Gesellschaftsunternehmens im Gesellschaftsinteresse geboten sind, allein oder im Zusammenhang mit anderen Maßnahmen der Erhaltung oder Stärkung des Unternehmens dienen und damit im Ergebnis wirtschaftlich auch dem Vorerben-Anteil zugute kommen".[481] Dürfe der Vorerbe nach Lage der Dinge unter Berücksichtigung seiner Pflicht, den Nachlass ordnungsgemäß zu verwalten, davon überzeugt sein, dass sich die Maßnahme aufgrund des Gesellschaftsverhältnisses als *wirtschaftlich notwendig oder zweckmäßig* erweise, sei ihm diese nach Sinn und Zweck der Vorschrift gestattet und dem Nacherben gegenüber wirksam.[482]

---

477 BGH NJW 1981, 115.

478 Die Unwirksamkeitsfolge ist bei der Vorerbschaft (anders als bei der Testamentsvollstreckung) zeitlich auf den Eintritt des Nacherbfalls hinausgeschoben, BGH NJW 1969, 2043, 2044 f.; MüKoBGB/*Lieder*, § 2113 Rn. 17; *Pyszka*, Verfügungen, S. 7 mit Fn. 6.

479 BGH NJW 1981, 115 f.

480 BGH NJW 1981, 115, 116.

481 BGH NJW 1981, 115, 116.

482 BGH NJW 1981, 115, 116; bestätigt in NJW 1981, 1560, 1561.

Der BGH verzichtet also auf den Versuch, die Veränderung der mitgliedschaftlichen Rechte und Pflichten zu quantifizieren und ihren Wert gegeneinander abzuwägen, sondern verknüpft stattdessen den Unentgeltlichkeitsbegriff mit dem Kriterium der ordnungsgemäßen Verwaltung.[483] Hieran gemessen ist eine Mitwirkung an Gesellschaftsvertragsänderungen regelmäßig dann als ordnungsgemäß und damit „entgeltlich" im Sinne von § 2113 Abs. 2 BGB anzusehen, wenn die Vertragsänderung alle Gesellschafter gleichmäßig trifft oder wenn der Vorerbe zwar einseitigen Änderungen zu Lasten seines Gesellschaftsanteils zustimmt, dies aber eine Konzession dafür ist, dass die Mitgesellschafter zusätzliche Leistungen für die Erhaltung oder Stärkung des Gesellschaftsunternehmens erbringen.[484]

c) *Beurteilung der Entgeltlichkeit von Verfügungen des Testamentsvollstreckers über Gesellschaftsbeteiligungen*

aa) *Eingriffe in die Mitgliedschaft*

Umstritten ist, inwieweit die vom BGH bei der Vorerbschaft im Rahmen des Unentgeltlichkeitsbegriffs vorgenommene Differenzierung – wertorientiertes Verständnis bei Beendigung der Mitgliedschaft, an Wirtschaftlichkeitsüberlegungen und dem Gebot ordnungsgemäßer Verwaltung orientierte Betrachtungsweise bei Eingriffen in die Mitgliedschaft – auf Verfügungen des Testamentsvollstreckers über Gesellschaftsbeteiligungen Anwendung findet. Was die Mitwirkungsbefugnis des Testamentsvollstreckers an satzungsändernden Beschlüssen angeht, bestehen nach allgemeiner Meinung dann keine Bedenken, wenn die belastende Rechtsänderung *alle Gesellschafter gleichermaßen* betrifft: Die eigene Beeinträchtigung werde durch die entsprechende Einbuße bei den Mitgesellschaftern ausgeglichen, weshalb die Verfügung selbst

483 Zust. *Lutter*, ZGR 1982, 108, 113; so bereits auch *Hefermehl*, in: FS Westermann, 223, 228; nur i.E. zust. *Harder*, DNotZ 1994, 822, 842 f.; *Michalski*, DB 1987, Beil. Nr. 16, S. 1, 16; gegen eine solche Modifizierung des Wertmaßstabs durch den Pflichtenmaßstab *Paschke*, ZIP 1985, 129, 131 ff.; ihm zust. *Dörrie*, Testamentsvollstreckung, S. 112 f.; ebenfalls dagegen Staudinger/*Avenarius*, BGB, § 2113 Rn. 86; MüKoBGB/*Lieder*, § 2113 Rn. 43; BeckOK BGB/*Litzenburger*, Stand 1.2.2022, § 2113 Rn. 20; BeckOGK BGB/*Müller-Christmann*, Stand 1.12.2021, § 2113 Rn. 90.

484 BGH NJW 1981, 115; zust. MüKoBGB/*Lieder*, § 2113 Rn. 45; BeckOK BGB/*Litzenburger*, Stand 1.2.2022, § 2113 Rn. 20.

bei wertmäßiger Betrachtung nicht als unentgeltlich im Sinne von § 2205 S. 2 BGB angesehen werden könne.[485] Schwieriger zu beurteilen sind hingegen den Gesellschafter-Erben *einseitig belastende* Eingriffe. Nach zutreffender herrschender Ansicht ist die durch den BGH im Zusammenhang mit § 2213 Abs. 2 BGB vorgenommene Verknüpfung des Entgeltbegriffs mit dem Kriterium ordnungsgemäßer Verwaltung auf das Recht der Testamentsvollstreckung zu übertragen.[486] Die „Entgeltlichkeit" der verfügenden Mitwirkungshandlung des Testamentsvollstreckers ist somit angesichts der fehlenden Quantifizierbarkeit mitgliedschaftlicher Rechte und Pflichten allein danach zu beurteilen, ob die Änderung des Gesellschaftsstatuts im Hinblick auf gewandelte Verhältnisse und künftige Entwicklungen des Gesellschaftsunternehmens wirtschaftlich notwendig oder zweckmäßig ist.[487] Demgegenüber plädiert *Dörrie* auch bei einseitig belastenden Änderungen für eine streng wertorientierte Betrachtung.[488] Demnach sei ungeachtet aller praktischen Bewertungsschwierigkeiten stets eine adäquate Gegenleistung für den Eingriff zu fordern. Diese sei anhand eines wertmäßigen Vergleichs der Beteiligung vor und nach der Umstrukturierung zu ermitteln.[489] Eine solche Lösung wird jedoch vor dem Hintergrund, dass der Testamentsvollstrecker im Gegensatz zum Vorerben mangels einer § 2120 BGB[490] entsprechenden Regelung den Erben nicht dazu zwingen kann, seine Zustimmung zu einschneidenden, aber zur Anpassung des Gesellschaftsstatuts

---

485 *Dörrie*, Testamentsvollstreckung, S. 112; *ders.*, ZEV 1996, 370, 371; siehe für den GmbH-Anteil *Philippi*, Testamentsvollstreckung, S. 79 f.; *Priester*, in: FS Stimpel, 463, 475 f.; vgl. für die Vorerbschaft *Paschke*, ZIP 1985, 129, 135.

486 Siehe für den Kommanditanteil *Lorz*, Testamentsvollstreckung, S. 205; *ders.*, in: FS Boujong, 319, 327; *Muscheler*, Haftungsordnung, S. 504; Staudinger/*Dutta*, BGB, § 2205 Rn. 187; *Reimann*, Anm. z. BGH, Beschl. v. 3.7.1989 – II ZB 1/89, DNotZ 1990, 190, 192; zum GmbH-Anteil *Mayer*, ZEV 2002, 209, 212; *Philippi*, Testamentsvollstreckung, S. 82; *Priester*, in: FS Stimpel, 463, 476; *ders.*, in: FS Streck, 891, 898.

487 Vgl. oben die Nachw. in Fn. 482.

488 *Dörrie*, Testamentsvollstreckung, S. 113; ebenso *Paschke*, ZIP 1985, 129, 134 für die Vorerbschaft.

489 *Dörrie*, Testamentsvollstreckung, S. 113.

490 Unentgeltliche Verfügungen sind hiernach nicht *per se* ordnungswidrig, sondern können durchaus zur ordnungsgemäßen Nachlassverwaltung erforderlich sein und eine Zustimmungspflicht des Nacherben begründen, *Paschke*, ZIP 1985, 129, 136; ebenso *Harder*, DNotZ 1994, 822, 841; Soergel/*Harder*/*Wegmann*, BGB, § 2120 Rn. 2; *Lorz*, Testamentsvollstreckung, S. 203.

an veränderte wirtschaftliche Verhältnisse notwendigen Eingriffen zu erteilen, mehrheitlich zu Recht abgelehnt.[491] *Dörrie* versucht dieses Problem durch eine entsprechende Anwendung des § 2120 BGB zu umgehen, um so die für die gesellschaftsrechtliche Praxis notwendige Flexibilität zu gewährleisten.[492] Die Wirksamkeit einer die Rechtsstellung des Erben einseitig beeinträchtigenden Gesellschaftsvertragsänderung hinge so von dessen Zustimmung ab, zu deren Erteilung dieser aber verpflichtet wäre, sofern die Maßnahme ordnungsgemäßer Verwaltung entspräche. Eine entsprechende Anwendung des § 2120 BGB kommt jedoch angesichts der unterschiedlichen Interessenausrichtungen des Vorerben als eigennützig handelndem Eigentümer auf der einen Seite und des Testamentsvollstreckers als Inhaber eines privaten „Amts“ auf der anderen Seite nicht in Betracht, weshalb dieser Weg nicht gangbar ist.[493]

bb) Beendigung der Mitgliedschaft

Im Hinblick auf Verfügungen über den gesellschaftlichen Anteil „im Ganzen“ besteht weitestgehend Einigkeit darüber, dass der Testamentsvollstrecker die Gesellschaftsbeteiligung weder verschenken noch unter Wert veräußern darf (teilunentgeltliche Verfügungen).[494] Bei einer Aktiengesellschaft, deren Aktien gem. § 3 Abs. 2 AktG zum Handel an einer Börse zugelassen sind, kann für die Beurteilung der Gleichwertigkeit der Gegenleistung einfach auf den aktuellen Börsenpreis nach § 24 Abs. 1 BörsG abgestellt werden.[495] Wo ein solcher Markt für Unternehmensbeteiligungen fehlt, muss genauso wie beim Ausscheiden aus der Gesellschaft zu der in § 738 Abs. 1 S. 2 BGB[496] geregelten Abfindung

---

491 *Lorz*, Testamentsvollstreckung, S. 205 (Kommanditanteil); für den GmbH-Anteil *Philippi*, Testamentsvollstreckung, S. 81; *Priester*, in: FS Stimpel, 463, 476 mit Fn. 80.

492 *Dörrie*, Testamentsvollstreckung, S. 114.

493 Gegen eine Analogie auch *Philippi*, Testamentsvollstreckung, S. 67, 81 (GmbH-Anteil) sowie im Zusammenhang mit der Kündigung des Kommanditanteils auch *Lorz*, Testamentsvollstreckung, S. 202.

494 *Dörrie*, Testamentsvollstreckung, S. 135; *ders.*, ZEV 1996, 370, 372; *Frank*, Kleine AG, S. 264 (Aktie); *Lorz*, Testamentsvollstreckung, S. 201 (Kommanditanteil); *Priester*, in: FS Stimpel, 463, 474 (GmbH-Anteil); *Unsöld*, Testamentsvollstreckung, S. 93 (Aktie); vgl. für die Vorerbschaft *Lutter*, ZGR 1982, 108, 116, 118; a.A. soweit ersichtlich nur *Philippi*, Testamentsvollstreckung, S. 65 ff., der sich im Zusammenhang mit der Veräußerung von GmbH-Anteilen für eine am Maßstab ordnungsgemäßer Verwaltung orientierte Betrachtung ausspricht (zur Kritik daran sogleich).

495 Näher dazu unten H.VI.

496 § 728 Abs. 1 S. 1 BGB bzw. für die OHG § 135 Abs. 1 S. 1 HGB, jeweils i.d.F. des MoPeG v. 10.8.2021, BGBl. 2021 I, 3436.

anhand anerkannter betriebswirtschaftlicher Methoden zur Unternehmensbewertung[497] der „wahre" bzw. „echte" Anteilswert bestimmt werden. Der Testamentsvollstrecker wird sich einem solchen Bewertungsverfahren nicht mit dem schlichten Hinweis entziehen können, der erlöste Kaufpreis habe dem „Marktpreis" entsprochen.[498]

Umstritten ist, ob bzw. unter welchen Voraussetzungen der Testamentsvollstrecker im Falle einer gesellschaftsvertraglichen Abfindungsbeschränkung die Mitgliedschaft des Erben kündigen oder ein Austrittsrecht ausüben kann. Bei unbesehener Übertragung der zur Anteilskündigung durch den Gesellschafter-Vorerben ergangenen BGH-Rechtsprechung wäre die Entgeltlichkeit und damit die Wirksamkeit einer solchen Verfügung mangels Vollwertigkeit des Abfindungsanspruchs regelmäßig zu verneinen.[499] Dieser Ansicht wird jedoch zu Recht entgegengehalten, dass das verminderte Entgelt bereits im ererbten Gesellschaftsvertrag „fixiert" sei.[500] Die Verfügungsbefugnis des Testvollstreckers wäre so angesichts der in der Praxis weit verbreiteten Buchwertklauseln fast völlig entwertet, obwohl durch die Kündigung gar nicht mindernd auf die Beteiligung eingewirkt wird, sondern mit dem Ausscheiden aus der Gesellschaft sich lediglich der Wert des Anteils zu den vertraglich festgelegten Bedingungen realisiert.[501] Verweigern die übrigen Gesellschafter zudem die erforderliche Zustimmung[502] zur Veräußerung des Anteils, hätte der Testamentsvollstrecker überhaupt keine Möglichkeit, sich von der Beteiligung zu trennen.[503] Dies alles trifft zwar auch auf den Vorerben zu. Im Gegensatz zu diesem kann der Testamentsvollstrecker den Erben aber mangels einer § 2120 BGB entsprechenden Regelung nicht dazu verpflichten, einer zur ordnungsgemäßen Verwaltung des Nachlasses erforderlichen Verfügung zuzustimmen.[504] Die Gegenansicht zieht daraus für die Verfügungsbefugnis des Testamentsvollstreckers jedoch die

---

497 Vgl. dazu die Nachw. in Fn. 475.

498 Vgl. *Paschke*, ZIP 1985, 129, 134 für den Gesellschafter-Vorerben.

499 Dafür *Klein*, DStR 1992, 326, 328; *Muscheler*, Haftungsordnung, S. 504 mit Fn. 78; *Ulmer*, NJW 1990, 73, 79; *Weidlich*, ZEV 1994, 205, 209.

500 Vgl. für die Vorerbschaft *Lutter*, ZGR 1982, 108, 116; ihm zust. *Paschke*, ZIP 1985, 129, 136.

501 Staudinger/*Dutta*, BGB, § 2205 Rn. 186 (Kommanditanteil); *Philippi*, Testamentsvollstreckung, S. 74 (GmbH-Anteil); für die Vorerbschaft auch *Michalski*, DB 1987, Beil. Nr. 16, S. 1, 16.

502 Dazu bereits oben B.II.1.a) bei Fn. 255.

503 Zutr. *Philippi*, Testamentsvollstreckung, S. 72 (GmbH-Anteil).

504 *Lorz*, Testamentsvollstreckung, S. 203.

falschen Schlüsse, indem sie auch hier den Unentgeltlichkeitsbegriff genauso wie bei Eingriffen in die Mitgliedschaft mit dem Maßstab ordnungsgemäßer Verwaltung verknüpfen möchte.[505] Danach sei die „Unentgeltlichkeit" der Kündigung trotz des vereinbarten Minderentgelts zu verneinen, wenn sie sich in Bezug auf den Gesamtnachlass unter wirtschaftlichen Gesichtspunkten als zweckmäßig erweise.[506] Andere stellen darauf ab, ob für den Testamentsvollstrecker eine andere, nach den Grundsätzen ordnungsgemäßer Verwaltung erkennbare Möglichkeit bestand, sich von der Mitgliedschaft, z.B. durch Veräußerung, zu lösen, und hierbei ein höheres Entgelt für den Kapitalanteil zu erzielen gewesen wäre.[507]

Richtigerweise kann die Ausübung eines Kündigungs- bzw. Austrittsrechts zu einer bereits im Gesellschaftsvertrag wirksam vereinbarten Abfindung nach Sinn und Zweck der Vorschrift niemals als unentgeltlich im Sinne von § 2205 S. 3 BGB bzw. § 2113 Abs. 2 BGB angesehen werden.[508] Dies gilt in erster Linie für die Vorerben-Personengesellschaft, bei der auch das persönliche und wirtschaftliche Selbstbestimmungsrecht des Vorerben, sein Engagement in der Gesellschaft beenden zu können, zu berücksichtigen ist.[509] Nichts anderes ergibt sich jedoch für den Testamentsvollstrecker. Auch dieser tritt in keine Preisverhandlung ein, in der er auf die Gegenwertvereinbarung Einfluss nehmen könnte. Vielmehr wurden die zur Bestimmung des Gegenwerts maßgeblichen Faktoren bereits zu Lebzeiten des Gesellschafter-Erblassers von den Gesellschaftern privatautonom im Gesellschaftsvertrag festgelegt und vom Testamentsvollstrecker so vorgefunden.[510] Der Anteil fällt mit dieser Beschränkung in den Nachlass und

---

505 Siehe etwa *Dörrie*, ZEV 1996, 370, 372; *Lorz*, Testamentsvollstreckung, S. 204 (Kommanditanteil); *ders.*, in: FS Boujong, 319, 327; *Philippi*, Testamentsvollstreckung, S. 75 (GmbH-Anteil); *Priester*, in: FS Stimpel, 463, 475 (GmbH-Anteil); ebenso für die Vorerbschaft *Lutter*, ZGR 1982, 108, 116.

506 *Lorz*, Testamentsvollstreckung, S. 204; *ders.*, in: FS Boujong, 319, 327; *Priester*, in: FS Stimpel, 463, 475; Staudinger/*Dutta*, BGB, § 2205 Rn. 186; vgl. für die Vorerbschaft *Lutter*, ZGR 1982, 108, 116.

507 *Dörrie*, ZEV 1996, 370, 372; *Philippi*, Testamentsvollstreckung, S. 75 (GmbH-Anteil); auf einen „fiktiven" Verkaufserlös abstellend *Michalski*, DB 1987, Beil. Nr. 16, S. 1, 16 für die Vorerbschaft.

508 Ebenso für die Vorerbschaft *Paschke*, ZIP 1985, 129, 136; nur i.E. so wie hier *Pyszka*, Verfügungen, S. 123, der den Anwendungsbereich des § 2205 S. 3 BGB von vornherein auf (gemischte) Schenkungen i.S.v. § 516 BGB beschränken möchte (s.o. Fn. 465).

509 Zutr. *Paschke*, ZIP 1985, 129, 136.

510 Grds. auch *Lorz*, in: FS Boujong, 319, 327.

kann deshalb, zumindest was die Frage der Entgeltlichkeit des Austritts angeht, auch nur mit dem sich daraus ergebenden Gegenwert berücksichtigt werden.[511] Mit einem höheren Erlös konnte auch der Erbe vernünftigerweise nicht rechnen. Das durch die Beendigung der Mitgliedschaft von dem Testamentsvollstrecker aus dem Nachlass erbrachte Vermögensopfer wird somit durch den vertraglichen Abfindungsanspruch, welcher im Wege dinglicher Surrogation analog § 2041 BGB an die Stelle des Anteils tritt, vollständig kompensiert. Jegliche Versuche, den Unentgeltlichkeitsbegriff hier mit dem Maßstab ordnungsgemäßer Verwaltung zu verknüpfen und dadurch weitergehende Anforderungen an die Wirksamkeit der Verfügung des Testamentsvollstreckers zu stellen, sind wegen der damit verbundenen Unsicherheiten als unzulässige Vermengung zweier vom Gesetzgeber ausdrücklich getrennter Schutz- und Regelungsbereiche[512] abzulehnen.[513] Anders als bei inhaltlichen Änderungen besteht zu einem solchen Schritt auch keinerlei Notwendigkeit, da sich der Wert der Leistung anhand der im Gesellschaftsvertrag festgelegten, allein maßgeblichen Bewertungsmaßstäbe beurteilen lässt. Die Kündigung oder der Austritt aus der Gesellschaft zu dem vereinbarten Minderentgelt kann zwar ordnungsgemäßer Verwaltung widersprechen, vor allem dann, wenn die Kündigung zu der vertraglich vereinbarten Abfindung im Hinblick auf künftig zu erwartende Erträge oder Wertsteigerungen unwirtschaftlich erscheint.[514] Entsprechendes gilt, wenn der Testamentsvollstrecker – das Vorliegen der dazu gegebenenfalls erforderlichen Zustimmungen der Mitgesellschafter vorausgesetzt – durch eine mögliche Veräußerung des Anteils einen höheren Erlös hätte erzielen können, wobei hier zu berücksichtigen sein wird, dass sich gesellschaftsvertragliche Abfindungsbeschränkungen aus Sicht eines potentiellen Erwerbers negativ auf die Werthaltigkeit des Anteils auswirken können und deshalb auch durch die Veräußerung eines solchen Anteils sich nicht zwingend mehr als der vertraglich festgelegte Abfindungsanspruch realisieren lässt[515]. Denkbar wäre auch, den Testamentsvollstrecker

511 Im Ansatz ebenso *Priester*, in: FS Stimpel, 463, 474 sowie *Philippi*, Testamentsvollstreckung, S. 74 (jeweils für den GmbH-Anteil), wonach von Anfang an nur ein reduzierter Abfindungsanspruch in den Nachlass falle.

512 Vgl. dazu bereits oben C.III.3.a).

513 Vgl. grds. zu dieser Kritik bei der Vorerbschaft *Paschke*, ZIP 1985, 129, 131; ebenso Staudinger/*Avenarius*, BGB, § 2113 Rn. 86; *Dillmann*, RNotZ 2002, 2, 17; *Dörrie*, Testamentsvollstreckung, S. 112 f.

514 Vgl. *Paschke*, ZIP 1985, 129, 135 f.

515 Hierauf zu Recht hinweisend *Michalski*, DB 1987, Beil. Nr. 16, S. 1, 16; zust. *Philippi*, Testamentsvollstreckung, S. 75 f.

als verpflichtet anzusehen, eine Anpassung des zwischen den Gesellschaftern ursprünglich vereinbarten Bewertungsmaßstabs notfalls gerichtlich durchzusetzen, wenn sich der „wahre" Wert des Anteils im Laufe der Zeit zu weit von der festgesetzten Buchwertabfindung entfernt hat.[516] Dies alles berührt jedoch nicht die Wirksamkeit der Verfügung, sondern führt lediglich zu Schadensersatzansprüchen des Erben gegen den Testamentsvollstrecker gem. § 2219 Abs. 1 BGB.

4. Rechtsfolgen

a) „Unentgeltliche" Stimmabgabe bzw. Zustimmung

Auch hinsichtlich der Rechtsfolgen unentgeltlicher Verfügungen ist zwischen Eingriffen in die Mitgliedschaft und Verfügungen über die Beteiligung „im Ganzen" zu unterscheiden. Wirkt der Testamentsvollstrecker „unentgeltlich" an einer Änderung des Gesellschaftsvertrags mit, ist dessen Stimmabgabe oder Zustimmung gem. § 2205 S. 3 BGB schwebend unwirksam.[517] Die Folgen für die Wirksamkeit des gefassten Beschlusses sind vor dem Hintergrund des gesellschaftsrechtlichen Beschlussmängelrechts rechtsformspezifisch zu bestimmen.[518] Im Personengesellschaftsrecht kommen nach geltendem Recht noch durchweg die allgemeinen Regeln des Bürgerlichen Rechts über die Nichtigkeit von Rechtsgeschäften zur Anwendung, §§ 134, 138 BGB.[519] Mängel der einzelnen Stimmen schlagen auf die Wirksamkeit des Beschlusses allerdings nur dann durch, wenn die fehlerhafte Stimmabgabe zur Erzielung von Einstimmigkeit oder einer erforderlichen Stimmenmehrheit notwendig ist.[520] Für die Beurteilung eines unter Mitwirkung des Testamentsvollstreckers zustande gekommenen Beschlusses ergeben sich daraus aber keine Einschränkungen, da nach den

---

516 So für den GmbH-Anteil *Philippi*, Testamentsvollstreckung, S. 75 mit Fn. 340, wonach der Testamentsvollstrecker bei einer starken Diskrepanz zwischen Buch- und Verkehrswert zumindest verpflichtet sei, die Möglichkeit einer solchen Vertragsanpassung „gründlich zu prüfen".

517 *Lorz*, Testamentsvollstreckung, S. 205 (Kommanditanteil); *Dörrie*, Testamentsvollstreckung, S. 115; für den GmbH-Anteil *Philippi*, Testamentsvollstreckung, S. 83; *Priester*, in: FS Stimpel, 463, 477.

518 *Dörrie*, Testamentsvollstreckung, S. 115.

519 Vgl. MüKoHGB/*Enzinger*, § 119 Rn. 94; MüKoBGB/*Schäfer*, § 709 Rn. 110; Henssler/Strohn/*Servatius*, BGB, § 705 Rn. 61.

520 MüKoHGB/*Enzinger*, § 119 Rn. 16, 94; Oetker/*Lieder*, HGB, § 119 Rn. 68; Hopt/*Roth*, HGB, § 119 Rn. 24; MüKoBGB/*Schäfer*, § 709 Rn. 116; Henssler/Strohn/*Servatius*, BGB, § 705 Rn. 64.

oben[521] getroffenen Feststellungen die Stimmabgabe des Testamentsvollstreckers überhaupt nur in diesen Fällen Verfügungsqualität aufweist.[522] Mit dem MoPeG vom 10.8.2021[523] wird das Beschlussmängelrecht für die Personenhandelsgesellschaften[524] nach dem Vorbild des aktienrechtlichen Anfechtungsmodells in §§ 110-115 HGB n.F. neu geregelt. Insoweit ist künftig zwischen der Anfechtbarkeit und der Nichtigkeit von Gesellschafterbeschlüssen zu unterscheiden, § 110 Abs. 1 und 2 HGB n.F. Im Aktien- und GmbH-Recht führt die Berücksichtigung ungültiger Stimmen lediglich zur Anfechtbarkeit des Beschlusses gem. § 243 Abs. 1 AktG (analog[525]).[526] Dies gilt auch für den Fall einer nach § 2205 S. 3 BGB unwirksamen Stimmabgabe des Testamentsvollstreckers.[527] Demgegenüber sind Beschlüsse, die der Zustimmung des betroffenen Gesellschafters bedürfen[528], wegen Fehlens einer Wirksamkeitsbedingung als unwirksam zu beurteilen.[529]

---

521 C.III.2 bei Fn. 454.

522 *Dörrie*, Testamentsvollstreckung, S. 115 mit Fn. 96.

523 BGBl. 2021 I, 3436.

524 Für die GbR bleibt es entgegen dem ursprünglichen Vorhaben bei der bisherigen Rechtslage, die Gesellschafter einer GbR können jedoch für das neue Beschlussmängelrecht optieren, BT-Drs. 19/27635, S. 111; zur Reform des Beschlussmängelrechts nach dem „Mauracher Entwurf" *Schäfer*, ZIP 2020, 1149, 1152 f.

525 Die §§ 241 ff. AktG über die Nichtigkeit und Anfechtbarkeit von Beschlüssen finden nach h.M. im GmbH-Recht entsprechende Anwendung, siehe nur MüKoGmbHG/*Wertenbruch*, Anh. zu § 47 Rn. 1 m.w.N.; der Gesetzgeber des MoPeG geht nunmehr davon aus, dass das Anfechtungsmodell der §§ 110 ff. HGB n.F. ungeachtet der Beschränkung seines Anwendungsbereichs auf Personenhandelsgesellschaften auf das GmbH-Recht ausstrahlen wird, BT-Drs. 19/27635, S. 228.

526 *Koch*, AktG, § 243 Rn. 11, 19; MüKoAktG/*Schäfer*, AktG, § 243 Rn. 41; Noack/Servatius/Haas/*Noack*, GmbHG, Anh. nach § 47 Rn. 116.

527 *Dörrie*, Testamentsvollstreckung, S. 116; *ders.*, ZEV 1996, 370, 372; *Philippi*, Testamentsvollstreckung, S. 83 f.; *Priester*, in: FS Stimpel, 463, 477; vgl. für die Vorerbschaft *Lutter*, ZGR 1982, 108, 119; *Michalski*, DB 1987, Beil. Nr. 16, S. 1, 17.

528 Vgl. dazu oben Fn. 455.

529 Der BGH spricht in diesem Zusammenhang von einer „dritten Kategorie" von Beschlussmängeln, die auch dann selbstständige Bedeutung behalten, wenn der gefasste Beschluss weder anfechtbar noch nichtig ist oder wenn die Anfechtungsfrist abgelaufen ist, BGH NZG 2007, 381 Rn. 15; NJW-RR 2007, 1477 Rn. 10; NJW 2010, 65 Rn. 12; siehe auch MüKoGmbHG/*Drescher*, § 47 Rn. 63; MüKoHGB/*Enzinger*, § 119 Rn. 104; MüKoBGB/*Schäfer*, § 709 Rn. 113; MüKoAktG/*ders.*, AktG, § 241 Rn. 18; MüKoGmbHG/*Wertenbruch*, Anh. zu § 47 Rn. 15.

Dies gilt auch dann, wenn die von dem Testamentsvollstrecker erteilte Zustimmung wegen § 2205 S. 3 BGB unwirksam ist.[530]

Prozessual ist die Nichtigkeit des Gesellschafterbeschlusses im Wege der allgemeinen, nicht fristgebundenen Feststellungklage gem. § 256 ZPO geltend zu machen.[531] Im Aktien- und GmbH-Recht ist dies jedoch nur innerhalb eines Zeitraums von drei Jahren möglich, nachdem der Beschluss, welcher zu seiner Wirksamkeit die Zustimmung des betroffenen Gesellschafters benötigt, im Handelsregister eingetragen wurde, da es anderenfalls in analoger Anwendung des § 242 Abs. 2 S. 1 AktG im Interesse der Rechtssicherheit zur Heilung der Unwirksamkeit kommt.[532] Für die Anfechtung von Gesellschafterbeschlüssen ist hingegen die kurze Monatsfrist des § 246 Abs. 1 AktG zu beachten, welche im GmbH-Recht jedoch nur als „Maßstab“ dient.[533] Abweichend davon beträgt die gesetzliche Klagefrist nach dem durch das MoPeG novellierte Beschlussmängelrecht im Personenhandelsgesellschaftsrecht drei Monate, § 112 Abs. 1 S. 1 HGB n.F.[534]

Fraglich ist, ob der Gesellschafter-Erbe insoweit selbst klage- bzw. anfechtungsbefugt ist.[535] Das Recht des Testamentsvollstreckers, den Nachlass zu verwalten, umfasst neben der allgemeinen Prozessführungsbefugnis gem. § 2212 BGB grundsätzlich auch die besondere beschlussbezogene Anfechtungsbefugnis.[536] Zwar hat der BGH das Anfechtungsrecht des Testamentsvollstreckers hinsichtlich eines Beschlusses, bei dem er unzulässigerweise mitgestimmt hat, verneint und dieses dem Erben zugewiesen.[537] Tragender Grund dafür war

530 *Dörrie*, Testamentsvollstreckung, S. 116; *ders.*, ZEV 1996, 370, 372; vgl. für die Vorerbschaft *Lutter*, ZGR 1982, 108, 120.

531 BGH NJW 1999, 3113, 3114; NZG 2007, 381 Rn. 15; NJW-RR 2007, 1477 Rn. 10; NJW 2010, 65 Rn. 12; Henssler/Strohn/*Finckh*, HGB, § 119 Rn. 60; MüKoBGB/*Schäfer*, § 709 Rn. 118; BeckOK BGB/*Schöne*, Stand 1.2.2022, § 709 Rn. 72.

532 MüKoAktG/*Schäfer*, AktG, § 241 Rn. 19, § 242 Rn. 26; MüKoGmbHG/*Wertenbruch*, Anh. zu § 47 Rn. 144, jeweils m.w.N.

533 BGH NZG 2005, 551, 553; NJW 1998, 1559, 1561; die Regelung des § 246 Abs. 1 AktG ist auf die Anfechtung von Gesellschafterbeschlüssen der GmbH nicht in vollem Umfang analog anwendbar, MüKoGmbHG/*Wertenbruch*, Anh. zu § 47 Rn. 301 ff.

534 Eine kurze Anfechtungsfrist von nur einem Monat in Anlehnung an § 246 Abs. 1 AktG erschien dem Gesetzgeber des MoPeG zu weitgehend, siehe dazu BT-Drs. 19/27635, S. 231.

535 Dafür *Dörrie*, Testamentsvollstreckung, S. 116; *ders.*, ZEV 1996, 370, 372, allerdings ohne Begründung.

536 BGH NJW 1989, 2694, 2695; MüKoGmbHG/*Wertenbruch*, Anh. zu § 47 Rn. 255.

537 BGH NJW 1989, 2694, 2695.

jedoch, dass der Testamentsvollstrecker aufgrund eines Stimmverbots nach § 47 Abs. 4 GmbHG vom Stimmrecht ausgeschlossen war und der Erbe entsprechend dem Grundsatz, dass bei rechtlicher Verhinderung des Vertreters oder Amtswalters der Vertretene das Stimmrecht ausüben kann, ausnahmsweise selbst zur Abstimmung berufen war.[538] Das dem Erben als „Annex“[539] zugestandene Anfechtungsrecht beruhte somit auf der Verletzung einer eigenen materiellrechtlichen Ausübungsbefugnis infolge eines in der Person des Testamentsvollstreckers bestehenden Stimmverbots. Ein solcher Fall ist hier jedoch nicht gegeben, da das gesetzliche Verfügungsverbot zwar mit Zustimmung des Erben überwunden werden kann[540], der Erbe im Anwendungsbereich des § 2205 S. 3 BGB jedoch über kein *eigenes* Verfügungsrecht verfügt, § 2211 Abs. 1 BGB. Eine Feststellungs- oder Anfechtungsklage des Gesellschafter-Erben wäre deshalb mangels Prozessführungsbefugnis durch Prozessurteil als unzulässig abzuweisen. Dieser ist vielmehr auf seine im Innenverhältnis zum Testamentsvollstrecker bestehenden erbrechtlichen Ansprüche zu verweisen.

b) Unentgeltliche Anteilskündigung und Anteilsübertragung

Auch die Folgen einer gegen § 2205 S. 3 BGB verstoßenden Verfügung über die Beteiligung „im Ganzen“ werden von gesellschaftsrechtlichen Prinzipen überlagert. Macht der Testamentsvollstrecker von einem Kündigungs- bzw. Austrittsrecht für den Erben Gebrauch und ist diese Verfügung wegen § 2205 S. 3 BGB unwirksam, kommen die auf das fehlerhafte Ausscheiden eines Gesellschafters anwendbaren Grundsätze über die *fehlerhafte Gesellschaft* zur Geltung.[541] Nach diesen Grundsätzen ist der vollzogene[542] fehlerhafte Austritt aus einer Gesellschaft als wirksam zu behandeln, was zumindest vorläufig zur Beendigung der Mitgliedschaft führt.[543] Dem fehlerhaft ausgeschiedenen Gesellschafter steht ein

---

538 BGH NJW 1989, 2694, 2696; NZG 2014, 945 Rn. 23; siehe dazu noch unten D.I.2.a).

539 BGH NZG 2014, 945 Rn. 25; auf den Ausnahmecharakter der in Fn. 537 zitierten Entscheidung weist auch MüKoGmbHG/*Wertenbruch*, Anh. zu § 47 Rn. 256 mit Fn. 788 hin.

540 S.o. C.III.1 bei Fn. 440.

541 *Dörrie*, Testamentsvollstreckung, S. 136; *ders.*, ZEV 1996, 370, 372; *Schneider*, NJW 2015, 1142, 1146.

542 Siehe dazu EBJS/*Wertenbruch*, HGB, § 105 Rn. 358; MüKoHGB/*K. Schmidt*, § 105 Rn. 249.

543 BGH NJW 1969, 1483; WM 1975, 512, 514; NJW 1992, 1503, 1504; EBJS/*Wertenbruch*, HGB, § 105 Rn. 357; MüKoHGB/*K. Schmidt*, § 105 Rn. 249; *ders.*, GesR, § 6 V 1 b.

schuldrechtlicher Anspruch auf Wiederaufnahme in die Gesellschaft mit Wirkung *ex nunc* zu.[544]

Umstritten ist, inwiefern diese Grundsätze auf die *fehlerhafte Anteilsübertragung* Anwendung finden. Im Personengesellschaftsrecht hat sich der BGH für die Übertragung der Lehre von der fehlerhaften Gesellschaft ausgesprochen.[545] Danach hat die fehlerhafte Abtretung von Personengesellschaftsanteilen zur Folge, „daß der wahre Anteilsinhaber zum Nichtgesellschafter wird und von dem fälschlich nachgefolgten die Rückübertragung seines Anteils sowie von den übrigen Gesellschaftern die Zustimmung hierzu fordern muß".[546] Folgt man dieser Ansicht, gilt Entsprechendes auch für eine (teil-)unentgeltliche Veräußerung eines Personengesellschaftsanteils durch den Testamentsvollstrecker.[547] Zur Geltendmachung der auf die Rückabwicklung der Verfügung gerichteten Ansprüche ist jedoch allein der Testamentsvollstrecker berufen, da diese Ansprüche an die Stelle der wirksam beendeten Mitgliedschaft treten, § 2041 BGB analog, und damit dem Nachlass angehören.[548] Auch die Beteiligung selbst unterliegt nach ihrer Rückübertragung bzw. nach der Wiederaufnahme des Erben in die Gesellschaft wieder dem Verwaltungsrecht des Testamentsvollstreckers.[549]

Für die fehlerhafte Übertragung von GmbH-Gesellschaftsanteilen lehnt der BGH hingegen vor dem Hintergrund der Sonderregelung des § 16 Abs. 1 GmbHG die Anwendbarkeit der Grundsätze über die fehlerhafte Gesellschaft ab.[550] Entsprechendes muss wegen der insoweit vergleichbaren Vorschrift des

---

544 BGH WM 1975, 512, 514; EBJS/*Wertenbruch*, HGB, § 105 Rn. 360; MüKoHGB/*K. Schmidt*, § 105 Rn. 249.

545 BGH NJW 1988, 1324, 1325; NZG 2010, 991, 993 Rn. 36 ff.; zust. Oetker/*Lieder*, HGB, § 105 Rn. 128; EBJS/*Wertenbruch*, HGB, § 105 Rn. 364; mit beachtlichen Argumenten dagegen *K. Schmidt*, BB 1988, 1053, 1059; MüKoHGB/*ders.*, § 105 Rn. 223, 256; *ders.*, GesR, § 6 V 2 b.

546 BGH NJW 1988, 1324, 1325.

547 Dafür *Dörrie*, Testamentsvollstreckung, S. 136 f.; *ders.*, ZEV 1996, 370, 372; *Schneider*, NJW 2015, 1142, 1146; für die Beibehaltung der Gesellschafterstellung des Erben hingegen *Lorz*, Testamentsvollstreckung, S. 199; ebenso *Lutter*, ZGR 1982, 108, 111 für die Vorerbschaft, beide jedoch ohne Problematisierung der Grundsätze über die fehlerhafte Gesellschaft.

548 Anders offenbar *Dörrie*, Testamentsvollstreckung, S. 136; *ders.*, ZEV 1996, 370, 372, der, allerdings ohne Begründung, von einer Kompetenz des Erben ausgeht.

549 Zutr. insoweit *Dörrie*, ZEV 1996, 370, 372 mit Fn. 35.

550 BGH NJW 1990, 1915, 1916; NJW-RR 1995, 1182; NJW 2007, 1058, 1059; ZIP 2013, 118; ebenso *K. Schmidt*, BB 1988, 1053, 1058 f.; MüKoHGB/*ders.*, § 105 Rn. 256; EBJS/*Wertenbruch*, HGB, § 105 Rn. 364.

§ 67 Abs. 2 AktG für die fehlerhafte Übertragung von Aktien gelten.[551] Hiernach erübrigt sich also eine Rückübertragung, wenn der Testamentsvollstrecker unter Verstoß gegen § 2205 S. 3 BGB die von ihm verwalteten Kapitalgesellschaftsanteile veräußert hat, da der Erbe Gesellschafter geblieben ist.[552] Lediglich das aus der vermeintlichen Mitgliedschaft Erlangte muss der Erwerber dem Erben nach bereicherungsrechtlichen Grundsätzen herausgeben.[553] Auch ein gutgläubiger Erwerb der Mitgliedschaft[554] kommt grundsätzlich nicht in Betracht, da mangels einer dem § 2211 Abs. 2 BGB[555] entsprechenden Vorschrift der gute Glaube des Vertragspartners an die Verfügungsbefugnis des Testamentsvollstreckers nicht geschützt ist.[556] Anders ist dies nur bei der Übertragung von Namensaktien (§ 10 Abs. 1 S. 1 AktG) durch *Indossament* gem. § 68 Abs. 1 S. 1 AktG, da dann über § 68 Abs. 1 S. 2 AktG der erweiterte Gutglaubensschutz des Art. 16 Abs. 2 WG zur Geltung kommt („irgendwie abhanden gekommen") und danach nicht nur der gute Glaube an das Eigentum des Veräußerers, sondern auch der gute Glaube an die Verfügungsbefugnis und Vertretungsmacht eines Dritten geschützt ist.[557] Dem Erben steht in diesem Fall gegen den Erwerber der Anspruch auf Herausgabe des unentgeltlich Erlangten nach § 816 Abs. 1 S. 2 BGB zu.[558]

---

551 *K. Schmidt*, BB 1988, 1053, 1056 f.

552 Für den GmbH-Anteil *Dörrie*, Testamentsvollstreckung, S. 137; *ders.*, ZEV 1996, 370, 372; *Philippi*, Testamentsvollstreckung, S. 76.

553 *Dörrie*, Testamentsvollstreckung, S. 137; *ders.*, ZEV 1996, 370, 372; vgl. auch *K. Schmidt*, BB 1988, 1053, 1056, 1060.

554 Siehe zur der im Zuge des MoMiG v. 23.10.2008, BGBl. 2008 I, 2026, erstmals geschaffenen Möglichkeit eines gutgläubigen Erwerbs von GmbH-Geschäftsanteilen § 16 Abs. 3 GmbHG.

555 Siehe hingegen für die Vorerbschaft § 2113 Abs. 3 BGB.

556 Vgl. dazu OLG Hamm, ZEV 2001, 275; *Brox/Walker*, Erbrecht, § 26 Rn. 24; BeckOGK BGB/*Grotheer*, Stand 1.4.2022, § 2205 Rn. 83.1; BeckOK BGB/*Lange*, Stand 1.2.2022, § 2205 Rn. 26; *ders.*, Erbrecht, § 64 Rn. 123; *Schaub*, ZEV 2001, 257, 259; MüKoBGB/*Zimmermann*, § 2205 Rn. 82.

557 *Dörrie*, ZEV 1996, 370, 372; vgl. zur sog. „Transportfunktion" des Indossaments MüKo-AktG/*Bayer*, AktG § 68 Rn. 16; *Eder*, NZG 2004, 107, 109; *Koch*, AktG, § 68 Rn. 9.

558 *Dörrie*, ZEV 1996, 370, 372; vgl. auch OLG Hamm, ZEV 2001, 275, 276 zur schenkweisen Übereignung eines Vermögensgegenstands durch den Testamentsvollstrecker als Eigentümer; für die Anwendbarkeit des § 816 BGB, sofern der von der Verfügung Begünstigte den Testamentsvollstrecker für den Eigentümer hält, auch *Lange*, Erbrecht, § 65 Rn. 136 mit Fn. 314.

D. Gesellschaftsrechtliche Schranken

Gesellschaftsrechtliche Schranken betreffen insbesondere die Wahrnehmung der Stimmrechte aus der Beteiligung. Insoweit werden der Rechtsmacht des Testamentsvollstreckers durch die gesetzlichen Stimmverbote der §§ 47 Abs. 4 GmbHG, 136 Abs. 1 AktG sowie durch die gesellschaftliche Treupflicht Grenzen gesetzt. Daneben stellt sich die Frage nach der Ausübungsbefugnis des Testamentsvollstreckers im Kernbereich der Mitgliedschaft.

I. Stimmverbote, §§ 47 Abs. 4 GmbHG, 136 Abs. 1 AktG

1. Sachlicher Anwendungsbereich

Es entspricht einem allgemeinen Grundsatz, dass das Stimmrecht bei persönlicher Betroffenheit des Gesellschafters, wenn also die persönlichen außergesellschaftlichen Interessen eines Gesellschafters hinsichtlich des Gegenstands der Beschlussfassung mit den Gesellschaftsinteressen bzw. den Interessen der Mitgesellschafter im Widerstreit stehen, ausgeschlossen sein kann, mit der Folge, dass seine Stimme außer Betracht bleibt.[559] Anders als bei den beweglichen Schranken der Treupflicht, welche der Stimmrechtsausübung inhaltliche Grenzen setzt, kommt es hier also nicht auf das konkrete Abstimmungsverhalten des befangenen Gesellschafters an; vielmehr ist die Stimmabgabe im Sinne einer *starren* Stimmrechtsschranke generell unwirksam, nicht nur bei missbräuchlicher Ausübung.[560] Positivrechtlich hat die Problematik des Stimmrechtsausschlusses bei Interessenkollision nur eine fragmentarische Regelung erfahren.[561] Im Recht der Personengesellschaften sind Stimmverbote nur vereinzelt und auch nur mittelbar geregelt, indem etwa bei der Entziehung der Geschäftsführungs- oder Vertretungsbefugnis gem. §§ 712 Abs. 1, 715 BGB[562], §§ 117, 127 HGB[563] oder bei der Ausschließung nach § 737 BGB[564], § 140 Abs. 1 HGB[565]

---

559 *K. Schmidt*, GesR, § 21 II 2 a; EBJS/*Freitag*, HGB, § 119 Rn. 15.

560 MüKoGmbHG/*Drescher*, § 47 Rn. 135; *Koch*, AktG, § 136 Rn. 1.

561 Übersicht bei *K. Schmidt*, GesR, § 21 II 2 b.

562 §§ 715 Abs. 5, 720 Abs. 4 BGB i.d.F. des MoPeG v. 10.8.2021, BGBl. 2021 I, 3436.

563 §§ 116 Abs. 5, 124 Abs. 5 HGB i.d.F. des MoPeG v. 10.8.2021, BGBl. 2021 I, 3436.

564 § 727 BGB i.d.F. des MoPeG v. 10.8.2021, BGBl. 2021 I, 3436.

565 § 134 HGB i.d.F. des MoPeG v. 10.8.2021, BGBl. 2021 I, 3436.

vom Mitwirkungserfordernis des betroffenen Gesellschafters abgesehen wird.[566] Eindeutiger ist die Vorschrift des § 47 Abs. 4 GmbHG. Danach ist ein Gesellschafter, welcher durch die Beschlussfassung entlastet (S. 1 Alt. 1) oder von einer Verbindlichkeit befreit werden soll (S. 1 Alt. 2), von der Abstimmung ausgeschlossen; Entsprechendes gilt bei einer Beschlussfassung, welche die Vornahme eines Rechtsgeschäfts (S. 2 Alt. 1) oder die Einleitung oder Erledigung eines Rechtsstreits gegenüber einem Gesellschafter (S. 2 Alt. 2) zum Gegenstand hat. Vergleichbare Regelungen sind in den §§ 136 Abs. 1 AktG, 34 BGB, 43 Abs. 6 GenG enthalten, wobei allerdings nur die GmbH-rechtliche Vorschrift alle vier oben genannten Fälle der Entlastung, Befreiung von einer Verbindlichkeit, Vornahme eines Rechtsgeschäfts und Einleitung oder Erledigung eines Rechtsstreits kombiniert.[567] All diesen Bestimmungen liegt letztlich das allgemeine verbandsrechtliche Prinzip zugrunde, dass niemand aufgrund persönlicher Befangenheit „Richter in eigener Sache" sein darf.[568] Deshalb unterliegt nach herrschender Meinung auch im Personengesellschaftsrecht bei Beschlussfassungen über die Entlastung eines Gesellschafters, die Einleitung eines Rechtsstreits, die außergerichtliche Geltendmachung von Ansprüchen gegen einen Gesellschafter sowie die Befreiung eines Gesellschafters von einer Verbindlichkeit der betroffene Gesellschafter einem Stimmverbot.[569]

2. Persönlicher Anwendungsbereich

a) *Befangenheit des Testamentsvollstreckers*

Obgleich nach dem Wortlaut des § 47 Abs. 4 S. 1 GmbHG nur selbst betroffene Gesellschafter von der Ausübung des Stimmrechts ausgeschlossen sind[570],

566 Von einer weitergehenden gesetzlichen Regelung hat der Gesetzgeber des MoPeG bewusst abgesehen, weil dies zu einer „misslichen Kasuistik" geführt hätte, BT-Drs. 19/27635, S. 149 f.

567 MüKoGmbHG/*Drescher*, § 47 Rn. 131.

568 Str., i.d.S. etwa BGH NZG 2012, 625 Rn. 16; 2018, 1226 Rn. 26; ebenso RegBegr. MoPeG, BT-Drs. 19/27635, S. 149 (zu § 714 BGB n.F.); teilw. wird daneben auch auf den Gedanken des Insichgeschäfts (§ 181 BGB) zurückgegriffen, so namentlich *K. Schmidt*, GesR, § 21 II 2 a; ihm folgend MüKoHGB/*Enzinger*, § 119 Rn. 30; ausschließlich auf das Selbstkontrahierungsverbot abstellend *Altmeppen*, GmbHG § 47 Rn. 92; ein gemeinsames Grundprinzip der Stimmverbote gänzlich abl. MüKoGmbHG/*Drescher*, § 47 Rn. 132; *Koch*, AktG, § 136 Rn. 3.

569 BGH NJW 1974, 1555, 1556; NZG 2012, 625 Rn. 16; 2018, 1226 Rn. 26; MüKoBGB/*Schäfer*, § 709 Rn. 65; EBJS/*Freitag*, HGB, § 119 Rn. 120; Hopt/*Roth*, HGB, § 119 Rn. 8.

570 Weitergehend § 136 Abs. 1 S. 1 AktG: „niemand".

und zwar auch dann, wenn sie als Vertreter „für einen anderen" handeln, besteht Einigkeit darüber, dass zum Schutz der gesellschaftsinternen Willensbildung auch Dritte, die selbst keine Gesellschafter sind und ein fremdes Stimmrecht ausüben, einem Stimmverbot unterliegen, wenn sie befangen sind.[571] Unstreitig ist deshalb der Testamentsvollstrecker, der an der Gesellschaft nicht selbst beteiligt ist, von der Ausübung des Stimmrechts ausgeschlossen, wenn die Voraussetzungen eines Ausschlussgrunds in seiner Person erfüllt sind.[572] Dieser kann beispielsweise nicht an einer Beschlussfassung über die Geltendmachung von Schadensersatzansprüchen[573] der Gesellschaft gegen ihn oder an seiner Entlastung[574] als Beiratsmitglied mitwirken.

Schwieriger zu beantworten ist hingegen die Frage, ob bzw. unter welchen Voraussetzungen sich der Testamentsvollstrecker an seiner Wahl zum Geschäftsführer der GmbH beteiligen kann. Körperschaftliche „Sozialakte"[575], d.h. typischerweise zur Mitgliedschaft gehörende Geschäfte, wie etwa die eigene Bestellung des Gesellschafters zum Geschäftsführer einschließlich der Beschlussfassung über die dazugehörigen Regelungen der Bezüge und Anstellungsbedingungen[576], sind nach einhelliger Ansicht vom Stimmverbot des § 47 Abs. 4 GmbHG ausgenommen.[577] Die herrschende Meinung beurteilt die Zulässigkeit der Stimmabgabe des Testamentsvollstreckers in diesem Fall deshalb allein

---

571 MHLS/*Römermann*, GmbHG, § 47 Rn. 100, 101; Scholz/*K. Schmidt*, GmbHG, § 47 Rn. 155; MüKoAktG/*Arnold*, AktG, § 136 Rn. 41; *Koch*, AktG, § 136 Rn. 6; ebenso *Götze*, GmbHR 2001, 217, der in Fn. 4 zutr. darauf hinweist, dass es sich insoweit wegen der Überschreitung des Wortlauts als Auslegungsgrenze um eine analoge Anwendung der Norm handelt, was nicht immer ausdr. ausgesprochen wird.

572 Siehe zum GmbH-Anteil BGH NJW 1989, 2694, 2695; NZG 2014, 945 Rn. 23; MüKoGmbHG/*Drescher*, § 47 Rn. 190; *Groß*, GmbHG 1994, 596, 598; *Philippi*, Testamentsvollstreckung, S. 98; *Wachter*, ZNotP 1999, 226, 232; *Wicke*, ZGR 2015, 161, 168 f.; zum Kommanditanteil *Dörrie*, Testamentsvollstreckung, S. 100; zur Aktie *Bayer/Sarakinis*, NZG 2018, 561, 571; *Koch*, AktG, § 136 Rn. 6; MüKoAktG/*Arnold*, AktG, § 136 Rn. 39; *Unsöld*, Testamentsvollstreckung, S. 73.

573 BGH NZG 2014, 945 Rn. 23.

574 BGH NJW 1989, 2694, 2695; dazu *Philippi*, Testamentsvollstreckung, S. 102 ff.

575 Zur Terminologie siehe Lutter/Hommelhoff/*Bayer*, GmbHG, § 47 Rn. 49.

576 Inwieweit die Sonderbehandlung für Organbestellungsakte auf Anstellungsverträge zu erstrecken ist, ist umstr., siehe zum Streitstand Scholz/*K. Schmidt*, GmbHG, § 46 Rn. 75 m.w.N.

577 BGH NJW 1955, 1716, 1717; 1969, 841, 844; 2007, 917, 918; NJW-RR 2011, 1117, 1118; Lutter/Hommelhoff/*Bayer*, GmbHG, § 46 Rn. 23, § 47 Rn. 50; Scholz/*K. Schmidt*, GmbHG, § 46 Rn. 75, § 47 Rn. 118.

unter dem Gesichtspunkt des § 181 BGB.[578] Die Vorschrift ist zwar aufgrund der Stellung des Testamentsvollstreckers als Amtswalter, der seine Verwaltungs- und Verfügungsbefugnisse nicht von den Erben, sondern vom Erblasser ableitet, nicht unmittelbar anwendbar; wegen der vergleichbaren Konfliktsituation ist aber eine entsprechende Anwendung der Norm auf Insichgeschäfte des Testamentsvollstreckers allgemein anerkannt.[579] Dieser hat deshalb bei der Abstimmung über seine Wahl zum Geschäftsführer grundsätzlich kein Stimmrecht, es sei denn, dass ihm „ein anderes gestattet ist", § 181 BGB.[580] Eine solche Befreiung vom Selbstkontrahierungsverbot kann sowohl durch die Erben als auch, was in der Praxis regelmäßig geschieht[581], bereits im Voraus durch den Erblasser in der letztwilligen Verfügung erteilt werden.[582]

Nach anderer Ansicht treffen die für eine einschränkende Auslegung bzw. teleologische Reduktion des § 47 Abs. 4 GmbHG maßgeblichen Gesichtspunkte, nämlich die regelmäßige Übereinstimmung des Eigeninteresses des Gesellschafters mit dem Interesse am Wohl der Gesellschaft, auf den Testamentsvollstrecker nicht zu, da dieser die zum Nachlass gehörigen Anteilsrechte nicht als eigene, sondern nur kraft Amtes verwaltet.[583] Folgt man dieser Ansicht, müsste der Testamentsvollstrecker in Ermangelung einer satzungsmäßigen[584] Einschränkung des Stimmverbots von den übrigen Gesellschaftern zu der Abstimmung *ad*

578 BGH NJW 1969, 841, 843 f.; 1989, 2694, 2695; Scholz/*K. Schmidt*, GmbHG, § 47 Rn. 181; MüKoBGB/*Zimmermann*, § 2205 Rn. 85; Lutter/Hommelhoff/*Bayer*, GmbHG, § 47 Rn. 32; grds. zur Anwendbarkeit des § 181 BGB auf gesellschaftsrechtliche Beschlüsse Scholz/*K. Schmidt*, GmbHG, § 47 Rn. 178; MüKoBGB/*Schubert*, § 181 Rn. 18; *Götze*, GmbHR 2001, 217, 218 f.; krit. dazu *Schemmann*, NZG 2008, 89, 90.

579 BGH NJW 1959, 1429, 1430; 1969, 841, 843; OLG Frankfurt a.M., NJW-RR 1998, 795, 798; Staudinger/*Dutta*, BGB, § 2205 Rn. 109; BeckOK BGB/*Lange*, Stand 1.2.2022, § 2205 Rn. 19; *Reimann*, GmbHR 2011, 1297, 1300; MüKoBGB/*Zimmermann*, § 2205 Rn. 85.

580 BGH NJW 1969, 841, 843, 844; *Reimann*, GmbHR 2011, 1297, 1300.

581 Vgl. MüKoBGB/*Zimmermann*, § 2205 Rn. 85.

582 BGH NJW 1969, 841, 844; 1989, 2694, 2695; *Reimann*, GmbHR 2011, 1297, 1300; Scholz/*K. Schmidt*, GmbHG, § 47 Rn. 181, 182; MüKoGmbHG/*Drescher*, § 47 Rn. 227.

583 *Philippi*, Testamentsvollstreckung, S. 108; *Groß*, GmbHR 1994, 596, 602; vgl. *Götze*, GmbHR 2001, 217, 218; ebenso MüKoGmbHG/*Drescher*, § 47 Rn. 190 unter Berufung auf BGH NJW 1969, 841, 844, wo diese Erwägungen aber nur zum Anlass genommen wurden, „den Rechtsgedanken" des § 181 BGB entsprechend und nicht etwa § 47 Abs. 4 GmbHG auf den Testamentsvollstrecker anzuwenden.

584 Vgl. dazu Scholz/*K. Schmidt*, GmbHG, § 47 Rn. 173; *Götze*, GmbHR 2001, 217, 220.

hoc[585] zugelassen werden.[586] Eine Gestattung nur der Erben bzw. des Erblassers wie bei § 181 BGB würde nicht ausreichen, da § 47 Abs. 4 GmbHG das Verhältnis zwischen dem Abstimmenden und der Gesellschaft betrifft und nicht das Verhältnis zum Vertretenen.[587]

Überzeugend ist dies jedoch nicht. Die Annahme, der Testamentsvollstrecker könne als Fremdverwalter anders als der Anteilsinhaber seine persönlichen Belange nicht hintanstellen, ist vor dem Hintergrund, dass es sich bei diesem häufig um eine mit speziellen Fähigkeiten und Kenntnissen ausgestattete Person handelt, welche in der Regel auch noch einer zu besonderer Verschwiegenheit verpflichteten Berufsgruppe angehört[588], nicht gerechtfertigt. In der Praxis zeigt sich, dass gerade „professionelle" Stimmrechtsvertreter oftmals rationaler und umsichtiger agieren als so mancher Gesellschafter, dem auch einmal mehr am Geschäftsführergehalt oder an der Verfügungsgewalt über das Gesellschaftsvermögen gelegen ist als am langfristigen Unternehmenserfolg.[589] Bedenkt man außerdem noch, dass der Testamentsvollstrecker das volle Vertrauen des Erblassers genießt und sowohl erbrechtlich an die Grundsätze ordnungsgemäßer Nachlassverwaltung als auch, wie sich noch zeigen wird[590], ebenso wie die Gesellschafter an die gesellschaftliche Treupflicht gebunden ist, erscheint eine „Diskriminierung" des Testamentsvollstreckers im Rahmen von § 47 Abs. 4 GmbHG nicht angemessen.[591] Die einschränkende Auslegung bzw. teleologische Reduktion der Vorschrift muss deshalb gleichermaßen für den Fall der Selbstbestellung des Testamentsvollstreckers zum Geschäftsführer gelten, da auch seinem Abstimmungsverhalten die dafür nötige Richtigkeitsgewähr innewohnt,

---

585 Siehe zu den formalen Anforderungen eines solchen satzungsdurchbrechenden Beschlusses Scholz/*K. Schmidt*, GmbHG, § 47 Rn. 174; *Götze*, GmbHR 2001, 217, 221.

586 So denn auch *Philippi*, Testamentsvollstreckung, S. 114; *Groß*, GmbHR 1994, 596, 603; anders MüKoGmbHG/*Drescher*, § 47 Rn. 190, der sich auf konstruktiven Umwegen weiterhin für eine Befreiung durch die Erben oder eine entsprechende testamentarische Anordnung ausspricht.

587 *Götze*, GmbHR 2001, 217, 221; Scholz/*K. Schmidt*, GmbHG, § 47 Rn. 181.

588 Vgl. zur Person des Testamentsvollstreckers *Kroiß*, in: Mayer/Bonefeld/Tanck, Testamentsvollstreckung Hdb., § 5 Rn. 31 ff.

589 Siehe *Schemmann*, NZG 2008, 89, 90 unter Verweis auf Erkenntnisse aus der sozioökonomischen Forschung („Prinzipal-Agent-Theorie").

590 Unten D.II.

591 A.A. *Philippi*, Testamentsvollstreckung, S. 108 f., dem die Treupflichtbindung des Testamentsvollstrecker als „Garantie" für das Hintanstellen persönlicher Interessen nicht ausreicht.

jedenfalls sofern er von dem Verbot des Selbstkontrahierens nach § 181 BGB befreit ist.[592]

Trifft den Testamentsvollstrecker ein Stimmverbot, ist grundsätzlich wieder der Erbe zur Abstimmung berufen, wie auch in sonstigen Fällen der rechtlichen Verhinderung eines Vertreters oder Amtswalters das Stimmrecht vom Vertretenen ausgeübt werden kann.[593] Keine Ersatzzuständigkeit des Erben trifft nur dann ein, wenn das Stimmverbot aus einer *funktionalen* Betroffenheit des Testamentsvollstreckers resultiert, wenn es etwa um den Abschluss eines Rechtsgeschäfts zwischen der Gesellschaft und dem Nachlass geht, für den der Testamentsvollstrecker zu handeln hat, oder der Nachlass als solcher und nicht der Testamentsvollstrecker persönlich von einer Verbindlichkeit gegenüber der Gesellschaft befreit werden soll, weil sich dann die Interessen der Erben mit denjenigen des Testamentsvollstreckers decken.[594]

Kann der Erbe das Stimmrecht ausüben, steht ihm ausnahmsweise auch, quasi als „Annex", die Prozessführungsbefugnis zur Anfechtung eines Gesellschafterbeschlusses zu, bei dem der Testamentsvollstrecker unzulässigerweise selbst anstelle des Erben mitgestimmt hat.[595] Die übrigen Gesellschafterrechte können jedoch weiterhin vom Testamentsvollstrecker ausgeübt werden und verdrängen insoweit die Befugnisse des Erben als Gesellschaftsanteilsinhaber.[596] Ein Stimmverbot führt somit lediglich zu einer „punktuellen" Beschränkung seines Verwaltungsrechts und lässt die Ausübungsbefugnis des Testamentsvollstreckers hinsichtlich der sonstigen versammlungsbezogenen Mitgliedschaftsrechte, wie etwa des Teilnahmerechts, des Rechts zur Anhörung und Aussprache zur Sache,

---

592 So i.E. auch BGH NJW 1969, 841, 844; ebenso für organschaftliche Vertreter in Konzernstrukturen *Maidl*, DNotZ 2022, 163, 168; für die Abberufung eines Vertreters zum Geschäftsführer als *actus contrarius* zur Bestellung auch LG Berlin, NJW-RR 2019, 1514, 1515.

593 BGH NJW 1989, 2694, 2696; NZG 2014, 945 Rn. 23; *Bayer/Sarakinis*, NZG 2018, 561, 571; *Groß*, GmbHR 1994, 596, 599; *Unsöld*, Testamentsvollstreckung, S. 74; *Wachter*, ZNotP 1999, 226, 232; vgl. *Priester*, in: FS Stimpel, 463, 471.

594 BGH NJW 1989, 2694, 2696; *Groß*, GmbHR 1994, 596, 599; *Unsöld*, Testamentsvollstreckung, S. 74.

595 BGH NJW 1989, 2694, 2695; NZG 2014, 945 Rn. 25; *Wicke*, ZGR 2015, 161, 169; dazu bereits oben C.III.4.a) bei Fn. 538.

596 Siehe BGH NZG 2014, 945 Rn. 24 zu dem den Gesellschaftern gesellschaftsvertraglich eingeräumten Recht, von dem Geschäftsführer die Einberufung einer Gesellschafterversammlung verlangen und im Falle der Weigerung des Geschäftsführers diese selbst einberufen zu können.

des Rechts, Anträge zur Geschäftsordnung zu stellen, den Versammlungsleiter zu wählen oder sogar als solcher gewählt zu werden, sowie des Informationsrechts aus § 51a GmbHG, unberührt.[597]

Gelegentlich wird behauptet, dass in Fällen persönlicher Befangenheit des Testamentsvollstreckers dem Erben das Stimmrecht nicht ersatzweise zur Ausübung überlassen werden dürfe, da dies dem in der Vollstreckungsanordnung zum Ausdruck gekommenen Willen des Erblassers zuwiderlaufe und eine nur „sporadische" Mitwirkung des Gesellschafter-Erben am Willensbildungsprozess der Gesellschaft ohne den erforderlichen Einblick in den Geschäftsbetrieb auch nicht im Interesse der übrigen Gesellschafter sein könne.[598] Dies ist jedoch nicht entscheidend. Denn zum einen kann der Erblasser selbst dafür sorgen, dass das Stimmrecht des Erben nicht wiederauflebt, indem er für den Fall eines Interessenkonflikts eine weitere, nicht betroffene Person zum Ersatztestamentsvollstrecker bestellt, § 2197 Abs. 2 BGB.[599] Und zum anderen steht es den Gesellschaftern frei, gesellschaftsvertraglich festzulegen, dass bei einem Ausschluss des Testamentsvollstreckers vom Stimmrecht auch der Erbe nicht mitstimmen darf.[600]

b) Befangenheit des Gesellschafter-Erben

Umgekehrt soll der selbst befangene Gesellschafter das Abstimmungsverbot nicht dadurch umgehen können, dass er sich bei der Stimmabgabe vertreten lässt.[601] Deshalb darf, wie sich der aktienrechtlichen Vorschrift des § 136 Abs. 1 S. 2 AktG entnehmen lässt, auch der Vertreter des von einem Stimmverbot betroffenen Gesellschafters nicht an der Abstimmung teilnehmen. Dasselbe gilt nach herrschender Ansicht für den Testamentsvollstrecker eines von einem Stimmverbot betroffenen Gesellschafters.[602] Der Testamentsvollstrecker

597 *Wicke*, ZGR 2015, 161, 170 ff.; *Omlor*, jM 2015, 99, 101.

598 *Dörrie*, Testamentsvollstreckung, S. 101; *Philippi*, Testamentsvollstreckung, S. 110; krit. auch *Reimann*, Anm. z. BGH, Urt. v. 13.5.2014 – II ZR 250/12, ZEV 2014, 666, 667.

599 Vgl. *Bayer/Sarakinis*, NZG 2018, 561, 571; *Heckschen/Strnad*, NZG 2014, 1201, 1208; *Wicke*, ZGR 2015, 161, 169; *Omlor*, jM 2015, 99, 102.

600 Vgl. BGH NJW 1989, 2694, 2695, 2696; *Groß*, GmbHR 1994, 596, 603; *Reimann*, Anm. z. BGH, Urt. v. 13.5.2014 – II ZR 250/12, ZEV 2014, 666, 667; *Wachter*, ZNotP 1999, 226, 232 mit Formulierungsbeispiel.

601 MHLS/*Römermann*, GmbHG, § 47 Rn. 105; MüKoGmbHG/*Drescher*, § 47 Rn. 192; *Koch*, AktG, § 136 Rn. 7.

602 *Dörrie*, Testamentsvollstreckung, S. 100; MüKoGmbHG/*Drescher*, § 47 Rn. 192; *Philippi*, Testamentsvollstreckung, S. 101; *Koch*, AktG, § 136 Rn. 7; *Unsöld*, Testamentsvollstreckung, S. 74.

ist damit sowohl dann von der Ausübung des Stimmrechts ausgeschlossen, wenn er selbst befangen ist, als auch, wenn der Ausschlusstatbestand allein in der Person des Erben verwirklicht ist (sog. doppelseitiges Stimmverbot).[603] *Groß* hingegen lehnt ein Stimmverbot des Testamentsvollstreckers ab, wenn der Ausschlussgrund allein beim Erben vorliegt.[604] Insoweit sei wegen der unabhängigen Stellung des Testamentsvollstreckers gegenüber dem Erben nicht zu befürchten, dass sich die durch § 47 Abs. 4 GmbHG ausgeschlossenen Sonderinteressen auf das Stimmverhalten des Vertreters auswirkten.[605] Daran ist sicherlich richtig, dass der Umgehungsgedanke grundsätzlich nur bei gebundenen bzw. weisungsunterworfenen Vertretern (§ 166 Abs. 2 BGB) die Anwendung des Verbots trägt[606], wohingegen die Erstreckung des Stimmrechtsausschlusses auf eigennützige Vertreter, wie z.B. Nießbraucher, Pfandgläubiger oder Sicherungstreuhänder, zumindest Anlass zu Diskussionen gibt[607]. Der Testamentsvollstrecker als Amtswalter handelt in dem Sinne jedoch nicht „eigennützig", sondern übt das Stimmrecht im Interesse des Nachlasses aus, dessen Träger wiederum der Erbe ist. Insofern wird der Testamentsvollstrecker bei der Abstimmung auch auf die Interessen des Gesellschafter-Erben Rücksicht nehmen, wodurch dessen Sonderinteressen sehr wohl in den Willensbildungsprozess der Gesellschaft einfließen können.[608] Deshalb ist nach Sinn und Zweck der Stimmverbote der Testamentsvollstrecker auch in Fällen nur mittelbarer Betroffenheit vom Stimmrecht ausgeschlossen.

---

603 Scholz/*K. Schmidt*, GmbHG, § 47 Rn. 157.

604 *Groß*, GmbHR 1994, 596, 599 für den GmbH-Geschäftsanteil; ebenso bei mehreren Erben *Bettecken*, Miterben, S. 228.

605 *Groß*, GmbHR 1994, 596, 599; *Bettecken*, Miterben, S. 228.

606 Vgl. Scholz/*K. Schmidt*, GmbHG, § 47 Rn. 157; *Altmeppen*, GmbHG, § 47 Rn. 132.

607 Die h.M. geht freilich von einem *generellen* Stimmverbot des Vertreters eines befangenen Gesellschafters aus, auch bei eigennützigen Vertretungen, siehe etwa MüKoGmbHG/*Drescher*, § 47 Rn. 192; MHLS/*Römermann*, GmbHG, § 47 Rn. 106, 107; Scholz/*K. Schmidt*, GmbHG, § 47 Rn. 158, jeweils m.w.N. auch zur Mindermeinung.

608 So wie hier *Philippi*, Testamentsvollstreckung, S. 100.

II. Treupflichtbindung des Testamentsvollstreckers

1. Die gesellschaftliche Treupflicht

Die gesellschaftliche Treupflicht ist in Rechtsprechung und Lehre als rechtsformübergreifendes Verbandsprinzip allgemein anerkannt.[609] Kern des Treupflichtgedankens ist, „daß dem Maß des Einflusses des Gesellschafters das Maß seiner Verantwortung mit der sich daraus ergebenden Pflicht zur Rücksichtnahme auf die Interessen der Gesellschaft und die gesellschaftsbezogenen Belange der Mitgesellschafter entspricht", oder, „daß die Möglichkeit, durch Einflußnahme die gesellschaftsbezogenen Interessen der Mitgesellschafter zu beeinträchtigen, als Gegengewicht die gesellschaftsrechtliche Pflicht verlangt, auf diese Interessen Rücksicht zu nehmen".[610] Ihr Anwendungsbereich umfasst sowohl das Verhältnis der Gesellschafter untereinander als auch das Verhältnis der Gesellschafter zur Gesellschaft.[611] Der Gesellschafter hat eine Förderpflicht gegenüber der Gesellschaft und eine Rücksichtnahmepflicht gegenüber seinen Mitgesellschaftern.[612] Insofern begründet die Treupflicht Handlungs- und Unterlassungspflichten, deren Ausmaß und Umfang von der Realstruktur der Gesellschaft sowie dem Gegenstand der Rechtsausübung abhängig ist.[613] Je enger der persönliche Zusammenschluss ausgestaltet ist, umso intensiver sind die Treupflichten.[614] Unterschiede bestehen auch hinsichtlich der Ausübung uneigennütziger, zur Förderung des gemeinsamen Zwecks verliehener Befugnisse und eigennütziger Mitgliedschaftsrechte.[615] Die Nichtbeachtung der Treupflicht kann unterschiedliche Rechtsfolgen auslösen: Bei einer Unterlassungspflicht besteht die primäre

609 Allg. zu Treupflichten MüKoBGB/*Schäfer*, § 705 Rn. 228 ff.; MüKoHGB/*K. Schmidt*, § 105 Rn. 188 ff.; *ders.*, GesR, § 20 IV; *Wiedemann*, GesR II, § 3 II 3; zur Treupflicht in der GmbH BGH NJW 1976, 191; 1987, 189; 2019, 1289; zur Treupflicht von Aktionären BGH NJW 1988, 1579, 1581; 1995, 1739; 2009, 2458. Von einer Kodifizierung dieses allgemeinen gesellschaftsrechtlichen Grundsatzes hat der Gesetzgeber des MoPeG ausdr. abgesehen, BT-Drs. 19/27635, S. 140.

610 BGH NJW 1995, 1739, 1741 m.w.N.

611 BGH NZG 2013, 1334 Rn. 37; NJW 2019, 1289 Rn. 17; EBJS/*Born*, HGB, § 109 Rn. 20; Henssler/Strohn/*Finckh*, HGB, § 109 Rn. 24; MüKoBGB/*Schäfer*, § 705 Rn. 230; MüKoHGB/*K. Schmidt*, § 105 Rn. 189.

612 BGH NJW 2019, 1289 Rn. 17; EBJS/*Born*, HGB, § 109 Rn. 20; Henssler/Strohn/*Finckh*, HGB, § 109 Rn. 24.

613 MüKoBGB/*Schäfer*, § 705 Rn. 231, 232; MüKoHGB/*K. Schmidt*, § 105 Rn. 190.

614 MüKoHGB/*K. Schmidt*, § 105 Rn. 190.

615 Dazu MüKoBGB/*Schäfer*, § 705 Rn. 231.

Sanktion schlicht in der Unbeachtlichkeit der gegen die Treupflicht verstoßenden Rechtsausübung.[616] So ist etwa ein treuwidriger Widerspruch gegen Geschäftsführungsmaßnahmen unwirksam.[617] Im Übrigen steht der Gesellschaft oder den Mitgesellschaftern ein Erfüllungsanspruch zu, der auf Vornahme der nach der Treupflicht gebotenen Mitwirkungshandlung gerichtet ist.[618] In besonders gelagerten Fällen kann sich die Treupflicht auch zu einer Pflicht zur Zustimmung zu einer außerordentlichen Geschäftsführungsmaßnahme oder gar zu einer Änderung des Gesellschaftsvertrags verdichten[619], wobei dann freilich umstritten ist, ob das bloße Bestehen einer Zustimmungspflicht die fehlende Zustimmung zu ersetzen vermag oder die aus der Treupflicht abgeleitete Verpflichtung konstruktiv im Wege der Leistungsklage gem. § 894 ZPO durchgesetzt werden muss[620]. Schuldhafte Verstöße gegen Treupflichten können Schadensersatzansprüche der Mitgesellschafter oder, falls der Schaden bei dieser liegt, der Gesellschaft begründen, §§ 280, 311 BGB.[621] Bei fortgesetzten oder besonders schwerwiegenden Zuwiderhandlungen kann auch ein wichtiger Grund zur Entziehung der Geschäftsführungs- und Vertretungsbefugnis oder zum Ausschluss aus der Gesellschaft gegeben sein, vgl. §§ 117, 127, 133, 140 HGB.[622]

2. Der Testamentsvollstrecker als Pflichtadressat

Der Testamentsvollstrecker ist bei der Ausübung der Mitgliedschaftsrechte an die gesellschaftsrechtliche Treupflicht gebunden. Fraglich ist insoweit nur, ob er unmittelbar *selbst* Pflichtadressat ist oder ob es nur die den Gesellschafter-Erben treffenden Rücksichtnahme- und Förderungspflichten sind, die der Testamentsvollstrecker zu beachten hat und deren Verletzung deshalb in direkter oder entsprechender Anwendung des § 278 BGB[623] dem Erben zugerechnet wird. Angesichts der Tatsache, dass die Treupflichten ihre Grundlage in der

---

616 BGH NJW 2019, 1289 Rn. 19; MüKoBGB/*Schäfer*, § 705 Rn. 246; EBJS/*Born*, HGB, § 109 Rn. 20.

617 MüKoBGB/*Schäfer*, § 705 Rn. 246.

618 MüKoBGB/*Schäfer*, § 705 Rn. 246; EBJS/*Born*, HGB, § 109 Rn. 20.

619 EBJS/*Born*, HGB, § 109 Rn. 21; MüKoBGB/*Schäfer*, § 705 Rn. 238 ff.; MüKoHGB/*K. Schmidt*, § 105 Rn. 164; *ders.*, GesR, § 21 II 3 c.

620 Siehe zum Meinungsstand MüKoBGB/*Schäfer*, § 705 Rn. 247 f. m.w.N.

621 MüKoBGB/*Schäfer*, § 705 Rn. 249; MüKoHGB/*K. Schmidt*, § 105 Rn. 193.

622 MüKoBGB/*Schäfer*, § 705 Rn. 219; MüKoHGB/*K. Schmidt*, § 105 Rn. 193.

623 Vgl. zur Anwendbarkeit des § 278 BGB auf den Testamentsvollstrecker RGZ 144, 399, 401 f.; BGH WM 1957, 514, 515; *Marotzke*, JZ 1986, 457, 465; MüKoBGB/*Zimmermann*, § 2219 Rn. 17; MüKoBGB/*Grundmann*, § 278 Rn. 42.

Mitgliedschaft haben[624], an der es beim Testamentsvollstrecker gerade fehlt, können sich diese richtigerweise nur an den Gesellschafter-Erben richten.[625]

Die Gegenansicht macht demgegenüber geltend, dass wegen der verdrängenden Wirkung der angeordneten Testamentsvollstreckung gem. §§ 2205, 2211 BGB der Testamentsvollstrecker *faktisch* an die Stelle des Erben trete und deshalb auch eine unmittelbare Anbindung des Testamentsvollstreckers an die gesellschaftsrechtliche Treupflicht gerechtfertigt bzw. geboten sei.[626] Dies ändert jedoch nichts daran, dass gesellschaftsrechtlich allein der Nachfolger-Erbe in den Gesellschafterverband einbezogen ist und der Testamentsvollstrecker die mitgliedschaftlichen Befugnisse nur in seiner Eigenschaft als Amtswalter ausübt.[627] Insofern sind es nicht seine eigenen Mitgliedschaftsrechte, die der Testamentsvollstrecker wahrzunehmen hat, sondern diejenigen des Gesellschafter-Erben. Entsprechendes muss für die mit der Mitgliedschaft verbundenen Pflichten gelten. Auch das namentlich von *Ulmer*[628] ins Feld geführte Argument, dass bei einer auf die Treupflicht gestützten Handlungs- bzw. Zustimmungspflicht die Beteiligten sich anderenfalls damit begnügen müssten, gegen den Nachfolger-Erben vorzugehen und beim Obsiegen darauf zu hoffen, dass der Testamentsvollstrecker von sich aus bereit ist, dem ihn nicht bindenden Urteilsspruch Folge zu leisten, vermag aus zweierlei Gründen nicht zu überzeugen: Erstens bleibt unberücksichtigt, dass der Testamentsvollstrecker nach § 2216 Abs. 1 BGB, wenn auch nur im Innenverhältnis zum Gesellschafter-Erben, durchaus zur Umsetzung der aus der Treupflicht resultierenden Handlungs- und Unterlassungspflichten verpflichtet ist.[629] Zweitens wird dabei übersehen, dass es sich bei den nach dem Erbfall fällig werdenden Treupflichten nicht etwa um persönliche Eigenpflichten des Erben handelt, sondern um Nachlassverbindlichkeiten, die

---

624 MüKoBGB/*Schäfer*, § 705 Rn. 229; MüKoHGB/*K. Schmidt*, § 105 Rn. 188.

625 *Weidlich*, Testamentsvollstreckung, S. 85; *Lorz*, Testamentsvollstreckung, S. 138; *Muscheler*, Haftungsordnung, S. 527 ff.; *Faust*, DB 2002, 189, 190 f.; *Buschmann*, Testamentsvollstreckung, S. 132; wohl auch *Marotzke*, JZ 1986, 457, 465.

626 *Dörrie*, Testamentsvollstreckung, 105; *ders.*, ZEV 1996, 370, 374; *Raddatz*, Nachlaßzugehörigkeit, S. 172 f.; *Ehrl*, Verwaltungstestamentsvollstreckung, S. 167; *Unsöld*, Testamentsvollstreckung, S. 79; *Mayer*, ZIP 1990, 976, 979.

627 *Faust*, DB 2002, 189, 190.

628 NJW 1990, 73, 81.

629 *Muscheler*, Haftungsordnung, S. 527; *Faust*, DB 2002, 189, 191; vgl. *Marotzke*, JZ 1986, 457, 465.

gem. § 2213 Abs. 1 S. 1 BGB auch unmittelbar gegen den Testamentsvollstrecker gerichtlich geltend gemacht werden können.[630]

Zuzugeben ist allerdings, dass für den Fall – und nur für den Fall –, dass der Testamentsvollstrecker nicht den *gesamten*[631] Nachlass zu verwalten hat, sich die angeordnete Testamentsvollstreckung von vornherein auf einzelne Gegenstände – worunter auch der Gesellschaftsanteil fällt – beschränkt (§ 2208 Abs. 1 S. 2 BGB), gewisse Probleme bei der Durchsetzung auftreten können, wenn man den Testamentsvollstrecker nicht selbst der Treupflicht unterwirft. Dem *Teil*verwaltungsvollstrecker fehlt, jedenfalls nach vorherrschender Auffassung, gem. § 2213 Abs. 1 S. 2 BGB die passive Prozessführungsbefugnis.[632] Nach §§ 2213 Abs. 3 BGB, 748 Abs. 2 ZPO ist lediglich zur Vollstreckung in die seiner Verwaltung unterliegenden Nachlassgegenstände eine Klage gegen den Testamentsvollstrecker auf Duldung der Zwangsvollstreckung möglich und auch erforderlich. Eine solche zusätzliche Duldungsklage gegen den Testamentsvollstrecker scheidet jedoch bei aus der Treupflicht resultierenden Erfüllungsansprüchen von vornherein aus, da dies nur bei auf Geld- oder Sachleistung gerichtete Ansprüche denkbar ist.[633] Die Mitgesellschafter könnten hier also tatsächlich nur den Gesellschafter-Erben in Anspruch nehmen, der seinerseits gem. § 2216 Abs. 1 BGB gegen den Testamentsvollstrecker vorgehen müsste.[634] Die damit verbundenen Schwierigkeiten sollten jedoch nicht auf Ebene des Gesellschaftsrechts zu lösen versucht werden, indem die eindeutig an die Mitgliedschaft anknüpfende Treupflicht auf gesellschafterfremde Dritte, in unserem Fall also den Testamentsvollstrecker, erstreckt wird.[635] Vielmehr sollte man dies zum Anlass nehmen, die gängige Interpretation des § 2213 Abs. 1 BGB zu überdenken, zumal diese auch außerhalb des Gesellschaftsrechts zu unbefriedigenden und

---

630 *Muscheler*, Haftungsordnung, S. 529 f.; *Weidlich*, Testamentsvollstreckung, S. 85; *Lorz*, Testamentsvollstreckung, S. 138.

631 Insoweit soll es jedoch unschädlich sein, wenn einzelne Nachlassgegenstände durch Anordnung des Erblassers (§ 2208 Abs. 1 S. 2 BGB) oder durch Freigabe (§ 2217 Abs. 1 BGB) von der Verwaltung ausgenommen sind, es sei denn, der Rechtsstreit bezieht sich gerade auf diese Nachlassgegenstände, MüKoBGB/*Zimmermann*, § 2213 Rn. 8; krit. dazu *Garlichs/Mankel*, MDR 1998, 511, 512 mit Fn. 1.

632 Siehe etwa MüKoBGB/*Zimmermann*, § 2213 Rn. 10; BeckOK BGB/*Lange*, Stand 1.2.2022, § 2213 Rn. 6 („Zweititeltheorie"); Staudinger/*Dutta*, BGB, § 2213 Rn. 12.

633 *Muscheler*, Haftungsordnung, S. 529 f. unter weitergehender Darstellung der vollstreckungsrechtlichen Probleme.

634 *Faust*, DB 2002, 189, 191.

635 Ebenso *Muscheler*, Haftungsordnung, S. 527 f.

wenig praxisgerechten Ergebnissen führt.[636] Eine Möglichkeit besteht darin, auf die Teilverwaltung § 2213 Abs. 1 S. 1 BGB anzuwenden und dem Testamentsvollstrecker das Prozessführungsrecht für Passivprozesse immer dann zuteil werden zu lassen, wenn sich der geltend gemachte Anspruch auf die von ihm verwalteten Nachlassgegenstände bezieht.[637] Damit könnten auch sämtliche aus der Treupflicht resultierenden Ansprüche gegen den (Teil-)Testamentsvollstrecker im Wege der Leistungsklage geltend gemacht werden.[638] Dasselbe gilt für die gegen den Gesellschafter-Erben gerichteten Gestaltungsklagen gem. §§ 117, 127, 133, 140 HGB.[639] Ein entsprechendes Urteil entfaltet nach § 327 Abs. 2 ZPO Rechtskraft für und gegen den Erben.[640]

Diskutiert wird, ob die Mitgesellschafter bei fortgesetzten oder besonders schwerwiegenden Treupflichtverstößen des Testamentsvollstreckers, anstatt den Gesellschafter-Erben aus der Gesellschaft ausschließen zu müssen, sich lediglich von der Person des Testamentsvollstreckers befreien können.[641] Vor dem Hintergrund der insoweit abschließenden Regelung des § 2227 BGB, welcher nur eine *vollständige*[642] und nicht etwa eine gegenständlich auf den Gesellschaftsanteil beschränkte Entlassung des Testamentsvollstreckers durch das Nachlassgericht auf Antrag eines eng umgrenzten Kreises antragsberechtigter „Beteiligter“[643], wozu Mitgesellschafter gerade nicht gehören[644], vorsieht, ist eine entsprechende Befugnis der Mitgesellschafter zu verneinen.

---

636 Eingehend dazu *Garlichs/Mankel*, MDR 1998, 511 ff.

637 So mit überzeugender Begründung *Muscheler*, Haftungsordnung, S. 530 f.; zust. *Faust*, DB 2002, 189, 191; ebenso *Garlichs/Mankel*, MDR 1998, 511, 514 f.

638 *Muscheler*, Haftungsordnung, S. 531.

639 *Muscheler*, Haftungsordnung, S. 531 f.

640 *Muscheler*, Haftungsordnung, S. 531; vgl. auch *Garlichs/Mankel*, MDR 1998, 511, 514.

641 Für eine Gestaltungsklage analog § 140 HGB *Faust*, DB 2002, 189, 191; abl. *Ulmer*, NJW 1990, 73, 81; dagegen auch *Muscheler*, Haftungsordnung, S. 532, der sich jedoch für einen Widerruf der Zustimmung der Mitgesellschafter zur Testamentsvollstreckung aus *wichtigem Grund* ausspricht; wiederum anders *Dörrie*, Testamentsvollstreckung, 106; *ders.*, ZEV 1996, 370, 375, der für eine analoge Anwendung des § 2227 BGB plädiert.

642 Zum Verbot einer nur teilweisen Entlassung OLG Hamm, ZEV 2010, 574; MüKoBGB/*Zimmermann*, § 2227 Rn. 13.

643 Erforderlich ist eine *unmittelbare* Betroffenheit in eigenen Rechten oder Pflichten, ein bloß wirtschaftliches Interesse genügt nicht, OLG Hamm, ZEV 2018, 524 Rn. 16; MüKoBGB/*Zimmermann*, § 2227 Rn. 4.

644 OLG Hamm, ZEV 2018, 524 Rn. 18 ff.; MüKoBGB/*Zimmermann*, § 2227 Rn. 6.

III. Ausübungsbefugnis des Testamentsvollstreckers im Kernbereich der Mitgliedschaft

Besondere Aufmerksamkeit wird schließlich der Frage gewidmet, ob der Rechtsmacht des Testamentsvollstreckers durch die gesellschaftsrechtliche Kernbereichslehre Grenzen gesetzt sind. Der Streit um die Übertragbarkeit der Kernbereichslehre auf das Testamentsvollstreckerrecht hat sich vor allem am Personengesellschafts- bzw. Kommanditanteil[645] entzündet, betrifft jedoch genauso die Fremdverwaltung von Kapitalgesellschaftsbeteiligungen[646]. Der BGH hat die Frage, ob der Testamentsvollstrecker bei der Mitwirkung an solchen Gesellschafterbeschlüssen in seinem Stimmrecht beschränkt ist, die zwar keine persönliche Haftung des Erben zur Folge haben, dafür aber in sonstiger Weise in die Rechtsstellung als Gesellschafter eingreifen, in seiner Grundsatzentscheidung zum Kommanditanteil ausdrücklich offen gelassen.[647] Die instanzgerichtliche Rechtsprechung in dieser Frage ist uneinheitlich.[648] Im Schrifttum ist man sich über die Relevanz der Kernbereichslehre für das Verhältnis zwischen Testamentsvollstrecker und Gesellschafter-Erben seit jeher uneins. Während der Kernbereichsgedanke im Vorfeld und unmittelbar nach Anerkennung der Testamentsvollstreckung am Kommanditanteil durch den BGH zunächst überwiegend mehr oder weniger undifferenziert auf das Testamentsvollstreckerrecht übertragen wurde[649], wandelte sich im weiteren Verlauf der Debatte das Meinungsbild zusehends[650]. Die Annahme eines Kernbereichsvorbehalts im Recht der Testamentsvollstreckung hätte, wie die folgenden Ausführungen zeigen werden, für die Verwaltungsbefugnis des Testamentsvollstreckers weitreichende Konsequenzen.

---

645 Siehe v.a. *Ulmer*, ZHR 1982, 555, 563 ff.

646 Für den GmbH-Anteil *Priester*, in: FS Stimpel, 463, 481 ff.

647 BGH NJW 1989, 3152, 3155.

648 Für eine Anwendung der Kernbereichslehre auf das Verhältnis des Testamentsvollstreckers zum Erben OLG Hamm, NJW-RR 2002, 729; dagegen LG Mannheim, NZG 1999, 824 f.; LG Berlin, ZEV 2004, 29, 30; dagegen wohl auch BayObLG, NJW 1976, 1692, 1693 zur Mitwirkungsbefugnis des Testamentsvollstreckers an der Umwandlung einer GmbH in eine AG, allerdings ohne Auseinandersetzung mit der Kernbereichslehre.

649 Siehe dazu unter D.III.2.a).

650 D.III.2.b).

1. Die Kernbereichslehre im Gesellschaftsrecht

a) *Instrument des Minderheitenschutzes*

Zum Schutz der mitgliedschaftlichen Individualsphäre gegenüber der Kollektivmacht ist im Gesellschaftsrecht neben den ohnehin als *unverzichtbar*[651] ausgestalteten, d.h. einer privatautonomen Gestaltung von vornherein unzugänglichen Rechten ein Grundbestand an *unentziehbaren*, d.h. nur mit Zustimmung des Betroffenen oder aus wichtigem Grund entziehbaren Mitgliedsrechten anerkannt.[652] Der Kreis der in diesem Sinne („relativ") unentziehbaren Rechte wird für gewöhnlich mit dem „Kernbereich" der Mitgliedschaft umschrieben.[653] Ursprünglich wurden die Kernrechte lediglich als „stimmrechtsfest" angesehen, d.h. dem Gesellschafter wurde bei Beschlussgegenständen, die in seine Rechtsstellung eingreifen, ein zwingendes Stimm- jedoch kein Vetorecht zugestanden.[654] Dieser Schutz hat sich als unzureichend erwiesen, weshalb in Abkehr von der zunächst eingeschlagenen Linie einer bloßen Beschränkung des Stimmrechtsausschlusses die zum Kernbereich gehörenden Mitgliedsrechte heute überwiegend als „mehrheitsfest" erachtet werden.[655] Die Frage, welche Rechte den Kernbereich der Mitgliedschaft ausmachen, lässt sich trotz verschiedentlicher Katalogisierungsversuche[656] nicht abstrakt, sondern immer nur unter Berücksichtigung der konkreten Struktur der jeweiligen Gesellschaft und der

651 Zu diesen (schlechthin) unverzichtbaren bzw. „absolut" unentziehbaren Mitgliedsrechten werden neben dem Recht zur Teilnahme an Gesellschafterversammlungen samt dem Rede- und Antragsrecht das Recht zur Anfechtung von rechtswidrigen Beschlüssen, die außerordentlichen Informations- bzw. Kontrollrechte sowie das Kündigungsrecht aus wichtigem Grund gezählt, siehe dazu *Löffler*, NJW 1989, 2656, 2657 f.; MüKoHGB/*Enzinger*, § 119 Rn. 68; *K. Schmidt*, GesR, § 16 III 3 a.

652 Grundl. *K. Schmidt*, GesR, § 16 III 3; *Wiedemann*, GesR I, § 7 I 1 b.

653 *Kleindiek*, GmbHR 2017, 647, 676; MüKoBGB/*Schäfer*, § 709 Rn. 91; *ders.*, ZIP 2015, 1313, 1315; erstmalig in den rechtswissenschaftlichen Diskurs als Topos eingeführt wurde der „Kernbereich an Gesellschafterrechten" von *Westermann*, Vertragsfreiheit, S. 351.

654 Siehe BGH NJW 1956, 1198, 1200 zur Reichweite eines vertraglichen Stimmrechtsausschlusses eines Kommanditisten; dieser Schutz behält nach heutigem Verständnis dann seine Bedeutung, wenn sich der Gesellschafter dem Einschnitt in seine Rechte wirksam im Voraus im Gesellschaftsvertrag unterworfen hat (antizipierte Zustimmung), *K. Schmidt*, GesR, § 16 III 3 c.

655 Zur Entwicklung der Kernbereichslehre in der Rspr. des BGH *Löffler*, NJW 1989, 2656 ff.

656 Siehe etwa die Zusammenstellung bei *Löffler*, NJW 1989, 2656.

besonderen Stellung des betroffenen Gesellschafters beantworten.[657] Grundsätzlich kommen alle dem Gesellschafter nach Gesetz und Gesellschaftsvertrag zustehenden wesentlichen Rechtspositionen in Betracht, die seine Stellung in der Gesellschaft maßgeblich prägen.[658] Hierzu werden vor allem das Stimm-, das Gewinn-, das Geschäftsführungs-, das Informations- sowie das Recht auf Beteiligung am Liquidationserlös gezählt.[659] Mehrheitsentscheidungen, die unmittelbar in die individuelle Rechtsstellung des Gesellschafters, d.h. in dessen rechtliche oder vermögensmäßige Position in der Gesellschaft eingreifen, z.B. Beitragserhöhungen, Haftungsausweitungen, Änderung des Gewinnverteilungsschlüssels oder der Höhe des Abfindungs- bzw. Auseinandersetzungsguthabens, Umstrukturierungen etc.[660], bedürfen zu ihrer Wirksamkeit zusätzlich der Zustimmung des betroffenen Gesellschafters.[661] Diese kann zwar auch bereits antizipiert im Gesellschaftsvertrag, etwa im Zusammenhang mit einer Klausel, durch die allgemein oder für bestimmte Beschlussgegenstände von dem grundsätzlich dispositiven[662] gesetzlichen Einstimmigkeitsprinzip in der Personengesellschaft nach §§ 709 Abs. 1 BGB, 119 Abs. 1 HGB[663] abgewichen werden soll, erklärt werden (sog. Mehrheitsklausel), muss dann aber hinreichend bestimmt[664] das Ausmaß und den Umfang eines möglichen Eingriffs für den Gesellschafter deutlich werden lassen.[665] Im Einzelfall kann eine Verpflichtung

---

657 BGH NJW 1995, 194, 195; EBJS/*Born*, HGB, § 109 Rn. 17; MüKoBGB/*Schäfer*, § 709 Rn. 95; *Ulmer*, NJW 1990, 73, 80.

658 BGH NJW 1995, 194, 195.

659 BGH NJW 1995, 194, 195; MüKoHGB/*Enzinger*, § 119 Rn. 72; *Kleindiek*, GmbHR 2017, 674, 676; *Priester*, NZG 2015, 529, 530.

660 Zusammenstellung von Beschlussgegenständen, die bereits Gegenstand gerichtlicher Entscheidungen waren und bei denen sich die „Kernbereichs"-Frage gestellt hat, bei *Goette/Goette*, DStR 2016, 74, 76.

661 BGH NJW 1985, 972, 973; 1985, 974; 1995, 194, 195; 2007, 1685 Rn. 10; 2009, 669 Rn. 17; 2010, 65 Rn. 15; MüKoBGB/*Schäfer*, § 709 Rn. 95; *K. Schmidt*, GesR, § 16 III 3 b bb.

662 Dazu bereits oben Fn. 456.

663 §§ 714 BGB, 109 Abs. 3 HGB i.d.F. des MoPeG v. 10.8.2021, BGBl. 2021 I, 3436.

664 Diese Bestimmtheit ist bzw. war von der notwendigen Bestimmtheit einer bloßen Mehrheitsermächtigung i.S.d. früheren Bestimmtheitsgrundsatzes auf der ersten Stufe der Beschlusskontrolle zu unterscheiden; zu diesen unterschiedlichen qualifizierten Bestimmtheitserfordernissen *K. Schmidt*, GesR, § 16 III 3 b dd m.w.N.; krit. dazu *Wertenbruch*, DB 2014, 2875, 2877; zu der ausdrücklichen Aufgabe des Bestimmtheitsgrundsatzes in der jüngeren Rspr. des BGH sogleich.

665 BGH NJW 2007, 1685 Rn. 9; 2015, 859 Rn. 17; DStR 2021, 123 Rn. 22, jeweils im Zusammenhang mit nachträglichen Beitragserhöhungen.

des Gesellschafters bestehen, die in Frage stehende Maßnahme unter dem Gesichtspunkt seiner Treupflicht im Gesellschaftsinteresse hinzunehmen und dem Eingriff zuzustimmen.[666]

b) Distanzierung von der Kernbereichslehre durch BGH, Urteil vom 21.10.2014 – II ZR 84/13?

Als wesentliches Instrument des Minderheitenschutzes gehörte die Kernbereichslehre neben dem Bestimmtheitsgrundsatz und dem Belastungsverbot[667] lange Zeit zum festen Bestandteil gesellschaftsrechtlicher Dogmatik. In seinem Grundsatzurteil vom 21.10.2014[668] ist der Gesellschaftsrechtssenat des BGH jedoch im Anschluss an die endgültige Aufgabe des Bestimmtheitsgrundsatzes in einem *obiter dictum* auch zur Kernbereichslehre – jedenfalls terminologisch – auf Distanz gegangen. Nach dem früheren Bestimmtheitsgrundsatz sollte die Reichweite allgemeiner Mehrheitsklauseln in Personengesellschaftsverträgen auf „gewöhnliche" Beschlussgegenstände beschränkt bleiben und nicht solche Beschlussgegenstände erfassen, die die Grundlagen der Gesellschaft betreffen oder sich auf *ungewöhnliche* Geschäfte beziehen.[669] Dahinter stand die Überlegung, dass eine unbeschränkte Unterwerfung der Minderheit unter den Willen der Mehrheit einer besonders sorgfältigen Prüfung bedarf, ob auch wirklich der erklärte Wille der Gesellschafter bei der Vielgestaltigkeit und der weitgehenden Bedeutung der in Betracht kommenden Beschlussgegenstände jeden dieser Gegenstände erfasst hat.[670] Die Kautelarpraxis reagierte hierauf mit immer umfangreicheren Katalogen von „ungewöhnlichen" Beschlussgegenständen, um Mehrheitsentscheidungen in der Personengesellschaft auch insoweit rechtssicher zu ermöglichen.[671] Eine echte Warnfunktion war mit einer solchen katalogartigen Auflistung freilich nicht mehr verbunden, weshalb der Bestimmtheitsgrundsatz schon seit Längerem als unnötige Förmelei in die Kritik geraten

---

666 BGH NJW 1995, 194, 195; *K. Schmidt*, GesR, § 16 III 3 b bb; das Bestehen einer Zustimmungspflicht zu einer Beitragserhöhung verneinend BGH NJW-RR 2005, 1347, 1348; zur gesellschaftlichen Treupflicht bereits oben D.II.1.

667 Vgl. § 707 BGB (§ 710 BGB i.d.F. des MoPeG v. 10.8.2021, BGBl. 2021 I, 3436), § 53 Abs. 3 GmbHG, § 180 Abs. 1 AktG; vgl. dazu *K. Schmidt*, GesR, § 16 III 3 b cc.

668 BGH, Urt. v. 21.10.2014 – II ZR 84/13, BGHZ 203, 77 = NJW 2015, 859.

669 BGH NJW 1953, 102, 103.

670 BGH NJW 1953, 102, 103.

671 Zur Rechtsentwicklung des Bestimmtheitsgrundsatzes *Schäfer*, NZG 2014, 1401, 1402 f.; *Weber*, ZfPW 2015, 124 ff.

war.[672] Mit seinem Grundsatzurteil hat der BGH diese Rechtsprechung nun endgültig aufgegeben und misst dem Bestimmtheitsgrundsatz für die Prüfung der formellen Legitimation einer Mehrheitsentscheidung in der Personengesellschaft auf der ersten Stufe[673] keinerlei Bedeutung mehr zu. Die Frage, ob ein bestimmter Beschlussgegenstand der Mehrheitsmacht unterworfen sein soll, ist nunmehr im Wege der Auslegung des Gesellschaftsvertrags nach allgemeinen Auslegungsgrundsätzen zu beantworten.[674] Insoweit ist das Urteil auf breite Zustimmung in der Literatur gestoßen.[675]

Für Verunsicherung gesorgt hat hingegen eine andere Aussage in Bezug auf den Schutz des Kernbereichs der Mitgliedschaft, auf die es in der konkreten (Anteilsübertragungs-)Entscheidung interessanterweise gar nicht ankam[676]. Bei der Prüfung der materiellen Legitimation des Mehrheitsbeschlusses auf der zweiten Stufe sei, so der BGH, nicht mehr von Bedeutung, ob ein Eingriff in den sog. Kernbereich gegeben sei; vielmehr komme es bei Eingriffen in die individuelle Rechtsstellung des Gesellschafters letztlich maßgeblich immer darauf an, „ob der Eingriff im Interesse

672 Siehe dazu die Nachw. bei *Schäfer*, NZG 2014, 1401, 1402 Fn. 5; auch der BGH stand einem solchen Verständnis schon seit längerem krit. ggü., BGH NJW 2007, 1685 Rn. 9 – OTTO.

673 Der BGH prüft die Wirksamkeit von Mehrheitsbeschlüssen im Recht der Personengesellschaften in zwei Stufen: Bei der Prüfung auf der ersten Stufe geht es um die formelle Legitimation der Mehrheitsentscheidung auf der Grundlage einer Mehrheitsklausel, während auf der zweiten Stufe eine inhaltliche Wirksamkeitsprüfung des Gesellschafterbeschlusses in Rede steht (materielle Legitimation), BGH NJW 2007, 1685 Rn. 10 – OTTO; 2009, 669, 671 – Schutzgemeinschaftsvertrag II; 2015, 859 Rn. 12 f.; instruktiv dazu *Kleindiek*, GmbHR 2017, 674 ff.; krit. ggü. der Zusammenfassung von Kernbereichsschutz und Treupflichtschranke zu einer einheitlichen „zweiten Stufe" der Wirksamkeitsprüfung *Schäfer*, ZIP 2015, 1313, 1314.

674 BGH NJW 2015, 859 Rn. 14.

675 Siehe nur *Schäfer*, NZG 2014, 1401; *Priester*, NZG 2015, 529; *Ulmer*, ZIP 2015, 657.

676 In dem vom BGH entschiedenen Fall ging es allein um die formelle Legitimation einer auf eine Mehrheitsklausel im Gesellschaftsvertrag einer KG gestützten Mehrheitsentscheidung, mit der die nach dem Gesellschaftsvertrag vorgesehene Zustimmung der Gesellschafterversammlung zur Abtretung eines Gesellschaftsanteils erteilt wurde. Die den Kommanditisten eigentlich belastende Pflicht zur Übertragung seines Anteils, deren Erfüllung die Beschlüsse offenbar lediglich dienten und die Anlass zu einer inhaltlichen Prüfung unter dem Gesichtspunkt eines Kernbereichseingriffs oder einer Treuwidrigkeit gegeben hätte (materielle Legitimation), war nicht Gegenstand dieses Verfahrens, sondern eines anderweitig anhängigen Rechtsstreits; siehe zum Ganzen *Schäfer*, NZG 2014, 1401 f.; *ders.*, ZIP 2015, 1313, 1314.

der Gesellschaft geboten und dem betroffenen Gesellschafter unter Berücksichtigung seiner eigenen schutzwerten Belange zumutbar ist".[677]

In einer ersten Reaktion wurden diese Ausführungen verbreitet als Abkehr von der tradierten Kernbereichslehre und dem damit verbundenen Zustimmungserfordernis zu Gunsten einer ausschließlich am Maßstab gesellschaftlicher Treupflichten orientierten Einzelfallprüfung gedeutet[678], was zum Teil als unweigerliche Folge der Aufgabe des Bestimmtheitsgrundsatzes begrüßt[679] wurde, vornehmlich jedoch wegen der mit der Relativierung des Prüfungsmaßstabs verbundenen Rechtsunsicherheit und der damit einhergehenden Absenkung des Minderheiten- bzw. Individualschutzes auf Ablehnung[680] gestoßen ist.

Richtig dürfte indessen die Interpretation sein, dass sich der II. Zivilsenat zwar von dem Begriff „Kernbereich" lösen wollte, damit jedoch keine inhaltlichen Änderungen der Anforderungen an einen Eingriff in individuelle Rechtspositionen eines Gesellschafters bezweckt hat, zumal der Senat unverändert an der mit dem Kernbereich insoweit deckungsgleichen Kategorie der „relativ", d.h. nur mit Zustimmung des Betroffenen entziehbaren Rechte festgehalten hat.[681] Spätere Erläuterungen des damaligen Senatsvorsitzenden *Bergmann* belegen, dass der Senat durch die Betonung der „Interesse-Zumutbarkeits-Prüfung"[682] lediglich der Gefahr begegnen wollte, dass sich die Instanzgerichte durch die Fixierung auf den Begriff „Kernbereich" zu vorschnellen Entscheidungen auf rein formaler bzw. begrifflicher Ebene verleiten lassen könnten, ohne weiter mit der gebotenen Sorgfalt zu prüfen, ob eine antizipierte Zustimmung vorliegt oder die fehlende Zustimmung unter dem Gesichtspunkt der Treupflicht überwunden werden kann.[683] So knüpft denn auch der Senat in einer späteren, die Entziehung der Geschäftsführungs- und Vertretungsbefugnis eines Komplementärs betreffenden Entscheidung im Hinblick auf

677 BGH NJW 2015, 859 Rn. 19.

678 *Priester*, NZG 2015, 529, 530 („Positionswechsel" des BGH); *ders.*, Anm. z. BGH, Urt. v. 21.10.2014 – II ZR 84/13, EWiR 2015, 71, 72; *Ulmer*, ZIP 2015, 657, 659; *Wertenbruch*, DB 2014, 2875, 2877 („amtliche Aufgabe" der Kernbereichslehre).

679 *Wertenbruch*, DB 2014, 2875, 2877.

680 *Priester*, NZG 2015, 529, 530; *ders.*, Anm. z. BGH, Urt. v. 21.10.2014 – II ZR 84/13, EWiR 2015, 71, 72; *Ulmer*, ZIP 2015, 657, 659.

681 Ausf. MüKoBGB/*Schäfer*, § 709 Rn. 93; *ders.*, ZIP 2015, 1313, 1315; i.E. ebenso *Goette/Goette*, DStR 2016, 74, 80; *Kleindiek*, GmbHR 2017, 674, 678; *Schiffer*, BB 2015, 584, 586; *Weber*, ZfPW 2015, 123, 126.

682 *Wertenbruch*, DB 2014, 2875, 2877.

683 Siehe dazu den Diskussionsbericht von *Scholz*, in: Gesellschaftsrecht in der Diskussion 2015, S. 67; diese Gefahr sieht auch *Wertenbruch*, DB 2014, 2875, 2877.

„relativ“ unentziehbare Rechte nahtlos an seine bisherigen Grundsätze an[684] – freilich ohne das „trügerische Etikett“[685] „Kernbereich“ auch nur mit einem Wort zu erwähnen[686].

2. Übertragbarkeit des Kernbereichsschutzes auf das Verhältnis zwischen Testamentsvollstrecker und Erben?

Für die hier interessierende Frage nach den Grenzen der Rechtsmacht des Testamentsvollstreckers sind die jüngeren Entwicklungen in der Senatsrechtsprechung des BGH insofern von Bedeutung, als einige Autoren unter Hinweis auf die vermeintliche Abkehr des BGH von der Kernbereichslehre und dem damit verbundenen Zustimmungserfordernis diese auch im Verhältnis zwischen Testamentsvollstrecker und Gesellschafter-Erben für unanwendbar erklären.[687] Wenn der Kernbereichslehre schon in ihrem originären Anwendungsbereich, dem Beschlussmängelrecht, keine Bedeutung mehr zukomme, dann sei, so die Vertreter dieser Ansicht sinngemäß, eine entsprechende Anwendung auf das Verhältnis des Testamentsvollstreckers zum Erben erst recht ausgeschlossen.[688] Ganz so einfach liegen die Dinge indes nicht. Da sich der BGH, wie gezeigt[689], nur begrifflich und nicht inhaltlich von dem Kernbereichsschutz distanziert hat, ist ein solcher Begründungsansatz verfehlt.[690]

684 BGH DStR 2021, 123 Rn. 21 f.; dazu *Borries*, NZG 2021, 194, 196.

685 So *Kleindiek*, GmbHR 2017, 674, 678.

686 Anders hingegen RegBegr. MoPeG, BT-Drs. 19/27635, S. 111 f., 229 (zu § 110 HGB n.F.), wo im Zusammenhang mit der bereits oben unter C.III.4.a) erwähnten Novellierung des Beschlussmängelrechts der Personenhandelsgesellschaften ausdr. auf den „Kernbereich der Mitgliedschaft“ Bezug genommen wird.

687 Siehe etwa *Pauli*, in: Bengel/Reimann, Hdb. Testamentsvollstreckung, § 5 Rn. 176a, 204e, der die Kernbereichslehre als „überholt“ bezeichnet; ähnl. *Kämper*, RNotZ 2016, 625, 639 und *Todtenhöfer*, RNotZ 2017, 557, 564, die daran anschließend sogar – i.E. freilich verneinend – die Frage nach einer Übertragung der an gesellschaftlichen Treupflichten orientierten Interessenabwägung auf das Verhältnis zwischen Testamentsvollstrecker und Erben (!) stellen.

688 Vgl. die Nachw. in Fn. 687.

689 S.o. D.III.1.b).

690 Zu Unrecht misst deshalb auch EBJS/*Lorz*, HGB, § 139 Rn. 85 der Streitfrage um die Übertragbarkeit des Kernbereichsschutzes auf das Testamentsvollstreckerrecht nur noch geringe Bedeutung bei.

a) Frühere befürwortende Auffassungen

Das ältere Schrifttum, angeführt von *Ulmer*, sprach sich noch mehrheitlich für eine Einschränkung der Verwaltungsbefugnisse des Testamentsvollstreckers durch die Kernbereichslehre aus, um den Erben vor einer uneingeschränkten Fremdbestimmung durch den Testamentsvollstrecker zu bewahren.[691] Eine völlige Entmündigung des Erben in Bezug auf die Mitgliedsrechte sei mit dessen persönlicher Gesellschafterstellung unvereinbar.[692] Daher könne es zumindest im Grundsatz nicht zweifelhaft sein, dass dem Gesellschafter-Erben zur Wahrung seiner wirtschaftlichen Dispositionsfreiheit ein Mindestbestand an mitgliedschaftlichen Befugnissen in der Gesellschaft zur eigenen Ausübung erhalten bleiben müsse.[693] Aus Sicht des betroffenen Gesellschafter-Erben mache es nämlich keinen Unterscheid, ob in dessen Rechtsstellung durch die Gesellschaftermehrheit oder den Testamentsvollstrecker eingegriffen werde.[694] Hiernach beschränkt die Kernbereichslehre also nicht nur die Zulässigkeit von Mehrheitsbeschlüssen, sondern setzt auch der Rechtsmacht eines Testamentsvollstreckers Grenzen, der einen Gesellschaftsanteil verwalten soll.[695] Diese Ansicht findet bis heute, wenn auch nur noch vereinzelt, Zuspruch in Rechtsprechung und Literatur.[696] Gesellschafterbeschlüsse, insbesondere Vertragsänderungen, die zu ihrer

---

691 Für den Personengesellschaftsanteil *Ulmer*, ZHR 1982, 555, 564 f.; *ders.*, NJW 1984, 1496, 1499; *ders.*, NJW 1990, 73, 79; ebenso *Buschmann*, Testamentsvollstreckung, S. 173 f.; *Klein*, DStR 1992, 326, 327 f.; *Mayer*, ZIP 1990, 976, 978; *Quack*, BB 1989, 2271, 2273; *Raddatz*, Nachlaßzugehörigkeit, S. 174; *Reimann*, Anm. z. BGH, Beschl. v. 3.7.1989 – II ZB 1/89, DNotZ 1990, 190, 192; *K. Schmidt*, GesR, § 16 III 3 c; *Winkler*, Testamentsvollstrecker, Rn. 370; diff. *Weidlich*, Testamentsvollstreckung, S. 46 f.; 119 f.; für eine Übertragung dieser Grundsätze auf den GmbH-Anteil *Priester*, in: FS Stimpel, 463, 481 f.; ebenso *Frank*, Kleine AG, S. 237; *Buschmann*, Testamentsvollstreckung, S. 185; *Winkler*, Testamentsvollstrecker, Rn. 404; vgl. zuvor schon *v. Burchard*, GmbHR 1954, 150, 152; *Wiedemann*, Übertragung, S. 338.

692 *Ulmer*, ZHR 1982, 555, 564 f.; *ders.*, NJW 1990, 73, 79; ihm folgend *Priester*, in: FS Stimpel, 463, 484 (GmbH-Anteil).

693 *Buschmann*, Testamentsvollstreckung, S. 173 f.; *Raddatz*, Nachlaßzugehörigkeit, S. 174.

694 *Weidlich*, Testamentsvollstreckung, S. 47.

695 *Mayer*, ZIP 1990, 976, 978; *Priester*, in: FS Stimpel, 463, 482; *Winkler*, Testamentsvollstrecker, Rn. 370.

696 Siehe etwa OLG Hamm, NJW-RR 2002, 729; Koller/Kindler/Roth/Drüen/*Kindler*, HGB, § 177 Rn. 7; Hopt/*Roth*, HGB, § 139 Rn. 27; EBJS/*Strohn*, HGB, § 177 Rn. 20; für die AG *Frank*, Kleine AG, S. 237; *ders.*, ZEV 2002, 389 f.

Wirksamkeit, sofern keine Testamentsvollstreckung bestünde, der Zustimmung des betroffenen Gesellschafter-Erben bedürften, überschreiten hiernach grundsätzlich auch den Machtbereich des Testamentsvollstreckers.[697] Vor allem die Mitwirkung des Testamentsvollstreckers an Beschlüssen über die Erhöhung der dem Gesellschafter-Erben nach dem Gesellschaftsvertrag obliegenden Leistungspflichten wird so unter dem Gesichtspunkt des Kernbereichs der Mitgliedschaft ohne Zustimmung des Erben für unwirksam erachtet.[698] *Ulmer* macht das Eingreifen von Schranken der Stimmrechtsmacht des Testamentsvollstreckers davon abhängig, dass „die in Frage stehende Vertragsänderung nach Art und Inhalt geeignet ist, die den Gesellschafter-Erben verbliebenen oder ihnen nach Wegfall der Testamentsvollstreckung zukommende persönlichen Mitgliedschaftsrechte unmittelbar zu ihrem Nachteil zu verändern".[699] Bleibe die Vertragsänderung etwa nur auf die Dauer der Testamentsvollstreckung beschränkt, sei ein eigenes Mitwirkungsrecht des Erben nicht veranlasst, da der Erbe während dieser Zeit ohnehin nicht über die Mitgliedschaft disponieren könne.[700] *Weidlich* stellt dagegen darauf ab, „ob Sinn und Zweck der einzelnen Schutzrechte eine verdrängende Ausübung durch den Testamentsvollstrecker verbieten und ob dem Erben durch das Erbrecht nicht annähernd gleichwertige Befugnisse eingeräumt werden".[701] Interessanterweise wird aber die Befugnis zu Verfügungen über den Anteil „im Ganzen" überwiegend dem Kompetenzbereich des Testamentsvollstreckers zugeordnet.[702] Dem naheliegenden Einwand, dass es widersprüchlich erscheine, bei Vertragsänderungen auf die Zustimmung des Erben zu bestehen, die Entscheidung über die Aufgabe der Mitgliedschaft als den wohl radikalsten Eingriff in den Kernbereich aber ausschließlich in die Hände des Testamentsvollstreckers zu legen, versuchen sich die Vertreter dieser Ansicht mit dem fragwürdigen[703] Argument zu entledigen, dass die Beendigung

---

697 *Priester*, in: FS Stimpel, 463, 483; *Reimann*, Anm. z. BGH, Beschl. v. 3.7.1989 – II ZB 1/89, DNotZ 1990, 190, 192; *Weidlich*, Testamentsvollstreckung, S. 48 f.; *ders.*, ZEV 1994, 205, 208.

698 Siehe etwa *Quack*, BB 1989, 2271, 2273; *Raddatz*, Nachlaßzugehörigkeit, S. 166; *Weidlich*, Testamentsvollstreckung, S. 119; *ders.*, ZEV 1994, 205, 208; i.E. ebenso *Hüfner*, Testamentsvollstreckung, S. 152 („Grundlagengeschäft").

699 *Ulmer*, NJW 1990, 73, 80 („Testfrage"); zust. *Klein*, DStR 1992, 326, 328.

700 *Ulmer*, NJW 1990, 73, 80.

701 *Weidlich*, MittBayNot, 1996, 1, 2 f.; *ders.*, Testamentsvollstreckung, S. 47.

702 *Ulmer*, NJW 1990, 73, 79; *Klein*, DStR 1992, 326, 328; *Mayer*, ZIP 1990, 976, 978; *Priester*, in: FS Stimpel, 463, 482; *Weidlich*, ZEV 1994, 205, 209.

703 Krit. auch *Damrau*, NJW 1984, 2785, 2789; *Muscheler*, Haftungsordnung, S. 507; *Pentz*, Anm. z. LG Mannheim, Urt. v. 10.11.1998 – 2 O 193/98, NZG 1999, 825, 826;

Nachweises bestehender Inkongruenzen zwischen gesellschaftsrechtlichen Vorgaben und erbrechtlicher Kompetenzordnung.[729] Bei vollhaftenden Gesellschaftsbeteiligungen etwa sind die unterschiedlichen Haftungsgrundsätze im Erb- und Gesellschaftsrecht dafür verantwortlich, dass eine Fremdverwaltung auf die vermögensrechtliche „Außenseite" des Anteils beschränkt bleiben muss.[730] Solche unüberwindbaren Divergenzen bestehen hier allerdings nicht. Insbesondere stellen die Sicherungsrechte der §§ 2197 ff. BGB mit den speziell für das „vertikale"[731] Verhältnis zwischen Erben und Testamentsvollstrecker geltenden Bestimmungen der §§ 2205 S. 3, 2206, 2216, 2218, 2219, 2227 BGB ein fein austariertes System zur Verfügung, um dem berechtigten Schutzanliegen des Erben Rechnung zu tragen und der Testamentsvollstreckung auch bei einer gesellschaftlichen Beteiligung die nötigen Grenzen zu setzen.[732] Dadurch wird der Großteil des Kernbereichsschutzes abgedeckt.[733] So sind, wie bereits gezeigt[734], unentgeltliche Verfügungen – darunter fallen nicht nur Verfügungen über die Beteiligung „im Ganzen", sondern, und diesen Aspekt gilt es in diesem Zusammenhang besonders zu betonen, ebenso die (kausale) Mitwirkung des Testamentsvollstreckers an satzungsändernden Beschlüssen[735] – dem Testamentsvollstrecker mit dinglicher Wirkung untersagt, § 2205 S. 3 BGB. Zur Beurteilung der „Entgeltlichkeit" eines Eingriffs in die Mitgliedschaft sind nach herrschender Ansicht die vom BGH zu Verfügungen des Gesellschafter-Vorerben entwickelten Grundsätze entsprechend anwendbar.[736] Der Entgeltbegriff des § 2205 S. 3

729 *Lorz*, Testamentsvollstreckung, S. 178; *ders.*, in: FS Boujong, 319, 330; *Philippi*, Testamentsvollstreckung, S. 91 f.

730 S.o. A.II.2.

731 Vgl. dazu bereits oben Fn. 725.

732 *Dörrie*, Testamentsvollstreckung, S. 122; *ders.*, ZEV 1996, 370, 374; *Everts*, MittBayNot 2003, 427, 430; *Hehemann*, BB 1995, 1301, 1309; BeckOK BGB/*Lange*, Stand 1.2.2022, § 2205 Rn. 53; *Lorz*, Testamentsvollstreckung, S. 179, 182; *ders.*, in: FS Boujong, 319, 334; *Philippi*, Testamentsvollstreckung, S. 92 f., 94; Staudinger/*Dutta*, BGB, § 2205 Rn. 192; *Priester*, in: FS Streck, 891, 902; *Wenninger*, Anm. z. LG Mannheim, Urt. v. 10.11.1998 – 2 O 193/98, ZEV 1999, 445, 446; grds. auch *Weidlich*, Testamentsvollstreckung, S. 46 f.; krit. *Reimann*, MittBayNot, 1993, 268, 269.

733 *Priester*, in: FS Streck, 891, 902; zum selben Ergebnis kommen *Dörrie*, Testamentsvollstreckung, S. 124; *ders.*, ZEV 1996, 370, 374; *Everts*, MittBayNot 2003, 427, 430; *Kämper*, RNotZ 2016, 625, 638; *Lorz*, Testamentsvollstreckung, S. 179; *Philippi*, Testamentsvollstreckung, S. 94; vortrefflich zum Ganzen *Lorz*, in: FS Boujong, 319, 326 ff.

734 S.o. C.III.

735 S.o. C.III.2.

736 S.o. die Nachw. in Fn. 486.

BGB ist deshalb genauso wie bei der insoweit vergleichbaren, den Nacherben schützenden Regelung des § 2213 Abs. 2 BGB mit dem (objektiven) Merkmal der *Ordnungsgemäßheit* zu verknüpfen.[737] Der Testamentsvollstrecker kann erbrechtlich einer die Rechtsstellung des Gesellschafter-Erben einseitig belastenden Vertragsänderung nur dann zustimmen, wenn die Änderung wirtschaftlich notwendig oder zweckmäßig, d.h. im Hinblick auf die gewandelten Verhältnisse und künftigen Entwicklungen des Gesellschaftsunternehmens im Gesellschaftsinteresse geboten ist, allein oder im Zusammenhang mit anderen Maßnahmen der Erhaltung oder Stärkung des Unternehmens dient und damit im Ergebnis wirtschaftlich auch dem verwalteten Anteil des Gesellschafter-Erben zugutekommt.[738] Überdies ist der Testamentsvollstrecker im Innenverhältnis zum Gesellschafter-Erben nach § 2216 Abs. 1 BGB an das zu besonderer Gewissenhaftigkeit und Sorgfalt verpflichtende Gebot ordnungsgemäßer Nachlassverwaltung gebunden, dessen Missachtung Schadensersatzansprüche nach § 2219 Abs. 1 BGB und, als *ultima ratio*, die Abberufung des Testamentsvollstreckers aus wichtigem Grund gem. § 2227 BGB zur Folge haben kann.[739] Dem Testamentsvollstrecker ist es hiernach insbesondere untersagt, den Gesellschafter-Erben, z.B. durch haftungsbegründende Entnahmen oder der Teilnahme an Kapitalerhöhungen gegen Einlagen, in eine erbrechtlich nicht beschränkbare persönliche Haftung zu verstricken.[740] Auch wenn ein Zuwiderhandeln des Testamentsvollstreckers die betreffende Maßnahme nach hier vertretener Auffassung[741] nicht unwirksam, sondern „lediglich" pflichtwidrig macht, hat dies keine untragbaren Konsequenzen für den Erben zur Folge.[742] Verbleibende, aus der Nichtanerkennung eines Kernbereichsvorbehalts resultierende Schutzlücken, die nicht von dem Verbot unentgeltlicher Verfügungen oder dem der persönlichen Verpflichtung des Gesellschafter-Erben erfasst werden, sind hinzunehmen.[743]

Derlei Inkongruenzen treten vor allem zu Tage, wenn der Testamentsvollstrecker eine Umwandlungsanordnung des Erblassers zu erfüllen hat.[744] In dem Bereich hat sich in der Praxis auch die Einschränkung des Verwaltungsrechts des Testamentsvollstreckers durch die Kernbereichslehre als unzweckmäßig

---

737 Siehe zum Ganzen C.III.3.b).

738 Vgl. zur Vorerbschaft BGH NJW 1981, 115, 116; 1981, 1560, 1561.

739 S.o. C.II.1.

740 S.o. C.II.3.a).

741 Ausf. dazu oben C.II.3.c).

742 So wie hier *Lorz*, in: FS Boujong, 319, 330.

743 *Priester*, in: FS Streck, 891, 902; ebenso bereits *Brandner*, in: FS Kellermann, 37, 45.

744 *Priester*, in: FS Streck, 891, 900.

erwiesen, denn sie behindert oftmals eine Umstrukturierung, welche aus zivil- oder steuerrechtlichen Gründen geboten ist.[745] Aus diesem Grund steht dem Testamentsvollstrecker nach herrschender Meinung jedenfalls die Befugnis zu, sich an einer Umwandlung der Gesellschaft zu beteiligen, ohne dass er den Erben unter Kernbereichsgesichtspunkten zwingend miteinbeziehen müsste.[746] Nach der Umwandlung setzt sich die Testamentsvollstreckung am neuen Gesellschaftsanteil fort.[747] Umstritten ist allerdings, ob sich, sofern es durch die Umwandlung zu einer Änderung des Haftungsregimes innerhalb der Gesellschaft kommt, der Umfang der Rechtsmacht des Testamentsvollstreckers nach den für die alte[748] oder den für die neue[749] Beteiligungsart geltenden Grundsätzen richtet.[750] Diejenigen Autoren, die sich für eine „Versteinerung" der Befugnisse des Testamentsvollstreckers aussprechen, führen als Begründung an, dass allein aufgrund der Umwandlung und der damit verbundenen Änderung der Rechtsform der Testamentsvollstrecker keine weitergehenden Befugnisse erhalten könne, als ihm am alten Anteil zustanden.[751] Allerdings findet ein solcher „Regimewechsel"[752] bei der Testamentsvollstreckung außerhalb des UmwG durchaus häufiger statt. Wie bereits gezeigt[753] unterliegt etwa ein vererbter OHG- oder Komplementäranteil vollumfänglich der Verwaltungsbefugnis des Testamentsvollstreckers, nachdem die übrigen Gesellschafter das Ansinnen des Erben, ihm gem. § 139

---

745 *Reimann*, GmbHR 2011, 1297, 1299 f., der gerade die aus der Anerkennung eines Kernbereichsvorbehalts resultierenden Probleme bei Umwandlungsmaßnahmen für den Meinungsumschwung in der Literatur verantwortlich macht.

746 LG Mannheim, NZG 1999, 824; BayObLG, NJW 1976, 1692; *Mayer*, ZEV 2002, 209, 215; *Wenninger*, Anm. z. LG Mannheim, Urt. v. 10.11.1998 – 2 O 193/98, ZEV 1999, 445; *Pentz*, Anm. z. LG Mannheim, Urt. v. 10.11.1998 – 2 O 193/98, NZG 1999, 825 f.; ebenso *Frank*, ZEV 2003, 5, 6 f., der dafür allerdings eine ausdrückliche Anordnung des Erblassers für nötig erachtet; ausf. zur Frage der Befugnisse des Testamentsvollstreckers im Rahmen von Umwandlungsmaßnahmen *Wenninger*, Umwandlung, S. 78 ff.

747 *Mayer*, ZEV 2002, 209, 214; *Pauli*, in: Bengel/Reimann, Hdb. Testamentsvollstreckung, § 5 Rn. 270; *Weidlich*, MittBayNot 1996, 1, 2; *Winkler*, Testamentsvollstrecker, Rn. 379; *Frank*, ZEV 2003, 5, 8; *Wenninger*, Umwandlung, S. 107 ff.

748 Für „Versteinerung" der Befugnisse *Mayer*, ZEV 2002, 209, 214; *Winkler*, Testamentsvollstrecker, Rn. 379; *Weidlich*, MittBayNot 1996, 1, 2.

749 I.d.S. *Reimann*, ZEV 2000, 381; *Frank*, ZEV 2003, 5, 8.

750 Ausf. zum Ganzen *Wenninger*, Umwandlung, S. 110 ff.

751 Siehe die Nachw. in Fn. 748; krit. dazu *Wenninger*, Umwandlung, S. 112.

752 S.o. Fn. 248.

753 S.o. B.I.2.b)aa) bei Fn. 214.

Abs. 1 HGB[754] die Stellung eines Kommanditisten einzuräumen, angenommen haben. Umgekehrt beschränkt sich die Testamentsvollstreckung bei einer durch den Tod des Erblassers oder bereits vorher aufgelösten Gesellschaft nach deren Fortsetzung auf die vermögensrechtliche „Außenseite" des Anteils, obwohl sich die Rechtsmacht des Testamentsvollstreckers ursprünglich auch auf die inneren Angelegenheiten der Liquidationsgesellschaft erstreckte.[755] Insofern ist nicht ersichtlich, warum eine solche Anpassung der Befugnisse des Testamentsvollstreckers bei einer förmlichen Umwandlung der Gesellschaft nicht möglich sein soll, sofern es die Haftungsordnung der Gesellschaft zulässt bzw. verlangt.

c) *Bewertung*

Inzwischen dürfte es allgemeiner Konsens sein, dass die Kernbereichsdoktrin – rückblickend betrachtet – vorschnell aus dem Gesellschafts- in das Testamentsvollstreckerrecht übernommen wurde.[756] Dies mag an einem grundsätzlichen Misstrauen gegenüber der erbrechtlich vorgesehenen Omnipotenz des Testamentsvollstreckers gelegen haben[757], oder an den – aus Sicht des Gesellschaftsrechtlers – sicherlich etwas unzugänglichen Regelungen des Erbrechts[758]. Fremdherrschaft ist jedoch das charakterbildende Merkmal einer jeden Testamentsvollstreckung.[759] Und gerade die erbrechtlichen Bestimmungen der §§ 2205 S. 3, 2206, 2216, 2218, 2219, 2227 BGB sind es, die einen wirkungsvollen Schutz des Gesellschafter-Erben vor einer willkürlichen Fremdbestimmung gewährleisten. Eine Übertragung der Kernbereichslehre auf das Testamentsvollstreckerrecht würde diese spezifischen Wertungen unterlaufen. Besonders augenfällig ist dies bei der Veräußerung des verwalteten Anteils als klassische Verfügung oder auch bei der Ausübung eines Kündigungs- bzw. Austrittsrechts. Nach dem insoweit ohne weiteres einschlägigen § 2205 S. 3 BGB sind diese Maßnahmen dem Testamentsvollstrecker *erbrechtlich* nur dann untersagt, wenn sie unentgeltlich erfolgen. Würde man demgegenüber solche Verfügungen

---

754 § 131 Abs. 1 HGB bzw. künftig auch für GbR § 724 Abs. 1 BGB, jeweils i.d.F. des MoPeG v. 10.8.2021, BGBl. 2021 I, 3436.

755 S.o. B.I.2.b)bb) bei Fn. 245, dort auch zur Maßgeblichkeit der Haftungsordnung für den Umfang der Befugnisse des Testamentsvollstreckers.

756 So *Reimann*, ZEV 2000, 381; *ders.*, GmbHR 2011, 1297, 1298; *grds.* auch *Weidlich*, Testamentsvollstreckung, S. 46.

757 *Lorz*, Testamentsvollstreckung, S. 172, 179 f., der insoweit treffend formuliert, dass insbes. *Ulmer* unmittelbar nach der Grundsatzentscheidung des BGH zur Zulässigkeit der Testamentsvollstreckung am Kommanditanteil versucht habe, „verlorengeglaubtes gesellschaftsrechtliches Terrain" zurückzuerobern (S. 175).

758 So *Dörrie*, Testamentsvollstreckung, S. 124.

759 Zutr. *Everts*, MittBayNot 2003, 427, 430; *Faust*, DB 2002, 189, 194.

unter dem Gesichtspunkt der gesellschaftsrechtlichen Kernbereichslehre generell von der Zustimmung des Erben abhängig machen, wäre die Vorschrift des § 2205 S. 3 BGB ihres Bedeutungsgehalts fast vollständig beraubt. Nicht ganz zufällig wird denn auch die Verfügungsbefugnis insoweit selbst von den „Kernbereichsanhängern“[760] – wenn auch mit fragwürdiger Argumentation[761] – dem Testamentsvollstrecker zur alleinigen Ausübung zugewiesen.

Zu einem ähnlichen Konflikt kommt es jedoch auch, wenn der Testamentsvollstrecker durch die Ausübung seines Stimm- bzw. Zustimmungsrechts an einer Änderung des Gesellschaftsvertrags mitwirkt. Eingriffe in die Mitgliedschaft unterfallen, wie gesehen[762], nach dem weitgefassten Verfügungsbegriff ebenfalls dem Anwendungsbereich des § 2205 S. 3 BGB und durch die Verknüpfung des Entgeltlichkeitsbegriffs mit dem Merkmal der Ordnungsgemäßheit ist auch insoweit für einen angemessenen Interessenausgleich gesorgt. Diesen Zusammenhängen wurde zu Beginn der Diskussion noch zu wenig Aufmerksamkeit geschenkt.[763] Mit seiner Rechtsprechung zur Vorerbschaft im Gesellschaftsrecht hat der BGH den Weg frei gemacht für eine modifizierte Anwendung des insoweit vergleichbaren § 2113 Abs. 2 BGB auf Vertragsänderungen, die für den (Nach-)Erben einen einseitigen Nachteil bedeuten. Es ist kein Grund ersichtlich, warum er diese Grundsätze nicht auch auf die Testamentsvollstreckung übertragen sollte.[764] Daher besteht für eine Ausweitung des Schutzbereichs der Kernbereichslehre auf das Verhältnis zwischen Testamentsvollstrecker und Gesellschafter-Erben kein Bedürfnis.

Die Einschränkung der erbrechtlich verliehenen Verwaltungsbefugnisse des Testamentsvollstreckers unter dem Gesichtspunkt des Kernbereichs der Mitgliedschaft hat sich somit insgesamt als Irrweg erwiesen. Die Kernbereichslehre vermag die durch das Erbrecht vorgegebene Kompetenzordnung der §§ 2205, 2211 BGB nicht in Frage zu stellen. Gesellschaftsrechtliche Beschränkungen wirken gegen den Testamentsvollstrecker nur insoweit, als diese, sofern keine Testamentsvollstreckung bestünde, auch dem Handeln des Gesellschafter-Erben Schranken setzen würden.[765]

---

760 S.o. die Nachw. in Fn. 702.

761 Dazu bereits oben D.III.2.a) bei Fn. 705.

762 C.III.2.

763 Exemplarisch *Ulmer*, NJW 1990, 73, 79, der im Hinblick auf Vertragsänderungen in der KG nur die fehlende Befugnis des Testamentsvollstreckers, den Erben persönlich zu verpflichten (§ 2206 BGB), problematisiert, nicht jedoch das Verfügungsverbot des § 2205 S. 3 BGB, auf das *Ulmer* erst später im Zusammenhang mit „sonstigen“ Verfügungen zu sprechen kommt, obwohl er hier in Fn. 58 bereits auf die Rspr. des BGH zu Vertragsänderungen durch den Gesellschafter-Vorerben hinweist.

764 So auch *Dörrie*, Testamentsvollstreckung, S. 123.

765 Staudinger/*Dutta*, BGB, § 2205 Rn. 192; *Reimann*, Anm. z. BGH, Urt. v. 13.5.2014 – II ZR 250/12, ZEV 2014; ebenso *Kämper*, RNotZ 2016, 625, 638.

Einer Zustimmung des Erben bedarf es somit nur dann, wenn das Verwaltungshandeln des Testamentsvollstreckers die erbrechtlichen Grenzen überschreitet. Soll dem Erben darüber hinausgehend bzw. unabhängig davon ein Mitspracherecht in kernbereichsrelevanten Angelegenheiten zustehen, kann der Erblasser dies gem. § 2208 Abs. 1 S. 1 BGB zum Inhalt seiner Verfügung machen und die Verwaltungsbefugnis des Testamentsvollstreckers entsprechend einschränken bzw. ihn insoweit an die Zustimmung des Erben[766] binden.[767] Ansonsten ist die Kernbereichslehre für das Verwaltungshandeln des Testamentsvollstreckers allenfalls insoweit von Bedeutung, als dieser im Innenverhältnis zum Erben, gewissermaßen als Konkretisierung seiner Verpflichtung zur ordnungsgemäßen Nachlassverwaltung, zu einem besonders sorgfältigen Umgang mit den Kernrechten des Gesellschafter-Erben angehalten ist.[768] Soweit *Frank* darüber hinausgehend den Testamentsvollstrecker nach § 2218 Abs. 1 BGB i.V.m. § 666 Var. 1 BGB[769] generell für verpflichtet ansieht, „die Erben vorab und in umfassender Weise über durchzuführende Maßnahmen und Handlungen zu informieren, die sich auf ihre Stellung als Gesellschafter, d. h. im ‚Kernbereich' ihrer Gesellschafterrechte auswirken können"[770], ist dies jedoch vor dem Hintergrund seiner grundsätzlich unabhängigen Stellung[771] als zu weitgehend abzulehnen.[772] Vielmehr kommt es nach allgemeinen Grundsätzen in jedem Einzelfall darauf an, ob in Ansehung der wirtschaftlichen Bedeutung der beabsichtigten Maßnahme für einen umsichtigen und gewissenhaften Testamentsvollstrecker eine vorherige Benachrichtigung des Erben geboten erscheint.[773]

---

766 Dazu bereits oben C.I.

767 *Everts*, MittBayNot 2003, 427, 430; *Lorz*, Testamentsvollstreckung, S. 181; *ders.*, in: FS Boujong, 319, 334; *Muscheler*, Haftungsordnung, S. 507; *Philippi*, Testamentsvollstreckung, S. 96; *Priester*, in: FS Streck, 891, 901.

768 I.d.S. *Philippi*, Testamentsvollstreckung, S. 94 f.

769 § 666 BGB enthält drei Informationspflichten: die Benachrichtigungs-, die Auskunftssowie die Rechenschaftspflicht, BeckOK BGB/*Lange*, Stand 1.2.2022, § 2218 Rn. 8; eingehend dazu *Sarres*, ZEV 2000, 90 ff.

770 Für die AG *Frank*, ZEV 2002, 389, 394; *ders.*, Kleine AG, S. 249 f.; ihm folgend, soweit es um beabsichtigte Hauptversammlungsbeschlüsse geht, *Bayer/Sarakinis*, NZG 2018, 561, 570; a.A. *Unsöld*, Testamentsvollstreckung, S. 115 f.

771 S.o. die Nachw. in Fn. 359.

772 Gegen eine allg. Benachrichtigungs- und Anhörungspflicht des Testamentsvollstreckers auch RGZ 130, 131, 139; Staudinger/*Dutta*, BGB, § 2203 Rn. 32, § 2218 Rn. 19; MüKoBGB/*Zimmermann*, § 2203 Rn. 16, § 2218 Rn. 10.

773 Vgl. BeckOK BGB/*Lange*, Stand 1.2.2022, § 2218 Rn. 10; Staudinger/*Dutta*, BGB, § 2218 Rn. 19; *Sarres*, ZEV 2000, 90, 91.

Dritter Teil: Befugnisse des Testamentsvollsteckers bei der Verwaltung von GbR-, OHG-, Komplementär-, Kommandit- und GmbH-Anteilen sowie Aktien

E. GbR-, OHG- und Komplementäranteile

I. Die „Außenseite" der Gesellschaftsbeteiligung als Objekt der Testamentsvollstreckung

Mit seiner Grundsatzentscheidung vom 14.5.1986[774] hat der BGH in Folge der bejahten Nachlasszugehörigkeit erstmals auch die Möglichkeit einer Dauervollstreckung an vererbten Beteiligungen vollhaftender[775] Gesellschafter anerkannt. Die erbrechtliche Ausgangslage, d.h. die Zuordnung des ererbten Gesellschafteranteils zum Nachlass, habe jedoch wegen der „Besonderheiten der zwischen den Gesellschaftern gebildeten Arbeits- und Haftungsgemeinschaft" nicht zur Folge, dass der Testamentsvollstrecker hinsichtlich des Gesellschaftsanteils uneingeschränkt verwaltungs- und verfügungsbefugt wäre; seine Rechtsposition werde vielmehr „aus im Gesellschaftsrecht wurzelnden Gründen" begrenzt.[776] Der Anteil unterliegt – in den Worten des Erbrechtssenats – lediglich „als Ganzes", gewissermaßen mit seiner „Außenseite" dem Machtbereich des Testamentsvollstreckers.[777] Insoweit aber sind die Funktionen des Testamentsvollstreckers allein erbrechtlichen Ursprungs, weshalb sie durch Gesellschaftsvertrag weder ausgeschlossen noch eingeschränkt werden können; ebenso wenig bedarf es einer Zulassung im Gesellschaftsvertrag bzw. der nachträglichen Zustimmung der Mitgesellschafter.[778] Damit erlangt die „Außenseite" der Beteiligung nicht nur bei einer von vornherein hierauf beschränkten Testamentsvollstreckung an Anteilen persönlich haftender Gesellschafter Bedeutung, sondern kommt, wie gezeigt[779], auch dann zum Tragen, wenn eine grundsätzlich zulässige Fremdverwaltung

---

774 BGH, Urt. v. 14.5.1986 – IVa ZR 155/84, BGHZ 98, 48 = NJW 1986, 2431.

775 In dem vom BGH entschiedenen Fall ging es um einen OHG-Anteil, wegen der insoweit gleichen Haftungsgrundsätze (s.o. A.II.1.) gelten nachfolgende Ausführungen jedoch auch für einen vererbten Komplementär- und GbR-Anteil.

776 BGH NJW 1996, 1284, 1285; 1998, 1313, 1314; OLG Düsseldorf, ZEV 2008, 142, 143.

777 BGH NJW 1986, 2431, 2433.

778 Staudinger/*Dutta*, BGB, § 2205 Rn. 170; *Grigas*, BWNotZ 2002, 25, 30; *Kämper*, RNotZ 2016, 625, 632; *Klein*, DStR 1992, 292, 295; EBJS/*Lorz*, HGB, § 139 Rn. 72; *ders.*, Testamentsvollstreckung, S. 155; *Pauli*, in: Bengel/Reimann, Hdb. Testamentsvollstreckung, § 5 Rn. 164; *Reimann*, MittBayNot 1986, 232, 234; *Weidlich*, in: Mayer/Bonefeld/Tanck, Testamentsvollstreckung Hdb., § 19 Rn. 38; *Winkler*, Testamentsvollstrecker, Rn. 336, 371; vgl. auch BGH NJW 1985, 1953, 1954; a.A. wohl *Werkmüller*, ZEV 2006, 491.

779 S.o. B.II.1.c) zum Kommandit- sowie B.II.2.b)aa) zum GmbH-Anteil.

lediglich an dem fehlenden Einverständnis der anderen Gesellschafter scheitert.[780] Demgemäß wird ihr im Schrifttum auch von denjenigen Autoren eingehend Beachtung geschenkt, die sich mit im Einzelnen unterschiedlichen Begründungen[781] für eine umfassende, auch die Mitverwaltungsrechte in der Gesellschaft einschließende Testamentsvollstreckung aussprechen.[782]

Der BGH selbst hat weder in seiner Grundsatzentscheidung vom 14.5.1986 noch in den Folgeentscheidungen aufgezeigt, wo die Grenzlinie zwischen der „Außen"- und „Innenseite" der Beteiligung verläuft.[783] Im Schrifttum wird unter der „Außenseite" üblicherweise die vermögensrechtliche Zuordnung des Gesellschaftsanteils verstanden, d.h. die mit der Beteiligung verbundenen verkehrsfähigen Ansprüche im Sinne von § 717 S. 2 BGB[784], vor allem also der Anspruch auf das (künftige) Auseinandersetzungs- bzw. Abfindungsguthaben sowie die Gewinnansprüche, während der „Innenseite" die mitgliedschaftlichen Mitwirkungsrechte in der Gesellschaft, wie etwa das Stimmrecht, das Teilnahmerecht an Gesellschafterversammlungen, die Informations- und Kontrollrechte sowie die zu einer persönlichen Haftung des Gesellschafter-Erben führenden Handlungsbefugnisse, die Geschäftsführung und Vertretung der Gesellschaft (§§ 114, 125 HGB), zugeordnet werden.[785] Was die Einzelheiten angeht, bestehen jedoch weiterhin große Unsicherheiten. Diese resultieren daraus, dass das plakative Bild von der „Außen"- bzw. „Innenseite" der Beteiligung letztlich viel zu unbestimmt ist, als sich daraus konkrete Folgerungen für die Kompetenzverteilung zwischen

780 EBJS/*Lorz*, HGB, § 139 Rn. 72; *ders.*, Testamentsvollstreckung, S. 155; *Mayer*, ZIP 1990, 976, 979; *Muscheler*, Haftungsordnung, S. 478 f.

781 Dazu bereits oben A.II.3.

782 Siehe etwa *Lorz*, Testamentsvollstreckung, S. 154 ff.; *Muscheler*, Haftungsordnung, S. 478 ff.; *Weidlich*, Testamentsvollstreckung, S. 101 ff.

783 Krit. dazu *Everts*, MittBayNot 2003, 427, 428; NK-BGB/*Kroiß*, § 2205 Rn. 57; *Marotzke*, AcP 1987, 223, 244; *Raddatz*, Nachlaßzugehörigkeit, S. 158; *Weidlich*, Anm. z. BGH, Beschl. v. 10.1.1996 – IV ZB 21/94, MittBayNot 1996, 121, 122; *ders.*, MittBayNot 1996, 1.

784 § 711a S. 2 BGB i.d.F. des MoPeG v. 10.8.2021, BGBl. 2021 I, 3436.

785 *Bisle*, DStR 2013, 1037, 1038; Soergel/*Damrau*, BGB, § 2205 Rn. 37; *Grigas*, BWNotZ 2002, 25, 30; *Kämper*, RNotZ 2016, 625, 632; *R. Kössinger/Zintl*, in: Nieder/Kössinger, Hdb. Testamentsgestaltung, § 15 Rn. 129, 130; NK-BGB/*Kroiß*, § 2205 Rn. 57, 58; BeckOK BGB/*Lange*, Stand 1.2.2022, § 2205 Rn. 57, 58; *Pauli*, in: Bengel/Reimann, Hdb. Testamentsvollstreckung, § 5 Rn. 161, 162; Hopt/*Roth*, HGB, § 139 Rn. 21; *Weidlich*, in: Mayer/Bonefeld/Tanck, Testamentsvollstreckung Hdb., § 19 Rn. 38.

Testamentsvollstrecker und Gesellschafter-Erben ziehen lassen könnten.[786] Hieraus ergibt sich eine vielschichtige und in den praktischen Auswirkungen zum Teil sehr unübersichtliche Situation.[787]

II. Befugnisse des Testamentsvollstreckers im Einzelnen

1. Vermögensrechte

a) Auseinandersetzungs- bzw. Abfindungsguthaben, Gewinnansprüche

Was die mit dem Anteil verbundenen, selbstständig übertragbaren Vermögensrechte (§ 717 S. 2 BGB[788]) angeht, d.h. das Auseinandersetzungs- bzw. Abfindungsguthaben sowie die Gewinnansprüche, war schon vor dem Grundsatzurteil des Erbrechtssenats anerkannt, dass diese Ansprüche der Verwaltungsbefugnis des Testamentsvollstreckers unterstellt werden konnten.[789] Insoweit hatte bereits der für das Gesellschaftsrecht zuständige II. Zivilsenat entschieden, dass gegen deren Zugehörigkeit zum verwalteten Nachlassvermögen keine gesellschaftsrechtlichen Bedenken erhoben werden könnten und deshalb der Anspruch auf das Auseinandersetzungs- bzw. Abfindungsguthaben bei Auflösung der Gesellschaft oder vorzeitigem Ausscheiden des Gesellschafter-Erben dem Machtbereich des Testamentsvollstreckers unterfalle, und zwar schon *vom Erbfall an* als künftiger[790] Anspruch.[791] Über diesen Anspruch werde der Zugriff auf den Vermögenswert des Gesellschaftsanteils gesichert, der für den Testamentsvollstrecker verfügbar sein müsse, wenn schon der Anteil als solcher seiner Machtbefugnis entzogen sei.[792] Entsprechendes gilt für die Gewinnansprüche des

---

786 Krit. auch *Hehemann*, BB 1995, 1301, 1304; *Hüfner*, Testamentsvollstreckung, S. 140; EBJS/*Lorz*, HGB, § 139 Rn. 73; *ders.*, Testamentsvollstreckung, S. 160; *Marotzke*, AcP 1987, 223, 245; *Müller*, Anm. z. BGH, Urt. v. 14.5.1986 – IVa ZR 155/84, JR 1986, 507, 509; *Zimmermann*, Testamentsvollstreckung, Rn. 521.

787 BeckOK BGB/*Lange*, Stand 1.2.2022, § 2205 Rn. 57; *Weidlich*, in: Mayer/Bonefeld/Tanck, Testamentsvollstreckung Hdb., § 19 Rn. 36.

788 § 711a S. 2 BGB i.d.F. des MoPeG v. 10.8.2021, BGBl. 2021 I, 3436.

789 S.o. A.I. bei Fn. 25.

790 Zur Testamentsvollstreckung am „aktuellen" Abfindungs- bzw. Auseinandersetzungsguthaben, wenn also die Gesellschaft nach dem Tod des Erblassers unter den verbliebenen Gesellschaftern fortgeführt wird oder der Tod des Erblassers die Auflösung der Gesellschaft zur Folge hat, s.o. B.I.2.b)aa) bzw. B.I.2.b)bb).

791 BGH NJW 1981, 749, 750; 1985, 1953, 1954.

792 BGH NJW 1985, 1953, 1954.

Erben, jedenfalls insoweit, als diese bereits zu Lebzeiten des Erblassers zur Entstehung gelangt sind.[793] Insofern hat die Entscheidung des Erbrechtssenats also keine Änderungen gegenüber der bisherigen Rechtslage gebracht.[794]

b) Umfang der Zuordnung der Vermögensansprüche zum Nachlass

Unklar ist aber, inwieweit auch solche Vermögensrechte der Verwaltung durch den Testamentsvollstrecker unterliegen, die auf den persönlichen Einsatz des Gesellschafter-Nachfolgers in dem Unternehmen zurückzuführen sind. Dies betrifft neben Wertsteigerungen des vererbten Gesellschaftsanteils vor allem die laufenden Gewinnansprüche, die nach dem Erbfall entstanden sind, d.h. auf einem Bilanzfeststellungsbeschluss[795] nach dem Tod des Erblassers beruhen. Mit fortdauernder Mitgliedschaft könnte es insoweit an einem hinreichenden Bezug zum Erbfall und damit an deren Nachlasszugehörigkeit fehlen.[796] Der Erbrechtssenat hat in seiner Grundsatzentscheidung hierzu ausgeführt, dass es naheliegend erscheine, „die laufenden Gewinne und jedenfalls nach längerer Zeit erfolgreichen Einsatzes für das Unternehmen auch den Wert nicht völlig dem Nachlaß, sondern zu einem *angemessenen* [Hervorhebung durch den Verfasser] Anteil ausschließlich dem Gesellschafter-Erben zuzuordnen“[797] und insoweit der Testamentsvollstreckung zu entziehen. Dadurch werde dem Umstand Rechnung getragen, „daß es sich bei einer Personenhandelsgesellschaft um ein lebendes Unternehmen handelt, dessen Gewinne und dessen Wert im Laufe der Zeit zum Teil auch auf der verantwortlichen Mitwirkung des Gesellschafter-Erben beruhen“.[798] Die Idee, dass nach dem Erbfall von dem Gesellschafter-Erben selbst mitgeschaffene Vermögenswerte aus der Nachlassmasse ausgegliedert und dem Privatvermögen des Erben zuzuordnen

---

793 Vgl. BGH NJW 1967, 1991, 1992 für die Nachlassverwaltung und BGH NJW 1984, 2104, 2105 für den Nachlasskonkurs; a.A. RGZ 170, 392, 395, offen gelassen für den Auseinandersetzungsanspruch.

794 Zutr. insoweit *Schmitz*, ZGR 1988, 140, 152 f.

795 Der regelmäßig zum Schluss eines jeden Geschäftsjahres jeweils neu entstehende (periodische) Gewinnanspruch setzt einen Beschluss über die Bilanzfeststellung voraus, BGH NJW 1981, 2563; MüKoHGB/*Priester*, § 121 Rn. 10; MüKoBGB/*Schäfer*, § 721 Rn. 8, 13.

796 *Dörrie*, ZEV 1996, 370, 375.

797 BGH NJW 1986, 2431, 2433; siehe später auch BGH NJW 1996, 1284, 1285.

798 BGH NJW 1986, 2431, 2433; vgl. dazu auch RGZ 171, 345, 351; BGH NJW 1984, 2570, 2573.

sein könnten, ist keineswegs neu.[799] Dass sich nun ausgerechnet auch der Erbrechtssenat für eine solche Absonderung der Ansprüche zum Privatvermögen des Erben ausspricht, ist insofern bemerkenswert, als dieser – im Gegensatz zum Gesellschaftsrechtssenat[800] – von Anfang an besonderen Wert darauf gelegt hatte, in seinen Entscheidungen die Nachlasszugehörigkeit des vererbten Personengesellschaftsanteils zu betonen.[801] Das Schrifttum hat sich diesem Standpunkt in Teilen angeschlossen. Danach sind diejenigen laufenden Gewinnansprüche, die nicht als Ertrag des ursprünglich von dem Erblasser in die Gesellschaft eingebrachten Kapitals anzusehen sind, sondern eine Gegenleistung für den persönlichen Einsatz des Gesellschafter-Erben in der werbenden Gesellschaft bzw. für die Übernahme des persönliches Haftungsrisikos darstellen, von der Verwaltungsbefugnis des Testamentsvollstreckers ausgenommen.[802] Diese Ansicht überzeugt jedoch bereits deshalb nicht, da sich kaum verlässlich beurteilen lassen dürfte, in welcher Höhe sich der Gewinn als Kapitalverzinsung darstellt und zu welchem Teil er das Resultat der Arbeitsleistung des Gesellschafter-Erben ist.[803] Nach der Gegenansicht müssten solche Abgrenzungsschwierigkeiten hingenommen werden[804] bzw. sei der auf die persönliche Mitwirkung des Gesellschafter-Erben entfallende Anteil am Gewinn nötigenfalls im Wege der Schätzung[805] gem. § 287 ZPO zu bestimmen. Dadurch sind

---

799 Siehe etwa *Ulmer*, in: FS Schilling, 79, 96 f., 100 ff.; *Richardi*, Verwaltungsrecht, S. 66 ff.; i.d.S. wohl auch der II. Senat des BGH NJW 1981, 749, 750; 1984, 2104, 2105; 1985, 1953, 1954; für die Zuordnung der nach dem Erbfall entstehenden anteiligen Gewinne zum Privatvermögen des Erben auch RGZ 170, 392, 395; 171, 345, 351, allerdings unter *vollständiger* Verneinung der Nachlasszugehörigkeit des Anteils.

800 S.o. A.I. bei Fn. 26.

801 Unmissverständlich insoweit der 2. Leitsatz in NJW 1983, 2376: „Die so aufgeteilten Gesellschaftsanteile der Nachfolger gehören dennoch zum Nachlaß".

802 *Ulmer/Schäfer*, ZHR 1996, 413, 436; *Schmellenkamp*, MittRhNotK 1986, 181, 187; *Pauli*, in: Bengel/Reimann, Hdb. Testamentsvollstreckung, § 5 Rn. 194; *Schmitz*, ZGR 1988, 140, 155; *Grigas*, BWNotZ 2002, 25, 30; wohl auch *Klein*, DStR 1992, 292, 295; weitergehend alle nach dem Erbfall entstehenden Gewinnansprüche dem Erben zuordnend *Hüfner*, Testamentsvollstreckung, S. 142.

803 *Weidlich*, Testamentsvollstreckung, S. 103; *ders.*, ZEV 1994, 205, 210; *ders.*, in: Mayer/Bonefeld/Tanck, Testamentsvollstreckung Hdb., § 19 Rn. 37; *Lorz*, Testamentsvollstreckung, S. 166; MAH ErbR/*ders.*, § 19 Rn. 270; *Dörrie*, Testamentsvollstreckung, S. 141; *ders.*, ZEV 1996, 370, 375; NK-BGB/*Kroiß*, § 2205 Rn. 57; a.A. BGH NJW 1985, 1953, 1954, wonach eine Eingrenzung des dem Erben persönlich zustehenden Abfindungsguthabens „bestimmbar" sei.

804 So *Pauli*, in: Bengel/Reimann, Hdb. Testamentsvollstreckung, § 5 Rn. 194; *Klein*, DStR 1992, 292, 295.

805 *Ulmer/Schäfer*, ZHR 1996, 413, 437.

Rechtsstreitigkeiten zwischen dem Testamentsvollstrecker und dem Gesellschafter-Erben allerdings vorprogrammiert. Die Ebene der Gesellschaft soll aber von solchen Streitigkeiten gerade frei gehalten werden.[806] Zudem erscheint ein Abgehen von dem in § 2041 BGB[807] verankerten Surrogationsprinzip auch in dogmatischer Hinsicht fragwürdig, da erst die geerbte Mitgliedschaft die Grundlage für die Entstehung der weiteren Gewinnansprüche schafft und diese deshalb als Rechtsfrüchte im Rahmen einer Rechtssurrogation gem. § 2041 S. 1 Var. 1 BGB insgesamt dem Nachlass zugutekommen müssen.[808] Die Berücksichtigung eines wie auch immer gearteten besonderen persönlichen Einsatzes des Gesellschafter-Erben ist § 2041 BGB fremd.[809] Dazu passt auch der Hinweis von *Muscheler*, wonach die Rechtslage keine andere ist als in dem Fall, dass der Erblasser ein großes Mietshaus hinterlässt, dem Erben den Abschluss von Mietverträgen und die zur Instandhaltung notwendigen Maßnahmen, dem Testamentsvollstrecker aber die Verfügung über das Haus als Ganzes und die aus der Vermietung resultierenden Ansprüche überlässt.[810] Überdies würde die Testamentsvollstreckung durch die Zuordnung der Gewinnansprüche zum Privatvermögen des Erben einer ihrer wesentlichen Einsatzmöglichkeiten beraubt und insoweit der erblasserischen Zielsetzung, die Beteiligung und die aus ihr fließenden Vermögensansprüche der Zugriffs- bzw. Verfügungssperre der §§ 2214, 2111 Abs. 1 BGB zu unterwerfen[811], zuwider laufen.[812] Dementsprechend ist davon auszugehen, dass auch die nach dem Erbfall entstehenden Gewinnansprüche vollumfänglich dem Verwaltungsrecht des Testamentsvollstreckers unterliegen.[813] Entsprechendes gilt für das Auseinandersetzungs- bzw. Abfindungsguthaben und im Falle einer

806 Vgl. BGH NZG 2014, 945 Rn. 17 sowie bereits oben C.II.3.c).

807 Zur entsprechenden Anwendbarkeit der Vorschrift auf den durch einen Testamentsvollstrecker verwalteten Nachlass s.o. die Nachw. in Fn. 202.

808 *Dörrie*, Testamentsvollstreckung, S. 140; *ders.*, ZEV 1996, 370, 375; vgl. auch BGH MittBayNot 1990, 119, 120; a.A. *Ulmer/Schäfer*, ZHR 1996, 413, 436.

809 Zutr. *Dörrie*, Testamentsvollstreckung, S. 140; *ders.*, ZEV 1996, 370, 375.

810 *Muscheler*, Haftungsordnung, S. 479 mit Fn. 44; zust. *Lorz*, Testamentsvollstreckung, S. 166 mit Fn. 239.

811 Dazu bereits oben B.II.1.c).

812 *Lorz*, Testamentsvollstreckung, S. 166; vgl. *Weidlich*, Testamentsvollstreckung, S. 103.

813 Ebenso *Lorz*, Testamentsvollstreckung, S. 166; *Weidlich*, Testamentsvollstreckung, S. 102; *Muscheler*, Haftungsordnung, S. 479 mit Fn. 44; *Marotzke*, AcP 1987, 223, 233; NK-BGB/*Kroiß*, § 2205 Rn. 57; *Müller*, Anm. z. BGH, Urt. v. 14.5.1986 – IVa ZR 155/84, JR 1986, 507, 509; *Dörrie*, Testamentsvollstreckung, S. 141, der dem Erben aus „Billigkeitserwägungen“ das Entnahmerecht gem. § 122 HGB belassen möchte, welches aber durch das MoPeG v. 10.8.2021, BGBl. 2021 I, 3436, gestrichen wird, vgl. dazu BT-Drs. 19/27635, S. 240.

Veräußerung[814] des Anteils auch für den dabei erzielten Erlös. Den Interessen des Erben kann in ausreichendem Maße dadurch Rechnung getragen werden, dass diesem gem. § 2217 Abs. 1 BGB ein Freigabeanspruch gegen den Testamentsvollstrecker hinsichtlich jener Nachlassmittel zusteht, die dieser zur ordnungsgemäßen Nachlassverwaltung nicht (mehr) benötigt.[815] Etwaige Meinungsverschiedenheiten zwischen dem Testamentsvollstrecker und dem Gesellschafter-Erben müssen so – insoweit in Übereinstimmung mit der neueren Rechtsprechung des II. Zivilrechtssenats des BGH[816] – außerhalb der Gesellschaft mit Hilfe der dafür vorgesehenen erbrechtlichen Mittel ausgetragen werden. Sofern der Erbe nicht bereit ist, sich diesen Beschränkungen zu unterwerfen, muss er auf den Gesellschaftsanteil verzichten und die Erbschaft ausschlagen.[817]

2. Lösungsrechte

a) *Befugnis des Testamentsvollsteckers zur Beendigung der Mitgliedschaft*

Umstritten ist, inwieweit der Testamentsvollstrecker das Recht hat, über den Gesellschaftsanteil „als Ganzes" zu verfügen[818], d.h. ihn zu veräußern, ihn ordentlich und außerordentlich zu kündigen oder von einem gesellschaftsvertraglich eingeräumten Austrittsrecht Gebrauch zu machen. In dem Grundsatzurteil des Erbrechtssenats ist lediglich davon die Rede, dass der *Erbe* über den ererbten Gesellschaftsanteil *nicht verfügen könne* und seine Eigengläubiger in den Anteil und die daraus erwachsenden Vermögensrechte nicht vollstrecken könnten, § 2214 BGB.[819] Bedeutet das aber nun, dass die Verfügungsbefugnis dem Testamentsvollstrecker zukommt[820],

814 Zur Verfügungsbefugnis des Testamentsvollstreckers sogleich.

815 *Dörrie*, Testamentsvollstreckung, S. 141; *ders.*, ZEV 1996, 370, 375; *Holch*, DNotZ 1958, 282, 286; dafür auch *Schmellenkamp*, MittRhNotK 1986, 181, 187.

816 Vgl. BGH NZG 2014, 945 Rn. 17.

817 *Dörrie*, Testamentsvollstreckung, S. 141; *ders.*, ZEV 1996, 370, 375; *Holch*, DNotZ 1958, 282, 286; *Müller*, Anm. z. BGH, Urt. v. 14.5.1986 – IVa ZR 155/84, JR 1986, 507, 509; *Muscheler*, Haftungsordnung, S. 479 mit Fn. 44.

818 Siehe zum Verfügungsbegriff im Zusammenhang mit Gesellschaftsbeteiligungen bereits oben C.III.2.

819 BGH NJW 1986, 2431, 2433.

820 Dafür LG Leipzig, ZEV 2009, 96, 98; KG, ZEV 2009, 313; Oetker/*Kamanabrou*, HGB, § 139 Rn. 56; EBJS/*Lorz*, HGB, § 139 Rn. 73; *ders.*, Testamentsvollstreckung, S. 162 f.; *Muscheler*, Haftungsordnung, S. 479; *Müller*, Anm. z. BGH, Urt. v. 14.5.1986 – IVa ZR 155/84, JR 1986, 507, 509; *Pauli*, in: Bengel/Reimann, Hdb. Testamentsvollstreckung, § 5 Rn. 186; *Priester*, in: FS Streck, 891, 894; Staub/*Schäfer*, HGB, § 139 Rn. 62;

oder nur, dass der Gesellschafter-Erbe nicht allein, d.h. ohne Zustimmung des Testamentsvollstreckers handeln kann[821]? Für letztere Ansicht, d.h. für eine gemeinsame Zuständigkeit von Gesellschafter-Erben und Testamentsvollstrecker, spricht, dass mit der Stellung eines persönlich haftenden und mit Geschäftsführungs- und Vertretungsbefugnissen ausgestatteten Gesellschafters nicht nur ein Recht, sondern häufig auch ein Beruf verbunden ist.[822] Deshalb dürfe es dem Testamentsvollstrecker nicht ohne weiteres gestattet sein, das mitgliedschaftliche Verhältnis zu lösen und den Erben dadurch womöglich seiner wirtschaftlichen Existenzgrundlage zu berauben.[823] Mit der erbrechtlichen Kompetenzordnung lässt sich ein solches Miteinander von Erben und Testamentsvollstrecker freilich nicht vereinbaren: Nach §§ 2205 S. 2, 2211 BGB übt der Testamentsvollstrecker die Verfügungsmacht exklusiv, d.h. unter Ausschluss des Erben aus.[824] Unterliegt der Anteil also tatsächlich „als Ganzes" der Verwaltung des Testamentsvollstreckers – und das muss er, sollen die §§ 2211, 2214 BGB zwecks dinglicher Absicherung außenstehender Nachlassgläubiger anwendbar sein[825] –, muss nach allgemeinen Grundsätzen zumindest die Befugnis zur Übertragung[826] des Anteils allein dem Testamentsvollstrecker

MüKoBGB/*ders.*, § 705 Rn. 117; *Schneider*, NJW 2015, 1142, 1144; MüKoBGB/*Zimmermann*, § 2205 Rn. 41; *ders.*, Testamentsvollstreckung, Rn. 526a.

821 Für gemeinsame Zuständigkeit *Schmitz*, ZGR 1988, 140, 154; *Dörrie*, ZEV 1996, 370, 375; *Reimann*, MittBayNot 1986, 232, 233; *ders.*, GmbHR 2011, 1297, 1298; *Mayer*, ZIP 1990, 976, 979; *Klein/Lindemeier*, in: MünchHdb GesR I, § 80 Rn. 38; *Everts*, MittBayNot 2003, 427, 430; NK-BGB/*Kroiß*, § 2205 Rn. 57; offen lassend *Marotzke*, AcP 1987, 223, 238, 240; eine Verfügungsbefugnis des Testamentsvollstreckers über den Gesellschaftsanteil insges. abl. *Michaelis*, ZAkDR 1943, 233, 134; *Weidlich*, Testamentsvollstreckung, S. 105 ff.; krit. *ders.*, ZEV 1994, 205, 210, der die Stellung des Testamentsvollstreckers im Falle fehlender Zustimmung der Mitgesellschafter mit derjenigen eines Zessionars, dem die Ansprüche aus § 717 S. 2 BGB abgetreten sind, vergleicht.

822 Zu diesem Gesichtspunkt bereits *Wiedemann*, Übertragung, S. 331.

823 *Schmitz*, ZGR 1988, 140, 153 f.; ebenso zum Kündigungsrecht in Analogie zu § 135 HGB *Wiedemann*, Übertragung, S. 340; *Dörrie*, Testamentsvollstreckung, S. 143; *ders.*, ZEV 1996, 370, 375, der dem Erben diesen Schutz aber erst nach Ablauf eines „gewissen Zeitraums" (2 Jahre, § 1981 Abs. 2 S. 2 BGB analog) zugestehen möchte.

824 Vgl. BeckOK BGB/*Lange*, Stand 1.2.2022, § 2205 Rn. 15; MüKoBGB/*Zimmermann*, § 2205 Rn. 60. Der Erbe ist bei Anordnung von Testamentsvollstreckung Nichtberechtigter i.S.v. § 185 BGB, OLG Düsseldorf, NJW 1963, 162; MüKoBGB/*Bayreuther*, § 185 Rn. 19.

825 *Marotzke*, AcP 1987, 223, 237 f.

826 Zu dem unentziehbaren mitgliedschaftlichen Kündigungsrecht sogleich.

zustehen.[827] Zwingende gesellschaftsrechtliche Gründe, die eine Beschränkung dieser Rechtsmacht erforderlich machen, sind, sofern die Übertragung der Mitgliedschaft gesellschaftsvertraglich zugelassen ist[828], nicht ersichtlich.[829] Der Gesellschafter-Erbe muss auch in anderen Fällen mit einem unfreiwilligen Ausscheiden aus der Gesellschaft rechnen, ohne dass er dies beeinflussen könnte, vgl. § 131 Abs. 3 S. 1 Nr. 4-6 HGB[830].[831] Auch die von den Gegnern einer Verfügungsbefugnis des Testamentsvollstreckers vorgebrachten Einwände berühren weniger die „Besonderheiten der zwischen den Gesellschaftern gebildeten Arbeits- und Haftungsgemeinschaft“[832] als vielmehr außergesellschaftliche, allein in der Person des Erben liegende und dessen berufliche Stellung betreffende Gesichtspunkte. Solche Spannungen sind jedoch lediglich allgemein Ausdruck des bei einer Fremdverwaltung stets gegebenen Interessenwiderstreits zwischen Testamentsvollstrecker und dem mit der Vollstreckungsanordnung belasteten Erben, womit dieser, möchte er die Erbschaft deswegen nicht ganz ausschlagen, grundsätzlich leben muss.

Lediglich am Rande sei noch erwähnt, dass die Rechtsposition des Erben im Hinblick auf die Möglichkeit zur Veräußerung des Anteils selbst bei dessen alleiniger Befugnis keine signifikante Stärkung erfahren würde, sofern man mit der weitverbreiteten Ansicht davon ausgeht, dass der Erbe ohnehin nur eine um die Vermögensrechte *verkürzte* Mitgliedschaft übertragen könnte[833], für die sich nur schwerlich ein potenzieller Erwerber finden lassen dürfte.[834]

Verfügt der Testamentsvollstrecker folglich über den Anteil als solchen, bedarf er nur dann der Zustimmung des Erben, wenn der Erblasser die

827 So auch LG Leipzig, ZEV 2009, 96, 98; *Muscheler*, Haftungsordnung, S. 479; *Lorz*, Testamentsvollstreckung, S. 163; vgl. für den Kommanditanteil auch *Ulmer*, NJW 1990, 73, 79.

828 Dazu bereits oben B.II.1.a) bei Fn. 255.

829 *Lorz*, Testamentsvollstreckung, S. 162.

830 § 130 Abs. 1 Nr. 4, 5, Abs. 2 HGB i.d.F. des MoPeG v. 10.8.2021, BGBl. 2021 I, 3436.

831 Vgl. *Weidlich*, Testamentsvollstreckung, S. 55; *ders.*, ZEV 1994, 205, 209.

832 Vgl. dazu BGH NJW 1996, 1284, 1285; 1998, 1313, 1314; OLG Düsseldorf, ZEV 2008, 142, 143.

833 So *Ulmer*, JuS 1986, 856, 860; *ders.*, NJW 1984, 1496, 1501 f.; siehe für den Anspruch auf das Auseinandersetzungsguthaben auch BGH NJW 1985, 1953, 1954, allerdings in Abweichung von dem sonst geltenden Grundsatz des Vorrangs einer Anteilsabtretung ggü. einer rechtsgeschäftlichen Vorausabtretung der vermögensrechtlichen Einzelansprüche; krit. daher *Lorz*, Testamentsvollstreckung, S. 131 m.w.N.

834 Vgl. *Schmitz*, ZGR 1988, 140, 153; *Dörrie*, Testamentsvollstreckung, S. 142 f.; *Weidlich*, Testamentsvollstreckung, S. 105 f.

Verfügungsmacht des Testamentsvollstreckers gem. § 2208 Abs. 1 S. 1 BGB mit dinglicher Wirkung beschränkt hat oder das Geschäft dem Verbot des § 2205 S. 3 BGB zuwider läuft. Unabhängig davon hat der Testamentsvollstrecker grundsätzlich jede Verfügung dem Erben gegenüber nach § 2216 Abs. 1 BGB zu verantworten.[835] Dies stellt jedoch nicht die Wirksamkeit der Rechtshandlung in Frage, sondern zieht allenfalls schuldrechtliche Konsequenzen in Gestalt der Haftung aus § 2219 Abs. 1 BGB nach sich.

b) *Eigenes Kündigungsrecht des Gesellschafter-Erben*

Nach vorherrschender Auffassung muss dem Gesellschafter-Erben jedoch trotz angeordneter Testamentsvollstreckung ein eigenes, vom Willen des Testamentsvollstreckers unabhängiges Kündigungsrecht verbleiben.[836] Fraglich ist insoweit nur, ob dies nur das unentziehbare Recht ist, aus *wichtigem Grund* aus der Gesellschaft auszuscheiden bzw. deren Auflösung zu betreiben gem. § 723 Abs. 1 S. 2, 3 BGB[837], § 133 HGB[838], oder der Erbe darüber hinaus auch von seinen *ordentlichen Kündigungsrechten* nach § 723 Abs. 1 S. 1 BGB[839], § 132 HGB[840] in eigener Verantwortung Gebrauch machen kann, und ob ihm die betreffenden Rechte dann *ausschließlich* oder *neben* dem Testamentsvollstrecker zur Ausübung

835 *Winkler*, Testamentsvollstrecker, Rn. 387; siehe dazu bereits auch oben C.II.1.

836 *Muscheler*, Haftungsordnung, S. 479 f.; *Marotzke*, JZ 1986, 457, 467; *Ulmer*, JuS 1986, 856, 860; Staudinger/*Dutta*, BGB, § 2205 Rn. 169; *Schmitz*, ZGR 1988, 140, 154; *Dörrie*, Testamentsvollstreckung, S. 142; *Lorz*, Testamentsvollstreckung, S. 164; a.A. *Müller*, Anm. z. BGH, Urt. v. 14.5.1986 – IVa ZR 155/84, JR 1986, 507, 509; *Faust*, DB 2002, 189, 193, der sich im Gegenzug allerdings für eine Verlängerung des Wahlrechts des § 139 HGB ausspricht.

837 § 725 Abs. 2 BGB i.d.F. des MoPeG v. 10.8.2021, BGBl. 2021 I, 3436.

838 § 139 HGB i.d.F. des MoPeG v. 10.8.2021, BGBl. 2021 I, 3436; daneben steht dem Gesellschafter künftig als milderes Mittel ggü. einer Klage auf Auflösung der Gesellschaft auch ein außerordentliches Kündigungsrecht aus wichtigem Grund zu (sog. Austrittskündigung), § 132 Abs. 2 HGB n.F., siehe dazu BT-Drs. 19/27635, S. 244.

839 § 725 Abs. 1 BGB i.d.F. des MoPeG v. 10.8.2021, BGBl. 2021 I, 3436, allerdings kann die Kündigung künftig nur noch unter Einhaltung einer Frist von drei Monaten zum Ablauf des Kalenderjahres erklärt werden, da eine fristlose Kündigung die übrigen Gesellschafter überfordern würde, die Gesellschaft ohne den kündigenden Gesellschafter fortzusetzen, BT-Drs. 19/27635, S. 172.

840 § 132 Abs. 1 HGB i.d.F. des MoPeG v. 10.8.2021, BGBl. 2021 I, 3436; die geltende Regelung zur Kündigung einer auf Lebenszeit eingegangenen Gesellschaft (§ 134 HGB) wird nach dem MoPeG mangels Regelungsbedarf gestrichen, BT-Drs. 19/27635, S. 244.

zustehen.[841] Diejenigen Vertreter in der Literatur, die dem Gesellschafter-Erben sämtliche Kündigungsrechte aus der Mitgliedschaft zuweisen möchten, machen geltend, dass das Kündigungsrecht als unverzichtbares[842] Mitgliedschaftsrecht untrennbar mit der Stellung des persönlich haftenden Gesellschafters verbunden ist.[843] Der Testamentsvollstrecker dürfe den Gesellschafter-Erben nicht gegen seinen Willen zum Verbleib in der Gesellschaft zwingen, ihm die persönliche Haftung nicht aufdrängen.[844] Tatsächlich betrifft die Frage einen besonders sensiblen Bereich der Testamentsvollstreckung an Gesellschaftsbeteiligungen[845], da die Möglichkeit, sich einseitig vom Gesellschaftsverband lösen zu können, zur Wahrung des Selbstbestimmungsrechts eines jeden Gesellschafters von elementarer Bedeutung ist[846]. Wie oben[847] aber bereits erwähnt, wird die Befugnis zur Übertragung der Mitgliedschaft allgemein von der Zulassung im Gesellschaftsvertrag bzw. der Zustimmung der Mitgesellschafter abhängig gemacht. Und auch bei dem ordentlichen Kündigungsrecht wird gerne übersehen, dass der zwingende Charakter bereits dadurch erheblich relativiert wird, dass Vereinbarungen über eine Befristung der Gesellschaft unter völligem Ausschluss der ordentlichen Kündigung – in gewissen zeitlichen Grenzen[848] – zulässig sind (*arg. e* §§ 723 Abs. 1, 724 BGB, 132, 134 HGB).[849] Zur Aufrechterhaltung der erbrechtlichen Kompetenzordnung und um zu verhindern, dass der Erbe sich

---

841 Überbl. über das diffuse Meinungsbild bei Oetker/*Kamanabrou*, HGB, § 139 Rn. 56.

842 Siehe nur § 133 Abs. 3 HGB sowie § 723 Abs. 3 BGB, wobei letztere Vorschrift nach h.M. auch auf die ordentliche Kündigung unbefristeter Gesellschaften des Handelsrechts (§ 132 HGB) Anwendung findet, BGH NJW 1954, 106; 1985, 192; MüKoBGB/*Schäfer*, § 723 Rn. 62; MüKoHGB/*K. Schmidt*, § 132 Rn. 30.

843 *Ulmer*, JuS 1986, 856, 860; grds. auch *Marotzke*, JZ 1986, 457, 467; i.E. ebenso *Schmitz*, ZGR 1988, 140, 154; *Dörrie*, Testamentsvollstreckung, S. 142; *ders.*, ZEV 1996, 370, 375; EBJS/*Lorz*, HGB, § 139 Rn. 73; *Pauli*, in: Bengel/Reimann, Hdb. Testamentsvollstreckung, § 5 Rn. 165, 185; *Klein/Lindemeier*, in: MünchHdb GesR I, § 80 Rn. 38 mit Fn. 108; *Siegmann*, Personengesellschaftsanteil, S. 230 f.; *Winkler*, Testamentsvollstrecker, Rn. 387.

844 *Dörrie*, Testamentsvollstreckung, S. 142; *Lorz*, Testamentsvollstreckung, S. 164.

845 Zutr. *Dörrie*, Testamentsvollstreckung, S. 142.

846 Vgl. *Wiedemann*, GesR II, § 3 III 5 a, der die Lösungsrechte zu den „mitgliedschaftlichen Grundrechten“ zählt.

847 B.II.1.a) bei Fn. 255.

848 Während der BGH ursprünglich eine Bindung von bis zu 30 Jahren im Allgemeinen noch als unbedenklich erachtete (WM 1967, 315, 316), hat er in neuerer Zeit lediglich eine Zeitbestimmung zwischen fünf (NZG 2006, 425) und zwölf Jahren (NJW 2005, 1784, 1786) als akzeptabel angesehen; siehe zum Ganzen MüKoBGB/*Schäfer*, § 723 Rn. 66.

849 *Weidlich*, Testamentsvollstreckung, S. 54; ebenso *Dörrie*, Testamentsvollstreckung, S. 133 im Zusammenhang mit einem Kommanditanteil.

kurzerhand einer unliebsamen Testamentsvollstreckung entledigen kann, muss es daher *erst recht* zulässig sein, den Gesellschafter-Erben lediglich von der Ausübung des ordentlichen Kündigungsrechts zeitweilig auszuschließen und die entsprechende Befugnis für die Dauer der Testamentsvollstreckung stattdessen dem Testamentsvollstrecker zuzuweisen.[850] Der Erbe kann somit regulär, d.h. ohne „wichtigen Grund", nur über den Testamentsvollstrecker die Auflösung seines Gesellschaftsverhältnisses erreichen, wobei letzterer an die Grundsätze ordnungsgemäßer Nachlassverwaltung gebunden ist, § 2216 Abs. 1 BGB.[851] Nötigenfalls muss der Gesellschafter-Erbe den Testamentsvollstrecker auf Vornahme der ordnungsgemäßen Handlung, d.h. auf Abgabe der nach den Umständen gebotenen Kündigungserklärung, verklagen.[852]

Eine Sonderrolle nehmen die außerordentlichen Lösungsrechte der §§ 723 Abs. 1 S. 2, 3 BGB, 133 HGB[853] ein. Als Konkretisierung des allgemeinen Grundsatzes, wonach jedes Dauerschuldverhältnis aus *wichtigem Grund* aufgelöst werden können muss, „wenn dem kündigenden Teil unter Berücksichtigung aller Umstände des Einzelfalls und unter Abwägung der beiderseitigen Interessen die Fortsetzung des Vertragsverhältnisses bis zur vereinbarten Beendigung oder bis zum Ablauf einer Kündigungsfrist nicht zugemutet werden kann" (§ 314 Abs. 1 S. 2 BGB), stellen sie eine unabdingbare Schranke des gesellschaftsrechtlichen Individualrechtsschutzes dar.[854] Eine Beschränkung dieser Rechte zulasten des persönlich haftenden Nachfolger-Erben wird zu Recht einhellig für unzulässig erachtet.[855] Zwar könnte man auch hier einwenden, dass sich die gesetzliche Nichtigerklärung jeder Vereinbarung, durch welche diese Rechte ausgeschlossen oder diesen Vorschriften zuwider beschränkt werden, §§ 723 Abs. 3 BGB[856], 133 Abs. 3 HGB[857], nur gegen eine gesellschaftsvertragliche *Abbedingung*, nicht

850 I.E. so wie hier *Weidlich*, Testamentsvollstreckung, S. 54 f.; *ders.*, ZEV 1994, 205, 209; vgl. für den Kommanditanteil *Dörrie*, Testamentsvollstreckung, S. 133 und sogar *Ulmer*, NJW 1990, 73, 80.

851 *Weidlich*, Testamentsvollstreckung, S. 56; *ders.*, ZEV 1994, 205, 209; ebenso für den Kommanditanteil *Dörrie*, Testamentsvollstreckung, S. 133 f.

852 Vgl. *Dörrie*, Testamentsvollstreckung, S. 134 zum Kommanditanteil.

853 Siehe zur Rechtslage nach dem MoPeG Fn. 837 und 838.

854 Vgl. *Flume*, AT I/1, § 13 II: „magna charta der Selbstbestimmung".

855 Siehe neben den in Fn. 843 genannten Autoren *Marotzke*, JZ 1986, 457, 467; *Weidlich*, Testamentsvollstreckung, S. 56; *ders.*, ZEV 1994, 205, 209; *Klein*, DStR 1992, 292, 295.

856 § 725 Abs. 6 BGB i.d.F. des MoPeG v. 10.8.2021, BGBl. 2021 I, 3436.

857 § 138 Abs. 2 HGB sowie § 132 Abs. 6 HGB im Hinblick auf das neue Austrittsrecht des § 132 Abs. 2 HGB, jeweils i.d.F. des MoPeG v. 10.8.2021, BGBl. 2021 I, 3436.

aber gegen deren *Abspaltung* und Verlagerung auf den Testamentsvollstrecker richtet.[858] Eine solche Sichtweise ist, wie sich auch bei den „mehrheitsfesten" Kernrechten[859] schon gezeigt hat, nicht grundsätzlich ausgeschlossen.[860] Bei der Nachfolge in eine vollhaftende Gesellschaftsbeteiligung ist allerdings zu bedenken, dass durch das Kriterium der „Zumutbarkeit" immer die *persönliche* Sphäre des Gesellschafter-Erben betroffen ist:[861] Dieser ist es, der sowohl das persönliche und unbeschränkte Haftungsrisiko trägt, als auch in der Gesellschaft die mitgliedschaftlichen Rechte und Pflichten wahrzunehmen hat („Innenseite"). Vor diesem Hintergrund wäre es in der Tat ein wenig überzeugender Umweg, wenn man den Gesellschafter-Erben auf sein Verhältnis zu dem insoweit völlig unbeteiligten Testamentsvollstrecker verweisen und letzterem die Kündigung des Gesellschaftsverhältnisses bzw. die Erhebung der Auflösungsklage vorbehalten würde.[862] Das Recht, aus wichtigem Grund aus der Gesellschaft auszuscheiden bzw. deren Auflösung zu betreiben, muss deshalb dem unbeschränkt haftenden Gesellschafter-Erben zur eigenen Ausübung offen stehen – ein Recht, das die Interessen des auf die „Außenseite" beschränkten Testamentsvollstreckers schon deswegen nicht beeinträchtigt, weil der Anteilswert bzw. das Abfindungs- oder Auseinandersetzungsguthaben analog § 2041 BGB vollumfänglich[863] in seine unmittelbare Verwaltung übergeht.[864] Der Testamentsvollstrecker ist insoweit von der Ausübungsbefugnis ausgeschlossen, da eine Doppelzuständigkeit von Testamentsvollstrecker und Gesellschafter-Erben im Gesetz nicht vorgesehen ist und im Interesse einer klaren Kompetenzverteilung auch nicht implementiert werden sollte.[865]

---

858 So *Marotzke*, JZ 1986, 457, 467, der dies i.E. jedoch verneint.

859 S.o. D.III.2.b) bei Fn. 726.

860 Vgl. zum Kommanditanteil auch *Dörrie*, Testamentsvollstreckung, S. 133 f.; *Ulmer*, NJW 1990, 73, 80.

861 *Weidlich*, Testamentsvollstreckung, S. 57.

862 Vgl. *Ulmer*, NJW 1990, 73, 80 für den Kommanditanteil, wo der Erbe jedoch wegen der weitgehenden Zwischenschaltung des Testamentsvollstreckers den „wichtigen Grund" persönlich kaum einmal zu spüren bekommen wird; zutr. insoweit *Dörrie*, Testamentsvollstreckung, S. 134.

863 S.o. E.II.1.b).

864 *Muscheler*, Haftungsordnung, S. 479 f.; *Dörrie*, ZEV 1996, 370, 375; *ders.*, Testamentsvollstreckung, S. 142; BeckOK BGB/*Lange*, Stand 1.2.2022, § 2205 Rn. 58; *Pauli*, in: Bengel/Reimann, Hdb. Testamentsvollstreckung, § 5 Rn. 165; Staudinger/*Dutta*, BGB, § 2205 Rn. 169.

865 Vgl. dazu bereits oben D.III.2.b) bei Fn. 716 im Zusammenhang mit den „mehrheitsfesten" Kernrechten; grds. dagegen auch *Lorz*, Testamentsvollstreckung, S. 165;

3. Weitergehende Rechte des Testamentsvollstreckers

a) *Auskunfts- und Informationsrechte*

Abgesehen von den oben genannten, mehr oder weniger eindeutig der „Außenseite" der Beteiligung zuzuordnenden Befugnissen stellt sich die Frage, welche weiteren Rechte dem Testamentsvollstrecker einzuräumen sind, damit dieser innerhalb seines Zuständigkeitsbereichs die ihm zugewiesenen Aufgaben nach § 2216 Abs. 1 BGB ordnungsgemäß wahrnehmen kann („Annexrechte"). Einigkeit besteht darüber, dass dem Testamentsvollstrecker ein gewisses Maß an Auskunfts- und Informationsrechten zur Verfügung stehen muss.[866] Unklar ist nur, in welchem Umfang ihm solche Rechte zukommen und wem gegenüber er diese geltend zu machen hat: gegenüber der Gesellschaft oder nur gegenüber dem Gesellschafter-Erben. Als gesichert gilt, dass die Gesellschaft genauso wie bei einer rechtgeschäftlichen Zession[867] der Gewinnansprüche nach Treu und Glauben (§ 242 BGB) verpflichtet ist, dem Testamentsvollstrecker Auskunft darüber zu erteilen, ob und in welcher Höhe auszahlbare Vermögensansprüche des Gesellschafter-Erben entstanden sind.[868] Unproblematisch ist auch ein gegen den Gesellschafter-Erben gerichteter Anspruch auf Erstellung einer *den vererbten Gesellschaftsanteil betreffenden* jährlichen Bilanz, aus der sich „insbesondere auch die auf diesen Anteil entfallenden Erträgnisse und deren Zusammensetzung (Gewinnanteil, Kapitalzinsen, Geschäftsführergehalt usw.) sowie die Entwicklung des Kapitalkontos"[869] ergeben.[870] Ein solcher Anspruch ist mangels ausdrücklicher gesetzlicher Regelung – die §§ 2218 Abs. 1, 666 BGB betreffen nur die Auskunfts- und Rechnungslegungs*pflicht* des Testamentsvollstreckers – aus allgemeinen Grundsätzen herzuleiten, anspruchsbegründend ist insoweit

---

Dörrie, Testamentsvollstreckung, S. 145 mit Fn. 254; für Doppelzuständigkeit beim Kündigungsrecht hingegen *Weidlich*, Testamentsvollstreckung, S. 56; *ders.*, ZEV 1994, 205, 209; *Pauli*, in: Bengel/Reimann, Hdb. Testamentsvollstreckung, § 5 Rn. 185; Staudinger/*Dutta*, BGB, § 2205 Rn. 169, 172.

866 BeckOK BGB/*Lange*, Stand 1.2.2022, § 2205 Rn. 57; *Pauli*, in: Bengel/Reimann, Hdb. Testamentsvollstreckung, § 5 Rn. 165.

867 Zur Rechtsstellung des Zessionars, dem die Ansprüche aus § 717 S. 2 BGB abgetreten sind, BGH NJW 1976, 189; MüKoBGB/*Schäfer*, § 717 Rn. 40.

868 *Weidlich*, Testamentsvollstreckung, S. 104; *ders.*, ZEV 1994, 205, 210; *Lorz*, Testamentsvollstreckung, S. 165 f.

869 So BGH NJW 1968, 2003, 2004 für den Fall der Unterbeteiligung.

870 Für einen solchen Anspruch *Schmitz*, ZGR 1988, 140, 156; *Dörrie*, Testamentsvollstreckung, S. 145; *ders.*, ZEV 1996, 370, 376; *Ulmer*, JuS 1986, 856, 861; *Siegmann*, Personengesellschaftsanteil, S. 231; *Lorz*, Testamentsvollstreckung, S. 165.

§ 242 BGB heranzuziehen.[871] Dadurch wird weder in die inneren Angelegenheiten der Gesellschaft eingegriffen, noch sind höchstpersönliche Mitgliedschaftsrechte des Gesellschafter-Erben betroffen.[872] Anders ist dies, wollte man dem Testamentsvollstrecker einen „umfassenden Einblick in das Unternehmen" und ihm insoweit auch einen Anspruch auf Aushändigung der Jahresabschlüsse der Gesellschaft selbst und Einsicht in deren Geschäftsbücher und Papiere gewähren.[873] Zu Recht wird deshalb ein solcher Anspruch davon abhängig gemacht, dass die übrigen Gesellschafter der Testamentsvollstreckung zugestimmt und dadurch auf ihr Geheimhaltungsinteresse verzichtet haben.[874] Umstritten ist dann aber, ob es tatsächlich das nach § 118 Abs. 1 HGB jedem Gesellschafter gewährte Recht ist, „sich von den Angelegenheiten der Gesellschaft persönlich zu unterrichten, die Handelsbücher und die Papiere der Gesellschaft einzusehen und sich aus ihnen eine Bilanz und einen Jahresabschluss anzufertigen" (ähnlich § 716 Abs. 1 BGB), das der Testamentsvollstrecker gegenüber der Gesellschaft bzw. den Mitgesellschaftern geltend machen kann[875], oder ob sich der Testamentsvollstrecker insoweit an den – in dem vom BGH entschiedenen Fall personengleichen[876] – Gesellschafter-Erben halten muss[877]. Bedenkt man

871 *Ulmer*, JuS 1986, 856, 861; *Dörrie*, Testamentsvollstreckung, S. 145; *Siegmann*, Personengesellschaftsanteil, S. 231; a.A. *Schmitz*, ZGR 1988, 140, 156, der insoweit auf § 233 Abs. 1 HGB analog abstellt.

872 *Schmitz*, ZGR 1988, 140, 156.

873 So aber BGH NJW 1986, 2431, 2434, allerdings bestand in dem vom Erbrechtssenat entschiedenen Fall die Besonderheit, dass der Erbe zugleich der alleinige Mitgesellschafter der Erblasserin gewesen war, es insoweit also keine anderen Gesellschafter gab, die einer Testamentsvollstreckung hätten zustimmen können bzw. deren Interessen hätten geschützt werden müssen, siehe dazu *Marotzke*, AcP 1987, 223, 243; *Schmitz*, ZGR 1988, 140, 156. Zu dem vom BGH daraus gezogenen Schluss, dass die Gesellschaft trotz Vereinigung aller Gesellschaftsanteile in der Hand des Erben – jedenfalls für das hier zu entscheidende Rechtsverhältnis – als nicht erloschen anzusehen ist, krit. *Ulmer*, JuS 1986, 856 ff.

874 Siehe etwa *Marotzke*, AcP 1987, 223, 242; *Dörrie*, Testamentsvollstreckung, S. 145; *ders.*, ZEV 1996, 370, 376; *Schmitz*, ZGR 1988, 140, 156; *Siegmann*, Personengesellschaftsanteil, S. 231; ähnl. *Lorz*, Testamentsvollstreckung, S. 165.

875 Dafür *Michaelis*, ZAkDR 1943, 233, 234; wohl auch *Marotzke*, JZ 1986, 457, 466 f.; *Schmitz*, ZGR 1988, 140, 156; a.A. *Dörrie*, Testamentsvollstreckung, S. 145; *ders.*, ZEV 1996, 370, 376, der von einem eigenen, in seinem Umfang durch Auslegung zu ermittelnden Anspruch des Testamentsvollstreckers gegen die Gesellschaft ausgeht.

876 Dazu bereits oben Fn. 873.

877 Für einen allg. Auskunftsanspruch *Ulmer*, JuS 1986, 856, 861; *Siegmann*, Personengesellschaftsanteil, S. 231; *Weidlich*, Testamentsvollstreckung, S. 104; *Lorz*, Testamentsvollstreckung, S. 165; offenlassend *Marotzke*, AcP 1987, 223, 242.

einerseits, dass die mitgliedschaftlichen Kontrollrechte wegen ihres höchstpersönlichen Charakters („persönliche" Unterrichtung) zumindest auch dem persönlich und unbeschränkt haftenden Nachfolger-Erben zur eigenen Ausübung zustehen müssen[878], anderseits aber Doppelzuständigkeiten von Testamentsvollstrecker und Gesellschafter-Erben weder gesetzlich vorgesehen noch wünschenswert sind[879], kann nur Letzteres richtig sein.

b) *Mitsprache- bzw. Zustimmungsrecht?*

Zu weitgehend erscheint es jedoch, wenn man dem Testamentsvollstrecker darüber hinaus bei allen gesellschaftsrechtlichen Maßnahmen des Gesellschafter-Erben, die die vermögensrechtliche Außenseite der Beteiligung betreffen, etwa wenn Bestimmungen des Gesellschaftsvertrags über die Bewertung der Anteile oder über die Höhe, Fälligkeit und Zahlungsweise des Abfindungsguthabens geändert werden, oder bei Beschlüssen, die den Gewinn betreffen, wie die Verteilung, Verwendung, Ausschüttung, Thesaurierung, Fälligkeit, Verzinsung etc., ein Zustimmungsrecht zubilligen würde.[880] Dadurch könnte der Testamentsvollstrecker weitreichenden Einfluss auf die innergesellschaftliche Willensbildung nehmen, obwohl sich die Gesellschafter wegen der Personenbezogenheit[881] der Mitgliedschaft innerhalb der Gemeinschaft gegen ihren Willen niemanden aufdrängen lassen müssen.[882] Auch würde die Annahme eines solchen Mitspracherechts letztlich doch zur Implementierung einer umfassenden Testamentsvollstreckung, „gewissermaßen durch die

---

878 *Ulmer*, JuS 1986, 856, 862; für Doppelzuständigkeit *Marotzke*, JZ 1986, 457, 466 f.; *ders.*, AcP 1987, 223, 241 f.; *Schmitz*, ZGR 1988, 140, 156.

879 S.o. E.II.2.b) bei Fn. 865.

880 So aber *Mayer*, ZIP 1990, 976, 979; *Reimann*, MittBayNot 1986, 232, 234; *ders.*, MittBayNot 1985, 134, 136; *ders.*, Anm. z. BGH, Beschl. v. 3.7.1989 – II ZB 1/89, DNotZ 1990, 190; *Grigas*, BWNotZ 2002, 25, 30; *Pauli*, in: Bengel/Reimann, Hdb. Testamentsvollstreckung, § 5 Rn. 163; *Muscheler*, Haftungsordnung, S. 480; *R. Kössinger/Zintl*, in: Nieder/Kössinger, Hdb. Testamentsgestaltung, § 15 Rn. 130; Soergel/*Damrau*, BGB, § 2205 Rn. 37; BeckOK BGB/*Lange*, Stand 1.2.2022, § 2205 Rn. 57; Staudinger/*Dutta*, BGB, § 2205 Rn. 169; *Winkler*, Testamentsvollstrecker, Rn. 336, 372; *Wicke*, ZGR 2015, 161, 166; *Weidlich*, Anm. z. BGH, Beschl. v. 10.1.1996 – IV ZB 21/94, MittBayNot 1996, 121 (anders noch *ders.*, Testamentsvollstreckung, S. 103 f.); *Zimmermann*, Testamentsvollstreckung, Rn. 522, 526a; ebenfalls dazu tendierend *Klein/Lindemeier*, in: MünchHdb GesR I, § 80 Rn. 38 („spricht einiges dafür").

881 Dazu bereits oben B.II.1.a).

882 *Weidlich*, Testamentsvollstreckung, S. 103; *ders.*, ZEV 1994, 205, 210; *Lorz*, Testamentsvollstreckung, S. 164; NK-BGB/*Kroiß*, § 2205 Rn. 58.

II. Einlagenrückgewähr, § 172 Abs. 4 HGB

1. Wiederaufleben der persönlichen Haftung gem. § 171 Abs. 1 HGB

Nach § 172 Abs. 4 S. 1 HGB gilt die Einlage eines Kommanditisten den Gläubigern gegenüber als nicht geleistet, soweit sie zurückbezahlt wird. Kommt es zur Rückzahlung, führt dies zum Wiederaufleben der persönlichen Außenhaftung des Kommanditisten gem. § 171 Abs. 1 HGB. Gleiches gilt nach § 172 Abs. 4 S. 2 HGB, wenn der Kommanditist Gewinnanteile entnimmt, während sein Kapitalkonto durch Verlust unter den Betrag der geleisteten Hafteinlage herabgemindert ist (Alt. 1) oder durch die Entnahme unter diesen Betrag herabgemindert wird (Alt. 2).[915] Der Begriff „Rückzahlung" im Sinne von § 172 Abs. 4 S. 1 HGB ist denkbar weit zu verstehen. Weder muss gerade die Einlage zurückgewährt werden, noch muss überhaupt tatsächlich etwas „gezahlt" werden.[916] Rückzahlung kann vielmehr jede Zuwendung an den Kommanditisten oder für seine Rechnung an einen Dritten sein, durch die dem Gesellschaftsvermögen Vermögenswerte ohne gleichwertige Gegenleistung entzogen werden.[917] Unter § 172 Abs. 4 S. 1 HGB fallen also etwa auch Leistungen der Gesellschaft im Zusammenhang mit Austauschgeschäften mit dem Kommanditisten, soweit diese einem Drittvergleich nicht standhalten[918] (sog. verdeckte Ausschüttungen), die Begleichung persönlicher Schulden des Kommanditisten durch die Gesellschaft[919], die Auszahlung des Abfindungsguthabens bei Ausscheiden des Kommanditisten[920] etc.[921], vorausgesetzt, dass dadurch das Kapitalkonto des Kommanditisten unter den Betrag der eingetragenen Haftsumme gedrückt oder eine bereits bestehende Unterdeckung vertieft wird.[922] Auf eine persönliche Veranlassung seitens des

---

915 Vgl. MüKoHGB/*K. Schmidt*, §§ 171, 172 Rn. 78 f. zum Zusammenhang mit der das Innenverhältnis betreffenden Vorschrift des § 169 Abs. 1 S. 2 Halbs. 2 HGB.

916 EBJS/*Strohn*, HGB, § 172 Rn. 21.

917 BGH NJW 1963, 1873, 1876; DStR 2016, 2663; OLG Hamm, NJW-RR 1995, 489, 490; NZG 2010, 1298, 1299; Hopt/*Roth*, HGB, § 172 Rn. 6; MüKoHGB/*K. Schmidt*, §§ 171, 172 Rn. 68; EBJS/*Strohn*, HGB, § 172 Rn. 21.

918 BGH DStR 2016, 2663; Henssler/Strohn/*Gummert*, HGB, § 172 Rn. 48.

919 Hopt/*Roth*, HGB, § 172 Rn. 6.

920 Oetker/*Oetker*, HGB, § 172 Rn. 27; Hopt/*Roth*, HGB, § 172 Rn. 6.

921 Vgl. Hopt/*Roth*, HGB, § 172 Rn. 6 mit zahlreichen weiteren Beispielen.

922 Hopt/*Roth*, HGB, § 172 Rn. 4; MüKoHGB/*K. Schmidt*, §§ 171, 172 Rn. 69; EBJS/*Strohn*, HGB, § 172 Rn. 22.

Kommanditisten kommt es nicht an.[923] Damit können, so wie der BGH in seiner Grundsatzentscheidung zum Kommanditanteil deutlich gemacht hat, auch Leistungen an den Testamentsvollstecker haftungsbegründende Wirkung entfalten, wenn und soweit das haftende Vermögen der Gesellschaft dadurch geschmälert wird.[924] Dies war auch der Ausgangspunkt für die Erkenntnis, dass – ungeachtet seiner auf den Nachlass beschränkten Verpflichtungsbefugnis – aus dem Handeln des Testamentsvollstreckers eine persönliche Haftung des Gesellschafter-Erben resultieren *kann,* der Regelung des § 2206 BGB insoweit also „nur" Bedeutung für das im Innenverhältnis zum Gesellschafter-Erben zu beachtende rechtliche „Dürfen" zukommt.[925] Eine außenwirksame Beschränkung der „Empfangsberechtigung"[926] des Testamentsvollstreckers wäre demgegenüber, wie bereits gezeigt[927], mit dem gläubigerschützenden Charakter der §§ 171 Abs. 1, 172 Abs. 4 HGB nicht zu vereinbaren. Gleiches gilt für *Muschelers*[928] Ansatz einer stets auf den Nachlass beschränkbaren Erbenhaftung.[929] Stattdessen ist die Vorschrift des § 2206 Abs. 2 BGB teleologisch zu reduzieren.[930]

2. Folgen für das Verwaltungshandeln des Testamentsvollstreckers

Vor diesem Hintergrund wird der Testamentsvollstrecker als nicht berechtigt angesehen, ohne Zustimmung des Erben haftungsschädliche Zahlungen nach § 172 Abs. 4 HGB für den Nachlass entgegenzunehmen.[931] Dies gilt unbeschadet

923 MüKoHGB/*K. Schmidt*, §§ 171, 172 Rn. 68.

924 BGH NJW 1989, 3152, 3155; *Brandner*, in: FS Kellermann, 37, 42; *Dörrie*, Testamentsvollstreckung, S. 70; *ders.*, ZEV 1996, 370, 373; Koller/Kindler/Roth/Drüen/*Kindler*, HGB, § 177 Rn. 7; *Lorz*, Testamentsvollstreckung, S. 188; *Muscheler*, Haftungsordnung, S. 518; *Raddatz*, Nachlaßzugehörigkeit, S. 164 f.; Hopt/*Roth*, HGB, § 172 Rn. 6; MüKoHGB/*K. Schmidt*, §§ 171, 172 Rn. 68; *Weidlich*, Testamentsvollstreckung, S. 117 f.

925 S.o. C.II.3.b).

926 Siehe dazu oben die Nachw. in Fn. 400.

927 S.o. C.II.3.c).

928 Haftungsordnung, S. 518.

929 Dagegen bereits oben A.II.3.b); gegen eine Beschränkung der Haftung aus § 171 Abs. 1 HGB nach erbrechtlichen Grundsätzen auch BGH NJW 1989, 3152, 3155; MüKoHGB/*K. Schmidt*, § 177 Rn. 34.

930 Dazu *Lorz*, Testamentsvollstreckung, S. 189 sowie bereits oben C.II.3.b).

931 BGH NJW 1989, 3152, 3155; *Brandner*, in: FS Kellermann, 37, 42; *Dörrie*, Testamentsvollstreckung, S. 69; *ders.*, ZEV 1996, 370, 373; *Schmellenkamp*, MittRhNotK 1986, 181, 185; *Ulmer*, NJW 1990, 73, 78; *ders.*, ZHR 1982, 555, 567; *Weidlich*,

der Tatsache, dass die konkrete Gesellschaftsverbindlichkeit, für die der Erbe einzustehen hat, nicht von dem Testamentsvollstrecker selbst herrührt, sondern von dem geschäftsführenden Gesellschafter, vgl. §§ 164, 170 HGB. Allerdings eröffnet erst die Erfüllung eines der in § 172 Abs. 4 HGB genannten Haftungstatbestände den Gläubigern den Zugriff auf das Vermögen des Erben[932] und genau solche Situationen muss der Testamentsvollstrecker im Rahmen seiner Verpflichtung zur ordnungsgemäßen Nachlassverwaltung vermeiden[933]. Im Falle eines pflichtwidrigen Handelns steht dem Erben ein Schadensersatzanspruch gegen den Testamentsvollstrecker nach § 2219 Abs. 1 BGB zu.[934] Angesichts des oben[935] beschriebenen weiten Anwendungsbereichs und der in Randzonen bestehenden tatbestandlichen Unsicherheiten birgt § 172 Abs. 4 HGB somit ein beträchtliches Haftungsrisiko, und zwar sowohl für den Erben als auch für den Testamentsvollstrecker, dessen sich der Testamentsvollstrecker bei seinem Verwaltungshandeln stets bewusst sein sollte.[936] Solange sich das Haftungsrisiko des Erben nicht realisiert, ist der Anspruch auf Freistellung von etwaigen Gläubigeransprüchen gerichtet.[937] Die Erben müssen also nicht zwingend in Vorleistung treten und sich im Nachhinein beim Testamentsvollstrecker schadlos halten.[938] Außerdem können sie von dem Testamentsvollstrecker gem. § 2216 Abs. 1 BGB[939] auch die Wiedereinzahlung der im Wege dinglicher Surrogation

---

Testamentsvollstrecker, S. 117; MüKoBGB/*Zimmermann*, § 2205 Rn. 44; a.A. nur *Muscheler*, Haftungsordnung, S. 519, der sich insoweit für eine rein gesellschaftsrechtliche Betrachtung ausspricht.

932 Zutr. *Weidlich*, Testamentsvollstrecker, S. 117.

933 *Lorz* Testamentsvollstreckung, S. 190; *Raddatz*, Nachlaßzugehörigkeit, S. 165; MüKoBGB/*Zimmermann*, § 2205 Rn. 44; siehe dazu bereits oben C.II.3.a).

934 *Dörrie*, Testamentsvollstreckung, S. 70; *ders.*, ZEV 1996, 370, 373; *Lorz*, Testamentsvollstreckung, S. 188; *Raddatz*, Nachlaßzugehörigkeit, S. 165; MüKoHGB/*K. Schmidt*, § 177 Rn. 35.

935 F.II.1.

936 Darauf zu Recht hinweisend *Raddatz*, Nachlaßzugehörigkeit, S. 163; dagegen sind die frühen Befürworter einer Testamentsvollstreckung an Kommanditanteilen eher darum bemüht, das mit § 172 Abs. 4 HGB verbundene Haftungsrisiko herunterzuspielen, siehe etwa *Brandner*, in: FS Kellermann, 37, 42; *Rowedder*, in: FS Goerdeler, 445, 462.

937 *Raddatz*, Nachlaßzugehörigkeit, S. 165; ebenso *Lorz*, Testamentsvollstreckung, S. 191; *Weidlich*, Testamentsvollstreckung, S. 118.

938 *Raddatz*, Nachlaßzugehörigkeit, S. 165.

939 Dazu, dass jeder Erbe den Testamentsvollstrecker auf Grundlage von § 2216 Abs. 1 BGB sowohl auf Unterlassung einer ordnungswidrigen als auch auf Vornahme einer gebotenen Verwaltungshandlung in Anspruch nehmen kann, oben C.II.1.

analog § 2041 BGB[940] in den Nachlass gelangten Mittel in das Gesellschaftsvermögen verlangen, was nach § 171 Abs. 1 Halbs. 2 HGB zum Wiedererlöschen der Haftung führt.[941] Die aus § 172 Abs. 4 HGB für die Erben resultierenden Haftungsgefahren reduzieren sich somit letztlich auf die Möglichkeit einer Zahlungsunfähigkeit des Testamentsvollstreckers und sind deshalb hinnehmbar.[942]

Unklar ist, ob daneben auch die Gesellschaft von dem Testamentsvollstrecker die Rückzahlung verlangen kann. Der BGH hat in seinem Grundsatzbeschluss einen solchen Erstattungsanspruch mit der Begründung bejaht, „daß man Maßnahmen, die zur persönlichen Haftung des Erben führen, nicht mehr als ordnungsmäßige Verwaltung des Nachlasses wird ansehen können", was dann zur Folge habe, „dass sie entweder durch die Vertretungsbefugnis des Testamentsvollstreckers nicht gedeckt sind […] oder daß die Rückzahlung der Einlage ohne Zustimmung des Erben den Testamentsvollstrecker zumindest in der Regel unter dem Gesichtspunkt des dem Geschäftsgegner erkennbaren Mißbrauchs der Verwaltungsbefugnis […] zur Rückgewähr verpflichtet".[943] Die daran von *Raddatz* nicht ganz zu Unrecht geübte Kritik richtet sich dagegen, dass der BGH zwei völlig gegenläufige Ansätze[944] zur Lösung des mit § 172 Abs. 4 HGB verbundenen Haftungsproblems miteinander vermengt hat: Bei einem Fehlen oder Missbrauch der Vertretungsmacht dürfte die Rückzahlung der Einlage an den Testamentsvollstrecker gar nicht zu Lasten des Erben gehen und entgegen der zuvor getroffenen Feststellung überhaupt nicht zu einem Wiederaufleben der persönlichen Haftung des Kommanditisten-Erben nach § 171 Abs. 1 HGB führen; vielmehr wäre in diesem Fall allein der Testamentsvollstrecker zur Rückgewähr des Erlangten an das Gesellschaftsvermögen gem. § 812 BGB[945] verpflichtet.[946] Die überwiegende Ansicht im Schrifttum interpretiert die Aussage des BGH freilich dahingehend, dass die Folgen der fehlenden Vertretungsmacht auf das Innenverhältnis zur Gesellschaft beschränkt bleiben und insoweit zu einer bereicherungsrechtlichen Rückabwicklung der Zahlung führen, während

---

940 Vgl. dazu bereits oben Fn. 202.

941 *Dörrie*, Testamentsvollstreckung, S. 70; *ders.*, ZEV 1996, 370, 373; *Esch*, NJW 1981, 2222, 2225; vgl. dazu auch MüKoHGB/*K. Schmidt*, §§ 171, 172 Rn. 77.

942 *Raddatz*, Nachlaßzugehörigkeit, S. 165.

943 BGH NJW 1989, 3152, 3155.

944 Grds. dazu bereits oben C.II.3.b).

945 So bereits *Ulmer*, ZHR 1982, 555, 567.

946 *Raddatz*, Nachlaßzugehörigkeit, S. 164; krit. auch *Lorz*, Testamentsvollstreckung, S. 188.

im Außenverhältnis[947] zu den Gesellschaftsgläubigern die Einlagenrückgewähr die persönliche Haftung der Kommanditisten-Erben auslöst.[948]

Nach der hier vertretenen Ansicht, wonach die fehlende Befugnis des Testamentsvollstreckers, den Gesellschafter-Erben mit seinem Privatvermögen zu verpflichten, lediglich Ausdruck seines allgemein auf den Nachlass begrenzten rechtlichen „Dürfens" im Verhältnis zum Gesellschafter-Erben ist[949], erübrigt sich eine solche Differenzierung: Die Empfangsberechtigung des Testamentsvollstreckers besteht grundsätzlich sowohl im Außenverhältnis zu den Gläubigern als auch im gesellschaftsinternen Verhältnis zu den übrigen Gesellschaftern.[950] Etwas anderes gilt nur dann, wenn die Zahlung gegen Gesellschaftsrecht verstößt.[951] Insoweit gilt es zu bedenken, dass eine haftungsschädliche Zahlung nicht schon wegen § 172 Abs. 4 HGB der Rückforderung durch die Gesellschaft unterliegt; § 172 Abs. 4 HGB enthält – wegen der im Personengesellschaftsrecht fehlenden Kapitalbindung – keine den Regelungen der §§ 30, 31 GmbHG entsprechende Ausschüttungssperre.[952] Eine gegen § 172 Abs. 4 HGB verstoßende Zahlung kann gesellschaftsrechtlich deshalb durchaus zulässig sein und begründet somit nicht *per se* eine Rückgewährpflicht des Kommanditisten.[953] Anders ist dies aber dann, wenn der geschäftsführende Gesellschafter ohne Zustimmung der Mitgesellschafter eine verdeckte Gewinnausschüttung zugunsten des Testamentsvollstreckers vornimmt.[954] In solchen Fällen – und nur in solchen Fällen – besteht also neben dem im Außenverhältnis eingreifenden § 172 Abs. 4 HGB ein interner gesellschaftsvertraglicher oder bereicherungsrechtlicher Rückforderungsanspruch der Gesellschaft.[955] Auch insoweit erweist sich die hier vertretene Ansicht als sachgerecht, da sie zu einer klaren Trennung der erb- von

---

947 Von *Muscheler*, Haftungsordnung, S. 517 f. als „Außenverhältnis zweiter Stufe" bezeichnet, im Gegensatz zum Verhältnis des Testamentsvollstreckers zur Gesellschaft als dem „Außenverhältnis erster Stufe" und dem reinen „Innenverhältnis" zum Erben.

948 I.d.S. *Dörrie*, Testamentsvollstreckung, S. 70; *ders.*, ZEV 1996, 370, 373; NK-BGB/*Kroiß*, § 2205 Rn. 50; MüKoHGB/*K. Schmidt*, § 177 Rn. 31; *Weidlich*, Testamentsvollstreckung, S. 118; *ders.*, ZEV 1994, 205, 207.

949 Eingehend dazu oben C.II.3.c).

950 Vgl. auch *Lorz*, Testamentsvollstreckung, S. 190.

951 *Lorz*, Testamentsvollstreckung, S. 190; *Muscheler*, Haftungsordnung, S. 519.

952 MüKoHGB/*K. Schmidt*, §§ 171, 172 Rn. 64; siehe auch *Muscheler*, Haftungsordnung, S. 519; *Priester*, in: FS Stimpel, 463, 481.

953 MüKoHGB/*K. Schmidt*, §§ 171, 172 Rn. 64.

954 *Lorz*, Testamentsvollstreckung, S. 190; vgl. MüKoHGB/*K. Schmidt*, §§ 171, 172 Rn. 64.

955 Vgl. MüKoHGB/*K. Schmidt*, §§ 171, 172 Rn. 64.

der gesellschaftsrechtlichen Ebene führt.[956] Die gegenteilige Ansicht trägt im Übrigen auch kaum etwas dazu bei, die mit § 172 Abs. 4 HGB verbundenen Haftungsgefahren für den Erben zu verringern, da der Testamentsvollstrecker bereits unter dem Gesichtspunkt ordnungsgemäßer Nachlassverwaltung gem. § 2216 Abs. 1 BGB zur Rückzahlung[957] der Einlage an das Gesellschaftsvermögen verpflichtet ist.

III. Erhöhung der Kommanditeinlage

1. Die Lösung des BGH und deren Rezeption im Schrifttum

Ähnliche haftungsrechtliche Fragen wie bei der Rückgewähr der Einlage stellen sich, wenn der Testamentsvollstrecker an einer Erhöhung der Kommanditeinlage mitwirkt. Der BGH hat in seinem Grundsatzbeschluss ausgeführt, dass der Testamentsvollstrecker dazu ohne Zustimmung des Erben nicht befugt sei.[958] Der Erbe könne dies zwar nur seinen Mitgesellschaftern entgegenhalten; er habe aber trotzdem nicht zu befürchten, aus einer mit einer derartigen Maßnahme verbundenen Erhöhung der Hafteinlage in Anspruch genommen zu werden, da, falls der Testamentsvollstrecker die ohne Zustimmung des Erben beschlossene Erhöhung zum Handelsregister anmelde, das Registergericht den Antrag mangels Wirksamkeit des Erhöhungsbeschlusses zurückweisen müsse. Im Übrigen habe es den Erben in einem solchen Eintragungsverfahren zu hören. Auf eine nicht im Handelsregister eingetragene Erhöhung könnten sich die Gläubiger nur bei besonderer Kundmachung gem. § 172 Abs. 2 HGB berufen, welche jedoch ebenfalls der Zustimmung des Kommanditisten bedürfe. Die fehlende Befugnis des Testamentsvollstreckers, den Erben mit seinem persönlichen Vermögen zu verpflichten, steht hiernach also nicht nur einer ohne Zustimmung des Erben beschlossenen Erweiterung der Außenhaftung nach § 172 Abs. 1 oder 2 HGB, sondern auch einer Erhöhung der internen Beitrags- bzw. Einlagepflicht entgegen.[959] Eine Erhöhung der auf den vererbten Anteil entfallenden Einlage durch den Testamentsvollstrecker kommt nach dieser Ansicht allenfalls dann in Betracht, wenn die sofortige Erfüllbarkeit der Einlagepflicht aus dem Nachlass gesichert und eine persönliche Haftung des Erben dadurch praktisch

---

956 Siehe zu diesem Gesichtspunkt bereits oben C.II.3.c) bei Fn. 411.

957 S.o. bei Fn. 941.

958 BGH NJW 1989, 3152, 3155, dort auch zum folgenden Text.

959 *Ulmer*, ZHR 1982, 555, 566; *ders.*, NJW 1990, 73, 79.

ausgeschlossen ist[960], wie etwa bei einer haftungsneutralen Umwandlung von Rücklagen oder nicht entnahmefähigem Guthaben in Gesellschaftskapital[961]. Dies findet im Schrifttum erwartungsgemäß vor allem bei denjenigen Autoren Anklang, die sich für eine Übertragung der gesellschaftsrechtlichen Kernbereichslehre auf das Testamentsvollstreckerrecht aussprechen[962], stellt der entsprechende Erhöhungsbeschluss doch geradezu den idealtypischen Fall eines unmittelbaren Eingriffs in die individuelle Rechtsstellung des betroffenen Gesellschafters dar[963]. Wie sich jedoch gezeigt hat[964], ist die Kernbereichsrelevanz des Beschlussgegenstandes nur insoweit von Bedeutung, als es um die Frage geht, inwieweit der Gesellschafterbeschluss der ausdrücklichen Zustimmung der *Erbenseite* bedarf; für die interne Kompetenzverteilung zwischen Erben und Testamentsvollstrecker ist sie demgegenüber bedeutungslos.[965]

2. Differenzierende Betrachtung

a) *Erhöhung der Pflichteinlage*

Auch unter haftungsrechtlichen Gesichtspunkten vermag die Auffassung des BGH nicht zu überzeugen, da sie den für die Kommanditgesellschaft charakteristischen Gegensatz von *Einlage* und *Haftung*[966] vernachlässigt und insoweit nicht hinreichend zwischen der Erhöhung der „Pflicht"- und der „Hafteinlage"[967]

---

960 BGH NZG 2012, 385 Rn. 20; *Dörrie*, ZEV 1996, 370, 373; *Kämper*, RNotZ 2016, 625, 637; *Reimann*, Anm. z. BGH, Beschl. v. 3.7.1989 – II ZB 1/89, DNotZ 1990, 190, 192; EBJS/*Strohn*, HGB, § 177 Rn. 20; *Ulmer*, NJW 1990, 73, 79; *Weidlich*, Testamentsvollstreckung, S. 119; *ders.*, ZEV 1994, 205, 208; tendenziell auch *Klein*, DStR 1992, 326, 327.

961 *Ulmer*, NJW 1990, 73, 79; *ders.*, ZHR 1982, 555, 566; siehe dazu auch LG Berlin, ZEV 2004, 29, 30, wonach die vom Testamentsvollstrecker vorgenommene Zustimmung zur Kapitalerhöhung und deren damit korrespondierende Anmeldung in diesem Fall „noch" von dessen Rechtsmacht gedeckt sei.

962 Siehe etwa *Quack*, BB 1989, 2271, 2273; *Raddatz*, Nachlaßzugehörigkeit, S. 166; *Weidlich*, Testamentsvollstreckung, S. 119; *ders.*, ZEV 1994, 205, 208; i.E. ebenso *Hüfner*, Testamentsvollstreckung, S. 152 („Grundlagengeschäft").

963 Zur Kernbereichsrelevanz eines Beschlusses, der auf die Erhöhung der Beitragspflicht oder die Ausweitung der Haftung abzielt, s.o. D.III.1.a) bei Fn. 661.

964 S.o. D.III.2.b).

965 Zutr. *Lorz*, Testamentsvollstreckung, S. 191; vgl. auch *Pentz*, Anm. z. LG Mannheim, Urt. v. 10.11.1998 – 2 O 193/98, NZG 1999, 825 f.

966 Dazu MüKoHGB/*K. Schmidt*, §§ 171, 172 Rn. 11.

967 Terminologisch unterscheidet MüKoHGB/*K. Schmidt*, §§ 171, 172 Rn. 5; *ders.*, GesR, § 54 I 2 zwischen „Einlage" und „Haftsumme", wobei Einlage die Pflichteinlage meint,

differenziert. Die Pflichteinlage ist der von dem Kommanditisten nach dem Gesellschaftsvertrag geschuldete Beitrag, den dieser zur Eigenkapitalbildung in das Gesellschaftsvermögen leisten muss, während als Hafteinlage bzw. Haftsumme die nach § 162 Abs. 1 HGB im Handelsregister einzutragende summenmäßige Begrenzung der Haftung des Kommanditisten im Außenverhältnis zu den Gesellschaftsgläubigern bezeichnet wird.[968] Im Gegensatz zur Haftsumme betrifft die „Einlage“ im Rechtssinne also nur das disponible Vertragsverhältnis der Gesellschafter untereinander.[969] Soweit es nur um das innere Verhältnis unter den Gesellschaftern geht, können diese frei bestimmen, ob und wie die Einlagepflicht zu erfüllen ist.[970] So kann etwa die Pflicht des Kommanditisten zur Leistung der Einlage durch Vereinbarung der Gesellschafter erlassen, gestundet oder in sonstiger Weise beschränkt werden.[971] In diesem Punkt unterscheidet sich die Kommanditgesellschaft als Personalgesellschaft ganz wesentlich von der GmbH, vgl. § 19 Abs. 2 GmbHG.[972] Damit stehen aber auch einer möglichen Haftungsbeschränkung des Kommanditisten-Erben nach Maßgabe von § 2206 Abs. 2 BGB keine zwingenden gläubigerschützenden Vorschriften des Gesellschaftsrechts entgegen.[973] Die Verpflichtungswirkung der vom Testamentsvollstrecker abgegebenen Erklärung beschränkt sich gegenüber den Mitgesellschaftern auf den Nachlass, weshalb der Testamentsvollstrecker einer Erhöhung der der Gesellschaft geschuldeten Einlage in den Grenzen des § 2205 S. 3 BGB auch ohne Mitwirkung des Kommanditisten-Erben wirksam zustimmen können muss.[974]

---

der Begriff Haftsumme für die Hafteinlage steht; ebenso EBJS/*Strohn*, HGB, § 171 Rn. 5. Im Folgenden werden die jeweiligen Begriffspaare Einlage/Pflichteinlage bzw. Haftsumme/Hafteinlage synonym verwendet.

968 Zu dieser im Gesetz bislang nur unzureichend zum Ausdruck kommenden Differenzierung OLG Celle, OLGZ 1975, 385; MüKoHGB/*K. Schmidt*, §§ 171, 172 Rn. 6. Durch das MoPeG v. 10.8.2021, BGBl. 2021 I, 3436, werden diese terminologischen Unklarheiten beseitigt und die in das Handelsregister einzutragende Einlage wird in den betreffenden Vorschriften (siehe etwa §§ 161, 162, 171, 172, 174, 175 HGB n.F.) explizit als „Haftsumme“ bezeichnet.

969 Statt vieler MüKoHGB/*K. Schmidt*, §§ 171, 172 Rn. 11.

970 BGH WM 1982, 5, 7.

971 MüKoHGB/*K. Schmidt*, §§ 171, 172 Rn. 11, 39; EBJS/*Strohn*, HGB, § 171 Rn. 7, 17.

972 MüKoHGB/*K. Schmidt*, §§ 171, 172 Rn. 11.

973 Zutr. *Dörrie*, Testamentsvollstreckung, S. 117 f.; *Friedrich*, Testamentsvollstreckung, S. 130; *Muscheler*, Haftungsordnung, S. 525; vgl. für den OHG-Anteil auch *Richardi*, Verwaltungsrecht, S. 28.

974 *Brandner*, in: FS Kellermann, 37, 42 f.; *Dörrie*, Testamentsvollstreckung, S. 117; *Friedrich*, Testamentsvollstreckung, S. 194 f.; *Lorz*, Testamentsvollstreckung, S. 192 f.;

Auch der BGH scheint einer solchen Lösung nicht grundsätzlich abgeneigt zu sein, wenn er in seiner jüngeren Rechtsprechung, sofern es um die Grenzen des Machtbereichs des Testamentsvollstreckers geht, explizit nur noch die Erhöhung der Haftsumme erwähnt.[975]

Unklar ist jedoch, ob es insoweit einer Einigung mit den Mitgesellschaftern bzw. einer Klarstellung seitens des Testamentsvollstreckers dahingehend bedarf, dass für die Einlageforderung der Gesellschaft nur das Nachlassvermögen haften soll. Teilweise wird von der Notwendigkeit einer solchen Vereinbarung ausgegangen[976], obgleich zumeist keine allzu hohen Anforderungen daran gestellt werden[977]. *Muscheler* stellt in diesem Zusammenhang allerdings zu Recht die Frage, warum der Testamentsvollstrecker mit den Mitgesellschaftern eine Rechtsfolge soll vereinbaren müssen, die sich bereits unmittelbar aus dem Gesetz ergibt, denn § 2206 Abs. 2 BGB gilt auch hier.[978] Die Zustimmung des Testamentsvollstreckers zur Erhöhung der Pflichteinlage macht die Gesellschaft bzw. die Mitgesellschafter zu reinen Nachlassgläubigern, und zwar allein deshalb, weil nicht der Erbe selbst, sondern für ihn der Testamentsvollstrecker die entsprechende Erklärung abgibt.[979] Insoweit besteht also kein Unterschied zu Rechtsgeschäften, die der Testamentsvollstrecker gegenüber sonstigen Dritten in seiner Amtsfunktion für den Nachlass vornimmt.[980] Eine unzumutbare Belastung ist damit nicht verbunden, wie ein Vergleich mit der GmbH zeigt. Im Zusammenhang mit der

---

Muscheler, Haftungsordnung, S. 526; MüKoHGB/*K. Schmidt*, § 177 Rn. 31; MüKoBGB/*Zimmermann*, § 2205 Rn. 45; a.A. (neben den in Fn. 962 genannten „Kernbereichsanhängern“) *Buschmann*, Testamentsvollstreckung, S. 170; *Ulmer*, ZHR 1982, 555, 566; *ders.*, NJW 1990, 73, 79, jeweils jedoch ohne die notwenige Differenzierung zwischen Einlage und Haftsumme.

975 Siehe BGH NZG 2012, 385 Rn. 20.

976 Henssler/Strohn/*Gummert*, HGB, § 177 Rn. 14; MüKoHGB/*K. Schmidt*, § 177 Rn. 31; *Ulmer*, ZHR 1982, 555, 566.

977 *Lorz*, Testamentsvollstreckung, S. 192 sieht eine solche Bedingung regelmäßig als vom Testamentsvollstrecker konkludent miterklärt an; weitergehend *Friedrich*, Testamentsvollstreckung, S. 131, wonach bereits in der Zulassung der Testamentsvollstreckung im Gesellschaftsvertrag eine vorweggenommene Einigung der Gesellschafter über die Beschränkbarkeit der Haftung auf den Nachlass zu sehen sei; dagegen für den OHG-Anteil *Richardi*, Verwaltungsrecht, S. 28.

978 *Muscheler*, Haftungsordnung, S. 525.

979 *Muscheler*, Haftungsordnung, S. 524 f.; i.E. ebenso *Brandner*, in: FS Kellermann, 37, 42; MüKoBGB/*Zimmermann*, § 2205 Rn. 45.

980 Vgl. *Dörrie*, Testamentsvollstreckung, S. 119 f. für die Begründung neuer Nebenleistungspflichten in der GmbH (§ 3 Abs. 2 GmbHG).

Verwaltung von Geschäftsanteilen darf der Testamentsvollstrecker nach fast einhelliger Ansicht zwar keine neuen Stammeinlagen für den Erben übernehmen; dies hindert ihn jedoch nicht daran, neue Nebenleistungs- oder Nachschusspflichten gem. §§ 3 Abs. 2, 26 ff. GmbHG zu begründen, obwohl – oder vielmehr gerade weil – der Erbe seine Haftung gegenüber der Gesellschaft bzw. den einzelnen Gesellschaftern nach § 2206 Abs. 2 BGB auf den Nachlass beschränken kann.[981] Insoweit geht es nämlich „nur" um die Interessen der Mitgesellschafter an der Leistung der versprochenen Gesellschafterbeiträge und nicht um diejenigen der Gläubiger an der Aufbringung des satzungsmäßigen Haftungsfonds.[982] Dies muss dann aber *erst recht* für eine interne Pflichtenausweitung in der Kommanditgesellschaft gelten, da die Mitgesellschafter hier – anders als bei der GmbH – der Testamentsvollstreckung sogar zugestimmt[983] haben müssen.[984] Darin liegt, anders als man auf den ersten Blick vielleicht meinen könnte, auch kein Widerspruch zu der oben[985] geführten Diskussion, ob die auf den Nachlass beschränkte Verpflichtungsbefugnis des Testamentsvollstreckers als Schranke seines rechtlichen „Dürfens" oder seines rechtlichen „Könnens" aufzufassen ist. Dort wurde zur Begründung einer lediglich schuldrechtlichen Bindung des Testamentsvollstreckers im Innenverhältnis zum Erben zwar ebenfalls auf das Gesellschafts- bzw. Gesellschafterinteresse rekurriert, welches es zu schützen gilt.[986] Allerdings macht es einen Unterschied, ob die Kapitalmaßnahme infolge fehlender Rechtsmacht des mitwirkenden Testamentsvollstreckers insgesamt zu scheitern droht oder ob sich die Mitgesellschafter lediglich damit abfinden müssen, dass der Kommanditisten-Erbe im Hinblick auf seine Einlagepflicht eine Haftungsbeschränkung auf das Nachlassvermögen herbeiführen kann.

Trotzdem sollte der Testamentsvollstrecker ohne ausdrückliche Billigung des Erben einer Erhöhung der Einlage unter dem Gesichtspunkt ordnungsgemäßer Nachlassverwaltung nur dann zustimmen, wenn die sofortige Erfüllbarkeit der Einlagepflicht aus dem Nachlass gesichert ist, um den Erben erst gar nicht in die Situation zu bringen, sich gegenüber seinen Mitgesellschaftern auf seine beschränkte erbrechtliche Haftung berufen zu müssen. Denn dies kann unter

---

981 Siehe zum Ganzen unten G.II.2.b) und G.III.3.

982 *Priester*, in: FS Stimpel, 463, 479.

983 S.o. B.II.1.a).

984 Zutr. *Muscheler*, Haftungsordnung, S. 525 f.; ebenso *Dörrie*, Testamentsvollstreckung, S. 118.

985 C.II.3.a).

986 S.o. C.II.3.c) bei Fn. 407.

Umständen mit Nachteilen für dessen Stellung im Gesellschaftsverband verbunden sein und in Anbetracht einer bestehenden persönlichen Verbundenheit[987] unter den Gesellschaftern zu einem Vertrauensverlust führen, durch den eine weitere gedeihliche Zusammenarbeit in der Gesellschaft – auch nach Beendigung der Testamentsvollstreckung – empfindlich gestört wird. Unproblematisch ist die Zustimmung des Testamentsvollstreckers daher nur dann, wenn die Einlage sofort fällig ist und im Nachlass ausreichende Mittel zu deren Erfüllung vorhanden sind. Insoweit bestehen also zu der oben genannten herrschenden Meinung[988] keine wesentlichen Unterschiede. Im Hinblick auf erst *künftig* zu bewirkende Leistungen kann der Testamentsvollstrecker seine auf die Übernahme der Einlagepflicht gerichtete Erklärung hingegen ausdrücklich unter die Bedingung stellen – und wird dies zur Vermeidung einer eigenen Haftung auch tun müssen –, dass für die Einlagepflicht der Gesellschaft nur der Nachlass haftet. So ist sichergestellt, dass er nicht zur Leistung verpflichtet wird, wenn der Nachlass bei Fälligkeit der Einlage nicht mehr über entsprechende Mittel verfügt; insoweit macht auch die eingangs erwähnte Klarstellung seitens des Testamentsvollstreckers durchaus Sinn. Allerdings bleibt dem Erben die Möglichkeit, sich auf die Haftungsbeschränkung zu berufen, auch bei einem Verstoß des Testamentsvollstreckers erhalten.[989] Der Testamentsvollstrecker hat in diesem Fall aber sowohl dem Erben nach § 2219 Abs. 1 BGB als auch unmittelbar der Gesellschaft nach § 179 BGB analog[990] einen etwaigen daraus resultierenden Schaden zu ersetzen.

b) Erhöhung der Haftsumme

Ungeachtet aller Unterschiede hängen Einlage und Haftsumme in der Praxis regelmäßig dergestalt zusammen, dass, sofern im Gesellschaftsvertrag nur die Einlage und nicht auch die Haftsumme festgelegt ist, der als Einlage genannte Betrag im Zweifel auch die Haftsumme darstellt.[991] Bei einer Erhöhung der Einlage soll damit in der Regel zugleich auch die Haftung des Kommanditisten im

987 Dazu bereits oben B.II.1.a).

988 S.o. die Nachw. in Fn. 960.

989 Vgl. zum GmbH-Recht *Philippi*, Testamentsvollstreckung, S. 170; *Lorz*, Testamentsvollstreckung, S. 267.

990 *Dörrie*, Testamentsvollstreckung, S. 118.

991 BGH NJW 1977, 1820, 1821; OLG Celle, OLGZ 1975, 385; Hopt/*Roth*, HGB, § 171 Rn. 1; MüKoHGB/*K. Schmidt*, §§ 171, 172 Rn. 23; EBJS/*Strohn*, HGB, § 171 Rn. 8.

Außenverhältnis erweitert werden.[992] Etwas anderes gilt nur dann, wenn die Auslegung des entsprechenden Beschlusses bzw. des geänderten Gesellschaftsvertrags[993] ergibt, dass tatsächlich nur die Einlage des Kommanditisten erhöht werden soll, ohne zugleich auch dessen Haftsumme heraufzusetzen, was grundsätzlich möglich ist[994], nach der eben erwähnten Auslegungsregel tatsächlich aber äußerst selten vorkommen dürfte. Gegenüber den Gesellschaftsgläubigern kann sich der Kommanditisten-Erbe nicht auf eine mögliche Haftungsbeschränkung nach § 2206 Abs. 2 BGB berufen.[995] Deshalb ist dem Testamentsvollstrecker die Mitwirkung an der Ausweitung der Außenhaftung des Erben nach einhelliger Ansicht untersagt.[996] Fraglich ist aber, ob man deswegen – und wegen der in der Praxis häufig anzutreffenden „Verquickung" von Einlage und Haftsumme – den Testamentsvollstrecker gleich *insgesamt* von der Teilnahme an der Erhöhung des Kommanditkapitals ausschließen sollte. Ist es erforderlich, ihn mit dem BGH und der mehrheitlich im Schrifttum vertretenen Auffassung im Interesse eines möglichst effektiven Schutzes des Erben vor einer Inanspruchnahme durch die Gesellschaftsgläubiger bereits im Rahmen der Beschlussfassung an die Zustimmung des Erben zu binden, womöglich auch noch mit der Folge der Unwirksamkeit[997] eines ohne die Mitwirkung des Erben gefassten Beschlusses und dessen Verlautbarung (§ 172 Abs. 2 HGB)?[998] Die Antwort auf diese Frage lautet

---

992 Entsprechende Auslegungsregel bei Henssler/Strohn/*Gummert*, HGB, § 172 Rn. 25; MüKoHGB/*K. Schmidt*, §§ 171, 172 Rn. 33, § 175 Rn. 2.

993 Die Erhöhung der Haftsumme setzt eine Änderung des Gesellschaftsvertrags voraus, MüKoHGB/*K. Schmidt*, §§ 171, 172 Rn. 33.

994 Zum (nachträglichen) Auseinanderfallen von Einlage und Haftsumme MüKoHGB/*K. Schmidt*, §§ 171, 172 Rn. 22, § 175 Rn. 2.

995 H.M., BGH NJW 1989, 3152, 3155; NZG 2012, 385 Rn. 20; *Damrau*, NJW 1984, 2785, 2788; *Dörrie*, Testamentsvollstreckung, S. 71; *Lorz*, Testamentsvollstreckung, S. 193; MüKoHGB/*K. Schmidt*, § 177 Rn. 34; *Ulmer*, NJW 1990, 73, 79; *ders.*, ZHR 1982, 555, 566; anders nur *Muscheler*, Haftungsordnung, S. 521, dagegen aber bereits oben A.II.3.b).

996 BGH NZG 2012, 385 Rn. 20; *Bommert*, BB 1984, 178, 183; *Damrau*, NJW 1984, 2785, 2788; *Friedrich*, Testamentsvollstreckung, S. 196; Henssler/Strohn/*Gummert*, HGB, § 177 Rn. 14; *Kämper*, RNotZ 2016, 625, 637; *Klein*, DStR 1992, 326, 327; *Reimann*, Anm. z. BGH, Beschl. v. 3.7.1989 – II ZB 1/89, DNotZ 1990, 190, 192; *Schmellenkamp*, MittRhNotK 1986, 181, 185; MüKoHGB/*K. Schmidt*, § 177 Rn. 31; EBJS/*Strohn*, HGB, § 177 Rn. 20; *Ulmer*, NJW 1990, 73, 79; *ders.*, ZHR 1982, 555, 566; *Winkler*, Testamentsvollstrecker, Rn. 369.

997 Grds. dagegen bereits oben C.II.3.c).

998 Dafür *Ulmer*, NJW 1990, 73, 79; *ders.*, ZHR 1982, 555, 566; i.d.S. ist wohl auch BGH NJW 1989, 3152, 3155 zu verstehen; ebenso *Dörrie*, Testamentsvollstreckung, S. 71,

nein. Im Hinblick auf die Erhöhung der der Gesellschaft geschuldeten Einlage ist eine solche Einschränkung bereits deshalb nicht geboten, weil sich, wie gesehen[999], die Verpflichtungswirkung der vom Testamentsvollstrecker abgegebenen Erklärung gegenüber den Mitgesellschaftern auf den Nachlass beschränkt bzw. beschränken lässt. Die damit verbundene, nicht auf den Nachlass beschränkbare Ausweitung der Außenhaftung des Erben wird erst durch die Verlautbarung der erhöhten Haftsumme im Handelsregister[1000] nach § 172 Abs. 1 HGB oder auf sonstige Weise gem. § 172 Abs. 2 HGB ausgelöst. Insofern genügt es, wenn der Testamentsvollstrecker die erhöhte Einlage bis zur Eintragung des Beschlusses oder anderweitigen Verlautbarung aus Nachlassmitteln leistet und dadurch eine persönliche Haftung des Erben nach § 171 Abs. 1 HGB entfallen lässt, wozu er unter dem Gesichtspunkt ordnungsgemäßer Nachlassverwaltung als verpflichtet anzusehen ist.[1001] Im Hinblick auf erst später zu bewirkende Leistungen sollte er seine Zustimmung zum Erhöhungsbeschluss jedoch zusätzlich[1002] unter der ausdrücklichen Bedingung erklären, dass die Haftsumme im Handelsregister nur dann und insoweit heraufgesetzt werden darf, als die Einlage tatsächlich geleistet ist.[1003] Auf diese Weise wird verhindert, dass der Testamentsvollstrecker von den Mitgesellschaftern zur Mitwirkung an der Anmeldung einer ungedeckten Einlage gezwungen[1004] werden kann, wenn sich nicht genügend Mittel im Nachlass befinden.[1005] Die Bindung des Testamentsvollstreckers an die Grundsätze

---

118, der den Gesellschafter-Erben jedoch in entsprechender Anwendung des § 2206 Abs. 2 BGB zur Zustimmung verpflichten möchte, sofern der Testamentsvollstrecker nachweist, dass die ihm zur Verfügung stehenden Nachlassmittel ausreichen, um jegliches Haftungsrisiko für den Erben auszuschließen.

999 S.o. F.III.2.a).

1000 Die Eintragung hat insoweit konstitutive Bedeutung, MüKoHGB/*K. Schmidt*, §§ 171, 172 Rn. 25, 34.

1001 So wie hier *Brandner*, in: FS Kellermann, 37, 43; MüKoBGB/*Zimmermann*, § 2205 Rn. 45; siehe grds. zur Verpflichtung des Testamentsvollstreckers, eine persönliche Haftung des Gesellschafter-Erbe zu vermeiden, oben C.II.3.a).

1002 Dazu, dass der Testamentsvollstrecker seine Zustimmung im Hinblick auf die Erhöhung der Pflichteinlage unter der Bedingung stellen muss, dass für die künftig zu bewirkende Leistung der Gesellschaft nur der Nachlass haftet, bereits oben F.III.2.a).

1003 *Ulmer*, ZHR 1982, 555, 566 f.; ebenso *Lorz*, Testamentsvollstreckung, S. 193.

1004 Zwar besteht keine registerrechtliche Pflicht zur Anmeldung der Haftsummenerhöhung (vgl. § 175 S. 3 HGB); davon unberührt bleibt jedoch eine privatrechtliche, klagbare Pflicht im Innenverhältnis der Gesellschafter zur Mitwirkung bei der Anmeldung, MüKoHGB/*K. Schmidt*, § 175 Rn. 6, 9, 13.

1005 *Lorz*, Testamentsvollstreckung, S. 193.

ordnungsgemäßer Nachlassverwaltung und der bei einer schuldhaften Verletzung resultierende Schadensersatzanspruch aus § 2219 Abs. 1 BGB sind auch hier als ausreichendes Korrektiv zum Schutz des Erben anzusehen.[1006] Die Befugnis des Testamentsvollstreckers zur Mitwirkung an einer Einlagenerhöhung generell von der Zustimmung des Erben abhängig machen zu wollen, ist somit nicht sachgerecht.

IV. Atypische Ausgestaltung der Beteiligung

1. Geschäftsführungs- und vertretungsberechtigter Kommanditisten-Erblasser

Abschließend soll noch der Frage nachgegangen werden, inwieweit der Testamentsvollstrecker einen mit Geschäftsführungs- und Vertretungsbefugnissen ausgestatten Anteil eines Kommanditisten verwalten kann, oder ob die vom BGH in seinem Grundsatzbeschluss dagegen erhobenen Bedenken[1007] berechtigt sind. Nach dem gesetzlichen Leitbild sind Kommanditisten lediglich als Kapitalgeber an der Gesellschaft beteiligt, ohne maßgebliche Mitwirkungsbefugnisse in der Gesellschaft zu haben[1008]; dementsprechend sind sie auch gem. §§ 164 S. 1 Halbs. 1, 170 HGB[1009] von der Geschäftsführung und Vertretung der Gesellschaft ausgeschlossen. Die Regelung des § 164 HGB ist jedoch, wie sich bereits aus § 163 HGB ergibt, dispositiv, so dass dem Kommanditisten im Gesellschaftsvertrag entsprechend §§ 114 ff. HGB Geschäftsführungsbefugnis erteilt werden kann.[1010] Demgegenüber wird § 170 HGB zwar zwingender Charakter beigemessen, nach herrschender Meinung allerdings nur insoweit, als es um die Übertragung *organschaftlicher* Vertretungsmacht nach §§ 125 ff. HGB geht.[1011] Die Zulässigkeit rechtsgeschäftlicher Vollmachten nach § 166 Abs. 2 S. 1

1006 *Lorz*, Testamentsvollstreckung, S. 195.

1007 Siehe BGH NJW 1989, 3452, 3154.

1008 Vgl. BT-Drs. 19/27635, S. 220; Henssler/Strohn/*Gummert*, HGB, § 164 Rn. 1.

1009 §§ 164 Halbs. 1, 170 Abs. 1 HGB i.d.F. des MoPeG v. 10.8.2021, BGBl. 2021 I, 3436.

1010 MüKoHGB/*Grunewald*, § 164 Rn. 24; Henssler/Strohn/*Gummert*, HGB, § 164 Rn. 16; Hopt/*Roth*, HGB, § 164 Rn. 7.

1011 BGH NJW 1969, 507, 508; OLG Frankfurt, NZG 2006, 262; Henssler/Strohn/*Gummert*, HGB, § 170 Rn. 5; Hopt/*Roth*, HGB, § 170 Rn. 1; a.A. (Zulässigkeit auch organschaftlicher Vertretungsmacht) MüKoHGB/*Grunewald*, § 170 Rn. 13; siehe zu der durch das MoPeG v. 10.8.2021, BGBl. 2021 I, 3436, neu eingeführten Sonderregelung für die Einheits-GmbH & Co. KG § 170 Abs. 2 HGB n.F., dazu BT-Drs. 19/27635, S. 255 f.

BGB, etwa in Form einer Prokura gem. §§ 48 ff. HGB, bleibt unberührt.[1012] Für den Fall, dass dem Erblasser derartige, vom gesetzlichen Regelfall abweichende Befugnisse eingeräumt waren, hat der BGH die Frage nach der rechtlichen Durchführbarkeit der Testamentsvollstreckung am vererbten Kommanditanteil offen gelassen.[1013] Entsprechend vielfältig sind die zu dieser Frage im Schrifttum vertretenen Auffassungen. Dabei sind mehrere Aspekte auseinanderzuhalten.

2. Vererblichkeit des Sonderrechts auf Geschäftsführung und Vertretung

Zunächst müsste es sich bei den Geschäftsführungs- und Vertretungsbefugnissen des Erblassers um vererbliche Sonderrechte handeln, da sie nur dann als Gegenstand der Testamentsvollstreckung überhaupt in Betracht kommen. Grundsätzlich ausgeschlossen ist die Vererbbarkeit der Geschäftsführungs- und Vertretungsbefugnis zwar nicht.[1014] Insoweit kommt es maßgeblich auf die Vereinbarungen im Gesellschaftsvertrag an.[1015] Im Regelfall werden solche Befugnisse einem Kommanditisten jedoch, wenn überhaupt, dann nur *ad personam* übertragen – mit dessen Tod erlöschen damit auch die entsprechenden Sonderrechte.[1016] Fehlt es, wie so häufig, an einer ausdrücklichen Regelung, wird

1012 BGH NJW 1955, 1394, 1395; OLG Frankfurt, NZG 2006, 262 f.; Oetker/*Oetker*, HGB, § 170 Rn. 8.

1013 BGH NJW 1989, 3152, 3154.

1014 Siehe etwa zur Vollmacht Staudinger/*Schilken*, BGB, § 168 Rn. 19; MüKoBGB/*Schubert*, § 168 Rn. 9; anders ist dies bei der Prokura, welche aufgrund ihres höchstpersönlichen Charakters (vgl. § 52 Abs. 2 HGB) mit dem Tod des Prokuristen zwingend erlischt, Oetker/*Schubert*, HGB, § 52 Rn. 26; EBJS/*Weber*, HGB, § 52 Rn. 22; in diesem Fall kommt aber als vererbliche Rechtsposition ein dem Erblasser gesellschaftsvertraglich eingeräumter schuldrechtlicher Anspruch auf Erteilung der Prokura in Betracht, *Muscheler*, Haftungsordnung, S. 515; *Lorz*, Testamentsvollstreckung, S. 197.

1015 *Muscheler*, Haftungsordnung, S. 515; vgl. für die OHG BGH NJW 1959, 192; weitergehend *Weidlich*, Testamentsvollstreckung, S. 117, wonach es möglich und im Zweifel davon auszugehen sei, dass der Erblasser mit der Anordnung der Testamentsvollstreckung zugleich auch das automatische Erlöschen der Geschäftsführungs- und Vertretungsbefugnis testamentarisch verfügt habe; dazu bereits oben A.II.3.c) mit Fn. 135.

1016 *Brandner*, in: FS Kellermann, 37, 43; *Dörrie*, Testamentsvollstreckung, S. 97; *Esch*, NJW 1981, 2222, 2225; *Klein*, DStR 1992, 326, 327; NK-BGB/*Kroiß*, § 2205 Rn. 50; BeckOK BGB/*Lange*, Stand 1.2.2022, § 2205 Rn. 60; *Lorz*, Testamentsvollstreckung, S. 197; *Mayer*, ZIP 1990, 976, 977; *Muscheler*, Haftungsordnung, S. 515; *Pauli*, in: Bengel/Reimann, Hdb. Testamentsvollstreckung, § 5 Rn. 206; MüKoHGB/*K. Schmidt*,

die Auslegung des Gesellschaftsvertrags deshalb im Zweifel ergeben, dass dem Erblasser eingeräumte Geschäftsführungs- und Vertretungsbefugnisse höchstpersönlicher Natur und damit unvererblich sind.[1017] Vor diesem Hintergrund dürfte auch die praktische Relevanz der Frage nach der Zulässigkeit der Testamentsvollstreckung an einem atypisch ausgestalteten Kommanditanteil eher gering sein.[1018]

Eine andere Beurteilung ist aber dann angezeigt, wenn Sonderrechte ausnahmsweise nicht im Hinblick auf ein persönliches Vertrauen zum Erblasser, sondern wegen der konkreten Ausgestaltung der Beteiligung, z.B. einer besonders hohen Hafteinlage, des Ausschlusses des Informationsrechts etc., eingeräumt wurden.[1019] In solchen Fällen sind diese Rechte unmittelbar mit der betroffenen Beteiligung verbunden und damit einer Vererbung zugänglich.[1020]

3. Zustimmung der Mitgesellschafter

Kommt man zu vererblichen Sonderrechten des verstorbenen Gesellschafters, wird, damit diese Rechte nach dem Erbfall vom Testamentsvollstrecker ausgeübt werden können, die Zustimmung der übrigen Mitgesellschafter für unerlässlich gehalten.[1021] Unklar ist dabei jedoch, ob die für die Durchführbarkeit der Testamentsvollstreckung grundsätzlich erforderliche Zustimmung[1022] der Mitgesellschafter auch die Wahrnehmung dieser Rechte durch den Testamentsvollstrecker umfasst.

Die wohl überwiegende Ansicht im Schrifttum lehnt dies ab. So hätten die Mitgesellschafter selbst dann, wenn im Gesellschaftsvertrag die

---

§ 177 Rn. 29; *ders.*, in: FS Maier-Reimer, 629, 635; *Ulmer*, NJW 1990, 73, 76; *Weidlich*, Testamentsvollstreckung, S. 116 f.

1017 *Muscheler*, Haftungsordnung, S. 515; vgl. BGH NJW 1959, 192 mit genau der gegenteiligen Auslegungsregel, allerdings für den Eintritt des Erben in eine OHG, wo grds. jeder Gesellschafter zur Geschäftsführung und Vertretung in der Gesellschaft berechtigt und verpflichtet ist, §§ 114, 125 HGB.

1018 So auch *Mayer*, ZIP 1990, 976, 977; MüKoHGB/*K. Schmidt*, § 177 Rn. 29.

1019 *Friedrich*, Testamentsvollstreckung, S. 74, 208 f.; *Muscheler*, Haftungsordnung, S. 515.

1020 *Dörrie*, Testamentsvollstreckung, S. 97.

1021 *Dörrie*, Testamentsvollstreckung, S. 97; *Pauli*, in: Bengel/Reimann, Hdb. Testamentsvollstreckung, § 5 Rn. 206; Staudinger/*Dutta*, BGB, § 2205 Rn. 193; *Reimann*, Anm. z. BGH, Beschl. v. 3.7.1989 – II ZB 1/89, DNotZ 1990, 190, 193; selbst MüKoHGB/*K. Schmidt*, § 177 Rn. 29, ansonsten das Zustimmungserfordernis abl. (s.o. die Nachw. in Fn. 283), hält hier eine Zustimmung für unverzichtbar.

1022 S.o. B.II.1.a).

Testamentsvollstreckung zugelassen sei, nicht beabsichtigt, dass die Geschäftsführung während der Dauer der Testamentsvollstreckung vom Inhaber dieses Amtes ausgeübt werden können solle.[1023] Vielmehr sei eine ausdrückliche Zustimmung dahingehend erforderlich, dass der vorgesehene Testamentsvollstrecker sie durch die Wahrnehmung der Geschäftsführungs- und Vertretungsbefugnisse möglicherweise mit ihrem gesamten Vermögen verpflichten könne.[1024] Das Meinungsspektrum hinsichtlich der Auswirkungen einer fehlenden Zustimmung reicht von einer Ausübungsbefugnis des Kommanditisten-Erben[1025] über das Ruhen[1026] der Geschäftsführerfunktion für die Dauer der Fremdverwaltung bis hin zur völligen Unzulässigkeit[1027] der Testamentsvollstreckung.

Die Gegenmeinung weist indes darauf hin, dass den Gesellschaftern diejenigen Umstände, aus denen sich die Vererblichkeit der Sonderrechte ergeben, bekannt seien, und nichts sie zu der Annahme berechtigen würde, der Erblasser werde gerade die weitreichendsten Mitgliedschaftsrechte von der Vollstreckung ausnehmen und stattdessen den Erben übertragen.[1028]

Letztlich handelt es sich auch hier um ein Auslegungsproblem. Insoweit kann nicht übersehen werden, dass es lebensfremd wäre anzunehmen, die Gesellschafter würden ihre Entscheidung über die Zulassung der Testamentsvollstreckung – sei es nun vorab im Gesellschaftsvertrag oder erst nachträglich anlässlich des konkreten Erbfalls – nicht auch und *gerade* im Hinblick auf die mit dem Anteil verbundenen Sonderrechte treffen. Angesichts der damit eröffneten Möglichkeit umfassender Vertretungsmacht ohne jede eigene persönliche Haftung werden sie sich, sofern sie nicht möchten, dass der Testamentsvollstrecker sie persönlich verpflichten können soll, keinesfalls nur darauf verlassen, dass sie den Testamentsvollstrecker im Wege einer wie auch immer gearteten „qualifizierten" Zustimmung noch gesondert werden ermächtigen müssen, sondern

---

1023 So *Ulmer*, NJW 1990, 73, 76; *K. Schmidt*, in: FS Maier-Reimer, 629, 635 f.; für den Regelfall ebenfalls verneinend *Brandner*, FS Kellermann, 37, 43 f.; *Dörrie*, Testamentsvollstreckung, S. 97 f.

1024 *Reimann*, Anm. z. BGH, Beschl. v. 3.7.1989 – II ZB 1/89, DNotZ 1990, 190, 193; Staudinger/*Dutta*, BGB, § 2205 Rn. 193; *Pauli*, in: Bengel/Reimann, Hdb. Testamentsvollstreckung, § 5 Rn. 206; ähnl. *Dörrie*, Testamentsvollstreckung, S. 97 f.

1025 *Ulmer*, NJW 1990, 73, 76.

1026 *K. Schmidt*, in: FS Maier-Reimer, 629, 635 f.

1027 *Reimann*, Anm. z. BGH, Beschl. v. 3.7.1989 – II ZB 1/89, DNotZ 1990, 190, 193; Staudinger/*Dutta*, BGB, § 2205 Rn. 193; *Pauli*, in: Bengel/Reimann, Hdb. Testamentsvollstreckung, § 5 Rn. 206.

1028 *Muscheler*, Haftungsordnung, S. 515; *Friedrich*, Testamentsvollstrecker, S. 211.

eher insgesamt davon absehen, der Testamentsvollstreckung ihre Zustimmung zu erteilen. Man wird deshalb entsprechend der zuletzt genannten Ansicht davon ausgehen können, dass in der Zulassung der Testamentsvollstreckung regelmäßig auch die Zustimmung zur Ausübung der mit dem Anteil verbundenen Sonderrechte zu sehen ist.

4. Ausübung der Geschäftsführungs- und Vertretungsbefugnisse durch den Testamentsvollstrecker?

Sofern nach dem vorstehend Gesagten ausnahmsweise einmal die Möglichkeit der Ausübung der mit dem vererbten Kommanditanteil verbundenen Sonderrechte durch den Testamentsvollstrecker eröffnet ist, wirft dies die vom BGH offen gelassene Frage nach der rechtlichen Durchführbarkeit der Testamentsvollstreckung auf. Bei unvoreingenommener Betrachtung stellt sich hier die Situation unter haftungsrechtlichen Gesichtspunkten zunächst einmal genauso dar wie bei der Vollstreckung in die Beteiligung eines unbeschränkt haftenden Gesellschafters: Ist die Einlage nicht voll eingezahlt, wird der Erbe durch die Mitwirkung des Testamentsvollstreckers an der Begründung von Gesellschaftsverbindlichkeiten der Gefahr einer summenmäßig zwar beschränkten, gegenständlich jedoch unbeschränkbaren[1029] persönlichen Haftung nach § 171 Abs. 1 HGB ausgesetzt. Hierzu ist der Testamentsvollstrecker wegen seiner auf den Nachlass beschränkten Verpflichtungsbefugnis nach § 2206 BGB nicht befugt. Der Logik des BGH folgend, müsste die Testamentsvollstreckung an einem atypisch ausgestalteten Kommanditanteil deshalb für unzulässig bzw. nur insoweit für zulässig erachtet werden, als es um die Wahrnehmung der vermögensrechtlichen Ansprüche an der „Außenseite" der Beteiligung geht. Der überwiegende Teil des Schrifttums lässt demgegenüber – mit im Einzelnen unterschiedlichen Begründungen – eine auch die Mitverwaltungsrechte umfassende Testamentsvollstreckung nicht bereits an derartigen Umständen scheitern.

Dabei ist es jedoch sicherlich zu weitgehend, wollte man in der Annahme der Erbschaft bzw. gem. § 1943 Halbs. 2 BGB damit gleichbedeutend im Verstreichenlassen der Ausschlagungsfrist in Kenntnis der noch ausstehenden Einlage generell eine konkludente Zustimmung des Erben in die Übernahme der sich daraus ergebenden Haftungsgefahren erblicken.[1030] Zwar wird der Erbe die mit seiner künftigen Stellung als Kommanditist verbundenen Haftungsrisiken im Zeitpunkt des

---

1029 S.o. die Nachw. in Fn. 995.

1030 So aber *Friedrich*, Testamentsvollstreckung, S. 121; *Wessels*, Testamentsvollstreckung, S. 98 und sogar für den OHG-Anteil *Marotzke*, JZ 1986, 457, 463.

Erbfalls sehr viel besser abschätzen können als etwa bei der Nachfolge in die Beteiligung eines unbeschränkt haftenden Gesellschafters. Dennoch sprechen sowohl denkbare Bewertungsschwierigkeiten im Zusammenhang mit Sacheinlagen, welche innerhalb der Ausschlagungsfrist[1031] nicht immer geklärt werden können, als auch die Möglichkeit, dass die fehlende Deckung der Haftsumme beim Erbfall überhaupt nicht bekannt ist, gegen eine solche Sichtweise.[1032] Dies gilt umso mehr in Fällen geschäftsunerfahrener Erben, denen man im Zusammenhang mit der Anordnung von Testamentsvollstreckung durchaus häufiger begegnet.[1033] Doch auch ohne der bloßen Annahme der Erbschaft bzw. dem Verstreichenlassen der Ausschlagungsfrist einen derart weitgehenden Bedeutungsgehalt beimessen zu wollen, lässt sich das Haftungsproblem dadurch lösen, dass der Testamentsvollstrecker unter dem Gesichtspunkt ordnungsgemäßer Nachlassverwaltung als verpflichtet anzusehen ist, die noch ausstehende Einlage des Erblassers unverzüglich aus Nachlassmitteln einzuzahlen.[1034] Fraglich ist dann, was geschehen soll, wenn für eine alsbaldige Volleinzahlung nicht genügend Mittel im Nachlass vorhanden sind. Während *Raddatz* in so einem Fall die Testamentsvollstreckung an einem atypisch ausgestalteten Kommanditanteil schlechthin für unzulässig erachtet[1035], möchte *Lorz* dem Testamentsvollstrecker lediglich die Ausübung der Geschäftsführungs- und Vertretungsbefugnis in der Gesellschaft untersagen mit der Folge, dass diese Rechte bis zur vollständigen Einlageleistung ruhend gestellt sind[1036] und nicht etwa durch den Kommanditisten-Erben ausgeübt werden können.

Inwiefern überhaupt Einschränkungen von dem Verwaltungsrecht des Testamentsvollstreckers zu machen sind, darf vor dem Hintergrund des Haftungskonzepts der §§ 171, 172 HGB jedoch bezweifelt werden. Zwar setzt sich der Testamentsvollstrecker zu seiner auf den Nachlass beschränkten Verpflichtungsbefugnis in

1031 Diese beträgt sechs Wochen (§ 1944 Abs. 1 BGB) bzw. sechs Monate bei Auslandsbezug (§ 1944 Abs. 3 BGB), jeweils ab Kenntnis (§ 1944 Abs. 2 BGB).

1032 *Raddatz*, Nachlaßzugehörigkeit, S. 161 f.; ebenso *Buss*, Testamentsvollstrecker, S. 71 ff. und für den OHG-Anteil *Richardi*, Verwaltungsrecht, S. 32; krit. auch *Lorz*, Testamentsvollstreckung, S. 199.

1033 Zu den vielfältigen Motiven des Erblassers für die Anordnung von Testamentsvollstreckung, speziell bei unternehmerisch gebundenen Nachlässen, *Pauli*, in: Bengel/Reimann, Hdb. Testamentsvollstreckung, § 5 Rn. 109; *Wiedemann*, Übertragung, S. 316 f.

1034 *Esch*, NJW 1981, 2222, 2225; *Lorz*, Testamentsvollstreckung, S. 198; *Raddatz*, Nachlaßzugehörigkeit, S. 160; *Rowedder*, in: FS Goerdeler, 445, 461; vgl. auch *Brandner*, in: FS Kellermann, 37, 44; *Dörrie*, Testamentsvollstreckung, S. 97; MüKoBGB/*Zimmermann*, § 2205 Rn. 44.

1035 *Raddatz*, Nachlaßzugehörigkeit, S. 160 ff.

1036 *Lorz*, Testamentsvollstreckung, S. 199.

Widerspruch, wenn er an einer für den Erben unerwünschten Haftungsbegründung mitwirkt.[1037] Anders aber als bei der Beteiligung eines vollhaftenden Gesellschafters, bei der prinzipiell jede Ausübung der auf den Anteil entfallenden Geschäftsführungs- und Vertretungsbefugnis die persönliche Haftung des Erben nach sich zieht[1038], überschreitet der Testamentsvollstrecker bei der Verwaltung eines atypisch ausgestalteten Kommanditanteils durch seine Tätigkeit in der Gesellschaft nicht *zwangsläufig* und *permanent* seine erbrechtliche Pflicht zur ordnungsgemäßen Nachlassverwaltung. Insofern ließe sich bereits argumentieren, dass dadurch, dass die Haftung des Kommanditisten durch die im Handelsregister eingetragene Haftsumme nach § 171 Abs. 1 Halbs. 1 HGB absolut begrenzt ist[1039], es insoweit nur auf die erstmalige Begründung von Gesellschaftsverbindlichkeiten in Höhe der Haftsumme bzw. der noch ausstehenden Einlage ankommt. Bestehen erst einmal Verbindlichkeiten in einem solchen Ausmaß, könnte der Testamentsvollstrecker durch sein weiteres Handeln nicht mehr gegen seine im Verhältnis zum Erben bestehende Verpflichtung zur Vermeidung einer persönlichen Haftung verstoßen, denn diese weiteren Schulden sind für die Haftung des Kommanditisten-Erben insofern ohne Bedeutung, als sie weder den Umfang seiner Haftung erweitern noch unbedingt das Risiko ihrer Realisierung erhöhen. Anders als von *Raddatz* angenommen, begründet die Tätigkeit des außenwirksam für die Gesellschaft handelnden Testamentsvollstreckers damit gerade nicht ständig neue Haftungstatbestände für den Erben, „deren Schuldenlast sich – ohne summenmäßige Begrenzung! – jeweils addiert".[1040] Vielmehr kann der Kommanditist in Höhe der noch ausstehenden Einlage nur einmal in Anspruch genommen werden; befriedigt er einen Gesellschaftsgläubiger, wird er in Höhe der getilgten Gesellschaftsschuld von seiner unmittelbaren Haftung gegenüber allen Gesellschaftsgläubigern ebenso frei wie durch die Leistung der Einlage an die Gesellschaft.[1041] Und von seiner im Verhältnis zur Kommanditgesellschaft weiterhin bestehenden Einlageschuld kann er sich dadurch befreien, dass er mit seinem Regressanspruch gegen die Gesellschaft aus §§ 110[1042], 161 Abs. 2 HGB

1037 Vgl. oben C.II.3.a).

1038 Dazu bereits oben A.II.3.a) bei Fn. 98.

1039 MüKoHGB/*K. Schmidt*, §§ 171, 172 Rn. 21.

1040 So aber *Raddatz*, Nachlaßzugehörigkeit, S. 161; dagegen auch *Lorz*, Testamentsvollstreckung, S. 198.

1041 BGH NJW 1969, 1210; 1985, 2947, 2948; 2017, 3232 Rn. 21; MüKoHGB/*K. Schmidt*, §§ 171, 172 Rn. 14; EBJS/*Strohn*, HGB, § 171 Rn. 76; *Lorz*, Testamentsvollstreckung, S. 198.

1042 Die Regelung wird durch das MoPeG v. 10.8.2021, BGBl. 2021 I, 3436, in das Recht der GbR überführt, § 716 BGB n.F., und findet künftig über §§ 105 Abs. 3, 161 Abs. 2 HGB auf die OHG und KG entsprechende Anwendung, siehe dazu BT-Drs. 19/27635, S. 157.

aufrechnet.[1043] So gesehen unterscheiden sich die aus der Verwaltung eines atypisch ausgestalteten Kommanditanteils resultierenden Haftungsgefahren, wenn die Einlage nicht voll eingezahlt ist, nicht grundlegend von denjenigen, die sich allgemein aus der Möglichkeit der Einlagenrückgewähr an den Testamentsvollstrecker nach § 172 Abs. 4 HGB ergeben. Auch dadurch wird eine persönliche Haftung des Erben maximal nur in Höhe der eingetragenen Haftsumme hervorgerufen.[1044] Daran hat der BGH aber die Zulässigkeit der Testamentsvollstreckung ausdrücklich nicht scheitern lassen.[1045]

Zudem kann bei einer gem. § 2210 S. 1 BGB auf längere Dauer angelegten Testamentsvollstreckung regelmäßig davon ausgegangen werden, dass im weiteren Zeitverlauf, entweder aus der Kommanditbeteiligung selbst oder aus dem sonstigen Nachlassvermögen, Erträge erwirtschaftet werden, aus denen die Einlage sukzessive erbracht und dadurch die persönliche Haftung des Erben ausgeschlossen werden kann, § 171 Abs. 1 Halbs. 1 HGB. So kann die Einlagepflicht etwa dadurch erfüllt werden, dass der Testamentsvollstrecker einen auf den Kommanditanteil entfallenden Gewinn stehen und auf das Kapitalkonto des Erben verbuchen lässt. Entsprechendes gilt für sonstige frei werdende und nicht (mehr) nach § 172 Abs. 4 HGB gebundene Mittel. Auch die Einbringung einer Forderung gegen Dritte ist denkbar, genauso wie die Leistung der Einlage durch einen Dritten für Rechnung des Kommanditisten nach § 267 BGB.[1046] Dabei ist der Testamentsvollstrecker unter dem Gesichtspunkt ordnungsgemäßer Nachlassverwaltung als verpflichtet anzusehen, im Laufe der Vollstreckung frei werdendes Nachlassvermögen umgehend zum Zwecke der Erfüllung der Einlagepflicht einzusetzen.[1047] Im Gegensatz zur Verwaltung einer GbR-, OHG-, oder Komplementärbeteiligung sind damit etwaige haftungs- bzw. kompetenzrechtliche Friktionen allenfalls *temporärer* Natur. Eine Beschränkung der Testamentsvollstreckung erscheint vor diesem Hintergrund deshalb nicht gerechtfertigt.[1048]

1043 BGH NJW 1975, 1022, 1023; 1984, 2290, 2291; OLG Hamm, NZG 2000, 200, 201; MüKoHGB/*K. Schmidt*, §§ 171, 172 Rn. 52, 62.

1044 Siehe etwa zu Auszahlungen, die die Haftsumme übersteigen, MüKoHGB/*K. Schmidt*, §§ 171, 172 Rn. 21, 67.

1045 BGH NJW 1989, 3152, 3155.

1046 Vgl. zu den versch. Möglichkeiten einer haftungsbefreienden Einlageleistung MüKoHGB/*K. Schmidt*, §§ 171, 172 Rn. 44 ff.

1047 Grds. ebenso die oben in Fn. 1034 genannten Autoren.

1048 I.E. so wie hier *Brandner*, in: FS Kellermann, 37, 44; Henssler/Strohn/*Gummert*, HGB, § 177 Rn. 12; Koller/Kindler/Roth/Drüen/*Kindler*, HGB, § 177 Rn. 7.

G. GmbH-Anteile

I. Allgemeines

Eine Testamentsvollstreckung am Geschäftsanteil an einer GmbH ist ohne weiteres zulässig.[1049] Der GmbH-Anteil ist nach der zwingenden Regelung des § 15 Abs. 1 GmbH frei vererblich und fällt damit mit dem Tod des Gesellschafters in dessen Nachlass.[1050] Der Testamentsvollstrecker ist vorbehaltlich entgegenstehender Satzungsbestimmungen[1051] oder Erblasseranordnungen gem. § 2208 Abs. 1 BGB nach einhelliger Meinung berechtigt und verpflichtet, alle aus dem Geschäftsanteil fließenden Verwaltungs- und Vermögensrechte wahrzunehmen.[1052] Dabei ist er an den Willen der Erben nicht gebunden und in seinen Kompetenzen erbrechtlich lediglich durch die Verbote unentgeltlicher Verfügungen nach § 2205 S. 3 BGB und der Begründung einer persönlichen Haftung der Erben nach § 2206 BGB bzw. durch seine generelle Pflichtenstellung gegenüber den Erben aus § 2216 Abs. 1 BGB eingeschränkt.[1053] Zu den vielfältigen Aufgaben des Testamentsvollstreckers bei der Verwaltung eines Geschäftsanteils gehören die Ausübung des Stimmrechts[1054] einschließlich der Berechtigung zur Mitwirkung an Satzungsänderungen[1055], die Teilnahme an Gesellschafterversammlungen[1056] unter Ausübung der entsprechenden

---

1049 S.o. A.I.

1050 S.o. B.I.1.

1051 Dazu oben B.II.2.b)aa).

1052 S.o. die Nachw. in Fn. 15.

1053 BGH ZEV 2014, 662 Rn. 14.

1054 BGH NZG 2014, 945 Rn. 22; NJW 1969, 841, 844; BayObLG, NJW 1976, 1692, 1693; BayObLGZ 1997, 1, 19; *Groß*, GmbHR 1994, 596, 597; *Haegele*, Rpfleger 1969, 186, 188; *Pauli*, in: Bengel/Reimann, Hdb. Testamentsvollstreckung, § 5 Rn. 243; *Priester*, in: FS Stimpel, 463, 472; *Schmellenkamp*, NJW 1984, 181, 182; Scholz/*K. Schmidt*, GmbHG, § 47 Rn. 16; *Todtenhöfer*, RNotZ 2017, 557, 562; *Winkler*, Testamentsvollstrecker, Rn. 393.

1055 BayObLG, NJW 1976, 1692, 1693; Scholz/*Seibt*, GmbHG, § 15 Rn. 252; *Weidlich*, in: Mayer/Bonefeld/Tanck, Testamentsvollstreckung Hdb., § 19 Rn. 51; *Winkler*, Testamentsvollstrecker, Rn. 393; *Zimmermann*, Testamentsvollstreckung, Rn. 531.

1056 BayObLGZ 1997, 1, 19; *Pauli*, in: Bengel/Reimann, Hdb. Testamentsvollstreckung, § 5 Rn. 243; *Priester*, in: FS Stimpel, 463, 472; *Todtenhöfer*, RNotZ 2017, 557, 562; *Winkler*, Testamentsvollstrecker, Rn. 393; *Zimmermann*, Testamentsvollstreckung, Rn. 531; für Doppelzuständigkeit insoweit *Dörrie*, Testamentsvollstreckung, S. 125; dagegen zu Recht *Bettecken*, Miterben, S. 224.

Antrags- und Rederechte[1057], die Wahrnehmung der Informationsrechte[1058] nach § 51a GmbHG bzw. die gewissenhafte Überwachung der Geschäftsführung entsprechend dem Willen des Erblassers[1059], § 46 Nr. 6 GmbHG, die gerichtliche Geltendmachung der Fehlerhaftigkeit von Gesellschafterbeschlüssen[1060] sowie von der Gesellschaft zustehenden Sozialansprüchen gegen Mitgesellschafter oder Gesellschaftsorgane[1061] (*actio pro socio*) etc. Allein der Testamentsvollstrecker ist auch zur Entgegennahme von Gewinnausschüttungen oder eines etwaigen Liquidationserlöses bzw. Abfindungsguthabens zuständig[1062], wie überhaupt Rechtshandlungen der Gesellschaft, die die Gesellschafter-Erben betreffen, dem Testamentsvollstrecker gegenüber zu erfolgen haben[1063], vgl. § 18 Abs. 3 GmbHG. Ferner ist er berechtigt, in den Grenzen des § 2205 S. 3 BGB über die Mitgliedschaft „im Ganzen" zu verfügen, weshalb er den Geschäftsanteil veräußern[1064], ein gesellschaftsvertraglich eingeräumtes Kündigungsrecht[1065] ausüben oder einer Einziehung des Anteils zustimmen[1066] kann.

1057 *Dörrie*, ZEV 1996, 370, 371.

1058 *Groß*, GmbHR 1994, 596, 597; *Priester*, in: FS Stimpel, 463, 472; *Todtenhöfer*, RNotZ 2017, 557, 562; *Winkler*, Testamentsvollstrecker, Rn. 393.

1059 BGH NJW 1959, 1820; 1821; BayObLGZ 1997, 1, 19; *Haegele*, Rpfleger 1969, 186, 189; *Todtenhöfer*, RNotZ 2017, 557, 562; *Weidlich*, in: Mayer/Bonefeld/Tanck, Testamentsvollstreckung Hdb., § 19 Rn. 51; *Winkler*, Testamentsvollstrecker, Rn. 397; *Zimmermann*, Testamentsvollstreckung, Rn. 531; siehe dazu auch *Klumpp* ZEV 2006, 257, 259 sowie *Reimann*, ZEV 2006, 186, 187, jeweils aus haftungsrechtlicher Perspektive.

1060 BGH ZEV 2014, 662 Rn. 14; OLG Frankfurt, ZEV 2008, 606; *Dörrie*, ZEV 1996, 370, 371; MüKoBGB/*Zimmermann*, § 2205 Rn. 52.

1061 *Dörrie*, ZEV 1996, 370, 371.

1062 *Groß*, GmbHR 1994, 596, 597; *Pauli*, in: Bengel/Reimann, Hdb. Testamentsvollstreckung, § 5 Rn. 243; *Priester*, in: FS Stimpel, 463, 472; *Todtenhöfer*, RNotZ 2017, 557, 562; *Wachter*, ZNotP 1999, 226, 228; *Weidlich*, in: Mayer/Bonefeld/Tanck, Testamentsvollstreckung Hdb., § 19 Rn. 51; *Winkler*, Testamentsvollstrecker, Rn. 393.

1063 *Priester*, in: FS Stimpel, 463, 472 f.; *Schmellenkamp*, MittRhNotK 1986, 181, 182; *Weidlich*, in: Mayer/Bonefeld/Tanck, Testamentsvollstreckung Hdb., § 19 Rn. 51; *Winkler*, Testamentsvollstrecker, Rn. 396; MüKoBGB/*Zimmermann*, § 2205 Rn. 52.

1064 *Dörrie*, Testamentsvollstreckung, S. 132; *Pauli*, in: Bengel/Reimann, Hdb. Testamentsvollstreckung, § 5 Rn. 243; *Priester*, in: FS Stimpel, 463, 473; *Todtenhöfer*, RNotZ 2017, 557, 562; MüKoBGB/*Zimmermann*, § 2205 Rn. 52.

1065 *Groß*, GmbHR 1994, 596, 597; *Pauli*, in: Bengel/Reimann, Hdb. Testamentsvollstreckung, § 5 Rn. 243; *Priester*, in: FS Stimpel, 463, 473; *Todtenhöfer*, RNotZ 2017, 557, 562; *Winkler*, Testamentsvollstrecker, Rn. 393; MüKoBGB/*Zimmermann*, § 2205 Rn. 52.

1066 *Pauli*, in: Bengel/Reimann, Hdb. Testamentsvollstreckung, § 5 Rn. 243.

Von dem Verwaltungsrecht des Testamentsvollstreckers ausgenommen sind lediglich höchstpersönliche Gesellschafterrechte.[1067] Inwieweit ein statutarisch eingeräumtes Sonderrecht auf Geschäftsführung[1068] dazu gehört, ist umstritten.[1069] Richtigerweise wird man genauso wie bei einem atypisch ausgestalteten Kommanditanteil[1070] danach zu unterscheiden haben, ob das Sonderrecht mit dem Geschäftsanteil verbunden ist und insoweit auch vom Testamentsvollstrecker ausgeübt werden kann, oder ob das entsprechende Recht nur dem verstorbenen Gesellschafter höchstpersönlich zustehen sollte und damit der Testamentsvollstreckung entzogen ist.[1071] Im Zweifel wird die Auslegung des Gesellschaftsvertrags ergeben, dass entsprechende Sonderrechte höchstpersönlicher Natur sind und somit nicht der Testamentsvollstreckung unterliegen.[1072] Zur Vermeidung von Unsicherheiten ist insoweit eine eindeutige Regelung anzuraten.[1073] Ansonsten ist die Ausübung des Geschäftsführeramts durch den Testamentsvollstrecker aber unproblematisch.[1074] Die im Zusammenhang mit einem Kommanditanteil bei nicht voll eingezahlter Einlage erörterte Haftungsproblematik[1075] stellt sich hier angesichts der eindeutigen Grundaussage des § 13

1067 *Ivo*, ZEV 2006, 252, 257; NK-BGB/*Kroiß*, § 2205 Rn. 71; *Mayer*, ZEV 2002, 209, 210; Scholz/*Seibt*, GmbHG, § 15 Rn. 251; *Winkler*, Testamentsvollstrecker, Rn. 393; MüKoBGB/*Zimmermann*, § 2205 Rn. 52.

1068 Ein solches Sonderrecht geht regelmäßig mit einer entsprechenden Pflicht i.S.v. § 3 Abs. 2 GmbHG einher, sog. „Pflichtrecht", *Altmeppen*, GmbHG, § 3 Rn. 33; Scholz/*Cziupka*, GmbHG, § 3 Rn. 70.

1069 Gegen eine entsprechende Ausübungsbefugnis des Testamentsvollstreckers Scholz/*Seibt*, GmbHG, § 15 Rn. 251; *Winkler*, Testamentsvollstrecker, Rn. 393; dafür NK-BGB/*Kroiß*, § 2205 Rn. 71; *Pauli*, in: Bengel/Reimann, Hdb. Testamentsvollstreckung, § 5 Rn. 242; *Priester*, in: FS Stimpel, 463, 472; MüKoBGB/*Zimmermann*, § 2205 Rn. 52.

1070 Dazu oben F.IV.2.

1071 *Mayer*, ZEV 2002, 209, 210; Staudinger/*Dutta*, BGB, § 2205 Rn. 205; *Todtenhöfer*, RNotZ 2017, 557, 563; *Werner*, ZEV 2018, 252, 253.

1072 *Dörrie*, Testamentsvollstreckung, S. 97; *Todtenhöfer*, RNotZ 2017, 557, 563; *Werner*, ZEV 2018, 252, 253; i.E. auch *Philippi*, Testamentsvollstreckung, S. 50 mit Fn. 226; *Wachter*, ZNotP 1999, 226, 228; vgl. auch Scholz/*Seibt*, GmbHG, § 14 Rn. 32.

1073 *Mayer*, ZEV 2002, 209, 210; *Wachter*, ZNotP 1999, 226, 228; *Werner*, ZEV 2018, 252, 253; ebenso *Weidlich*, in: Mayer/Bonefeld/Tanck, Testamentsvollstreckung Hdb., § 19 Rn. 52 mit Formulierungvorschlag für ein mit dem Geschäftsanteil verbundenes Sonderrecht zur Geschäftsführung.

1074 Vgl. *Dörrie*, Testamentsvollstreckung, S. 97; *Lorz*, Testamentsvollstrecker, S. 265.

1075 S.o. F.IV.4.

Abs. 2 GmbHG nicht. Lediglich an seiner eigenen Wahl zum Geschäftsführer darf sich der Testamentsvollstrecker grundsätzlich nicht beteiligen, es sei denn, dass er von dem Selbstkontrahierungsverbot des § 181 BGB befreit ist.[1076]

Näherer Untersuchung bedürfen wegen der damit verbundenen Haftungsfragen die Mitwirkung des Testamentsvollstreckers an Kapitalmaßnahmen sowie an der Begründung von Nebenleistungspflichten nach § 3 Abs 2 GmbHG und Nachschusspflichten nach §§ 26 ff. GmbHG für den Erben.

II. Beteiligung an Kapitalmaßnahmen

1. Kapitalerhöhung aus Gesellschaftsmitteln, §§ 57c ff. GmbHG

Hinsichtlich der Befugnis des Testamentsvollstreckers zur Mitwirkung an einer Kapitalerhöhung ist zwischen einer Kapitalerhöhung gegen Einlagen nach §§ 55 ff. GmbHG und einer solchen aus Gesellschaftsmitteln nach §§ 57c ff. GmbHG zu unterscheiden. Letztere ist unter haftungsrechtlichen Gesichtspunkten völlig unproblematisch, da der Gesellschaft keine neuen Mittel von außen zugeführt werden, die Gesellschafter also keine Einlagen zu leisten haben, sondern bilanztechnisch lediglich eine Umbuchung frei verfügbarer Rücklagen in gebundenes Haftkapital stattfindet (sog. „nominelle" Kapitalerhöhung), § 57c Abs. 1 GmbHG.[1077] Der Testamentsvollstrecker kann deshalb dem satzungsändernden[1078] Beschluss über die Erhöhung des Stammkapitals bedenkenlos zustimmen.[1079] Zu einer Leistungsmehrung für die Gesellschafter kommt es nach ganz überwiegender Ansicht selbst dann nicht, wenn sich nachträglich herausstellt, dass die in der Bilanz ausgewiesenen Rücklagen wegen unrichtiger Bilanzierung oder infolge nachträglicher Verluste im Zeitpunkt der Anmeldung

---

1076 Ausf. dazu oben D.I.2.a).

1077 MHLS/*Hermanns*, GmbHG, § 57c Rn. 2, dort auch zu Sinn und Zweck einer solchen Umwidmung durch Passivtausch.

1078 Die Änderung des Stammkapitalbetrags, egal ob „nominell" oder „effektiv", ist zwangsläufig eine Satzungsänderung, vgl. § 3 Abs. 1 Nr. 3 GmbHG, *Altmeppen*, GmbHG, § 55 Rn. 3.

1079 *Dörrie*, Testamentsvollstreckung, S. 76, 118 f.; MHLS/*Ebbing*, GmbHG, § 15 Rn. 50; *Lorz*, Testamentsvollstreckung, S. 261; *Mayer*, ZEV 2002, 209, 211; *Pauli*, in: Bengel/Reimann, Hdb. Testamentsvollstreckung, § 5 Rn. 245; *Philippi*, Testamentsvollstreckung, S. 163; *Priester*, in: FS Stimpel, 463, 477; Scholz/*Seibt*, GmbHG, § 15 Rn. 252; *Todtenhöfer*, RNotZ 2017, 557, 575; *Wachter*, ZNotP 1999, 226, 231; *Weidlich*, in: Mayer/Bonefeld/Tanck, Testamentsvollstreckung Hdb., § 19 Rn. 56; *Winkler*, Testamentsvollstrecker, Rn. 402; *Zimmermann*, Testamentsvollstreckung, Rn. 532a.

gem. § 57i GmbHG nicht bzw. nicht mehr vorhanden sind.[1080] Die Gegenmeinung geht zwar für den Fall einer wertmäßigen Unterdeckung von einer Differenzhaftung der Gesellschafter analog § 9 GmbHG aus.[1081] An der Befugnis des Testamentsvollstreckers zur Ausübung des Stimmrechts ändert dies jedoch nichts.[1082] Zur Vermeidung der mit einer Kapitalerhöhung gegen Einlagen verbundenen Unwägbarkeiten kann es sich bei angeordneter Testamentsvollstreckung deshalb anbieten, der Gesellschaft zunächst Kapital durch schlichte Einzahlung zuzuführen, was für den Erben freilich nur aus Nachlassmitteln erfolgen darf, dieses in offene Rücklagen einzustellen und anschließend – formell im Rahmen einer Kapitalerhöhung aus „Gesellschaftsmitteln" – in Stammkapital umzuwandeln.[1083]

2. Kapitalerhöhung gegen Einlagen, §§ 55 ff. GmbHG

a) Grundsatz der Aufbringung und Erhaltung des Stammkapitals

Schwieriger zu beurteilen ist dagegen die Frage nach der Befugnis des Testamentsvollstreckers zur Teilnahme an einer „effektiven" Kapitalerhöhung. Insoweit ist zwischen dem Kapitalerhöhungsbeschluss als Grundlage für die angestrebte Kapitalmaßnahme und deren Durchführung zu differenzieren.[1084] Aufgrund des Beschlusses sind die Gesellschafter zwar berechtigt[1085], jedoch

---

1080 Lutter/Hommelhoff/*Kleindiek*, GmbH, § 57i Rn. 15; *Altmeppen*, GmbHG, § 57i Rn. 21; Noack/Servatius/Haas/*Servatius*, GmbHG, § 57i Rn. 17, § 57d Rn. 9; vgl. zur Parallelproblematik bei der AG BGH NJW-RR 2007, 1487, 1488.

1081 Scholz/*Priester/Tebben*, GmbHG, § 57i Rn. 21; ebenso MHLS/*Hermanns*, GmbHG, § 57i Rn. 21; MüKoGmbHG/*Lieder*, § 57i Rn. 33 f.

1082 Siehe nur *Priester*, in: FS Stimpel, 463, 478 mit Verweis auf das sehr geringe Haftungsrisiko des Erben.

1083 Hierzu sowie zu weiteren „Vermeidungsstrategien" *Lorz*, Testamentsvollstreckung, S. 264 f.; MAH ErbR/*ders.*, § 19 Rn. 298; *Mayer*, ZEV 2002, 209, 211; *Pauli*, in: Bengel/Reimann, Hdb. Testamentsvollstreckung, § 5 Rn. 245.

1084 Überbl. zum Ablauf der effektiven Kapitalerhöhung bei Noack/Servatius/Haas/*Servatius*, GmbHG, § 55 Rn. 8.

1085 Umstr. ist die dogmatische Herleitung eines solchen Bezugsrechts im GmbH-Recht. Die h.L. spricht sich für eine Analogie zu § 186 Abs. 1 AktG aus, *Altmeppen*, GmbHG, § 55 Rn. 27; MüKoGmbHG/*Lieder*, § 55 Rn. 70; Noack/Servatius/Haas/*Servatius*, GmbHG, § 55 Rn. 20, während die Gegenansicht auf den Zulassungsbeschluss gem. § 55 Abs. 2 GmbHG abstellt, der allerdings unter Beachtung der Treupflicht und des Gleichbehandlungsgrundsatzes zu fassen ist, siehe etwa Henssler/Strohn/*Gummert*, GmbHG, § 55 Rn. 16; offen lassend BGH NZG 2005, 551, 552.

nicht verpflichtet, an der beschlossenen Kapitalerhöhung durch Zahlung teilzunehmen, und zwar auch dann nicht, wenn sie bei der Beschlussfassung zugestimmt haben, vgl. § 53 Abs. 3 GmbHG.[1086] Einlagepflichten werden erst durch die Übernahmeverträge zwischen den Übernehmern und der Gesellschaft begründet.[1087] Unter haftungsrechtlichen Gesichtspunkten ist deshalb vor allem die Befugnis des Testamentsvollstreckers zur Abgabe der auf den Abschluss des Übernahmevertrags gerichteten Übernahmeerklärung gem. § 55 Abs. 1 GmbHG zu problematisieren.[1088] Wegen der möglichen Ausfallhaftung des Erben nach § 24 GmbHG für etwaige Stammeinlagen von Mitgesellschaftern ist jedoch auch die Mitwirkung des Testamentsvollstreckers am Kapitalerhöhungsbeschluss im Auge zu behalten.[1089] Denn sowohl im Hinblick auf die selbst gezeichnete Stammeinlage als auch bezüglich einer etwaigen Ausfallhaftung kommt nach richtiger, wenn auch nicht unumstrittener Ansicht wegen des im GmbH-Recht strikt durchgeführten Grundsatzes der Aufbringung des Stammkapitals[1090] eine Haftungsbeschränkung auf den Nachlass nicht in Betracht.[1091] Entsprechendes gilt im Hinblick auf die Verpflichtung zur Erstattung von Zahlungen, die unter Verstoß gegen das in § 30 GmbHG normierte Kapitalerhaltungsgebot an den Testamentsvollstrecker geflossen sind, § 31 Abs. 1 GmbHG.[1092] Die entgegenstehende Auffassung, der zufolge der Testamentsvollstrecker uneingeschränkt zur Teilnahme an einer Kapitalerhöhung berechtigt ist[1093], läuft ebenso wie im

---

1086 Lutter/Hommelhoff/*Bayer*, GmbHG, § 55 Rn. 33; MHLS/*Hermanns*, GmbHG, § 55 Rn. 14, 65; MüKoGmbHG/*Lieder*, § 55 Rn. 66; Scholz/*Priester*/*Tebben*, GmbHG, § 55 Rn. 71; vgl. zur Publikums-KG BGH NJW 1976, 958, 959; *Ebke*, RIW 1993, 613, 617.

1087 MHLS/*Hermanns*, GmbHG, § 55 Rn. 99; Noack/Servatius/Haas/*Servatius*, GmbHG, § 55 Rn. 51.

1088 Zutr. *Lorz*, Testamentsvollstreckung, S. 262; *Philippi*, Testamentsvollstreckung, S. 164.

1089 *Dörrie*, Testamentsvollstreckung, S. 119; *Philippi*, Testamentsvollstreckung, S. 164.

1090 Siehe etwa §§ 5, 7, 9, 19–24 GmbHG; vgl. dazu Noack/Servatius/Haas/*Fastrich*, GmbHG, Einl. Rn. 7; zur Unvereinbarkeit von Kapitalaufbringungsgrundsatz und Haftungsbeschränkung auf ein gesamthänderisch gebundenes Sondervermögen BGH NJW 1981, 682, 683; 1992, 2222, 2226.

1091 *Dörrie*, Testamentsvollstreckung, S. 77; *Mayer*, ZEV 2002, 209, 211; *Pauli*, in: Bengel/Reimann, Hdb. Testamentsvollstreckung, § 5 Rn. 245; *Philippi*, Testamentsvollstreckung, S. 165; *Priester*, in: FS Stimpel, 463, 478; vgl. zur Gründungsbeteiligung Noack/Servatius/Haas/*Servatius*, GmbHG, § 1 Rn. 47; ausf. dazu *Lorz*, Testamentsvollstreckung, S. 211 ff.; *Philippi*, Testamentsvollstreckung, S. 135 ff., jeweils mit eingehender Darstellung des Streit- und Argumentationsstands.

1092 *Dörrie*, Testamentsvollstreckung, S. 78 f.; *ders.*, ZEV 1996, 370, 373; siehe dazu auch *Priester*, in: FS Stimpel, 463, 480 f.

1093 *Heinemann*, GmbHR 1985, 349, 350; MHLS/*Hermanns*, GmbHG, § 55 Rn. 79; wohl auch *Klumpp*, ZEV 2006, 257, 258; MüKoBGB/*Zimmermann*, § 2205 Rn. 53; mit

Personengesellschaftsrecht[1094] auf eine unzulässige Zurückdrängung gläubigerschützender Prinzipien des Gesellschaftsrechts zu Gunsten erbrechtlicher Haftungsgrundsätze hinaus und ist deshalb abzulehnen. An dieser Beurteilung hat auch die Neukonzeption des Mindestkapitalsystems durch das MoMiG vom 23.10.2008[1095] prinzipiell nichts geändert.[1096] Ganz im Gegenteil: Zwar kann das Mindeststammkapital von 25.000 EUR bei der UG gem. § 5a Abs. 1 GmbHG unterschritten werden. Dann ist es aber umso wichtiger, dass wenigstens dieses geringere Stammkapital tatsächlich aufgebracht wird.[1097]

b) *Folgen für das Verwaltungshandeln des Testamentsvollstreckers*

Den Testamentsvollstrecker deswegen aber generell von der Teilnahme an einer Kapitalerhöhung auszuschließen, erscheint jedoch – ganz gleich, ob die auf den Nachlass beschränkte Verpflichtungsbefugnis des Testamentsvollsteckers (§ 2206 BGB) als Schranke seines rechtlichen „Könnens“ oder nur seines rechtlichen „Dürfens“ interpretiert wird – als zu weitgehend. Was die ähnlich gelagerte Streitfrage angeht, inwieweit sich der Testamentsvollstrecker in seiner Amtseigenschaft und ohne besondere Ermächtigung des Erben für den Nachlass an der Neugründung einer GmbH beteiligen darf, nimmt die wohl herrschende Meinung den Standpunkt ein, dass der Testamentsvollstrecker bei der Errichtung mitwirken kann, sofern keine persönliche Haftung des Erben nach §§ 3 Abs. 2, 19, 24 GmbHG in Betracht kommt, insbesondere also bei ausreichendem Nachlassvermögen und sofortiger Volleinzahlung des Stammkapitals.[1098] Damit korrespondierend wird der Testamentsvollstrecker auch im Rahmen

gewissen Sympathien neuerdings auch Scholz/*Priester/Tebben*, GmbHG, § 55 Rn. 109 („bedenkenswerte Ansicht“).

1094 Dazu bereits oben A.II.3.b)aa).

1095 BGBl. 2008 I, 2026.

1096 Vgl. dazu bereits oben A.II.3.b)bb).

1097 Vgl. zur Gründungsbeteiligung des Testamentsvollstreckers *Pauli*, in: Bengel/Reimann, Hdb. Testamentsvollstreckung, § 5 Rn. 244.

1098 BayObLG, NJW 1976, 1692, 1693; BayObLGZ 1991, 127, 135; Lutter/Hommelhoff/*Bayer*, GmbHG, § 2 Rn. 14; MüKoGmbHG/*Heinze*, § 2 Rn. 135; *Pauli*, in: Bengel/Reimann, Hdb. Testamentsvollstreckung, § 5 Rn. 244; MHLS/*J. Schmidt*, GmbHG, § 2 Rn. 27; a.A. (generelle Unzulässigkeit) *Altmeppen*, GmbHG, § 1 Rn. 31; Scholz/*Cramer*, GmbHG, § 2 Rn. 58; Noack/Servatius/Haas/*Servatius*, GmbHG, § 1 Rn. 46 wegen der mit der Verlustdeckungs- und Vorbelastungshaftung verbundenen Unsicherheiten.

einer Kapitalerhöhung[1099] mehrheitlich dann zur Übernahme neuer Geschäftsanteile für berechtigt angesehen, wenn die übernommene Einlage vollständig aus Nachlassmitteln erfüllt werden kann und diese außerdem sofort fällig ist.[1100] Sind bei Abgabe der Übernahmeerklärung genügend Nachlassmittel vorhanden, ist die Volleinzahlung der Einlage aber erst zu einem späteren Zeitpunkt vorgesehen[1101], ist eine persönliche Haftung des Erben nicht von vornherein ausgeschlossen, da nicht garantiert werden kann, dass der Nachlass auch bei Fälligkeit der Restzahlung noch über entsprechende Mittel verfügt.[1102] Dem Testamentsvollstrecker steht es in diesen Fällen aber frei, für die spätere Erfüllung der Einlagepflicht analog § 2128 BGB Sicherheit zu leisten.[1103]

Sofern bei der Kapitalerhöhung auch von anderen Gesellschaftern Leistungen zu erbringen sind, darf der Testamentsvollstrecker im Hinblick auf eine mögliche Ausfallhaftung des Erben nach § 24 GmbHG dem Kapitalerhöhungsbeschluss nur zustimmen, wenn die sofortige Vollerfüllung sämtlicher Einlagepflichten gewährleistet ist.[1104] Anderenfalls muss der Testamentsvollstrecker unter dem Gesichtspunkt ordnungsgemäßer Nachlassverwaltung in der

---

1099 Für eine Gleichbehandlung beider Sachverhalte ausdr. *Heinemann*, GmbHR 1985, 349, 350; Scholz/*Priester/Tebben*, GmbHG, § 55 Rn. 109.

1100 Lutter/Hommelhoff/*Bayer*, GmbHG, § 55 Rn. 37; MHLS/*Ebbing*, GmbHG, § 15 Rn. 50; *Groß*, GmbHR 1994, 596, 598; *Lorz*, Testamentsvollstreckung, S. 262; MAH ErbR/*ders.*, § 19 Rn. 297; *Priester*, in: FS Stimpel, 463, 478; Scholz/*Priester/Tebben*, GmbHG, § 55 Rn. 109; Scholz/*Seibt*, GmbHG, § 15 Rn. 252; *Wachter*, ZNotP 1999, 226, 231; MüKoGmbHG/*Weller/Reichert*, § 15 Rn. 492; *Zimmermann*, Testamentsvollstreckung, Rn. 532a; a.A. *Dörrie*, Testamentsvollstreckung, S. 77 mit Fn. 273, der den Gesellschafter-Erben, sofern dieser eine persönliche Haftung nicht zu befürchten hat, in entsprechender Anwendung des § 2206 Abs. 2 BGB lediglich zur Zustimmung verpflichten möchte.

1101 Insoweit ist zu berücksichtigen, dass in Ermangelung abweichender Vereinbarungen der nach §§ 56a, 7 Abs. 2 S. 1 GmbHG vor der Anmeldung einzuzahlende Mindestbetrag auf jeden Geschäftsanteil, sofern keine Sacheinlagen zu leisten sind, lediglich ein Viertel des Nennbetrags beträgt.

1102 *Philippi*, Testamentsvollstreckung, S. 165; *Priester*, in: FS Stimpel, 463, 478.

1103 Vgl. *Dörrie*, ZEV 1996, 370, 373; *Mayer*, ZEV 2002, 209, 211; *Pauli*, in: Bengel/Reimann, Hdb. Testamentsvollstreckung, § 5 Rn. 245.

1104 *Dörrie*, ZEV 1996, 370, 373; MHLS/*Ebbing*, GmbHG, § 15 Rn. 50; *Lorz*, Testamentsvollstreckung, S. 263; *Pauli*, in: Bengel/Reimann, Hdb. Testamentsvollstreckung, § 5 Rn. 245; *Priester*, in: FS Stimpel, 463, 479; Scholz/*Priester/Tebben*, GmbHG, § 55 Rn. 109; *Todtenhöfer*, RNotZ 2017, 557, 576; *Wachter*, ZNotP 1999, 226, 231.

Gesellschafterversammlung aktiv gegen den Erhöhungsbeschluss stimmen.[1105] Sofern er mangels entsprechender Sperrminorität (vgl. § 53 Abs. 2 S. 1 GmbHG) das Zustandekommen des Beschlusses nicht verhindern kann, wird er sogar für verpflichtet gehalten, unverzüglich nach der Beschlussfassung für den Erben den Austritt[1106] aus der Gesellschaft zu erklären[1107], was auf den ersten Blick zu drastisch erscheinen mag, dem jedoch, sofern der Erbe das persönliche Haftungsrisiko nicht zu tragen bereit ist, grundsätzlich zuzustimmen ist[1108].

Ist nach den vorstehend genannten Kriterien die sofortige Vollerfüllung aller neuen Einlagepflichten nicht gewährleistet, wird davon jedoch weder die Wirksamkeit der Übernahmeerklärung noch die der Stimmabgabe des Testamentsvollstreckers berührt, da, wie sich gezeigt hat[1109], die auf den Nachlass beschränkte Verpflichtungsbefugnis des Testamentsvollstreckers aus § 2206 BGB „lediglich" Schranke seines rechtlichen „Dürfens" und nicht seines rechtlichen „Könnens" ist.[1110] Der Erbe hat deshalb im Falle einer gegen §§ 2206, 2216 BGB verstoßenden Mitwirkung des Testamentsvollstreckers für die Erfüllung

---

1105 *Dörrie*, Testamentsvollstreckung, S. 78; *Lorz*, Testamentsvollstreckung, S. 263; *Mayer*, ZEV 2002, 209, 211; *Philippi*, Testamentsvollstreckung, S. 167; *Todtenhöfer*, RNotZ 2017, 557, 576; *Zimmermann*, Testamentsvollstreckung, Rn. 532a.

1106 Den bei einer Kapitalerhöhung überstimmten Gesellschaftern steht nach überwiegender Auffassung ein außerordentliches Austrittsrecht zu, welches jedoch nur unverzüglich nach der Kapitalerhöhung ausgeübt werden kann, nicht erst nach Eintritt des Haftungsfalls, LG Mönchengladbach, NJW-RR 1986, 837, 838; *Altmeppen*, GmbHG, § 24 Rn. 17; Lutter/Hommelhoff/*Bayer*, GmbHG, § 24 Rn. 11; Noack/Servatius/Haas/*Kersting*, GmbHG, § 24 Rn. 5.

1107 *Lorz*, Testamentsvollstreckung, S. 264; *Philippi*, Testamentsvollstreckung, S. 168; *Todtenhöfer*, RNotZ 2017, 557, 576; *Zimmermann*, Testamentsvollstreckung, Rn. 532a. *Mayer*, ZEV 2002, 209, 211 möchte das Austrittsrecht offenbar dem Erben zur (alleinigen) Ausübung zuweisen; dagegen zu Recht *Lorz*, Testamentsvollstreckung, S. 264 unter Hinweis auf die erbrechtliche Kompetenzordnung.

1108 Vgl. grds. zur Verpflichtung des Testamentsvollstreckers, eine persönliche, auch das Privatvermögen betreffende Haftung des Erben zu vermeiden, oben C.II.3.a).

1109 S.o. C.II.3.c).

1110 Zum GmbH-Recht *Lorz*, Testamentsvollstreckung, S. 262; MAH ErbR/*ders.*, § 19 Rn. 297; *Pauli*, in: Bengel/Reimann, Hdb. Testamentsvollstreckung, § 5 Rn. 245; jetzt auch *Mayer*, ZEV 2002, 209, 211 mit Fn. 41 unter ausdrückl. Aufgabe seiner früheren, anderslautenden Ansicht; a.A. *Priester*, in: FS Stimpel, 463, 477, 479 f.; *Weidlich*, in: Mayer/Bonefeld/Tanck, Testamentsvollstreckung Hdb., § 19 Rn. 56; diff. *Dörrie*, Testamentsvollstreckung, S. 77; *ders.*, ZEV 1996, 370, 373; *Philippi*, Testamentsvollstreckung, S. 164 ff.; abl. dazu aber bereits oben C.II.3.a) bei Fn. 381.

etwaiger Fehlleistungen unbeschränkbar mit seinem gesamten Vermögen einzustehen, kann seinerseits jedoch nach § 2219 Abs. 1 BGB Regress beim Testamentsvollstrecker nehmen.[1111]

III. Begründung von Nebenleistungs- und Nachschusspflichten, §§ 3 Abs. 2, 26 ff. GmbHG

Einer Klärung bedarf schließlich noch die Frage, inwieweit sich der Testamentsvollstrecker an der Begründung von Nebenleistungs- oder Nachschusspflichten für den Erben beteiligen darf. Letztere spielen in der Praxis als Finanzierungsinstrument offenbar kaum eine Rolle[1112], weshalb sie hier nur am Rande betrachtet werden sollen.

1. Inhalt und Ausgestaltung von Nebenleistungs- und Nachschusspflichten

Nach § 3 Abs. 2 GmbHG können den Gesellschaftern im Gesellschaftsvertrag außer der allgemeinen Pflicht zur Leistung der Einlagen noch andere Verpflichtungen gegenüber der Gesellschaft auferlegt werden.[1113] Möglicher Inhalt solcher Nebenleistungspflichten können Leistungen aller Art sein, insbesondere Geldzahlungen und Sachleistungen, aber auch sonstige Handlungs- oder Unterlassungspflichten, letztere vor allem in Form von Wettbewerbsverboten.[1114] Eine Beschränkung auf „wiederkehrende nicht in Geld bestehende Leistungen" wie in § 55 Abs. 1 AktG ist dem GmbH-Recht fremd.[1115] Ebenso wenig besteht eine Verpflichtung, Nebenleistungspflichten nach Art oder Umfang gleichmäßig auf die Gesellschafter zu verteilen.[1116] Daraus ergibt sich ein weiter

---

1111 *Lorz*, Testamentsvollstreckung, S. 262; MAH ErbR/*ders.*, § 19 Rn. 297; *Mayer*, ZEV 2002, 209, 211.

1112 *Altmeppen*, GmbHG, § 26 Rn. 1; Noack/Servatius/Haas/*Kersting*, GmbHG, § 26 Rn. 1; MüKoGmbHG/*Schütz*, § 26 Rn. 11; dem AktG sind Nachschusspflichten gänzlich unbekannt, Noack/Servatius/Haas/*Kersting*, GmbHG, § 26 Rn. 1; MüKoGmbHG/*Schütz*, § 26 Rn. 15.

1113 Zur Abgrenzung von Nebenleistungspflichten ggü. Stammeinlagen und Nachschüssen MüKoGmbHG/*Wicke*, § 3 Rn. 71 ff.

1114 *Altmeppen*, GmbHG, § 3 Rn. 24; MüKoGmbHG/*Wicke*, § 3 Rn. 66.

1115 Scholz/*Cziupka*, GmbHG, § 3 Rn. 69; MüKoGmbHG/*Wicke*, § 3 Rn. 66.

1116 Der Gleichbehandlungsgrundsatz steht dem nicht entgegen, *Altmeppen*, GmbHG, § 3 Rn. 24; Lutter/Hommelhoff/*Bayer*, GmbHG, § 3 Rn. 24; MüKoGmbHG/*Wicke*, § 3 Rn. 75.

Gestaltungsspielraum für die Rechtsstellung der einzelnen Gesellschafter und ihr Verhältnis zur Gesellschaft, von dem in der Praxis auch in erheblichem Umfang Gebrauch gemacht wird.[1117]

Nachschusspflichten sind demgegenüber stets auf Geldleistung gerichtet.[1118] Bei Vereinbarung einer unbeschränkten Nachschusspflicht im Sinne von § 26 Abs. 3 GmbHG steht den Gesellschaftern das Recht zu, sich nach Maßgabe von § 27 Abs. 1 S. 1 GmbHG von der Haftung für die eingeforderten Nachschüsse im Wege der Preisgabe des Geschäftsanteils zu befreien (sog. *Abandon*). Bei angeordneter Testamentsvollstreckung steht dieses Preisgaberecht ungeachtet seiner Unentziehbarkeit[1119] allein dem Testamentsvollstrecker zur Ausübung zu[1120]; der Gesellschafter-Erbe ist nach allgemeinen Grundsätzen auf seine aus dem erbrechtlichen Rechtsverhältnis zum Testamentsvollstrecker diesem gegenüber zustehenden Rechte beschränkt[1121].

Sollen Nebenleistungspflichten nachträglich begründet werden, bedarf es dazu neben einer Satzungsänderung der Zustimmung sämtlicher von der Nebenleistungspflicht betroffenen Gesellschafter, § 53 Abs. 3 GmbHG.[1122] Entsprechendes gilt für die nachträgliche Einführung von Nachschusspflichten.[1123]

2. Persönliche Handlungs- oder Unterlassungspflichten

Hinsichtlich der Mitwirkungs- bzw. Zustimmungsbefugnis des Testamentsvollstreckers ist zu unterscheiden. Die Begründung höchstpersönlicher Handlungs- oder Unterlassungspflichten, wie etwa der Verpflichtung des Erben zur Übernahme des Geschäftsführungsamtes oder der Vereinbarung eines zu dessen Lasten wirkenden Wettbewerbsverbots als Nebenleistungspflicht, scheidet nach einhelliger Ansicht von vornherein aus. Der Erbe ist hier nicht in seiner

---

1117 Im Ergebnis kann die GmbH damit weitgehend einer Personengesellschaft angenähert werden, Scholz/*Cziupka*, GmbHG, § 3 Rn. 70; MüKoGmbHG/*Wicke*, § 3 Rn. 66.

1118 Noack/Servatius/Haas/*Kersting*, GmbHG, § 26 Rn. 2.

1119 *Altmeppen*, GmbHG, § 27 Rn. 2; Lutter/Hommelhoff/*Bayer*, GmbHG, § 27 Rn. 1; siehe zur Ausübungsbefugnis des Testamentsvollstreckers auch hinsichtlich der als unverzichtbar ausgestalteten Gesellschafterrechte oben D.III.2.b).

1120 Vgl. zur Ausübungsbefugnis hinsichtlich des außerordentlichen Austrittsrechts des überstimmten Gesellschafters bei Kapitalerhöhungen die Nachw. in Fn. 1107.

1121 Vgl. zur Situation im Recht der Personengesellschaften im Hinblick auf die Ausübung der Lösungsrechte E.II.2.b) bei Fn. 851 und F.I. bei Fn. 911.

1122 Lutter/Hommelhoff/*Bayer*, GmbHG, § 3 Rn. 24; MüKoGmbHG/*Wicke*, § 3 Rn. 68.

1123 Noack/Servatius/Haas/*Kersting*, GmbHG, § 26 Rn. 7; MHLS/*Mock*, GmbHG, § 26 Rn. 52.

Eigenschaft als Träger des Nachlasses, sondern von vornherein in seiner nachlassfreien Privatsphäre betroffen.[1124] Die in diesen Fällen zu erbringende Leistung kann dem Nachlass überhaupt nicht entnommen werden[1125], weshalb der Testamentsvollstrecker durch seine Zustimmung gem. § 53 Abs. 3 GmbHG nicht etwa nur pflichtwidrig im Sinne von §§ 2206, 2216 BGB handelt; die Begründung solcher Nebenleistungspflichten liegt vielmehr *a priori* außerhalb seines Verwaltungsauftrags.[1126] Ohne Zustimmung des Erben entfaltet der entsprechende Gesellschafterbeschluss deshalb keinerlei Bindungswirkung für ihn.[1127]

3. Geldleistungspflichten

Großzügiger beurteilt wird dagegen die Frage nach der Mitwirkungsbefugnis des Testamentsvollstreckers, wenn es um die Schaffung oder Erweiterung von Nachschuss- bzw. Geldleistungsverpflichtungen als Nebenpflicht geht. Insoweit ist zu berücksichtigen, dass solche Leistungen – im Gegensatz zu Stammeinlagen – nicht der Bildung des satzungsmäßigen Haftungsfonds dienen und deshalb auch nicht den strengen, gläubigerschützenden Vorschriften über die Kapitalaufbringung und Kapitalerhaltung unterliegen.[1128] Dementsprechend können Nebenleistungspflichten mit einer Bedingung, einer Befristung oder sonstigen Einschränkungen, wie etwa einem Rücktritts- oder Kündigungsrecht, versehen werden.[1129] Bei Nachschusspflichten sind Stundung, Erlass oder Aufrechnung möglich; § 19 Abs. 2 GmbHG findet insoweit keine Anwendung.[1130] Aus demselben Grund können aber auch keine Einwände gegenüber einer möglichen Haftungsbeschränkung des Erben nach Maßgabe von § 2206 Abs. 2 BGB

1124 *Lorz*, Testamentsvollstreckung, S. 265 f.; ebenso *Dörrie*, Testamentsvollstreckung, S. 120; i.E. auch *Mayer*, ZEV 2002, 209, 211; *Philippi*, Testamentsvollstreckung, S. 169; *Todtenhöfer*, RNotZ 2017, 557, 576; *Winkler*, Testamentsvollstrecker, Rn. 403; MüKoBGB/*Zimmermann*, § 2205 Rn. 53.

1125 *Dörrie*, Testamentsvollstreckung, S. 120.

1126 Siehe dazu bereits oben C.II.3.c) bei Fn. 433.

1127 *Dörrie*, Testamentsvollstreckung, S. 120; *ders.*, ZEV 1996, 370, 373; *Philippi*, Testamentsvollstreckung, S. 170; siehe dazu auch *Priester*, in: FS Stimpel, 463, 479 f.

1128 Lutter/Hommelhoff/*Bayer*, GmbHG, § 3 Rn. 34; MüKoGmbHG/*Wicke*, § 3 Rn. 71, 78; siehe zu Nachschusspflichten *Altmeppen*, GmbHG, § 26 Rn. 3; Noack/Servatius/Haas/*Kersting*, GmbHG, § 26 Rn. 1; Scholz/*Emmerich*, GmbHG, § 26 Rn. 20.

1129 *Altmeppen*, GmbHG, § 3 Rn. 24; Lutter/Hommelhoff/*Bayer*, GmbHG, § 3 Rn. 34; MüKoGmbHG/*Wicke*, § 3 Rn. 75.

1130 *Altmeppen*, GmbHG, § 26 Rn. 3; Noack/Servatius/Haas/*Kersting*, GmbHG, § 26 Rn. 1; Scholz/*Emmerich*, GmbHG, § 26 Rn. 20.

erhoben werden.[1131] Bei der Begründung von Nebenleistungs- und Nachschusspflichten handelt es sich um rein gesellschaftsinterne Vorgänge[1132], vergleichbar etwa mit der Erhöhung der Pflichteinlage des Kommanditisten-Erben, welcher der Testamentsvollstrecker ebenfalls grundsätzlich zustimmen darf[1133]. Zwingende Gläubigerschutzgesichtspunkte, die eine Modifikation der erbrechtlichen Ausgangslage erforderlich machen, sind nicht ersichtlich.[1134] Die GmbH bzw. ihre Gesellschafter sind demgegenüber nicht anders zu behandeln als sonstige Verkehrsteilnehmer, die sich im Hinblick auf solche Verbindlichkeiten, die von dem Testamentsvollstrecker nach außen erkennbar in seiner amtlichen Funktion für den Nachlass begründet werden, ebenfalls mit der beschränkbaren Erbenhaftung abfinden müssen.[1135] Anders als die Mitwirkung an einer Kapitalerhöhung gegen Einlagen ist die Übernahme von auf Geldzahlung gerichteten Nebenleistungs- bzw. Nachschusspflichten durch den Testamentsvollstrecker aus haftungsrechtlicher Sicht somit unproblematisch.

Dies bedeutet freilich nicht, dass der Testamentsvollstrecker bei seiner Zustimmung gem. § 53 Abs. 3 GmbHG völlig frei wäre. Vielmehr wird er in Anbetracht der möglichen Sanktionen, die einem Gesellschafter im Falle der Nichterfüllung von Neben- bzw. (beschränkten) Nachschusspflichten drohen, wie etwa der Ausschließung aus wichtigem Grund, Kaduzierung entsprechend §§ 21 ff. GmbHG etc.[1136], dem Beschluss grundsätzlich nur dann zustimmen dürfen, wenn die sofortige Erfüllbarkeit der Verpflichtung aus dem Nachlass gesichert ist, wie etwa bei der Zahlung eines einmaligen Zuschusses, für den genügend Nachlassmittel vorhanden sind, oder der Einführung einer Wiedereinlageverpflichtung hinsichtlich ausgeschütteter Gewinne im Wege des

---

1131 Zutr. *Dörrie*, Testamentsvollstreckung, S. 119; *ders.*, ZEV 1996, 370, 372 f.; *Philippi*, Testamentsvollstreckung, S. 170; insoweit hält auch *Priester*, in: FS Stimpel, 463, 479 eine Begrenzung der Leistungspflicht auf den Nachlass für „vertretbar"; vgl. zur Gründungsbeteiligung *Lorz*, Testamentsvollstreckung, S. 267; a.A. *v. Burchard*, GmbHR 1954, 150, 152; wohl auch *Groß*, GmbHR 1994, 596, 598; *Winkler*, Testamentsvollstrecker, Rn. 403, jeweils jedoch ohne Unterscheidung zwischen dem besonderen Interesse der Gläubiger an der Aufbringung des satzungsmäßigen Haftungsfonds und der Haftung des Erben im rein innergesellschaftlichen Verhältnis.

1132 *Dörrie*, Testamentsvollstreckung, S. 119.

1133 S.o. F.III.2.a).

1134 *Lorz*, Testamentsvollstreckung, S. 267.

1135 *Dörrie*, Testamentsvollstreckung, S. 119 f.; ausf. dazu bereits oben F.III.2.a) im Zusammenhang mit der Erhöhung der Pflichteinlage des Kommanditisten-Erben.

1136 Ausf. dazu MüKoGmbHG/*Wicke*, § 3 Rn. 91 ff.

Ausschüttungsrückholverfahrens.[1137] Insoweit bestehen also keine nennenswerten Unterschiede zu der Mitwirkungsbefugnis bei Kapitalerhöhungen gegen Einlagen.[1138] Im Hinblick auf *künftig* zu bewirkende Leistungen kann der Testamentsvollstrecker seiner Verpflichtung zur ordnungsgemäßen Nachlassverwaltung darüber hinaus auch dadurch nachkommen, dass er die Übernahme der Zahlungspflicht nach § 158 Abs. 1 BGB unter der aufschiebenden Bedingung vollständiger Leistungserbringung aus dem Nachlass erklärt.[1139] Versäumt es der Testamentsvollstrecker, auf die Aufnahme entsprechender Kautelen im Gesellschaftsvertrag hinzuwirken, bleibt dem Erben die Möglichkeit erhalten, sich auf die Haftungsbeschränkung zu berufen.[1140] Der Testamentsvollstrecker läuft in diesem Fall allerdings Gefahr, nicht nur dem Erben nach § 2219 Abs. 1 BGB[1141], sondern unmittelbar auch der Gesellschaft nach § 179 BGB analog[1142] einen etwaigen Schaden ersetzen zu müssen.

Davon abgesehen darf die Zustimmung des Testamentsvollstreckers zu dem entsprechenden Beschluss[1143] auch nicht unentgeltlich im Sinne von § 2205 S. 3 BGB erfolgen. Dies ist hier vor allem deshalb von Bedeutung, weil, anders als bei einer Kapitalerhöhung gegen Einlagen, keine neuen Geschäftsanteile entstehen und im Austausch zur Leistung des Testamentsvollstreckers auch nicht zwingend eine Gegenleistung[1144] der Gesellschaft vorgesehen sein muss. Wie bereits aufgezeigt[1145], sind zur Beurteilung der „Entgeltlichkeit" eines Eingriffs in die Mitgliedschaft die vom BGH zur Vorerbschaft entwickelten Grundsätze

---

1137 *Priester*, in: FS Stimpel, 463, 479; ebenso *Groß*, GmbHR 1994, 596, 598; *Todtenhöfer*, RNotZ 2017, 557, 576; *Winkler*, Testamentsvollstrecker, Rn. 403, jeweils jedoch unter dem Blickwinkel der auf den Nachlass beschränkten Verpflichtungsfähigkeit des Testamentsvollstreckers, um die es hier aber nicht geht.

1138 Vgl. oben G.II.2.b).

1139 *Philippi*, Testamentsvollstreckung, S. 169; *Todtenhöfer*, RNotZ 2017, 557, 576; vgl. zur Gründungsbeteiligung *Lorz*, Testamentsvollstreckung, S. 267; zur allg. Zulässigkeit solcher Bedingungen siehe die Nachw. in Fn. 1129; vgl. zur Erhöhung der Pflichteinlage bei der KG oben F.III.2.a).

1140 *Philippi*, Testamentsvollstreckung, S. 170; vgl. zur Gründungsbeteiligung *Lorz*, Testamentsvollstreckung, S. 267.

1141 Vgl. zur Gründungsbeteiligung *Lorz*, Testamentsvollstreckung, S. 267.

1142 *Dörrie*, Testamentsvollstreckung, S. 120; *ders.*, ZEV 1996, 370, 373.

1143 Dieser hat, sofern neue Leistungspflichten eingeführt werden, Verfügungscharakter, s.o. C.III.2.

1144 Nebenleistungspflichten können entgeltlich oder auch unentgeltlich ausgestaltet sein, Lutter/Hommelhoff/*Bayer*, GmbHG, § 3 Rn. 33; MüKoGmbHG/*Wicke*, § 3 Rn. 76.

1145 S.o. C.III.3.c)aa).

entsprechend anwendbar. Der Entgeltbegriff des § 2205 S. 3 BGB ist somit genauso wie bei der insoweit vergleichbaren, den Nacherben schützenden Regelung des § 2213 Abs. 2 BGB mit dem (objektiven) Merkmal der Ordnungsgemäßheit zu verknüpfen. Der Testamentsvollstrecker darf der Begründung einer Nebenpflicht deshalb nur dann zustimmen, wenn dies wirtschaftlich notwendig oder zweckmäßig, d.h. im Hinblick auf die gewandelten Verhältnisse und künftigen Entwicklungen des Gesellschaftsunternehmens im Gesellschaftsinteresse geboten ist, allein oder im Zusammenhang mit anderen Maßnahmen der Erhaltung oder Stärkung des Unternehmens dient und damit im Ergebnis wirtschaftlich auch dem verwalteten Anteil des Gesellschafter-Erben zugutekommt.[1146] Eine dahingehende Vermutung besteht aber, anders als bei einer von dem Gesellschafter gegenüber der Gesellschaft selbst abgegebenen Verpflichtungserklärung, bei der der BGH davon ausgeht, dass solche Zusagen „regelmäßig ohne unmittelbare Gegenleistung im Rechtssinne, wohl aber vor dem Hintergrund abgegeben [werden], dass sich der Gesellschafter davon eine Stärkung der Gesellschaft und damit mittelbar eine Verbesserung seiner durch die Mitgliedschaft vermittelten Vermögenslage verspricht“[1147], beim Testamentsvollstrecker nicht.

1146 Vgl. zur Vorerbschaft BGH NJW 1981, 115, 116; 1981, 1560, 1561.
1147 BGH ZEV 2006, 320 Rn. 12; NJW 2008, 1589, 1591 (zum Verein).

H. Aktien

I. Allgemeines

Eine Testamentsvollstreckung an Aktien ist ohne weiteres zulässig.[1148] Die von dem Erblasser gehaltenen Anteile fallen, wie sich aus § 69 Abs. 3 S. 2 AktG entnehmen lässt, mit dessen Tod in den Nachlass.[1149] Anders als im GmbH-Recht können die Befugnisse des Testamentsvollstreckers auch nicht durch Satzungsbestimmung eingeschränkt oder ausgeschlossen werden, § 23 Abs. 5 AktG.[1150] Der Testamentsvollstrecker ist bei Fehlen entgegenstehender letztwilliger Anordnungen des Erblassers nach § 2208 Abs. 1 BGB berechtigt und verpflichtet, unter Ausschluss der Erben alle aus der Mitgliedschaft fließenden Mitwirkungs- und Vermögensrechte wahrzunehmen.[1151] Dabei ist er nicht an den Willen der Erben gebunden und in seinen Kompetenzen erbrechtlich lediglich durch die Verbote unentgeltlicher Verfügungen nach § 2205 S. 3 BGB, der Begründung persönlicher Verbindlichkeiten der Erben nach § 2206 BGB sowie seine generelle Pflichtenstellung gegenüber den Erben gem. § 2216 Abs. 1 BGB eingeschränkt.[1152] Zu den wichtigsten Aufgaben des Testamentsvollstreckers bei der Verwaltung von Aktien gehört die Ausübung des Stimmrechts in der Hauptversammlung.[1153] Auch die übrigen versammlungsgebundenen[1154] Aktionärsrechte, wie etwa das Teilnahme-, Rede-, Beschlussantrags- (§ 126 AktG) und Auskunftsrecht (§ 131 Abs. 1 AktG), unterliegen seiner Verwaltungsbefugnis.[1155] Umgekehrt haben alle die Anteile der Erben betreffenden Handlungen und Erklärungen der Gesellschaft dem Testamentsvollstrecker gegenüber zu erfolgen.[1156]

1148 S.o. A.I.

1149 S.o. B.I.1.

1150 Dazu oben B.II.2.b)bb).

1151 Vgl. oben die Nachw. in Fn. 16.

1152 Vgl. BGH ZEV 2014, 662 Rn. 14 zum Geschäfts- und Kommanditanteil.

1153 *Frank*, Kleine AG, S. 246; *ders.*, ZEV 2002, 389, 390; Grigoleit/*Herrler*, AktG, § 134 Rn. 44; *Koch*, AktG, § 134 Rn. 31; BeckOK BGB/*Lange*, Stand 1.2.2022, § 2205 Rn. 68; *Mutter*, AG 2006, 637, 643; *Schmellenkamp*, MittRhNotK 1986, 181; *Unsöld*, Testamentsvollstreckung, S. 72; MüKoBGB/*Zimmermann*, § 2205 Rn. 54.

1154 Überbl. bei MüKoAktG/*Kubis*, AktG, § 118 Rn. 38 ff.

1155 *Frank*, Kleine AG, S. 246; *ders.*, ZEV 2002, 389, 390.

1156 *Bayer/Sarakinis*, NZG 2018, 561, 570; *Frank*, Kleine AG, S. 246; *ders.*, ZEV 2002, 389, 390.

Bedenken gegen die Amtsausübung bestehen entgegen einer von *Frank* vertretenen Ansicht[1157] auch dann nicht, wenn der Testamentsvollstrecker zugleich Mitglied eines Organs (Vorstand, Aufsichtsrat) der Gesellschaft ist, deren Anteile ganz oder teilweise Bestandteil des Nachlasses sind und vom Testamentsvollstrecker verwaltet werden sollen, sog. Ämterkumulation.[1158] Die aus einer solchen Ämterhäufung eventuell resultierenden Interessenkonflikte unterscheiden sich nicht grundlegend von denjenigen, die sich daraus ergeben, dass ein Vorstandsmitglied zugleich Aktionär der von ihm geleiteten Gesellschaft ist.[1159] Letzteres ist, wie die in der Praxis weit verbreiteten Aktienoptionen als Vergütungsbestandteil für Vorstandsmitglieder zeigen, bisher nie ernsthaft in Zweifel gezogen worden.[1160] Damit ist auch kein geeigneter Grund ersichtlich ist, warum eine solche Doppelrolle beim Testamentsvollstrecker nicht zulässig sein soll[1161], zumal auch bei der GmbH[1162] die Kumulation des Amtes als Testamentsvollstrecker mit dem als Geschäftsführer für unproblematisch gehalten wird[1163].

Was die Einzelheiten angeht, lässt sich feststellen, dass im Vergleich zu den bisher erörterten Beteiligungsarten die Testamentsvollstreckung an zum Nachlass gehörenden Inhaber- oder Namensaktien im rechtswissenschaftlichen Diskurs lange Zeit ein Schattendasein gefristet hat. Die Mehrzahl der Kommentatoren zum BGB begnügt sich im Wesentlichen damit, pauschal auf die für den GmbH-Geschäftsanteil geltenden Grundsätze zu verweisen.[1164] Dies kann zwar einen ersten Anhaltspunkt zur Beurteilung der Ordnungsgemäßheit der Testamentsvollstreckung an Aktien liefern, ist jedoch – wie die nachfolgenden Ausführungen zeigen werden – zur Beantwortung der bei der Fremdverwaltung von Aktien sich stellenden spezifischen Einzelfragen unzureichend.[1165] Erst relativ spät hat

1157 *Frank*, Kleine AG, S. 269 ff.; *ders.*, NZG 2002, 898, 901 ff.

1158 *Grunsky*, ZEV 2008, 1 ff.; NK-BGB/*Kroiß*, § 2205 Rn. 73; ausf. zum Ganzen *Unsöld*, Testamentsvollstreckung, S. 117 ff.

1159 *Grunsky*, ZEV 2008, 1, 2 f.

1160 *Grunsky*, ZEV 2008, 1, 2; diese Praxis zweifelt offenbar auch *Frank*, Kleine AG, S. 268; *ders.*, NZG 2002, 898, 900 nicht an.

1161 Zutr. *Grunsky*, ZEV 2008, 1, 2 f.; ebenso *Unsöld*, Testamentsvollstreckung, S. 120 f. mit einem *argumentum a fortiori*.

1162 S.o. G.I. bei Fn. 1074.

1163 *Grunsky*, ZEV 2008, 1, 3 f.; für die GmbH bejaht auch *Frank*, Kleine AG, S. 267 f.; *ders.*, NZG 2002, 898, 900 die Zulässigkeit einer solchen Ämterhäufung.

1164 Siehe etwa NK-BGB/*Kroiß*, § 2205 Rn. 73; BeckOK BGB/*Lange*, Stand 1.2.2022, § 2205 Rn. 68; Staudinger/*Dutta*, BGB, § 2205 Rn. 210; MüKoBGB/*Zimmermann*, § 2205 Rn. 54.

1165 So zu Recht *Unsöld*, Testamentsvollstreckung, S. 21.

sich das Schrifttum dezidiert mit dem Umfang und den Grenzen der Befugnisse des Testamentsvollstreckers bei der Ausübung der aus der Aktie resultierenden Verwaltungs- und Vermögensrechte beschäftigt.[1166]

II. Vermögensrechte

1. Anspruch auf den Bilanzgewinn, § 58 Abs. 4 AktG

Gerade bei zum Nachlass gehörenden Aktien werden regelmäßig die vermögensrechtlichen Ansprüche der Erben im Mittelpunkt stehen. Zu den wichtigsten Vermögensrechten zählen neben dem Anspruch auf den Liquidationserlös nach § 271 AktG und den Bezugsrechten auf junge Aktien nach § 186 Abs. 1 AktG, auf Wandel- und Gewinnschuldverschreibungen sowie auf Genussrechte nach § 221 Abs. 4 AktG vor allem der Anspruch auf den Bilanzgewinn.[1167] Insoweit ist zwischen dem allgemeinen, mitgliedschaftlichen Recht auf Gewinnbeteiligung gem. § 58 Abs. 4 AktG und dem konkreten schuldrechtlichen Zahlungsanspruch des Aktionärs gegen die Gesellschaft zu unterscheiden. Das auf Zahlung von Dividende gerichtete Gläubigerrecht entsteht erst mit Wirksamwerden des Gewinnverwendungsbeschlusses der Hauptversammlung gem. §§ 174 Abs. 2 Nr. 2, 58 Abs. 3 AktG[1168]; Anspruchsgrundlage ist § 58 Abs. 4 S. 1 AktG i.V.m. dem entsprechenden Beschluss[1169]. Die aufgrund eines solchen Beschlusses gewährten und auf die Anteile der Erben entfallenden Ausschüttungen nach § 60 Abs. 1 AktG haben unstreitig an den Testamentsvollstrecker zu erfolgen.[1170] Beschließt die Hauptversammlung über die Gewinnverwendung nicht innerhalb der Frist des § 175 Abs. 1 S. 2 AktG, kann jeder Aktionär die Gesellschaft auf Herbeiführung eines Gewinnverwendungsbeschlusses verklagen.[1171] Auch insoweit ist im Verhältnis zu den Erben die Klagebefugnis allein dem Testamentsvollstrecker zuzuweisen, § 2212 BGB.

1166 Monografisch *Frank*, Kleine AG, S. 231 ff.; *Unsöld*, Testamentsvollstreckung, S. 65 ff.

1167 *Frank*, Kleine AG, S. 251.

1168 BGH NJW 1957, 588, 589; 1976, 241, 242; 1994, 323, 325; MüKoAktG/*Bayer*, AktG, § 58 Rn. 104; *Koch*, AktG, § 58 Rn. 28, § 174 Rn. 4.

1169 MüKoAktG/*Bayer*, AktG, § 58 Rn. 104; *Koch*, AktG, § 58 Rn. 28.

1170 *Bayer/Sarakinis*, NZG 2018, 561, 570; *Frank*, Kleine AG, S. 251; *ders.*, ZEV 2002, 389, 391; *Unsöld*, Testamentsvollstreckung, S. 83.

1171 BGH NJW 1994, 520, 523; MüKoAktG/*Bayer*, AktG, § 58 Rn. 100; *Koch*, AktG, § 58 Rn. 26.

2. Beschränkung oder Ausschluss des Dividendenzahlungsanspruchs, § 58 Abs. 3 AktG

Die Aktionäre können den Bilanzgewinn nur insoweit beanspruchen, als dieser nicht gem. § 58 Abs. 4 AktG von der Verteilung unter den Aktionären ausgeschlossen ist. Nach § 58 Abs. 3 S. 1 AktG kann die Hauptversammlung nach Feststellung des Jahresabschlusses nach §§ 172, 173 AktG, anstatt die Ausschüttung des Bilanzgewinns an die Aktionäre zu beschließen, (weitere) Teile des Bilanzgewinns oder sogar den gesamten[1172] Bilanzgewinn gem. § 174 Abs. 2 Nr. 3 AktG in Gewinnrücklagen einstellen oder auf neue Rechnung vortragen, § 174 Abs. 2 Nr. 4 AktG; bei entsprechender Ermächtigung in der Satzung ist gem. § 58 Abs. 3 S. 2 AktG auch eine andere Verwendung möglich, wie etwa die Zuwendung an Dritte zur Förderung gemeinnütziger Zwecke[1173]. Die entsprechenden Beträge stehen dann nicht mehr für die Ausschüttung an die Aktionäre zur Verfügung. Die (anlageorientierten) Erben dürften demgegenüber – zumindest im Regelfall – an der Zahlung einer möglichst hohen Dividende interessiert sein, da diese unmittelbar dem Nachlass zugutekommt.[1174] Insoweit stellt sich die Frage, ob der Testamentsvollstrecker ohne ihr Einverständnis in der Hauptversammlung gegen die Ausschüttung des Bilanzgewinns an die Aktionäre stimmen darf.

Das Verbot unentgeltlicher Verfügungen nach § 2205 S. 3 BGB stellt keinen Hinderungsgrund dar, da, sofern sämtliche Gesellschafter gleichermaßen von einem solchen Beschluss betroffen sind, es jedenfalls am Merkmal der „Unentgeltlichkeit“[1175] fehlt.[1176] Selbst unter Kernbereichsgesichtspunkten wird eine Zustimmungspflicht des Erben abgelehnt, da durch den Verzicht oder die Einschränkung der Gewinnausschüttung nicht in das mitgliedschaftliche Dividendenrecht der Aktionäre als solches eingegriffen werde.[1177] Der

---

1172 Insoweit existiert keine gesetzliche Obergrenze, sondern lediglich der besondere Anfechtungstatbestand des § 254 AktG, *Koch*, AktG, § 58 Rn. 23, 24.

1173 Vgl. zur zunehmenden Bedeutung der *Corporate Social Responsibility* (kurz: CSR) *Koch*, AktG, § 58 Rn. 25, § 76 Rn. 35 ff.

1174 *Unsöld*, Testamentsvollstreckung, S. 83; vgl. grds. zum Konflikt zwischen dem Interesse der Aktionäre an einer möglichst hohen Gewinnausschüttung und dem Interesse der Verwaltung an einer Gewinnthesaurierung MüKoAktG/*Bayer*, AktG, § 58 Rn. 2; *Koch*, AktG, § 58 Rn. 1, jeweils m.w.N.

1175 S.o. C.III.3.c)aa).

1176 Zutr. *Unsöld*, Testamentsvollstreckung, S. 85; bereits den Verfügungscharakter des Gewinnverwendungsbeschlusses anzweifelnd *Frank*, Kleine AG, S. 253 f.; *ders.*, ZEV 2002, 389, 392.

1177 *Frank*, Kleine AG, S. 256; *ders.*, ZEV 2002, 389, 392.

Testamentsvollstrecker hat bei der Beschlussfassung freilich darauf zu achten, dass die Beschränkung bzw. der Ausschluss des Dividendenzahlungsanspruchs der Erben den Grundsätzen ordnungsgemäßer Nachlassverwaltung entspricht, § 2216 Abs. 1 BGB.[1178] Davon ist etwa dann nicht auszugehen, wenn sich der Testamentsvollstrecker ohnehin zum nächstmöglichen Zeitpunkt von den Anteilen trennen möchte, z.B. weil er den aktuellen Aktienkurs gemessen am „wahren" Wert des Unternehmens für zu hoch erachtet und/oder er mit einem unmittelbar bevorstehenden Kursverfall rechnet.[1179] Abgesehen davon und vorbehaltlich entgegenstehender Erblasseranordnungen liegt es jedoch im Ermessen des Testamentsvollstreckers, ob er für die Ausschüttung des Gewinns an die Aktionäre, eine Rücklagenbildung, die Einstellung weiterer Beträge als Gewinnvortrag oder eine andere Verwendung des Bilanzgewinns votiert.[1180]

III. Beteiligung an Kapitalmaßnahmen

1. Mitwirkung am Kapitalerhöhungsbeschluss

a) Kapitalerhöhung aus Gesellschaftsmitteln, §§ 207 ff. AktG

Einer Kapitalerhöhung aus Gesellschaftsmitteln nach §§ 207 ff. AktG kann der Testamentsvollstrecker genauso wie im GmbH-Recht ohne weiteres zustimmen, da hierdurch keine neuen Einlagepflichten[1181] begründet werden.[1182] Selbst im Falle einer Überbewertung des Gesellschaftsvermögens kann die Gesellschaft von den Aktionären keine Einlagen nachfordern, „weil Einlagepflichten nicht durch einen Hauptversammlungsbeschluss, sondern nur durch Übernahmeerklärung bzw. Zeichnung eines dazu bereiten Inferenten begründet werden können".[1183] Sollte sich also nachträglich herausstellen, dass die in der Bilanz ausgewiesenen Rücklagen – sei es, weil die zugrunde gelegte Bilanz unrichtig

1178 *Frank*, Kleine AG, S. 257; *ders.*, ZEV 2002, 389, 391 f.; *Unsöld*, Testamentsvollstreckung, S. 85.

1179 *Unsöld*, Testamentsvollstreckung, S. 85 f.

1180 *Frank*, Kleine AG, S. 257; *ders.*, ZEV 2002, 389, 391 f.

1181 MüKoAktG/*Arnold*, AktG, § 211 Rn. 9; *Koch*, AktG, § 211 Rn. 4; die Kapitalerhöhung aus Gesellschaftsmitteln ist somit – anders als die Überschrift des Zweiten Abschnitts (§§ 182 ff. AktG) vielleicht vermuten lässt – tatsächlich keine Maßnahme der „Kapitalbeschaffung", *Koch*, AktG, § 207 Rn. 3.

1182 *Frank*, Kleine AG, S. 258; *ders.*, ZEV 2002, 389, 392; *Zimmermann*, Testamentsvollstreckung, Rn. 533.

1183 BGH NJW-RR 2007, 1487, 1488.

war, sei es, weil seit dem Bilanzstichtag Verluste eingetreten sind – ganz oder teilweise nicht vorhanden waren bzw. aufgebraucht sind, scheidet eine Unterbilanzhaftung der Gesellschafter aus.[1184]

b) Kapitalerhöhung gegen Einlagen, §§ 182 ff. AktG

Problematisch ist demgegenüber eine Kapitalerhöhung gegen Einlagen nach §§ 182 ff. AktG. Hierbei ist regelungstechnisch – noch genauer als im GmbH-Recht[1185] – zwischen den verschiedenen Verfahrensabschnitten, also dem Kapitalerhöhungsbeschluss der Hauptversammlung nach §§ 182 ff. AktG und der sich daran anschließenden Durchführung der Kapitalerhöhung nach §§ 185 ff. AktG, zu differenzieren.[1186] Durch den satzungsändernden[1187] Kapitalerhöhungsbeschluss bekundet die Hauptversammlung lediglich die Absicht, das Grundkapital der Gesellschaft zu erhöhen, ohne dass die (Alt-)Aktionäre dadurch verpflichtet wären, sich an der Kapitalerhöhung zu beteiligen.[1188] Auch aus dem mit der Kapitalerhöhung einhergehenden mitgliedschaftlichen Bezugs*recht* des § 186 AktG ergibt sich keine *Pflicht* zur Teilnahme an der Kapitalerhöhung.[1189] Der Anspruch der Gesellschaft gegen den Zeichner, die vereinbarte Bar- oder Sacheinlage zu leisten, wird vielmehr erst durch den Zeichnungsvertrag begründet.[1190] Insofern ist – entsprechend der Rechtslage bei der GmbH – vorrangig die Befugnis des Testamentsvollstreckers zur Abgabe der auf den Abschluss des Zeichnungsvertrags gerichteten Zeichnungserklärung nach § 185 Abs. 1 AktG

1184 MüKoAktG/*Arnold*, AktG, § 211 Rn. 9; *Koch*, AktG, § 211 Rn. 5; vgl. zur Parallelproblematik im GmbH-Recht die Nachw. in Fn. 1080.

1185 Dort ist nur die *durchgeführte* Kapitalerhöhung zur Eintragung in das Handelsregister anzumelden (§ 57 Abs. 1 GmbHG), während im Aktienrecht daneben auch der Kapitalerhöhungsbeschluss als solcher zur Eintragung in das Handelsregister anzumelden ist (§ 184 Abs. 1 S. 1 AktG), wenngleich nach § 188 Abs. 4 AktG Anmeldung und Eintragung der Durchführung der Erhöhung mit Anmeldung und Eintragung des Beschlusses über die Erhöhung verbunden werden können, was in der Praxis auch regelmäßig geschieht, *Scholz*, in: MünchHdb GesR IV, § 57 Rn. 88; MüKoAktG/*Schürnbrand/Verse*, AktG, § 188 Rn. 56.

1186 Zum Ablauf der effektiven Kapitalerhöhung bei der AG *Koch*, AktG, § 182 Rn. 4.

1187 *Koch*, AktG, § 182 Rn. 3.

1188 *Koch*, AktG, § 182 Rn. 6; MüKoAktG/*Schürnbrand/Verse*, AktG, § 182 Rn. 13.

1189 MAH AktienR/*Sickinger/Kuthe*, § 33 Rn. 83; MüKoAktG/*Schürnbrand/Verse*, AktG, § 186 Rn. 21.

1190 *Koch*, AktG, § 185 Rn. 24; MüKoAktG/*Schürnbrand/Verse*, AktG, § 185 Rn. 45; vgl. BGH NJW-RR 2007, 1487, 1488.

diskussionswürdig[1191]; die Mitwirkung am Erhöhungsbeschluss ist demgegenüber weitestgehend unproblematisch und dem Testamentsvollstrecker deshalb ohne Zustimmung der Erben gestattet[1192].

Die entgegenstehende Auffassung *Unsölds,* wonach aus dem Verbot, den Erben persönlich zu verpflichten, zu folgern sei, dass der Testamentsvollstrecker, sofern die Einlageleistung nicht aus Nachlassmitteln erbracht werden könne, bereits bei der entsprechenden Beschlussfassung über die Kapitalerhöhung auf die Zustimmung der Erben angewiesen sei,[1193] ist deshalb – jedenfalls in dieser Allgemeinheit – abzulehnen. Die Zustimmung zur Kapitalerhöhung ist unter haftungsrechtlichen Gesichtspunkten in jedem Falle unbedenklich. Dies gilt umso mehr, als im Aktienrecht mangels einer der Regelung des § 24 GmbHG entsprechenden Vorschrift eine kollektive Ausfallhaftung für etwaige nicht geleistete Einlagen anderer Gesellschafter nicht vorgesehen ist.[1194] Der Ausfall auf die Einlageforderung ist, soweit durch die Kaduzierung der Anteile oder die Inanspruchnahme der Vormänner nach §§ 64, 65 AktG nicht genügend Mittel erlöst werden können, vielmehr endgültig.[1195] Deshalb erübrigt sich hier auch die im GmbH-Recht erörterte Frage, welche weitergehenden Vorkehrungen der Testamentsvollstrecker gegebenenfalls treffen muss, sofern die Erfüllung der Einlagepflichten anderer Gesellschafter nicht gesichert ist.[1196] Nur wenn nicht genügend Nachlassmittel zur Zeichnung neuer Aktien zur Verfügung stehen und darüber hinaus absehbar ist, dass sich die Erben auch aus eigenen Mitteln nicht an der Kapitalerhöhung werden beteiligen können, muss die damit einhergehende Verschlechterung der mitgliedschaftlichen Stellung der Erben innerhalb der Gesellschaft berücksichtigt werden. Insofern hat der Testamentsvollstrecker bei der entsprechenden Beschlussfassung innerhalb seiner Pflicht zur ordnungsgemäßen Nachlassverwaltung das Interesse der Erben an der Beibehaltung ihrer Beteiligungsquote und der daran anknüpfenden Stimmkraft mit dem Interesse

---

1191 Dazu sogleich.

1192 So auch *Bayer/Sarakinis*, NZG 2018, 561, 570 f.; *Frank*, Kleine AG, S. 259; *ders.*, ZEV 2002, 389, 392 f.

1193 *Unsöld*, Testamentsvollstreckung, S. 87 f.

1194 Die weitergehende Einstandspflicht von GmbH-Gesellschaftern wird auf die im Vergleich zum Aktienrecht geringeren Gründungssicherungen und den damit verbundenen Risiken für die Gläubiger zurückgeführt, *Altmeppen*, GmbHG, § 24 Rn. 1; MHLS/*Ebbing*, GmbHG, § 24 Rn. 3; Noack/Servatius/Haas/*Kersting*, GmbHG, § 24 Rn. 1.

1195 MüKoGmbHG/*Schütz*, § 24 Rn. 4.

1196 Siehe dazu oben G.II.2.b).

der Gesellschaft an der Kapitalbeschaffung abzuwägen. Auch der Erblasser kann für diesen Fall durch letztwillige Verfügung auf die Stimmrechtsausübung des Testamentsvollstreckers Einfluss nehmen, um so z.B. eine Überfremdung der (Familien-)Gesellschaft zu verhindern.[1197]

c) *Ausschluss des Bezugsrechts, § 186 Abs. 3 AktG*

Nach § 186 Abs. 1 AktG hat jeder Aktionär bei Kapitalerhöhungen ein gesetzliches Bezugsrecht auf einen seinem Anteil am bisherigen Grundkapital entsprechenden Teil der neuen Aktien. Die Vorschrift stellt zum einen sicher, dass die Alt-Aktionäre durch die Teilnahme an der Kapitalerhöhung ihre Beteiligungsquote und die daran anknüpfende Stimmkraft in der Gesellschaft halten können.[1198] Zum anderen schützt das gesetzliche Bezugsrecht die bisherigen Aktionäre vor einer Kursverwässerung, welche daraus resultiert, dass die neuen Anteile regelmäßig zu einem niedrigeren Preis als dem aktuellen Börsenwert ausgegeben werden.[1199] Das Bezugsrecht gehört zu den wichtigsten Mitgliedschaftsrechten der Aktionäre und wird deswegen auch als „mitgliedschaftliches Grundrecht" bezeichnet.[1200] Ausnahmsweise kann das Bezugsrecht in dem Beschluss über die Kapitalerhöhung[1201] ganz oder teilweise ausgeschlossen werden, § 186 Abs. 3 S. 1 AktG.[1202] Wegen der besonderen Schwere des Eingriffs in die Mitgliedschaft ist ein solcher Ausschluss nach ständiger höchstrichterlicher Rechtsprechung jedoch nur dann zulässig, „wenn er aus der Sicht im Zeitpunkt der Beschlußfassung auch bei gebührender Berücksichtigung der Folgen für die ausgeschlossenen Aktionäre durch sachliche Gründe im Interesse der Gesellschaft gerechtfertigt ist".[1203]

Umstritten ist, ob der Testamentsvollstrecker an einem Kapitalerhöhungsbeschluss, in dem das Bezugsrecht der Alt-Aktionäre ausgeschlossen werden soll, mitwirken darf oder ob er hierzu die Zustimmung der Erben benötigt. Teilweise wird ein Zustimmungserfordernis mit der Zugehörigkeit des Bezugsrechts zum

---

1197 Vgl. *Frank*, Kleine AG, S. 261 f.

1198 *Koch*, AktG, § 186 Rn. 2; MüKoAktG/*Schürnbrand*, AktG, § 186 Rn. 2.

1199 *Koch*, AktG, § 186 Rn. 2; MüKoAktG/*Schürnbrand*, AktG, § 186 Rn. 2.

1200 MüKoAktG/*Schürnbrand*, AktG, § 186 Rn. 1 m.w.N.

1201 Der Ausschluss des Bezugsrechts fällt in den Kompetenzbereich der Hauptversammlung, MüKoAktG/*Schürnbrand*, AktG, § 186 Rn. 20.

1202 Zu den möglichen Gründen für einen solchen Ausschluss *Koch*, AktG, § 186 Rn. 20.

1203 BGH NJW 1978, 1316, 1317; 1982, 2444; 1993, 400, 401; dazu *Koch*, AktG § 186 Rn. 25 ff.; MüKoAktG/*Schürnbrand*, AktG, § 186 Rn. 93 ff.

Kernbereich der aktienrechtlichen Mitgliedschaft zu begründen versucht.[1204] Die gesellschaftsrechtliche Kernbereichslehre ist jedoch, wie sich gezeigt hat[1205], für das Verhältnis zwischen Testamentsvollstrecker und Gesellschafter-Erben ohne Bedeutung.[1206] Eine Zustimmungspflicht des Erben kann auch nicht aus dem Verbot des § 2205 S. 3 BGB hergeleitet werden. Zwar fließt dem Nachlass bei Ausschluss des Bezugsrechts – im Gegensatz zu der entgeltlichen Veräußerung eines konkret entstandenen Bezugsanspruchs[1207] – kein Ersatz zu, durch den die Verwässerung des Anteilswerts *unmittelbar* finanziell kompensiert wird.[1208] *Unsöld* weist indes zu Recht darauf hin, dass durch den Bezugsrechtsausschluss gleichmäßig belastend in die Mitgliedschaft aller bisher an der Gesellschaft beteiligten (Alt-)Aktionäre eingegriffen werde, weshalb es am Merkmal der „Unentgeltlichkeit" fehle.[1209] Davon abgesehen kann insbesondere in Sanierungsfällen, wenn also durch die Kapitalerhöhung der wirtschaftliche Zusammenbruch der Gesellschaft verhindert werden soll, der Eintritt neuer Kapitalgeber in die Gesellschaft als „Gegenleistung" für die Verringerung des quotenmäßigen Anteils der Erben angesehen werden.[1210]

Bei Vorliegen eines für den Bezugsrechtsausschluss notwendigen materiellen Sachgrunds[1211] wird außerdem auch die Pflichtwidrigkeit des Testamentsvollstreckerhandelns nach § 2216 Abs. 1 BGB regelmäßig zu verneinen sein.[1212] Im Gegenteil kann die ordnungsgemäße Verwaltung des Nachlasses eine Mitwirkung des Testamentsvollstreckers am Bezugsrechtsausschluss geradezu erfordern.[1213] Etwas anderes gilt allenfalls dann, wenn der Versuch, die Gesellschaft vor einer Insolvenz zu retten, aussichtslos erscheint, und für den Testamentsvollstrecker

1204 Siehe *Frank*, Kleine AG, S. 262 f.; *ders.*, ZEV 2002, 389, 394.

1205 S.o. D.III.2.c).

1206 Zutr. *Unsöld*, Testamentsvollstreckung, S. 93; i.E. ebenso *Zimmermann*, Testamentsvollstreckung, Rn. 533, beide die Zustimmungspflichtigkeit der Mitwirkung des Testamentsvollstreckers am Kapitalerhöhungsbeschluss unter dem Gesichtspunkt der Kernbereichslehre abl.

1207 Dazu unter H.III.2.b).

1208 Aus diesem Grund die Unentgeltlichkeit der Verfügung bejahend *Frank*, Kleine AG, S. 263; *ders.*, ZEV 2002, 389, 394.

1209 *Unsöld*, Testamentsvollstreckung, S. 91.

1210 So *Zimmermann*, Testamentsvollstreckung, Rn. 533; zust. *Unsöld*, Testamentsvollstreckung, S. 91.

1211 S.o. die Nachw. in Fn. 1203.

1212 *Unsöld*, Testamentsvollstreckung, S. 91 f.

1213 *Zimmermann*, Testamentsvollstreckung, Rn. 533.

deshalb, anstatt an der Verwässerung des Anteilswerts der Aktionärs-Erben mitzuwirken, einzig und allein die Veräußerung der Anteile zum baldmöglichsten Zeitpunkt in Betracht kommt.[1214] Vorbehaltlich entgegenstehender testamentarischer Anordnungen oder Beschränkungen[1215] kann deshalb ein Bezugsrechtsausschluss durch die Stimmen des Testamentsvollstreckers beschlossen werden.

2. Bezugsanspruch, § 186 AktG

a) Ausübung des Bezugsrechts durch den Testamentsvollstrecker

Bezugsberechtigte haben, sofern das Bezugsrecht nicht ausnahmsweise ausgeschlossen wurde, einen gegen die Gesellschaft durchsetzbaren Anspruch auf Abschluss eines Zeichnungsvertrags zu den im Kapitalerhöhungsbeschluss festgelegten Bedingungen, wenn sie ihr Bezugsrecht ausüben und einen wirksamen Zeichnungsschein einreichen, § 185 Abs. 1 AktG.[1216] Ist über das Aktienvermögen des Erblassers Testamentsvollstreckung angeordnet, umfasst das Verwaltungsrecht des Testamentsvollstreckers nach einhelliger Ansicht auch das Bezugsrecht der Erben.[1217] Dies ist nur folgerichtig, da das Bezugsrecht als Rechtsfrucht des mit der Mitgliedschaft untrennbar verbundenen Bezugsstammrechts[1218] anzusehen ist (Rechtssurrogation, § 2041 S. 1 Var. 1 BGB) und damit ebenfalls in den Nachlass fällt.[1219] Die Ausübungsbefugnis des Testamentsvollstreckers erstreckt sich dabei im Grundsatz auf alle zur Ausübung des Bezugsrechts notwendigen Einzelmaßnahmen, also die Abgabe der Bezugserklärungen, die Einreichung der Zeichnungsscheine und den Abschluss der Zeichnungsverträge.[1220] Zur Zeichnung neuer Aktien wird der Testamentsvollstrecker

---

1214 *Unsöld*, Testamentsvollstreckung, S. 92.

1215 Dazu *Frank*, Kleine AG, S. 262; *ders.*, ZEV 2002, 389, 393, der in diesem Zusammenhang auf die Gefahr einer Überfremdung der Gesellschaft hinweist.

1216 *Koch*, AktG, § 186 Rn. 4; MüKoAktG/*Schürnbrand/Verse*, AktG, § 186 Rn. 21.

1217 *Frank*, Kleine AG, S. 260; *ders.*, ZEV 2002, 389, 393; NK-BGB/*Kroiß*, § 2205 Rn. 73; BeckOK BGB/*Lange*, Stand 1.2.2022, § 2205 Rn. 68; *Pauli*, in: Bengel/Reimann, Hdb. Testamentsvollstreckung, § 5 Rn. 263; *Unsöld*, Testamentsvollstreckung, S. 87; MüKoBGB/*Zimmermann*, § 2205 Rn. 54.

1218 Vgl. zur Unterscheidung zwischen konkretem und allgemeinem Bezugsanspruch bzw. Bezugsstammrecht *Koch*, AktG, § 186 Rn. 6; MüKoAktG/*Schürnbrand/Verse*, AktG, § 186 Rn. 24.

1219 Vgl. zum Gewinnanspruch beim Personengesellschaftsanteil *Ulmer/Schäfer*, ZHR 1996, 413, 436.

1220 *Frank*, Kleine AG, S. 260; *ders.*, ZEV 2002, 389, 393; *Unsöld*, Testamentsvollstreckung, S. 87; vgl. zum Abschluss des Zeichnungsvertrags *Koch*, AktG, § 185 Rn. 23.

allerdings nur dann für berechtigt angesehen, wenn der Bezugspreis aus dem von ihm verwalteten Nachlass bezahlt werden kann.[1221] Dem ist in Anbetracht seiner auf den Nachlass beschränkten Verpflichtungsbefugnis grundsätzlich zuzustimmen. Wie bereits im Zusammenhang mit der GmbH festgestellt, kommt im Hinblick auf die Stammeinlagepflicht eine Haftungsbeschränkung auf den Nachlass wegen des besonderen Interesses der Gläubiger an der Aufbringung des satzungsmäßigen Haftungsfonds nicht in Betracht.[1222] Nichts anderes kann für die Einlageverpflichtung der Aktionäre gelten.[1223] Eine Verpflichtung des Erben mit seinem Privatvermögen ist allerdings nur dann wirklich ausgeschlossen, wenn die Einlage auch sofort in voller Höhe fällig ist[1224]; anderenfalls kann nicht gewährleistet werden, dass der Nachlass auch bei Fälligkeit der Restzahlung noch über ausreichende Mittel verfügt[1225]. Deshalb dürfte für die Befugnis des Testamentsvollstreckers zur Abgabe der Zeichnungserklärung, genauso wie im GmbH-Recht, neben dem Vorhandensein ausreichender Nachlassmittel auch die sofortige Volleinzahlung der Einlagen[1226] oder Sicherheitsleistung analog § 2128 BGB[1227] zu fordern sein. Ansonsten ist er auf die Zustimmung der Erben angewiesen, möchte er sich gleichwohl für den Nachlass an der Kapitalerhöhung beteiligen. Damit ist freilich noch nicht gesagt, dass er ohne die hiernach erforderliche Zustimmung nicht an der Kapitalerhöhung teilnehmen *kann.*

1221 *Bayer/Sarakinis*, NZG 2018, 561, 571; *Frank*, Kleine AG, S. 260; *ders.*, ZEV 2002, 389, 393; MüKoBGB/*Zimmermann*, § 2205 Rn. 54; *ders.*, Testamentsvollstreckung, Rn. 533; a.A. wohl *Unsöld*, Testamentsvollstreckung, S. 87 f., die, wie gesehen, für den Fall, dass die Einlageleistung nicht aus Nachlassmitteln erbracht werden kann, den Testamentsvollstrecker bereits im Rahmen der Beschlussfassung über die Kapitalerhöhung an die Zustimmung des Erben binden möchte; siehe dazu aber bereits oben H.III.1.b).

1222 S.o. G.II.2.a).

1223 Siehe zum Grundsatz der realen Kapitalaufbringung im Aktienrecht BGH NJW 1990, 982, 984; MüKoAktG/*Pentz*, AktG, § 27 Rn. 5.

1224 Bei einer Barkapitalerhöhung ist gem. § 36a Abs. 1 AktG i.V.m § 188 Abs. 2 S. 1 AktG vor der Anmeldung der Durchführung der Erhöhung zur Eintragung in das Handelsregister grds. nur die Mindesteinlage, bei Überpariemission außerdem der Mehrbetrag einzuzahlen, der Erhöhungsbeschluss kann jedoch einen höheren Mindestbetrag festsetzen, *Koch*, AktG, § 188 Rn. 5.

1225 Vgl. zur GmbH die Nachw. in Fn. 1102.

1226 In der Praxis dürfte dies ohnehin die Regel sein, vgl. zum Gründungsstadium *Lorz*, Testamentsvollstreckung, S. 243; *Philippi* Testamentsvollstreckung, S. 136 mit Fn. 620.

1227 Vgl. zur GmbH die Nachw. in Fn. 1103.

Die Frage, ob die Erbenzustimmung in diesem Fall Wirksamkeitsvoraussetzung für die Zeichnungserklärung des Testamentsvollstreckers ist, wurde im Zusammenhang mit Aktien – soweit ersichtlich – noch nicht explizit erörtert. Ausgehend von der in dieser Arbeit sich als zutreffend erwiesenen Ansicht, der zufolge die auf den Nachlass beschränkte Verpflichtungsbefugnis des Testamentsvollstreckers „lediglich“ als Schranke seines rechtlichen „Dürfens“ und nicht seines rechtlichen „Könnens“ zu verstehen ist[1228], ist davon auszugehen, dass die Erklärung des Testamentsvollstreckers trotz fehlender Zustimmung wirksam ist und der Erbe für die Einlagepflicht persönlich einzustehen hat.[1229] Lediglich im Verhältnis zum Testamentsvollstrecker kann der Erbe die Missachtung der Pflicht zur ordnungsgemäßen Nachlassverwaltung geltend machen, §§ 2206, 2216 Abs. 1 BGB.[1230]

Nach erfolgter Kapitalerhöhung fallen die aus Nachlassmitteln bezahlten „jungen“ Aktien als Surrogate in den Nachlass und unterliegen damit ebenfalls der Verwaltungsbefugnis des Testamentsvollstreckers.[1231] Dasselbe gilt übrigens auch für die vom Testamentsvollstrecker aufgrund pflichtwidriger persönlicher Verpflichtung der Erben und damit mit *nachlassfremden* Mitteln bezahlten Aktien, da es nach § 2041 S. 1 Var. 3 BGB im Gegensatz zur sog. Mittelsurrogation gem. §§ 2111, 2019 BGB („Mittel der Erbschaft“) nicht entscheidend darauf ankommt, ob der Erwerb mit Mitteln des Nachlasses erfolgt, sondern darauf, dass sich das Rechtsgeschäft „auf den Nachlass bezieht“[1232] (Beziehungssurrogation). Wie diese Beziehung zum Nachlass konkret beschaffen sein muss, darüber besteht zwar im Einzelnen Streit.[1233] Der Surrogationserwerb tritt jedoch nach einhelliger Ansicht jedenfalls dann ein, wenn der Erwerb nach der Willensrichtung des rechtsgeschäftlich Handelnden dem Nachlass zugutekommen soll (subjektive Komponente) und außerdem ein innerer Zusammenhang mit dem Nachlass besteht (objektive Komponente), welche dem Dritten gegenüber aber nicht zum Ausdruck gebracht werden muss.[1234] Dass die Zeichnung der Aktien nach dem Willen des Testamentsvollstreckers für den Nachlass erfolgen soll und

---

1228 Eingehend dazu C.II.3.c).

1229 A.A. *Frank*, Kleine AG, S. 237, 260; *ders.*, ZEV 2002, 389, 393, der sein Ergebnis allerdings aus der Kernbereichslehre ableitet.

1230 Vgl. zur Rechtslage im GmbH-Recht oben G.II.2.b).

1231 *Unsöld*, Testamentsvollstreckung, S. 88; *Zimmermann*, Testamentsvollstreckung, Rn. 533.

1232 Vgl. Staudinger/*Löhnig*, BGB, § 2041 Rn. 9.

1233 Überbl. über den Streitstand bei MüKoBGB/*Gergen*, § 2041 Rn. 13 ff.

1234 OLG Köln, OLGZ 1965, 117, 120; Staudinger/*Löhnig*, BGB, § 2041 Rn. 9 m.w.N.

nicht etwa für den Erben privat, davon ist mangels gegenteiliger Anhaltspunkte im Regelfall auszugehen. Der erforderliche objektive Zusammenhang zwischen dem Rechtsgeschäft und dem Nachlass ist jedenfalls in den Fällen gegeben, in denen das Geschäft der Erhaltung und Verwaltung des Nachlasses dient.[1235] Auch dieses Erfordernis ist bei der Ausübung des Bezugsrechts erfüllt, da dieses als Rechtsfrucht der Mitgliedschaft und des damit untrennbar verbundenen Bezugsstammrechts in den Nachlass fällt[1236] und damit der Verwaltungsbefugnis des Testamentsvollstreckers unterliegt. Dem Erben wird aber hinsichtlich der selbst bezahlten Aktien regelmäßig ein Freigabeanspruch gegen den Testamentsvollstrecker nach § 2217 Abs. 1 BGB zustehen.

b) Veräußerung des Bezugsanspruchs

Wie bereits dargestellt[1237], besteht keine Pflicht der Aktionäre, das mit der Kapitalerhöhung verbundene Bezugsrecht auszuüben. Der mit Wirksamwerden des Kapitalerhöhungsbeschlusses[1238] entstehende konkrete Bezugsanspruch ist im Gegensatz zu dem mit der Mitgliedschaft untrennbar verbundenen Bezugsstammrecht nach §§ 398, 413 BGB selbstständig übertragbar.[1239] Der Testamentsvollstrecker kann in den Grenzen des § 2216 Abs. 1 BGB und vorbehaltlich entgegenstehender letztwilliger Anordnungen oder Beschränkungen des Erblassers[1240] auf die Ausübung des Bezugsrechts verzichten und den Bezugsanspruch stattdessen veräußern, solange nur dem Nachlass analog § 2041 BGB ein gleichwertiger Ersatz zufließt, durch den die mit der Unterlassung der Ausübung des Bezugsrechts einhergehende Verwässerung der Anteile kompensiert wird, § 2205 S. 3 BGB.[1241] *Unsöld* empfiehlt, vorrangig dem Erben den Erwerb der

---

1235 OLG Köln, OLGZ 1965, 117, 120.

1236 S.o. bei Fn. 1219.

1237 S.o. H.III.1.b) bei Fn. 1189.

1238 Auf diesen frühestmöglichen Zeitpunkt stellt die h.A. für das Entstehen des konkreten Bezugsanspruchs ab, siehe etwa MAH AktienR/*Sickinger/Kuthe*, § 33 Rn. 72; MüKoAktG/*Schürnbrand/Verse*, AktG, § 186 Rn. 25, hier auch zu anderen möglichen Zeitpunkten.

1239 *Koch*, AktG, § 186 Rn. 7; MüKoAktG/*Schürnbrand/Verse*, AktG, § 186 Rn. 25, 27. Das Bezugsrecht ist börsenfähig, Einzelheiten zum Bezugsrechtshandel bei MüKoAktG/*Schürnbrand/Verse*, AktG, § 186 Rn. 31 f.

1240 Dazu *Frank*, ZEV 2002, 389, 393, der auf die Gefahr einer Überfremdung der Gesellschaft durch die Veräußerung des Bezugsanspruchs an Dritte hinweist.

1241 *Frank*, Kleine AG, S. 261; *Unsöld*, Testamentsvollstreckung, S. 88 f.; *Zimmermann*, Testamentsvollstreckung, Rn. 533.

entsprechenden Bezugsrechte mit eigenen Mitteln anzubieten.[1242] Mit Rücksicht auf das bereits oben angesprochene Interesse der Erben an der Aufrechterhaltung ihrer Beteiligungsquote und der daran anknüpfenden Stimmkraft in der Gesellschaft wird der Testamentsvollstrecker im Rahmen ordnungsgemäßer Nachlassverwaltung dazu sogar regelmäßig verpflichtet sein. Die von den Erben selbst gezeichneten Anteile unterfallen dann, anders als bei Zeichnung der neuen Aktien durch den Testamentsvollstrecker[1243], freilich nicht dem Machtbereich des Testamentsvollstreckers, sondern gebühren von Anfang an ihnen persönlich.

IV. Börsengang und Börsenrückzug (Delisting)

1. Hauptversammlungsbeschluss als Grundlage einer möglichen Mitwirkung des Testamentsvollstreckers

Strebt die Gesellschaft den Gang an die Börse an oder soll – umgekehrt – die nach § 3 Abs. 2 AktG börsennotierte Gesellschaft von der Börse genommen werden (sog. Delisting), ist fraglich, ob der Testamentsvollstrecker daran mitwirken darf.[1244] Das Problem stellt sich freilich nur dann, wenn es für diese Maßnahmen eines darauf gerichteten Beschlusses der Hauptversammlung bedarf, an dem sich der Testamentsvollstrecker unter Ausübung seines Stimmrechts beteiligen kann, die Entscheidung darüber also nicht in die ausschließliche Zuständigkeit des Vorstands fällt.[1245] Mangels ausdrücklicher Regelung im AktG kommt insoweit allein eine ungeschriebene Hauptversammlungskompetenz in Betracht. Ob neben den im Gesetz enumerativ genannten Zuständigkeiten, z.B. in § 119 Abs. 1 AktG, ungeschriebene Hauptversammlungszuständigkeiten anzuerkennen sind, gehört zu den umstrittensten aktienrechtlichen Fragestellungen der letzten Jahrzehnte.[1246]

Nach der „*Holzmüller*"-Entscheidung des BGH aus dem Jahr 1982 ist der Vorstand, obwohl er nach dem geschriebenen Gesetz dazu nicht verpflichtet ist, intern gleichwohl dazu gehalten, die Zustimmung der Hauptversammlung zu solchen Geschäftsführungsmaßnahmen einzuholen, die „so tief in die Mitgliedsrechte der Aktionäre und deren im Anteilseigentum verkörpertes

---

1242 *Unsöld*, Testamentsvollstreckung, S. 89.

1243 S. o. H.III.2.a) bei Fn. 1231.

1244 Eingehend *Unsöld*, Testamentsvollstreckung, S. 103 ff.

1245 Vgl. *Unsöld*, Testamentsvollstreckung, S. 104.

1246 *Koch*, AktG, § 119 Rn. 16.

Vermögensinteresse eingreifen, daß der Vorstand vernünftigerweise nicht annehmen kann, er dürfe sie in ausschließlich eigener Verantwortung treffen, ohne die Hauptversammlung zu beteiligen".[1247] Später in seiner „*Gelatine*"-Entscheidung hat der BGH diese Aussage dann dahingehend relativiert, dass eine im Gesetz nicht ausdrücklich vorgesehene Mitwirkung der Hauptversammlung bei Geschäftsführungsmaßnahmen des Vorstands nur ausnahmsweise in Betracht kommt, „wenn sie an die Kernkompetenz der Hauptversammlung, über die Verfassung der Gesellschaft zu bestimmen, rühren und in ihren Auswirkungen einem Zustand nahezu entsprechen, der allein durch eine Satzungsänderung herbeigeführt werden kann".[1248]

2. Delisting

Was das „reguläre" bzw. „echte" Delisting angeht, also den Widerruf der Zulassung zum Handel im regulierten Markt auf Antrag der Gesellschaft gem. § 39 Abs. 2 BörsG[1249], hatte der BGH in seiner „*Macrotron*"-Entscheidung zunächst unter Hinweis auf den verfassungsrechtlich gebotenen Schutz des Aktieneigentums aus Art. 14 Abs. 1 GG, welches durch die mit dem Delisting verbundene Verschlechterung der Verkehrsfähigkeit der Aktien beeinträchtigt werde, die Erforderlichkeit eines Hauptversammlungsbeschlusses sowie eines Pflichtangebots über den Kauf der Aktien der Minderheitsaktionäre durch die Gesellschaft oder durch den Großaktionär bejaht.[1250] Dieser Rechtsprechung wurde durch die Entscheidung des BVerfG, nach der der Widerruf der Börsenzulassung für den regulierten Markt den Schutzbereich des Eigentumsgrundrechts des Aktionärs nicht berührt, der Boden entzogen.[1251] Danach zähle nur die *rechtliche* Verkehrsfähigkeit zum erworbenen und von Art. 14 Abs. 1 GG geschützten Bestand, während die tatsächliche Verkehrsfähigkeit der Aktie, um die es bei dem Widerruf der Börsenzulassung für den regulierten Markt allein gehe, eine schlichte Ertrags- und Handelschance darstelle.[1252] Der BGH hat in seinem

1247 BGH NJW 1982, 1703, 1705.

1248 BGH NJW 2004, 1860, 1864; Übersicht über die Rspr.-Entwicklung bei *Koch*, AktG, § 119 Rn. 16 ff.

1249 Davon abzugrenzen ist das sog. „unechte" bzw. „kalte" Delisting durch Wegfall der Börsennotiz oder Verlust der Börsenfähigkeit infolge Verschmelzung (§§ 2 ff. UmwG), Vermögensübertragung auf eine nichtbörsennotierte AG und Formwechsel auf eine GmbH (§§ 190 ff. UmwG), *Koch*, AktG, § 119 Rn. 30.

1250 BGH NJW 2003, 1032, 1034 f.

1251 BVerfG NJW 2012, 3081.

1252 BVerfG NJW 2012, 3081 Rn. 57; krit. dazu *Koch*, AktG, § 119 Rn. 32.

„*Frosta*"-Beschluss darauf reagiert, indem er unter ausdrücklicher Aufgabe seiner bisherigen Rechtsprechung sowohl eine Mitwirkungspflicht der Hauptversammlung als auch einen Abfindungsanspruch der Aktionäre nebst Überprüfung desselben im Spruchverfahren abgelehnt hat.[1253] Der Gesetzgeber hat sich daraufhin zur Stärkung des Aktionärsschutzes für eine rein kapitalmarktrechtliche Lösung entschieden und die Generalklausel des § 39 BörsG im Zuge des Gesetzes zur Umsetzung der Transparenzrichtlinie-Änderungsrichtlinie vom 20.11.2015[1254] konkretisiert.[1255] Für gesellschaftsrechtliche Anlegerschutzinstrumente, insbesondere die Erforderlichkeit eines Hauptversammlungsbeschlusses, bleibt daneben kein Raum.[1256] Die Frage nach der Mitwirkungsbefugnis des Testamentsvollstreckers an einem Börsenrückzug der Gesellschaft ist damit obsolet (geworden).[1257]

3. Börsengang

Bei der Börseneinführung einer bislang nicht börsennotierten Gesellschaft (sog. *Initial Public Offering*, kurz: IPO) stellt sich das Problem ungeschriebener Hauptversammlungskompetenzen bereits deshalb nicht, weil der Börsengang in der Regel mit einer Kapitalerhöhung – unter gleichzeitigem Ausschluss des Bezugsrechts[1258] – einhergeht, weshalb die „Holzmüller-Problematik" durch den Kapitalerhöhungsbeschluss vollständig konsumiert wird.[1259] Die Befugnis des Testamentsvollstreckers zur Mitwirkung an einem solchen Beschluss richtet sich nach den für Kapitalerhöhungen geltenden Grundsätze.[1260]

1253 BGH NJW 2014, 146 Rn. 2 ff.; dazu *Koch*, AktG, § 119 Rn. 33 („Paukenschlag-Entscheidung"); MüKoAktG/*Kubis*, AktG, § 119 Rn. 88.

1254 BGBl. 2015 I, 2029.

1255 Eingehend dazu *Koch*, AktG, § 119 Rn. 36 ff.

1256 BT-Drs. 18/6220, S. 86; *Koch*, AktG, § 119 Rn. 36.

1257 Soweit *Unsöld*, Testamentsvollstreckung, S. 111 ff., ausgehend von einer im Einzelfall bestehenden Hauptversammlungszuständigkeit entsprechend der „Holzmüller"-Doktrin, die Befugnis des Testamentsvollstreckers zur Mitwirkung an einem entsprechenden Beschluss problematisiert (und i.E. bejaht), ist dies aufgrund der späteren Rechtsentwicklung als überholt anzusehen bzw. allenfalls insoweit von Bedeutung, als der Vorstand für diese Maßnahme eine Entscheidung der Hauptversammlung verlangt, vgl. § 119 Abs. 2 AktG.

1258 Dazu *Scholz*, in: MünchHdb GesR IV, § 57 Rn. 119 f.

1259 So MüKoAktG/*Kubis*, AktG, § 119 Rn. 84.

1260 S.o. H.III.1.c).

Lediglich für den seltenen[1261] Fall, dass dem Kapitalmarkt ausschließlich bereits vorhandene Aktien angeboten werden sollen, ist die Notwendigkeit eines Zustimmungsbeschlusses der Hauptversammlung umstritten. Die wohl überwiegende Literaturmeinung bejaht die Zustimmungsbedürftigkeit nach der „*Holzmüller*"-Doktrin, obgleich mit Blick auf die Situation beim Delisting[1262] als *actus contrarius* zum Antrag auf Börsenzulassung die besseren Argumente gegen eine schwerwiegende Strukturänderung sprechen.[1263] Dieser Frage soll hier nicht im Einzelnen nachgegangen werden. In unserem Kontext genügt es festzuhalten, dass, selbst wenn von einer ungeschriebenen Hauptversammlungszuständigkeit auszugehen ist, dies nicht automatisch bedeutet, dass dadurch eine Zustimmungspflicht des Erben zur Mitwirkung des Testamentsvollstreckers an der entsprechenden Beschlussfassung begründet wird. Ungeschriebene Hauptversammlungskompetenzen dienen allein dem Individualschutz der Aktionäre vor übermäßigen Eingriffen in ihre Mitgliedsrechte und ihre im Anteilseigentum verkörperten Vermögensinteressen durch Maßnahmen des Vorstandes und nicht dem Schutz der Erben vor Handlungen des Testamentsvollstreckers.[1264] Insoweit kann auf die Argumentation zur fehlenden Übertragbarkeit des Kernbereichsschutzes auf das Testamentsvollstreckerrecht verwiesen werden.[1265] Ein Zustimmungserfordernis kann in diesem Fall auch nicht aus § 2205 S. 3 BGB hergeleitet werden. Es fehlt bereits am Verfügungscharakter der Maßnahme, da durch die Börsennotierung der Gesellschaft nicht in die Mitverwaltungsrechte der Aktionäre eingegriffen oder der Vermögenswert der Beteiligung geschmälert wird.[1266] Den Grundsätzen ordnungsgemäßer Nachlassverwaltung wird die Zustimmung zu einem IPO ebenfalls kaum je widersprechen, bringt eine Börsennotierung doch mehrheitlich Vorteile mit sich, wie etwa eine bessere Fungibilität der Anteile sowie ein einfacherer Zugang der Gesellschaft zum Kapitalmarkt, wodurch die damit verbundenen strengeren Transparenz- und

1261 Den Ausnahmecharakter eines solchen Prozedere betonend *Koch*, AktG, § 119 Rn. 23; MüKoAktG/*Kubis*, AktG, § 119 Rn. 84.

1262 Insoweit hat BGH NJW 2003, 1032, 1034 einen Eingriff in die Innenstruktur der AG oder in die Mitverwaltungsrechte der Aktionäre abgelehnt.

1263 *Koch*, AktG, § 119 Rn. 23; eingehend MüKoAktG/*Kubis*, AktG, § 119 Rn. 84 m.w.N.; ebenfalls dazu tendierend *Unsöld*, Testamentsvollstreckung, S. 107.

1264 Zutr. *Unsöld*, Testamentsvollstreckung, S. 109.

1265 Siehe dazu oben D.III.2.b).

1266 *Unsöld*, Testamentsvollstreckung, S. 109; vgl. auch BGH NJW 2003, 1032, 1034.

Publizitätsanforderungen aufgewogen werden.[1267] Der Testamentsvollstrecker kann deshalb im Einzelfall sogar verpflichtet sein, einem Börsengang zuzustimmen, sofern ein solcher Schritt aus unternehmerischer Sicht zur Weiterentwicklung der Gesellschaft erforderlich erscheint.[1268]

V. Testamentsvollstreckung und Kapitalmarktrecht

Bei größeren Beteiligungen an börsennotierten Gesellschaften sind gegebenenfalls auch die Vorgaben des Wertpapierhandelsgesetzes (WpHG) und des Wertpapiererwerbs- und Übernahmegesetzes (WpÜG) zu beachten. Deren Kenntnis dürfte wohl kaum zum „Standardrepertoire" eines Erbrechtlers oder Testamentsvollstreckers gehören[1269], was in Anbetracht der empfindlichen Sanktionen, die bei einem Verstoß drohen, haftungsrechtlich höchst bedenklich erscheint. Insofern soll hier der Frage nachgegangen werden, welche kapitalmarktrechtlichen Verpflichtungen konkret auf die Nachlassbeteiligten zukommen, wen diese Pflichten treffen bzw. wer für die Erfüllung derselben zu sorgen hat und welche Möglichkeiten bestehen, sich von diesen eventuell befreien zu lassen.

1. Anforderungen des WpHG

a) Mitteilungspflicht gem. § 33 Abs. 1 WpHG[1270]

Wer durch Erwerb, Veräußerung oder auf sonstige Weise 3, 5, 10, 15, 20, 25, 30, 50 oder 75 Prozent der Stimmrechte an einem Emittenten, für den die Bundesrepublik Deutschland der Herkunftsstaat ist[1271], erreicht, überschreitet oder

1267 *Unsöld*, Testamentsvollstreckung, S. 111; vgl. auch Henssler/Strohn/*Liebscher*, AktG, § 119 Rn. 14.

1268 Vgl. *Frank*, Kleine AG, S. 277.

1269 So *Ponath/Raddatz*, ZEV 2013, 361, 368.

1270 Mitteilungspflichten können sich u.U. auch aus §§ 20, 21 AktG ergeben, allerdings finden diese Vorschriften nur noch bei *nicht* börsennotierten Gesellschaften Anwendung, während für Aktien eines Emittenten i.S.d. § 33 Abs. 4 WpHG ausschließlich die §§ 33 ff. WpHG gelten, § 20 Abs. 8 AktG; zum Verhältnis der beiden Regelungskomplexe *Koch*, AktG, § 20 Rn. 18 f.; Assmann/Schneider/Mülbert/*Schneider*, WpHG, Vorbem. zu §§ 33–47 Rn. 66.

1271 Nach § 33 Abs. 4 WpHG (und § 2 Abs. 13 WpHG) werden nur Emittenten erfasst, deren Aktien zum Handel an einem organisierten Markt (§ 2 Abs. 11 WpHG) zugelassen sind, d.h. alle im Segment „regulierter Markt" (§§ 32, 33 BörsG) gehandelten Aktien, nicht aber Freiverkehrswerte (§ 48 BörsG), MüKoAktG/*Bayer*, WpHG, § 33 Rn. 14.

unterschreitet, hat dies dem Emittenten und der Bundesanstalt für Finanzdienstleistungsaufsicht (BaFin) mitzuteilen, § 33 Abs. 1 S. 1 WpHG. Für das Entstehen der Mitteilungspflicht ist unerheblich, worauf die Veränderung des Stimmrechtsanteils beruht. So werden von der Vorschrift ausdrücklich auch Beteiligungsveränderungen in „sonstiger Weise“ erfasst, worunter insbesondere der Erwerb im Wege der Gesamtrechtsnachfolge durch Erbfall fällt.[1272] Die Mitteilung muss unverzüglich, d.h. ohne schuldhaftes Zögern im Sinne von § 121 Abs. 1 S. 1 BGB[1273] erfolgen, spätestens aber innerhalb von vier Handelstagen. Diese recht kurz bemessene Frist beginnt, sobald der Meldepflichtige Kenntnis davon hat oder nach den Umständen haben musste, dass sein Stimmrechtsanteil die genannten Schwellen berührt, § 33 Abs. 1 S. 3 WpHG.

b) Sanktionen bei Nichterfüllung

Verstöße gegen die Mitteilungspflicht können sowohl öffentlich-rechtliche als auch zivilrechtliche Sanktionen nach sich ziehen.[1274] Zunächst kann die BaFin, die für die Überwachung und Durchsetzung der Meldepflichten zuständig ist, den Meldepflichtigen durch Verwaltungsakt zur Erfüllung seiner Mitteilungspflicht anhalten und zur Durchsetzung dieser Verpflichtung auf die Mittel des Verwaltungszwangs (Zwangsgeld) zurückgreifen, § 6 Abs. 2 WpHG.[1275] Zusätzlich können Meldepflichtverstöße gem. § 120 Abs. 2 Nr. 2 lit. d) WpHG als Ordnungswidrigkeit geahndet und mit einer Geldbuße von bis zu zwei Millionen Euro gem. § 120 Abs. 17 S. 1 WpHG belegt werden. Hinzu kommt die Bekanntmachung von Entscheidungen über Maßnahmen und Sanktionen wegen Verstößen gegen Transparenzpflichten auf der Internetseite der BaFin gem. § 124 Abs. 1 WpHG (sog. „Naming and Shaming“).[1276]

1272 MüKoAktG/*Bayer*, WpHG, § 33 Rn. 32; Emmerich/Habersack/*Schürnbrand/Habersack*, WpHG, § 33 Rn. 17.

1273 MüKoAktG/*Bayer*, WpHG, § 33 Rn. 44; Schwark/Zimmer/*v. Hein*, WpHG, § 33 Rn. 48.

1274 Bei den Mitteilungspflichten handelt es sich nach vorherrschender Ansicht in erster Linie um öffentlich-rechtliche Vorschriften, die jedoch auch einen privatrechtlichen Charakter haben („Doppelnatur“), Emmerich/Habersack/*Schürnbrand/Habersack*, WpHG, Vorbem. zu § 33 Rn. 13; Schmidt/Lutter/*Veil*, WpHG, § 33 Rn. 2; zur Möglichkeit einer „gespaltenen“ Auslegung Emmerich/Habersack/*Schürnbrand/Habersack*, WpHG, Vorbem. zu § 33 Rn. 12; abl. BGH NZG 2011, 1147 Rn. 33.

1275 *Ponath/Raddatz*, ZEV 2013, 361, 362; Emmerich/Habersack/*Schürnbrand/Habersack*, WpHG, Vorbem. zu § 33 Rn. 14.

1276 Siehe dazu MüKoAktG/*Bayer*, WpHG, § 44 Rn. 77 ff.

Daneben treten zivilrechtliche Folgen. Aus gesellschaftsrechtlicher Sicht von besonderem Interesse ist dabei vor allem der Rechtsverlust gem. § 44 WpHG. Nach § 44 Abs. 1 S. 1 WpHG bestehen Rechte aus Aktien, die dem Meldepflichtigen gehören oder aus denen ihm Stimmrechte nach § 34 WpHG zugerechnet[1277] werden, nicht für die Zeit, für welche die Mitteilungspflichten nicht erfüllt werden. Davon betroffen sind grundsätzlich alle mitgliedschaftlichen Herrschafts- und Vermögensrechte.[1278] Ausnahmen enthält § 44 Abs. 1 S. 2 WpHG lediglich für den Dividendenanspruch gem. § 58 Abs. 4 AktG und den Liquidationserlös gem. § 271 AktG, wenn die Mitteilung nicht vorsätzlich unterlassen wurde und nachgeholt worden ist. Praktisch bedeutsam ist vor allem der Verlust des Stimmrechts in der Hauptversammlung. Beschlüsse, die unter unzulässiger Mitwirkung eines nicht stimmberechtigten Aktionärs gefasst wurden, sind gem. §§ 243 ff. AktG anfechtbar.[1279] Inwieweit der Mitteilungspflichtige im Falle einer erfolgreichen Anfechtungsklage für daraus resultierende Schäden der übrigen Aktionäre[1280] und/oder der Gesellschaft haftbar gemacht werden kann, ist unklar. Die Beantwortung dieser Fragen hängt davon ab, ob sich aus § 33 Abs. 1 WpHG ein Individualschutz der sonstigen Aktionäre im Sinne von § 823 Abs. 2 BGB oder ein mit Schadensersatzpflichten gem. § 280 BGB sanktionierter Erfüllungsanspruch der Gesellschaft ableiten lässt.[1281] Dies alles braucht hier freilich nicht abschließend entschieden zu werden, da auch ohne eine solche zusätzliche Haftungsgefahr deutlich geworden sein dürfte, dass aus der Nichtbefolgung der Mitteilungspflicht erhebliche Nachteile für den/die Meldepflichtigen resultieren können, die im Zusammenhang mit einer Testamentsvollstreckung keinesfalls vernachlässigt werden dürfen.

c) *Pflichtadressaten*

Adressat der Meldepflicht ist zunächst einmal der Erbe als zivilrechtlicher Eigentümer der Aktien.[1282] Bei einer Erbengemeinschaft ist jeder einzelne Miterbe unter Hinweis auf die bestehende Erbengemeinschaft zur Mitteilung

1277 Dazu sogleich.

1278 Ausf. MüKoAktG/*Bayer*, WpHG, § 44 Rn. 24 ff.

1279 MüKoAktG/*Bayer*, WpHG, § 44 Rn. 28 m.w.N.; *Ponath/Raddatz*, ZEV 2013, 361, 363.

1280 Dazu MüKoAktG/*Bayer*, WpHG, § 44 Rn. 75.

1281 Beides ist umstr., Überbl. über den Streitstand bei Schwark/Zimmer/*v. Hein*, WpHG, § 33 Rn. 34 ff.

1282 *Mutter*, AG 2006, 637, 644; *Ponath/Raddatz*, ZEV 2013, 361, 363 f.

verpflichtet.[1283] Die Erfüllung der Mitteilungspflicht des/der Erben obliegt nach richtiger, wenn auch nicht unumstrittener Literaturmeinung dem Testamentsvollstrecker.[1284] Was die dem Registergericht gegenüber zu erfüllenden Anmeldepflichten angeht, hat der BGH in seiner Grundsatzentscheidung zur Testamentsvollstreckung an Kommanditanteilen ausgeführt, dass diese von der Verwaltungsbefugnis des Testamentsvollstreckers nicht ausgenommen werden könnten.[1285] Für die kapitalmarktrechtlichen Mitteilungspflichten der Aktionärs-Erben kann nichts anderes gelten.

Davon zu unterscheiden ist die Frage, ob den Testamentsvollstrecker daneben auch eine *eigene* (originäre) Mitteilungspflicht trifft. Nach § 34 Abs. 1 S. 1 Nr. 6 Alt. 1 WpHG werden dem Meldepflichtigen Stimmrechte aus Aktien zugerechnet, die ihm anvertraut sind, sofern er die Stimmrechte aus diesen Aktien nach eigenem Ermessen ausüben kann und keine besonderen Weisungen des Aktionärs vorliegen. „Anvertraut" sind dem Meldepflichtigen die Aktien nach herrschender Ansicht dann, wenn dieser entweder vertraglich oder von Gesetzes wegen, z.B. aufgrund elterlicher Sorge[1286], Vormundschaft, Betreuung etc., verpflichtet ist, die Vermögensinteressen des Aktionärs wahrzunehmen, und ihm dabei ein eigener Ermessensspielraum zusteht.[1287] Diese Voraussetzungen liegen bei einem Testamentsvollstrecker als gesetzlichem Vermögensverwalter, der im Innenverhältnis an die Weisungen der Erben nicht gebunden ist[1288], typischerweise vor.[1289] Damit ist neben dem Erben auch der

---

1283 MüKoAktG/*Bayer*, WpHG, § 33 Rn. 4; Schwark/Zimmer/*v. Hein*, WpHG, § 33 Rn. 12; *Ponath/Raddatz*, ZEV 2013, 361, 363 f.

1284 *Mutter*, AG 2006, 637, 644; Assmann/Schneider/Mülbert/*Schneider*, WpHG, § 33 Rn. 15; Emmerich/Habersack/*Schürnbrand/Habersack*, WpHG, § 33 Rn. 3; a.A. *Ponath/Raddatz*, ZEV 2013, 361, 364 f., die unter Verweis auf die Personenbezogenheit der kapitalmarktrechtlichen Meldepflichten die Erben selbst in die Verantwortung nehmen und dem Testamentsvollstrecker insoweit lediglich eine „unterstützende" Funktion zuweisen.

1285 BGH NJW 1989, 3152, 3153.

1286 Dazu VGH Kassel, NZG 2010, 1307, 1308.

1287 MüKoAktG/*Bayer*, WpHG, § 34 Rn. 26; Emmerich/Habersack/*Schürnbrand/Habersack*, WpHG, § 34 Rn. 17.

1288 S.o. die Nachw. in Fn. 359.

1289 MüKoAktG/*Bayer*, WpHG, § 34 Rn. 26; Schwark/Zimmer/*v. Hein*, WpHG, § 34 Rn. 19; *Mutter*, AG 2006, 637, 644; Assmann/Schneider/Mülbert/*Schneider*, WpHG, § 34 Rn. 99; Emmerich/Habersack/*Schürnbrand/Habersack*, WpHG, § 34 Rn. 17.

Testamentsvollstrecker gem. § 33 Abs. 1 WpHG i.V.m. § 34 Abs. 1 S. 1 Nr. 6 WpHG meldepflichtig.[1290]

2. Anforderungen des WpÜG

a) Veröffentlichungs- und Angebotspflicht gem. § 35 WpÜG

Noch diffiziler gestaltet sich die Rechtslage, wenn es durch den Erbfall zu einem Kontrollerwerb im Sinne des WpÜG, d.h. zum Erwerb von mindestens 30 Prozent der Stimmrechtsanteile an einer börsennotierten Gesellschaft kommt, § 29 Abs. 2 S. 1 WpÜG. Nach § 35 Abs. 1 S. 1 WpÜG ist derjenige, der unmittelbar oder mittelbar die Kontrolle über eine Zielgesellschaft erlangt, verpflichtet, dies unter Angabe der Höhe seines Stimmrechtsanteils unverzüglich, spätestens innerhalb von sieben Kalendertagen zu veröffentlichen. Ferner hat er – was noch viel einschneidender ist – gem. § 35 Abs. 2 S. 1 WpÜG innerhalb der darauffolgenden vier Wochen allen anderen Aktionären ein Pflichtangebot auf Erwerb ihrer Aktien zu unterbreiten.[1291] Damit drohen dem Kontrollerwerber, anders als bei den bislang erörterten Pflichten, nicht erst bei einem Verstoß empfindliche Konsequenzen.[1292] Vielmehr ist bereits die übernahmerechtliche Angebotspflicht als solche mit einer enormen, potenziell ruinösen finanziellen Belastung für den Bieter verbunden, wenn dieser bei Auslösung des Pflichtangebots weitere Aktien in großer Stückzahl, äußerstenfalls die restlichen 70 Prozent der Gesellschaft, erwerben müsste.[1293]

Erschwerend kommt hinzu, dass die Angebotspflicht nicht nur den Erben als Eigentümer der stimmberechtigten Aktien trifft (sog. unmittelbarer Kontrollerwerb).[1294] Daneben soll auch der Testamentsvollstrecker, dem die Stimmrechte

---

1290 *Blusz*, ZEV 2014, 339, 344; *Mutter*, AG 2006, 637, 644; *Ponath/Raddatz*, ZEV 2013, 361, 365.

1291 Ausf. zum Sinn und Zweck eines Pflichtangebots Angerer/Geibel/Süßmann/*Meyer*, WpÜG, § 35 Rn. 1 ff.

1292 Insoweit kommt neben den bereits aus dem WpHG bekannten Sanktionen, also Ahndung als Ordnungswidrigkeit und Rechtsverlust gem. §§ 59, 60 WpÜG, die Verzinsungspflicht nach § 38 WpÜG zum Tragen.

1293 *Ponath/Raddatz*, ZEV 2013, 361, 365; siehe auch *Blusz*, ZEV 2014, 339, 341; zur Verfassungsmäßigkeit des Pflichtangebots Angerer/Geibel/Süßmann/*Meyer*, WpÜG, § 35 Rn. 10 ff.

1294 Umstr. ist insoweit nur, ob die Angebotspflicht sofort mit Anfall der Erbschaft oder erst nach Annahme der Erbschaft bzw. Verstreichen der Ausschlagungsfrist gem. § 1944 BGB eingreift; Überbl. über den Streitstand bei Angerer/Geibel/Süßmann/*Meyer*, WpÜG, § 35 Rn. 32.

aus den seiner Verwaltungsbefugnis unterliegenden Aktien gem. § 30 Abs. 1 S. 1 Nr. 6 WpÜG zugerechnet werden, nach überwiegender Ansicht zur Abgabe eines Pflichtangebots verpflichtet sein (sog. mittelbarer Kontrollerwerb).[1295] Die Gegenmeinung lehnt eine persönliche Angebotspflicht des Testamentsvollstreckers als „äußerst unangemessen" ab, weshalb sie diesen, ebenso wie sonstige gesetzliche Vermögensverwalter, aus dem Anwendungsbereich des § 30 WpÜG ausnehmen möchte.[1296] Der nahezu identische Wortlaut der Vorschrift mit dem entsprechenden Zurechnungstatbestand des § 34 WpHG, unter dem der Testamentsvollstrecker als gesetzlicher Vermögensverwalter nach fast einhelliger Meinung zu fassen ist[1297], spricht jedoch für ein einheitliches, weites Verständnis der Norm.[1298] Nicht zuletzt auch vor dem Hintergrund, dass in der Verwaltungspraxis der BaFin die Zurechnungstatbestände im Zweifel eher weit ausgelegt werden[1299], soll hier für den weiteren Verlauf der Untersuchung mit der vorherrschenden Auffassung im Schrifttum von einer persönlichen – wohlgemerkt aus eigenen (!) Mitteln zu finanzierenden – Angebotspflicht des Testamentsvollstreckers nach Maßgabe der §§ 35 Abs. 2 S. 1, 30 Abs. 1 S. 1 Nr. 6 WpÜG ausgegangen werden.

b) Nichtberücksichtigung von Stimmrechten gem. § 36 WpÜG

In Anbetracht der großen Bürde, die mit der Erfüllung des Pflichtangebots für die Pflichtadressaten einhergeht, rücken die Befreiungstatbestände der §§ 36, 37 WpÜG in den Mittelpunkt. Nach § 36 WpÜG bleiben Stimmrechte bei der Berechnung der nach § 35 WpÜG i.V.m. § 29 Abs. 2 WpÜG maßgeblichen Schwelle unter bestimmten Voraussetzungen unberücksichtigt. In Bezug auf den Erben wird regelmäßig der Befreiungstatbestand des § 36 Nr. 1 WpÜG einschlägig sein, sofern er zu dem von der Norm begünstigten Personenkreis

---

1295 *Blusz*, ZEV 2014, 339, 340; Heidel/*Sohbi*, WpÜG, § 30 Rn. 14; *Wiesbrock/Zens*, ZEV 2006, 137, 140.

1296 Stellvertretend *Ponath/Raddatz*, ZEV 2013, 361, 366 mit weitergehenden Gestaltungshinweisen für die Kautelarpraxis.

1297 S.o. H.V.1.c) bei Fn. 1289.

1298 Zum Gleichlauf zwischen § 34 WpHG und der übernahmerechtlichen Parallelnorm des § 30 WpÜG BT-Drs. 14/7034, S. 53, 70; *BaFin*, Emittentenleitfaden, 2018, Modul B, S. 17; für eine einheitliche Auslegung auch MüKoAktG/*Wackerbarth*, WpÜG, § 30 Rn. 6; a.A. unter Hinweis auf die unterschiedlichen Schutzzwecke der Regelungen Assmann/Schneider/Mülbert/*Schneider*, WpHG, § 30 Rn. 16, jeweils m.w.N.

1299 *Wiesbrock/Zens*, ZEV 2006, 137, 140.

gehört, d.h. entweder Ehegatte oder Lebenspartner (§ 1 LPartG) des Erblassers oder mit diesem in gerader Linie bis zum dritten Grad[1300] verwandt ist (§ 1589 Abs. 1 S. 1 BGB). Für den Testamentsvollstrecker, dem nach § 30 Abs. 1 S. 1 Nr. 6 WpÜG die von ihm verwalteten Stimmrechte zugerechnet werden, gilt dies nur dann, wenn er selbst in dem geforderten Näheverhältnis zum Erblasser steht, da auch er die Anteile in eigener Person im Sinne von § 36 WpÜG „erlangt" hat.[1301] Nicht ausreichend ist es also, dass zwischen Erbe und Erblasser eine enge Verwandtschaftsbeziehung besteht.[1302] Ferner ist zu beachten, dass die Nichtberücksichtigung von Stimmrechten nicht *ipso iure* eintritt, sondern eine Befreiungsverfügung seitens der BaFin erfordert, welche schriftlich beantragt werden muss, § 36 WpÜG. Der Bundesanstalt steht insoweit kein Ermessen zu, d.h. bei Vorliegen der jeweiligen Tatbestandsvoraussetzungen muss sie die Erlaubnis zur Nichtberücksichtigung der Stimmrechte erteilen, es handelt sich insoweit um eine gebundene Entscheidung.[1303]

c) Befreiung nach § 37 Abs. 1 WpÜG

Fehlt es an dem nach § 36 WpÜG erforderlichen Näheverhältnis, kommt immer noch eine Befreiung nach Maßgabe des § 37 Abs. 1 WpÜG in Betracht. Die Norm enthält eine Reihe von Befreiungsgründen, bei deren Vorliegen die Bundesanstalt von den Pflichten zur Veröffentlichung der Kontrollerlangung und zur Abgabe eines Erwerbsangebots befreien *kann*.[1304] Im Gegensatz zur Nichtberücksichtigung von Stimmrechten nach § 36 WpÜG steht die Befreiungsentscheidung hier also im Ermessen der BaFin.[1305] Konkretisiert wird dieser

---

1300 Hierzu gehören neben den eigenen Kindern, Enkeln und Urenkeln die Eltern, Großeltern und Urgroßeltern des Erblassers, nicht aber dessen Geschwister, Neffen/Nichten und Schwiegerkinder, die nur in der Seitenlinie verwandt sind (§ 1589 Abs. 1 S. 2 BGB), *Wiesbrock/Zens*, ZEV 2006, 137, 140; zur Unterteilung der Verwandtschaftsbeziehungen MüKoBGB/*Wellenhofer*, § 1589 Rn. 12 ff.

1301 Schwark/Zimmer/*Noack/Zetzsche*, WpÜG, § 36 Rn. 4; *Ponath/Raddatz*, ZEV 2013, 361, 366 f.; vgl. auch Assmann/Pötzsch/Schneider/*Schneider/Rosengarten*, WpÜG, § 36 Rn. 8.

1302 So aber *Wiesbrock/Zens*, ZEV 2006, 137, 141.

1303 Angerer/Geibel/Süßmann/*Meyer*, WpÜG, § 36 Rn. 1; Schwark/Zimmer/*Noack/Zetzsche*, WpÜG, § 36 Rn. 20; MüKoAktG/*Schlitt*, WpÜG, § 36 Rn. 68.

1304 MüKoAktG/*Schlitt*, WpÜG, § 37 Rn. 87.

1305 MüKoAktG/*Schlitt*, WpÜG, § 37 Rn. 65; Assmann/Pötzsch/Schneider/*Seiler*, WpÜG, § 37 Rn. 79.

Entscheidungsspielraum durch § 9 WpÜG-AV[1306], der einen nicht abschließenden Katalog von Befreiungstatbeständen enthält, bei denen grundsätzlich eine Befreiung erfolgen soll.[1307] Im Hinblick auf die „Art“ des Kontrollerwerbs nach § 37 Abs. 1 Var. 1 WpÜG wird eine Befreiung in der Regel dann für gerechtfertigt gehalten, wenn der Bieter die Kontrolle ohne eigenes Zutun erlangt hat und dementsprechend nicht in der Lage war, das Entstehen der Verpflichtungen nach § 35 WpÜG durch eigene Entscheidung zu verhindern (sog. passiver Kontrollerwerb).[1308] Dementsprechend ordnet § 9 S. 1 Nr. 1 WpÜG-AV eine Befreiung insbesondere für den Fall an, dass die Kontrolle über die Zielgesellschaft durch Erbschaft erlangt wurde, sofern Erblasser und Bieter nicht schon verwandt im Sinne von § 36 Nr. 1 WpÜG sind.

Für den Erben ist eine Befreiung nach § 37 Abs. 1 WpÜG vor allem dann von Interesse, wenn er nur in der Seitenlinie[1309] mit dem Erblasser verwandt ist.[1310] Da die Regelung anerkanntermaßen jedoch überhaupt kein Verwandtschaftsverhältnis zwischen den Beteiligten voraussetzt[1311], kann sich auch der Testamentsvollstrecker, für den ebenfalls das Merkmal des passiven Kontrollerwerbs streitet[1312], von seinen übernahmerechtlichen Pflichten befreien lassen. Dieser muss also nicht nur für die Erben die nach §§ 36, 37 WpÜG erforderlichen Maßnahmen ergreifen. Hierzu wird er, sofern sich dadurch eine persönliche Angebotspflicht der Erben vermeiden lässt, bereits nach § 2216 Abs. 1 BGB als verpflichtet anzusehen sein.[1313] Vielmehr wird er daneben auch einen *eigenen* Befreiungsantrag bei der BaFin stellen müssen.[1314] Was den richtigen Zeitpunkt

---

1306 Erlassen vom Bundesministerium der Finanzen (BMF) aufgrund der Verordnungsermächtigung des § 37 Abs. 2 S. 1 WpÜG.

1307 Schwark/Zimmer/*Noack/Zetzsche*, WpÜG, § 37 Rn. 2; MüKoAktG/*Schlitt*, WpÜG, § 37 Rn. 21; Assmann/Pötzsch/Schneider/*Seiler*, WpÜG, § 37 Rn. 24.

1308 MüKoAktG/*Schlitt*, WpÜG, § 37 Rn. 23; Assmann/Pötzsch/Schneider/*Seiler*, WpÜG, § 37 Rn. 26.

1309 Siehe dazu Fn. 1300.

1310 *Wiesbrock/Zens*, ZEV 2006, 137, 142.

1311 BT-Drs. 14/7034, S. 81; Angerer/Geibel/Süßmann/*Meyer*, WpÜG, § 37 Rn. 33; Schwark/Zimmer/*Noack/Zetzsche*, WpÜG, § 37 Rn. 5; MüKoAktG/*Schlitt*, WpÜG, § 37 Rn. 96.

1312 *Ponath/Raddatz*, ZEV 2013, 361, 367; i.E. auch *Blusz*, ZEV 2014, 339, 343.

1313 Siehe grds. zur Verpflichtung des Testamentsvollstreckers, eine persönliche, auch das Privatvermögen betreffende Haftung des Erben zu vermeiden, oben C.II.3.a); vgl. aus transaktionsrechtlicher Perspektive auch *Werkmüller*, ZEV 2006, 491, 493.

1314 *Blusz*, ZEV 2014, 339, 343; ebenso *Ponath/Raddatz*, ZEV 2013, 361, 366 f., die den Testamentsvollstrecker allerdings über eine enge Auslegung des Zurechnungstatbestands

dieses Antrags angeht, findet sich im Schrifttum als Handlungsempfehlung oftmals der Hinweis, dass der Antrag möglichst schon vor Amtsannahme und damit vor Erlangung der Kontrolle über die Zielgesellschaft gestellt werden sollte, um die Angebotspflicht erst gar nicht zur Entstehung gelangen zu lassen, bevor im Hinblick auf die Ermessensentscheidung der BaFin Gewissheit besteht.[1315] Eine Antragsstellung vor Kontrollerlangung ist, sofern der Kontrollerwerb „vorhersehbar“[1316] ist, grundsätzlich zulässig, § 8 S. 2 WpÜG-AV.[1317] Jedoch ist zu berücksichtigen, dass die Verfügungsbeschränkung des Erben nach § 2211 BGB bereits mit dem Erbfall beginnt, nicht erst mit Amtsannahme, so dass zwischen Erbfall und Amtsannahme niemand vorhanden ist, der über die verwaltungsunterworfenen Nachlassgegenstände zu verfügen berechtigt ist.[1318] Eine solche Handlungsunfähigkeit kann bei einem durchaus mehrere Monate dauernden Befreiungsverfahren bei der BaFin problematisch sein[1319], etwa wenn unmittelbar nach dem Erbfall eine Hauptversammlung der Zielgesellschaft ansteht, in der wichtige Grundlagenentscheidungen zu beschließen sind, bei denen es auf die Stimmrechte des Erblassers ankommt[1320]. Ein Zuwarten, bis die Befreiungsverfügung der Bundesanstalt vorliegt, wird deshalb für den künftigen Testamentsvollstrecker nicht in jedem Fall das richtige Mittel der Wahl sein.

VI. Veräußerung des Aktienpakets

Der Testamentsvollstrecker ist vorbehaltlich entgegenstehender Anordnungen des Erblassers auch zur Veräußerung der vererbten Aktien berechtigt, § 2205 S. 2 BGB.[1321] Von einer testamentarischen Beschränkung der Verfügungsbefugnis

---

des § 30 Abs. 1 S. 1 Nr. 6 WpÜG bereits vom Kreis der Pflichtadressaten ausnehmen möchten, s.o. H.V.2.a) bei Fn. 1296.

1315 Siehe etwa *Blusz*, ZEV 2014, 339, 343; ebenso *Ponath/Raddatz*, ZEV 2013, 361, 366 f. unter Hinweis darauf, dass eine einmal ausgelöste Angebotspflicht nicht dadurch wieder erlischt, dass der Testamentsvollstrecker die Aktien freigibt (§ 2217 BGB) oder sein Amt kündigt (§ 2226 S. 1 BGB).

1316 Dazu BT-Drs. 14/7034, S. 81; Schwark/Zimmer/*Noack/Zetzsche*, WpÜG, § 37 Rn. 16; MüKoAktG/*Schlitt*, WpÜG, § 37 Rn. 143.

1317 *Blusz*, ZEV 2014, 339, 343.

1318 MüKoBGB/*Zimmermann*, § 2211 Rn. 3.

1319 Für eine weitergehende Zulässigkeit eines Befreiungsantrags noch zu Lebzeiten des Erblassers deshalb *Blusz*, ZEV 2014, 339, 343.

1320 Vgl. *Wiesbrock/Zens*, ZEV 2006, 137, 138 für den Fall des Rechtsverlusts (§ 59 WpÜG).

1321 *Bayer/Sarakinis*, NZG 2018, 561, 571; *Frank*, Kleine AG, S. 264; *Unsöld*, Testamentsvollstreckung, S. 92; *Zimmermann*, Testamentsvollstreckung, Rn. 533.

des Testamentsvollstreckers ist auch ohne ausdrückliche Anordnung im Zweifel dann auszugehen, wenn nach dem Erblasserwillen die Angehörigen aus den laufenden Erträgen der Unternehmensanteile (Dividenden) langfristig finanziell versorgt werden sollen.[1322] Soweit *Frank* bei Anteilen an Familiengesellschaften generell einen der Veräußerung entgegenstehenden Willen des Erblassers annimmt[1323], erscheint dies in Anbetracht des Ausnahmecharakters[1324] des § 2208 Abs. 1 BGB als zu weitgehend.[1325] Sofern dem Nachlass ein gleichwertiges Entgelt zufließt, bedarf der Testamentsvollstrecker für die Veräußerung der Anteile auch nicht der Zustimmung der Erben, § 2205 S. 3 BGB.[1326] Bei einer börsennotierten Gesellschaft ist zur Beurteilung der Entgeltlichkeit allein der Börsenpreis nach § 24 Abs. 1 BörsG maßgeblich.[1327] Börsenkurse können zwar – wie ein Blick in die Börsengeschichte eindrucksvoll belegt – in Abhängigkeit von der gesamtwirtschaftlichen Entwicklung und speziellen, tagesaktuellen Marktfaktoren mitunter starken Schwankungen unterliegen und spiegeln deshalb fundamental betrachtet nicht unbedingt und zu jeder Zeit den „wahren", inneren Wert des Gesellschaftsunternehmens wider.[1328] Allerdings bringt der Börsenpreis die Bewertung des jeweiligen Handelsgegenstands durch die Gesamtheit der Marktteilnehmer zum Ausdruck[1329] und bildet somit als Deinvestitionswert den jeweils aktuellen Verkehrswert der Aktie ab[1330], worauf es im Rahmen von § 2205 S. 3 BGB allein ankommt.[1331] Veräußert deshalb der Testamentsvollstrecker die

---

1322 *Frank*, Kleine AG, S. 264; *ders.*, ZEV 2002, 389, 394; *Unsöld*, Testamentsvollstreckung, S. 92 f.

1323 *Frank*, Kleine AG, S. 264; *ders.*, ZEV 2002, 389, 394 mit dem nur wenig überzeugenden Argument, dass anderenfalls die Zielsetzung des Erblassers torpediert werden würde, wenn die Aktien ausgerechnet durch denjenigen veräußert werden könnten, der auf sie „aufpassen" soll.

1324 S.o. C.I. bei Fn. 349.

1325 I.E. so wie hier *Unsöld*, Testamentsvollstreckung, S. 92.

1326 *Frank*, Kleine AG, S. 264; *Unsöld*, Testamentsvollstreckung, S. 93.

1327 Dazu bereits oben C.III.3.c)bb).

1328 Vgl. *Klinger*, in: Bengel/Reimann, Hdb. Testamentsvollstreckung, § 5 Rn. 645; *Kroiß*, in: Mayer/Bonefeld/Tanck, Testamentsvollstreckung Hdb., § 9 Rn. 61; Schwark/Zimmer/*Kumpan*, BörsG, § 24 Rn. 7; Hopt/*Merkt*, HGB, Einl. vor § 1 Rn. 53.

1329 Vgl. zur „Bewertungsfunktion" von Börsen Schwark/Zimmer/*Kumpan*, BörsG, Einl. Rn. 8, § 24 Rn. 2.

1330 Vgl. zur Bestimmung der angemessenen Abfindung bei aktienrechtlichen Konzernierungsmaßnahmen *Ruiz de Vargas*, NZG 2021, 1001, 1002.

1331 Vgl. für die Vorerbschaft BGH NJW 1981, 115 sowie grds. zum Unentgeltlichkeitsbegriff oben C.III.3.a).

Aktien zum aktuellen Börsenkurs, ist die Verfügung nie als (teil-)unentgeltlich im Sinne von § 2205 S. 3 BGB anzusehen. Einen anderen Gesichtspunkt betrifft freilich die Frage, ob der konkrete Zeitpunkt der Veräußerung günstig gewählt erscheint oder der Verkauf als solcher den Grundsätzen ordnungsgemäßer Nachlassverwaltung im Sinne von § 2216 Abs. 1 BGB entspricht. Für den genau entgegengesetzten Fall, dass sich der Testamentsvollstrecker dafür entscheidet, den Aktienbestand zu behalten und die Verkaufserlöse nicht in andere kurs*un*abhängige Anlageformen umzuschichten, hat die Rechtsprechung eine Pflichtverletzung abgelehnt, auch wenn die Aktien nach dem Erbanfall erheblich an Kurswert verlieren.[1332] Entsprechendes muss – jedenfalls grundsätzlich – auch für die Veräußerung der Anteile gelten[1333], da niemand Kursentwicklungen voraussehen kann[1334]. Auch kann gerade die Veräußerung des Aktienbestandes zu den vorrangigen Pflichten und Aufgaben des Testamentsvollstreckers gehören, so vor allem, wenn der Verkauf nach dem ausdrücklichen Willen des Erblassers postmortal betrieben werden soll.[1335] Entsprechendes gilt, wenn ein vom Erblasser bereits zu Lebzeiten selbst initiierter Unternehmensverkaufsprozess durch den Erbfall unvorhergesehen ins Stocken gerät und der Testamentsvollstrecker die Transaktion nach dem Ableben des Erblassers in dessen Sinne und zum Nutzen der Erben zu einem erfolgreichen Ende bringen soll.[1336]

1332 LG München, WM 2006, 1073.

1333 Vgl. zu Kapitalanlageentscheidungen des Testamentsvollstreckers *Klumpp*, ZEV 1994, 65 ff.; *Farkas-Richling*, ZEV 2007, 310 ff.; *Klinger*, in: Bengel/Reimann, Hdb. Testamentsvollstreckung, § 5 Rn. 600 ff. m.w.N.; vgl. dazu auch bereits oben C.II.2. bei Fn. 374.

1334 So zu Recht *Zimmermann*, Testamentsvollstreckung, Rn. 424 für das „Halten" der Aktien.

1335 Dazu *Frank*, Kleine AG, S. 264 mit Fn. 178.

1336 Siehe dazu aus transaktionsrechtlicher Perspektive *Werkmüller*, ZEV 2006, 491.

Schlussbetrachtung

Welche allgemeinen Lehren können aus den vorstehenden Ausführungen gezogen werden? Festzuhalten ist zunächst, dass die gesellschaftliche Kernbereichslehre weder dazu bestimmt noch geeignet ist, die durch das Erbrecht vorgegebene Kompetenzordnung des Testamentsvollstreckers in Frage zu stellen. Vielmehr sind es die erbrechtlichen Bestimmungen der §§ 2205 S. 3, 2206, 2216, 2218, 2219, 2227 BGB, welche, richtig verstanden und angewendet, der Testamentsvollstreckung auch im Hinblick auf die Fremdverwaltung unternehmerischer Beteiligungen die nötigen Grenzen setzen und einen wirkungsvollen Schutz des Gesellschafter-Erben vor einer willkürlichen Fremdbestimmung gewährleisten. Besonders hervorgehoben sei an dieser Stelle noch einmal das Verbot unentgeltlicher Verfügungen gem. § 2205 S. 3 BGB, welches entsprechend der vom BGH zu Verfügungen des Gesellschafter-Vorerben nach § 2113 Abs. 2 BGB entwickelten Grundsätzen nicht nur bei Verfügungen über die Beteiligung „im Ganzen", sondern auch bei Eingriffen in die Mitgliedschaft Geltung beansprucht.

Die weitaus bedeutsamere Erkenntnis, die diese Arbeit zu Tage gefördert hat, besteht darin, dass es sich bei dem Verbot der persönlichen Verpflichtung des Gesellschafter-Erben (§ 2206 BGB) nur um eine Schranke des rechtlichen „Dürfens" im Verhältnis zum Gesellschafter-Erben handelt (§ 2216 Abs. 1 BGB), während das rechtliche „Können" des Testamentsvollstreckers im Außenverhältnis unberührt bleibt. Obgleich sich dadurch am Ausgangspunkt, d.h. an der fehlenden Befugnis des Testamentsvollstreckers, den Erben in eine erbrechtlich nicht beschränkbare persönliche Haftung zu verstricken, nichts ändert, so gilt es doch das Augenmerk auf die weitergehenden Implikationen zu richten:

Denn steht einmal die umfassende Rechtsmacht des Testamentsvollstreckers in der Gesellschaft außer Frage, kann auch

- das Wiederaufleben der persönlichen Haftung des Erben im Falle der Rückgewähr (§ 172 Abs. 4 HGB) oder Erhöhung (§ 172 Abs. 1 und 2 HGB) der (Haft-)Einlage an bzw. durch den Testamentsvollstrecker,
- die Eintragungsfähigkeit einer mit den Stimmen des Testamentsvollstreckers mitbeschlossenen Kapitalerhöhung (§§ 55 ff. GmbHG, §§ 182 ff. AktG) oder
- die (unbeschränkte) Erstattungspflicht des Erben im Falle verbotener Auszahlungen (§§ 30, 31 GmbHG, §§ 57, 62 AktG) an den Testamentsvollstrecker

nicht zweifelhaft sein. Alle diese Handlungen sind aus gesellschafts- und registerrechtlicher Sicht für die Durchführbarkeit und den rechtssicheren Umgang mit der allseits befürworteten Testamentsvollstreckung im Unternehmensrecht von elementarer Bedeutung. Dies gilt nicht nur im Hinblick auf die Fremdverwaltung von Kommanditanteilen, wo der Haftungskonflikt in den Fällen des § 172 Abs. 1, 2 oder 4 HGB evident ist, sondern betrifft auch die gemeinhin für unproblematisch erachtete Testamentsvollstreckung an GmbH-Geschäftsanteilen und Aktien, bei der sich vor dem Hintergrund des Grundsatzes der realen Kapitalaufbringung und Kapitalerhaltung ähnliche Haftungsprobleme stellen können.

Aus der im Wege teleologischer Reduktion des § 2206 Abs. 2 BGB zu begründenden Erkenntnis, dass sich aus dem Handeln des Testamentsvollstreckers eine unbeschränkte persönliche Haftung des Gesellschafter-Erben ergeben *kann*, Rückschlüsse für die Zulässigkeit einer Fremdverwaltung vollhaftender Beteiligungen durch den Testamentsvollstrecker ziehen zu wollen, wäre jedoch verfehlt. Denn hier löst prinzipiell jede, auch ordnungsgemäße Ausübung der auf den Anteil entfallenden Geschäftsführungs- und Vertretungsbefugnis eine für den Erben unerwünschte persönliche Haftung aus, so dass der Testamentsvollstrecker gezwungen wäre, seine erbrechtliche Pflicht zur ordnungsgemäßen Nachlassverwaltung *permanent* zu überschreiten.

Anders ist dies bei der Verwaltung eines atypisch ausgestalteten Kommanditanteils. Hier sind wegen des Haftungskonzepts der §§ 171, 172 HGB etwaige Kompetenzkonflikte allenfalls temporärer Natur, weshalb eine Ausübungsbefugnis des Testamentsvollstreckers nicht *a priori* ausscheidet.

Die Testamentsvollstreckung an Anteilen persönlich haftender Gesellschafter beschränkt sich demgegenüber von vornherein auf die vermögensrechtliche „Außenseite“ der Beteiligung, welche insbesondere auch die laufenden, nach dem Erbfall entstehenden Gewinnansprüche einschließt. Vom Verwaltungsrecht des Testamentsvollstreckers an der „Außenseite“ umfasst ist nach allgemeinen Grundsätzen (§§ 2205 S. 2, 2211 Abs. 1 BGB) auch die Befugnis, unter Ausschluss des Erben über die Beteiligung im „Ganzen“ zu verfügen, mit Ausnahme der außerordentlichen Lösungsrechte aus *wichtigem Grund*, welche dem Erben zur alleinigen Ausübung verbleiben müssen. Darüber hinausgehende Mitsprache- bzw. Zustimmungsrechte bei gesellschaftsinternen Maßnahmen und Beschlüssen, die die vermögensrechtliche „Außenseite“ der Beteiligung betreffen, stehen dem Testamentsvollstrecker hingegen nicht zu, wohl aber gewisse Auskunfts- und Informationsrechte in Bezug auf den von ihm verwalteten Gesellschaftsanteil.

Schrifttumsverzeichnis

Altmeppen, Holger, Gesetz betreffend die Gesellschaften mit beschränkter Haftung, Kommentar, 10. Aufl., München 2021 [zit.: *Altmeppen,* GmbHG].

Angerer, Lutz/Geibel, Stephan/Süßmann, Rainer (Hrsg.), Wertpapiererwerbs- und Übernahmegesetz (WpÜG), Kommentar, 3. Aufl., München 2017 [zit.: Angerer/Geibel/Süßmann/*Bearbeiter,* WpÜG].

Assmann, Heinz-Dieter/Pötzsch, Thorsten/Schneider, Uwe H. (Hrsg.), Wertpapiererwerbs- und Übernahmegesetz, Kommentar, 3. Aufl., Köln 2020 [zit.: Assmann/Pötzsch/Schneider/*Bearbeiter,* WpÜG].

Assmann, Heinz-Dieter/Schneider, Uwe H./Mülbert Peter O. (Hrsg.), Wertpapierhandelsrecht, Kommentar, 7. Aufl., Köln 2019 [zit.: Assmann/Schneider/Mülbert/*Bearbeiter,* WpHG].

Bachmann, Gregor, Das Gesetz zur Modernisierung des Personengesellschaftsrechts, NJW 2021, 3073-3078.

Baur, Fritz, Der Testamentsvollstrecker als Unternehmer, in: Festschrift für Hans Dölle, Bd. I, Tübingen 1963, S. 249-271 [zit.: *Baur,* in: FS Dölle].

Bayer, Walter/Sarakinis, Niovy, Der gemeinschaftliche Vertreter der Erbengemeinschaft im Aktienrecht, NZG 2018, 561-571.

Beck'scher Online-Kommentar BGB, hrsg. v. *Hau, Wolfgang/Poseck, Roman,* 61. Edition, München, Stand 1.2.2022 [zit.: BeckOK BGB/*Bearbeiter,* Stand der Bearbeitung].

Beck-online.Grosskommentar BGB, hrsg. v. *Gsell, Beate/Krüger, Wolfgang/Lorenz, Stephan u.a.* (Gesamt-Hrsg.), München 2022 [zit.: BeckOGK BGB/*Bearbeiter,* Stand der Bearbeitung].

Bengel, Manfred/Reimann, Wolfgang (Hrsg.), Handbuch der Testamentsvollstreckung, 7. Aufl., München 2020 [zit.: *Bearbeiter,* in: Bengel/Reimann, Hdb. Testamentsvollstreckung].

Bettecken, Anne-Kathrin, Die Gesellschafterstellung von Miterben an GmbH-Geschäftsanteilen, Baden-Baden 2016 [zit.: *Bettecken,* Miterben].

Bisle, Michael, Testamentsvollstreckung im Handels- und Gesellschaftsrecht, DStR 2013, 1037-1040.

Blusz, Pawel, Kapitalmarktrechtliche Besonderheiten bei börsennotierten Aktiengesellschaften in der Nachfolgeplanung, ZEV 2014, 339-344.

Bommert, Rainer, Neue Entwicklungen zur Frage der Testamentsvollstreckung in Personengesellschaften, BB 1984, 178-183.

Borries, Stephan, Anforderungen an Mehrheitsbeschlüsse in Personengesellschaften – Zugleich Besprechung von BGH, Urt. vom 13.10.2020 – II ZR 359/18, NZG 2020, 1384, NZG 2021, 194-198.

Brandner, Hans Erich, Die Testamentsvollstreckung am Kommanditanteil ist zulässig – Bemerkungen zu BGHZ 108, 187, in: Festschrift für Alfred Kellermann, Berlin, New York 1991, S. 37-49 [zit.: *Brandner*, in: FS Kellermann].

Brox, Hans/Walker, Wolf-Dietrich, Erbrecht, 29. Aufl., München 2021.

Bühler, Jonas, Abfindungsbeschränkende Klauseln im Gesellschaftsrecht – Ein Plädoyer für die Achtung der Vertragsfreiheit und Rechtssicherheit –, DNotZ 2021, 725-745.

Bundesanstalt für Finanzdienstleistungsaufsicht (BaFin) (Hrsg.), Emittentenleitfaden der BaFin – Modul B: Informationen über bedeutende Stimmrechtsanteile / Notwendige Informationen für die Wahrnehmung von Rechten aus Wertpapieren, Stand: 30.10.2018, abrufbar unter: https://www.bafin.de/SharedDocs/Downloads/DE/Leitfaden/WA/dl_emittentenleitfaden_modul_B.pdf?__blob=publicationFile&v=6, letzter Zugriff: 23.4.2022 [zit.: *BaFin*, Emittentenleitfaden, 2018, Modul B].

Burandt, Wolfgang/Rojahn, Dieter (Hrsg.), Erbrecht, Kommentar, 3. Aufl., München 2019 [zit.: Burandt/Rojahn/*Bearbeiter*, BGB].

von Burchard, Befugnisse eines Testamentsvollstreckers in einer GmbH, GmbHR 1954, 150-153.

Buschmann, Horst, Testamentsvollstreckung im Gesellschaftsrecht – Hindernisse und Möglichkeiten, Frankfurt a.M., Bern 1982 [zit.: *Buschmann*, Testamentsvollstreckung].

Buss, Gerhard Andreas, Die Rechte des Testamentsvollstreckers in der werbenden offenen Handelsgesellschaft, Diss. Münster 1971 [zit.: *Buss*, Testamentsvollstrecker].

Damrau, Jürgen, Kann ein Testamentsvollstrecker einen Kommanditanteil erwerben?, DNotZ 1984, 660-668.

ders., Zur Testamentsvollstreckung am Kommanditanteil, NJW 1984, 2785-2790.

Dillmann, Sabine, Verfügungen während der Vorerbschaft, RNotZ 2002, 2-19.

Dörrie, Robin, Die Testamentsvollstreckung im Recht der Personenhandelsgesellschaften und der GmbH, Berlin 1994 [zit.: *Dörrie*, Testamentsvollstreckung].

ders., Reichweite der Kompetenzen des Testamentsvollsteckers an Gesellschaftsbeteiligungen, ZEV 1996, 370-376.

Ebke, Werner F., Devisenrecht als Kapitalaufbringungssperre? – Bemerkungen zum Zwischenurteil des Hans. OLG Hamburg, RIW 1993 S. 68, RIW 1993, 613-626.

Eder, Cajetan J., Die rechtsgeschäftliche Übertragung von Aktien, NZG 2004, 107-114.

Ehrl, Reinhard, Die Verwaltungstestamentsvollstreckung an Kommanditanteilen, Diss. Regensburg 1994 [zit.: *Ehrl*, Verwaltungstestamentsvollstreckung].

Eichten, Rouven, Der oHG-Anteil im Spannungsfeld von Erb- und Gesellschaftsrecht – Zur erbrechtlichen Mit- und Fremdverwaltung eines von Todes wegen erworbenen oHG-Anteils, Tübingen 2020 [zit.: *Eichten*, OHG-Anteil im Spannungsfeld].

Eidenmüller, Horst, Die GmbH im Wettbewerb der Rechtsformen, ZGR 2007, 168-211.

Emmerich, Volker/Habersack, Mathias/Schürnbrand, Jan, Aktien- und GmbH-Konzernrecht, Kommentar, 9. Aufl., München 2019 [zit.: Emmerich/Habersack/*Bearbeiter*].

Esch, Günter, Zur Zulässigkeit der Testamentsvollstreckung an Kommanditbeteiligungen, NJW 1981, 2222- 2226.

Everts, Arne, Die Testamentsvollstreckung an Personengesellschaftsbeteiligungen in der notariellen Praxis, MittBayNot 2003, 427-437.

Farkas-Richling, Dirk, Ordnungsmäßige Verwaltung des Nachlassvermögens im Wertpapierbereich nach § 2216 BGB, ZEV 2007, 310-313.

Faust, Florian, Die Testamentsvollstreckung am Anteil eines persönlich haftenden Gesellschafters, DB 2002, 189-195.

Fischer, Robert, Fragen aus dem Recht der GmbH, JZ 1954, 426-428.

Flume, Werner, Allgemeiner Teil des Bürgerlichen Rechts, Bd. I, 1: Die Personengesellschaft, Berlin, Heidelberg, New York 1977 [zit.: *Flume*, AT I/1].

ders., Die Erbennachfolge in den Anteil an einer Personengesellschaft und die Zugehörigkeit des Anteils zum Nachlaß, NJW 1988, 161-164.

ders., Erbrecht und Gesellschaftsrecht als die beiden Momente der Erbennachfolge in die Beteiligung an einer Personengesellschaft, in: 40 Jahre Der Betrieb, S. 181-192 [zit.: *Flume*, in: FS Der Betrieb].

Frank, Michael Adam, Die „kleine“ AG als Organisationsform für die Nachfolge in Familienunternehmen, Baden-Baden 2002 [zit.: *Frank*, Kleine AG].

ders., Dic Testamentsvollstreckung über Aktien, ZEV 2002, 389-394.

ders., Verwaltungskompetenz des Testamentsvollstreckers und Organkompetenz – Zur Vereinbarkeit der Befugnisse eines fremdnützigen Vermögensverwalters mit dem Amt des Vorstands und des Aufsichtsrats in der AG, NZG 2002, 898-904.

ders., Umwandlung einer Personengesellschaft in eine Kapitalgesellschaft durch den Testamentsvollstrecker – Ist eine Umwandlungsanordnung anzuraten?, ZEV 2003, 5-8.

Friedrich, Hans-Peter, Die Testamentsvollstreckung an Kommanditanteilen, Diss. Augsburg 1988 [zit.: *Friedrich*, Testamentsvollstreckung].

Garlichs, Erich Theodor/Mankel, Friedrich, Die passive Prozeßführungsbefugnis des Testamentsvollstreckers bei Teilverwaltung, MDR 1998, 511-515.

Goette, Wulf/Goette, Maximilian, Mehrheitsklauseln im Personengesellschaftsrecht, DStR 2016, 74-84.

Götze, Cornelius, „Selbstkontrahieren" bei der Geschäftsführerbestellung in der GmbH, GmbHR 2001, 217-222.

Graf, Hans Lothar, Möglichkeiten der Haftungsbeschränkung für Nachlassverbindlichkeiten, ZEV 2000, 125-131.

Grigas, Frank, Testamentsvollstreckung im Handels- und Gesellschaftsrecht, BWNotZ 2002, 25-36.

Grigoleit, Hans Christoph (Hrsg.), Aktiengesetz, Kommentar, 2. Aufl., München 2020 [zit.: Grigoleit/*Bearbeiter*, AktG].

Groß, Wolfgang, Stimmrecht und Stimmrechtsausschluß bei der Testamentsvollstreckung am GmbH-Anteil, GmbHR 1994, 596-603.

Grüneberg (vormals Palandt), Bürgerliches Gesetzbuch mit Nebengesetzen, Kommentar, 81. Aufl., München 2022 [zit.: Grüneberg/*Bearbeiter*, BGB].

Grunsky, Wolfgang, Anmerkung zu OLG Düsseldorf, Urteil vom 24.9.2007 – I-9 U 26/07, ZEV 2008, 142-144.

ders., Vereinbarkeit der Ämter als Testamentsvollstrecker und Mitglied eines Organs einer Aktiengesellschaft, ZEV 2008, 1-5.

Haegele, Karl, Vererbung von GmbH-Geschäftsanteilen, Rpfleger 1969, 186-194.

Harder, Manfred, Unentgeltliche Verfügungen und ordnungsmäßige Nachlaßverwaltung des Vorerben – Zur mißglückten Fassung des § 2120 Satz 1 BGB und zur Zustimmungspflicht des Nacherben bei der Mitwirkung des Vorerben an der Änderung von Gesellschaftsverträgen, DNotZ 1994, 822-844.

Heckschen, Heribert/Strnad, Korina, Kompetenzkonflikt zwischen Testamentsvollstreckung und Erben, NZG 2014, 1201-1208.

Hefermehl, Wolfgang, Vor- und Nacherbfolge bei der Beteiligung an einer Personenhandelsgesellschaft, in: Festschrift für Harry Westermann, Karlsruhe 1974, S. 223-240 [zit.: *Hefermehl*, in: FS Westermann].

Hehemann, Heinrich, Testamentsvollstreckung bei Vererbung von Anteilen an Personengesellschaften, BB 1995, 1301-1312.

Heidel, Thomas (Hrsg.), Aktienrecht und Kapitalmarktrecht, Kommentar, 5. Aufl. 2020 [Heidel/*Bearbeiter*].

Heinemann, Peter, Mindeststammkapitalerhöhung bei Testamentsvollstreckung, GmbHR 1985, 349-352.

Henssler, Martin/Strohn, Lutz (Hrsg.), Gesellschaftsrecht, Kommentar, 5. Aufl., München 2021 [zit.: Henssler/Strohn/*Bearbeiter*].

Hermanns, Marc, Gesetz zur Modernisierung des Personengesellschaftsrechts (MoPeG) – Entstehung und Überblick, DNotZ 2022, 3-9.

Herzog, Stephanie, Nachlasshaftung und Nachlassinsolvenz (1. Teil), ErbR 2013, 70-82.

dies., Nachlasshaftung und Nachlassinsolvenz (2. Teil), ErbR 2013, 104-109.

Holch, Georg, Testamentsvollstreckung an einer OHG-Beteiligung?, DNotZ 1958, 282-302.

Hopt, Klaus J., Handelsgesetzbuch, Kommentar, 41. Aufl., München 2022 [zit.: Hopt/*Bearbeiter*, HGB].

Hübner, Rudolf-Matthias/Hammes, Philipp-Gerald, Testamentsvollstreckung und Vertretung bei Gesellschafts- und Geschäftsanteilen, BB 2013, 2307-2314.

Hüfner, Frank, Testamentsvollstreckung an Personengesellschaftsanteilen – Zugleich ein Beitrag zum Verhältnis von Organisations- und Vermögensrecht, Baden-Baden 1990 [*Hüfner*, Testamentsvollstreckung].

Ivens, Michael, Leitlinien zur Unternehmensnachfolge: Die Vererbung von Kapitalgesellschaftsbeteiligungen, ZEV 2011, 177-181.

Ivo, Malte, Die Vererbung von GmbH-Geschäftsanteilen, ZEV 2006, 252-257.

ders., Die Vererbung von Kommanditanteilen, ZEV 2006, 302-306.

Joost, Detlev/Strohn, Lutz (Hrsg.), Handelsgesetzbuch, Kommentar, Bd. 1: §§ 1-342e, 4. Aufl., München 2020 [zit.: EBJS/*Bearbeiter*, HGB].

Kämper, Irene, Testamentsvollstreckung an Personengesellschaftsanteilen, RNotZ 2016, 625-648.

Klein, Eberhard, Die Testamentsvollstreckung in Gesellschaftsbeteiligungen an offenen Handelsgesellschaften und Kommanditgesellschaften (Teil I), DStR 1992, 292-296.

ders., Die Testamentsvollstreckung in Gesellschaftsbeteiligungen an offenen Handelsgesellschaften und Kommanditgesellschaften (Teil II), DStR 1992, 326-329.

Kleindiek, Detlef, Mehrheitsentscheidungen in der Personengesellschaft: Formelle und materielle Legitimation, GmbHR 2017, 674-679.

Klumpp, Hans-Hermann, Amtspflichten eines Testamentsvollstreckers bei Einsetzung eines GmbH-Beirats, ZEV 2006, 257-260.

ders., Handlungsspielraum und Haftung bei Vermögensanlagen durch den Testamentsvollstrecker, ZEV 1994, 65-70.

Koch, Jens, Aktiengesetz, Kommentar, 16. Aufl., München 2022 [zit.: *Koch*, AktG].

Koch, Ulrich, Kommanditanteil und Testamentsvollstreckung, NJW 1983, 1762-1764.

Koller, Ingo/Kindler, Peter/Roth, Wulf-Henning/Drüen, Klaus-Dieter, Handelsgesetzbuch, Kommentar, 9. Aufl., München 2019 [zit.: Koller/Kindler/Roth/Drüen/*Bearbeiter*, HGB].

Kreppel, Thomas, Der Testamentsvollstrecker und die Erben des Gesellschafters, DStR 1996, 430-433.

Lange, Knut Werner, Erbrecht, 2. Aufl., München 2017.

ders./Kretschmann, Nicolas, Die Nachfolge von Todes wegen in einen Personengesellschaftsanteil nach dem MoPeG – ein erster Überblick, ZEV 2021, 545-550.

Lenz, Tobias, Vererbung von GmbH-Geschäftsanteilen, GmbHR 2000, 927-929.

Löffler, Joachim, Der Kernbereich der Mitgliedschaft als Schranke für Mehrheitsbeschlüsse bei Personengesellschaften, NJW 1989, 2656-2662.

Lorz, Rainer, Anmerkung zu BGH, Beschluss vom 10.1.1996 – IV ZB 21/94, ZEV 1996, 110-113.

ders., Der Testamentsvollstrecker und der Kernbereich der Mitgliedschaft, in: Festschrift für Karlheinz Boujong, München 1996, S. 319-334 [zit.: *Lorz*, in: FS Boujong].

ders., Testamentsvollstreckung und Unternehmensrecht – Ein Beitrag zur Fortschreibung unternehmensstrategischer Kompetenzen fremdnütziger Vermögensverwalter, München 1995 [zit.: *Lorz*, Testamentsvollstreckung].

Lutter, Marcus, Zur Beschränkung des Vorerben im Gesellschaftsrecht – Besprechung der Entscheidung BGHZ 78, 177, ZGR 1982, 108-122.

Lutter/Hommelhoff, GmbH-Gesetz, Kommentar, 20. Aufl., Köln 2020 [zit.: Lutter/Hommelhoff/*Bearbeiter*, GmbHG].

Maidl, Johannes, Die Bestellung eines Vorstandsmitglieds zum Geschäftsführer der Tochtergesellschaft – Vertretung, Stimmverbot und Kollisionsrecht, DNotZ 2022, 163-173.

Marotzke, Wolfgang, Die Mitgliedschaft in einer offenen Handelsgesellschaft als Gegenstand der Testamentsvollstreckung, JZ 1986, 457-469.

ders., Die Nachlaßzugehörigkeit ererbter Personengesellschaftsanteile und der Machtbereich des Testamentsvollstreckers nach dem Urteil des Bundesgerichtshofs vom 14. Mai 1986, AcP 1987, 223-246.

Mayer, Dieter, Testamentsvollstreckung am Kommanditanteil – Voraussetzungen und Rechtsfolgen, ZIP 1990, 976-979.

Mayer, Jörg, Die Testamentsvollstreckung über GmbH-Anteile, ZEV 2002, 209-216.

Mayer, Jörg/Bonefeld, Michael/Tanck, Manuel (Hrsg.), Testamentsvollstreckung Handbuch, 5. Aufl., Bonn 2022 [zit.: *Bearbeiter*, in: Mayer/Bonefeld/Tanck, Testamentsvollstreckung Hdb.].

Michaelis, Karl, Zur Rechtsstellung des Gesellschafter-Erben, ZAkDR 1943, 233-234.

Michalski, Lutz, Die Vor- und Nacherbschaft in einen OHG(KG)- und GmbH-Anteil, DB 1987, Beilage Nr. 16, 1-19.

Michalski, Lutz/Heidinger, Andreas/Leible, Stefan/Schmidt, Jessica (Hrsg.), Kommentar zum Gesetz betreffend die Gesellschaften mit beschränkter Haftung (GmbH-Gesetz),

Bd. I: Systematische Darstellungen, §§ 1-34 GmbHG, 3. Aufl., München 2017;

Bd. II: §§ 35-88 GmbHG, EGGmbHG, 3. Aufl., München 2017

[zit.: MHLS/Bearbeiter, GmbHG].

Müller, Karl, Anmerkung zu BGH, Urteil vom 14.5.1986 – IV a ZR 155/84, JR 1986, 507-509.

Münchener Anwaltshandbuch Aktienrecht, hrsg. v. *Schüppen, Matthias/Schaub, Bernhard*, 3. Aufl., München 2018 [zit.: MAH AktienR/*Bearbeiter*].

Münchener Anwaltshandbuch Erbrecht, hrsg. v. *Scherer, Stephan*, 5. Aufl., München 2018 [zit.: MAH ErbR/*Bearbeiter*].

Münchener Handbuch des Gesellschaftsrechts,

Bd. 1: BGB-Gesellschaft, Offene Handelsgesellschaft, Partnerschaftsgesellschaft, Partenreederei, EWIV, hrsg. v. *Gummert, Hans/Weipert, Lutz*, 5. Aufl., München 2019 [zit.: *Bearbeiter*, in: MünchHdb GesR I];

Bd. 2: Kommanditgesellschaft, GmbH & Co. KG, Publikums-KG, Stille Gesellschaft, hrsg. v. *Gummert, Hans/Weipert, Lutz*, 5. Aufl., München 2019 [zit.: *Bearbeiter*, in: MünchHdb GesR II];

Bd. 4: Aktiengesellschaft, hrsg. v. *Hoffmann-Becking, Michael*, 5. Aufl., München 2020 [zit.: *Bearbeiter*, in: MünchHdb GesR IV].

Münchener Kommentar zum Aktiengesetz, hrsg. v. *Goette, Wulf/Habersack, Mathias/Kalss, Susanne*,

Bd. 1: §§ 1-75, 5. Aufl., München 2019;

Bd. 3: §§ 118-178, 5. Aufl., München 2022;

Bd. 4: §§ 179-277, 5. Aufl., München 2021;

Bd. 6: §§ 329-410, WpÜG, Österreichisches Übernahmerecht, 5. Aufl., München 2021

[zit.: MüKoAktG/*Bearbeiter*].

Münchener Kommentar zum Bürgerlichen Gesetzbuch, hrsg. v. *Säcker, Jürgen/Rixecker, Roland/Oetker, Hartmut* u.a.,

Bd. 1: Allgemeiner Teil, §§ 1-240, Allg. PersönlR, ProstG, AGG, 9. Aufl., München 2021;

Bd. 2: Schuldrecht – Allgemeiner Teil I, 8. Aufl., München 2019;

Bd. 7: Schuldrecht – Besonderer Teil IV, §§ 705-853, Partnerschaftsgesellschaftsgesetz, Produkthaftungsgesetz, 8. Aufl., München 2020;

Bd. 10: Familienrecht II, §§ 1589-1921, SGB VIII, 8. Aufl., München 2020;

Bd. 11: Erbrecht, §§ 1922-2385, §§ 27-35 BeurkG, 8. Aufl., München 2020

[zit.: MüKoBGB/*Bearbeiter*].

Münchener Kommentar zum GmbHG, hrsg. v. *Fleischer, Holger/Goette, Wulf*,

Bd. 1: §§ 1-34 GmbHG, 4. Aufl., München 2022;

Bd. 2: §§ 35-52 GmbHG, 3. Aufl., München 2019;

Bd. 3: §§ 53-88 GmbHG, 3. Aufl., München 2018

[zit.: MüKoGmbHG/*Bearbeiter*].

Münchener Kommentar zum Handelsgesetzbuch, hrsg. v. *Schmidt, Karsten*,

Bd. 2: §§ 105-160, 4. Aufl., München 2016;

Bd. 3: §§ 161-237, 4. Aufl., München 2019

[zit.: MüKoHGB/*Bearbeiter*].

Muscheler, Karlheinz, Die Haftungsordnung der Testamentsvollstreckung, Tübingen 1994 [zit.: *Muscheler*, Haftungsordnung].

Mutter, Christoph, Die Stimmrechtszurechnung nach § 22 WpHG bei Einschaltung eines Trusts, AG 2006, 637-650.

Nieder, Heinrich (Begr.), Handbuch der Testamentsgestaltung, Grundlagen und Gestaltungsmittel für Verfügungen von Todes wegen und vorbereitende Erbfolgemaßnahmen, 6. Aufl., München 2020 [zit.: *Bearbeiter*, in: Nieder/Kössinger, Hdb. Testamentsgestaltung].

Noack, Ulrich/Servatius, Wolfgang/Haas, Ulrich, Gesetz betreffend die Gesellschaften mit beschränkter Haftung, Kommentar, 23. Aufl., München 2022 [zit.: Noack/Servatius/Haas/*Bearbeiter*, GmbHG].

Nomos Kommentar BGB Erbrecht, hrsg. v. *Kroiß, Ludwig/Horn, Claus-Henrik,* Bd. 5: §§ 1922-2385, 6. Aufl., Baden-Baden 2022 [zit.: NK-BGB/*Bearbeiter*].

Oetker, Hartmut, Handelsgesetzbuch, Kommentar, 7. Aufl., München 2021 [zit.: Oetker/*Bearbeiter*, HGB].

Omlor, Sebastian, Unternehmerische Gesellschaftsbeteiligungen als Gegenstand der Testamentsvollstreckung, jM 2015, 99-102.

Paschke, Marian, Nacherbenschutz in der Vorerben-Personengesellschaft, ZIP 1985, 129-138.

Pentz, Andreas, Anmerkung zu LG Mannheim, Urteil vom 10.11.1998 – 2 O 193/98, NZG 1999, 825-826.

Philippi, Ulrich, Testamentsvollstreckung an GmbH-Anteilen, Diss. Tübingen 2000 [zit.: *Philippi*, Testamentsvollstreckung].

Ponath, Gerrit/Raddatz, Stefan, Gefahrenquellen für Nachlassbeteiligte in WpHG und WpÜG, ZEV 2013, 361-368.

Priester, Hans-Joachim, Anmerkung zu BGH, Urteil vom 21.10.2014 – II ZR 84/13, EWiR 2015, 71-72.

ders., Eine Lanze für die Kernbereichslehre, NZG 2015, 529-531.

ders., Kernbereich der Mitgliedschaft als Schranke der Testamentsvollstreckung?, in: Festschrift für Michael Streck, Köln 2011, S. 891-902 [zit.: *Priester*, in: FS Streck].

ders., Testamentsvollstreckung am GmbH-Anteil, in: Festschrift für Walter Stimpel, Berlin, New York 1985, S. 463-485 [zit.: *Priester*, in: FS Stimpel].

von Proff, Maximilian Freiherr, (Nachlass-)Insolvenz, Nachlassverwaltung und Testamentsvollstreckung an Personengesellschaftsanteilen, NJW 2018, 828-830.

ders., Die Testamentsvollstreckung an Beteiligungen an Personengesellschaften – Funktionsweise und Gestaltungsmöglichkeiten, DStR 2018, 415-421.

Pütter, Thomas, Der Nachlaßverwalter als Unternehmer, Diss. Münster 1999 [zit.: *Pütter*, Nachlaßverwalter].

Pyszka, Tillmann, Unentgeltliche Verfügungen des Vorerben und des Testamentsvollstreckers, München 1989 [zit.: *Pyszka*, Verfügungen].

Quack, Norbert H., Die Testamentsvollstreckung an Kommanditanteilen, BB 1989, 2271-2274.

Raddatz, Anselm, Die Nachlaßzugehörigkeit vererbter Personengesellschaftsanteile – Folgerungen für die Rechte nachlaßbeteiligter Dritter, Berlin 1991 [zit.: *Raddatz*, Nachlaßzugehörigkeit].

Reimann, Wolfgang, Anmerkung zu BGH, Beschluss vom 3.7.1989 – II ZB 1/89, DNotZ 1990, 190-194.

ders., Anmerkung zu BGH, Urteil vom 13.5.2014 – II ZR 250/12, ZEV 2014, 666-668.

ders., Anmerkung zu BGH, Urteil vom 24.2.1985 – II ZR 130/84, MittBayNot 1985, 135-136.

ders., Anmerkung zu OLG Hamm, Beschluss vom 17.1.1991 – 15 W 428/90, FamRZ 1992, 117-118.

ders., Ende der Testamentsvollstreckung durch Umwandlung?, ZEV 2000, 381-385.

ders., Rezension zu Dietmar Weidlich, Die Testamentsvollstreckung im Recht der Personengesellschaften, MittBayNot 1993, 268-269.

ders., Testamentsvollstreckung an Gesellschaftsanteilen jetzt möglich? Anmerkung zum Urteil des BGH vom 14.5.1986 – IVa ZR 155/84 – MittBayNot 1986, 191, MittBayNot 1986, 232-234.

ders., Unternehmensnachfolge und Testamentsvollstreckung, GmbHR 2011, 1297-1306.

ders., Zur Beweislast im Testamentsvollstreckerhaftpflichtverfahren, ZEV 2006, 186-189.

Richardi, Reinhard, Das Verwaltungsrecht des Testamentsvollstreckers an der Mitgliedschaft in einer Personenhandelsgesellschaft, Berlin, Frankfurt a.M. 1961 [zit.: *Richardi*, Verwaltungsrecht].

Roth, Wolfgang, Handelsregistereintragung einer Testamentsvollstreckung bei Tod des Kommanditisten, NZG 2012, 499-500.

Rowedder, Heinz, Die Zulässigkeit der Testamentsvollstreckung bei Kommanditbeteiligungen, in: Festschrift für Reinhard Goerdeler, Düsseldorf 1987, S. 445-467 [zit.: *Rowedder*, in: FS Goerdeler].

Ruiz de Vargas, Santiago, Börsenwert: Alleinige Maßgeblichkeit oder nur Wertuntergrenze? – Teil I, Zur Frage der angemessenen Abfindung bei aktienrechtlichen Konzernierungsmaßnahmen, NZG 2021, 1001-1010.

Sarres, Ernst, Die Auskunftspflichten des Testamentsvollstreckers, ZEV 2000, 90-94.

Schäfer, Carsten, Grundzüge des neuen Personengesellschaftsrechts nach dem Mauracher Entwurf, ZIP 2020, 1149-155.

ders., Der Bestimmtheitsgrundsatz ist (wirklich) Rechtsgeschichte, NZG 2014, 1401-1404.

ders., Gibt es noch einen Schutz des Kernbereichs der Mitgliedschaft? Nachlese zu BGH v. 21.10.2014 - II ZR 84/13, ZIP 2014, 2231, ZIP 2015, 1313-1316.

Schall, Alexander, Kapitalaufbringung nach dem MoMiG, ZGR 2009, 126-155.

Schaub, Bernhard, Unentgeltliche Verfügungen des Testamentsvollstreckers, ZEV 2001, 257-260.

Schemmann, Till, Mehrfachbeteiligung von Gesellschaftsvertretern bei Organbeschlüssen, NZG 2008, 89-92.

Schiffer, Jack, Mehrheitsentscheidungen in der Personengesellschaft – Ende der Kernbereichslehre?, BB 2015, 584-586.

Schilling, Wolfgang, Zur Ausübung fremder Gesellschafterrechte im eigenen Namen, in: Festschrift für Walter Schmidt, Berlin 1959, S. 208-221 [zit.: *Schilling,* in: FS Schmidt].

Schmellenkamp, Egon, Die Testamentsvollstreckung an Gesellschaftsanteilen, insbesondere Kommanditanteilen, und Ersatzlösungen, MittRhNotK 1986, 181-193.

Schmidt, Karsten, Die fehlerhafte Anteilsübertragung – Eine Untersuchung zum Recht der AG, der GmbH und der Personengesellschaft, BB 1988, 1053-1060.

ders., Gesellschaftsrecht, 4. Aufl., Köln, Berlin, Bonn u.a. 2002 [zit.: *K. Schmidt,* GesR].

ders., Testamentsvollstreckung am Kommanditanteil ohne gesellschaftsvertragliche Testamentsvollstreckungsklausel? – Ein Beitrag insbesondere zur GmbH & Co. KG –, in: Festschrift für Georg Maier-Reimer, München 2010, S. 629-637 [zit.: *K. Schmidt,* in: FS Maier-Reimer].

Schmidt, Karsten/Lutter, Marcus (Hrsg.), Aktiengesetz, Kommentar, I. Bd.: §§ 1-132, 4. Aufl., Köln 2020 [zit.: Schmidt/Lutter/*Bearbeiter,* AktG].

Schmitz, Erich, Testamentsvollstreckung an Personengesellschaftsanteilen – Folgerungen für die Praxis aus BGHZ 98, 48 –, ZGR 1988, 140-162.

Schneider, Birgit, Testamentsvollstreckung beim Kommanditanteil – Ein Überblick über Voraussetzungen und Wirkungen, NJW 2015, 1142-1146.

Scholz GmbHG, Kommentar zum GmbH-Gesetz in 3 Bänden,

Bd. I: §§ 1-34, 12. Aufl., Köln 2018;

Bd. II: §§ 35-52, 12. Aufl., Köln 2021;

Bd. III: §§ 53-88, 12. Aufl., Köln 2021

[zit.: Scholz/*Bearbeiter,* GmbHG].

Scholz, Philipp, Bericht über die Diskussion des Referats Altmeppen, in: Gesellschaftsrecht in der Diskussion 2015, Jahrestagung der Gesellschaftsrechtlichen Vereinigung (VGR), hrsg. v. der gesellschaftsrechtlichen Vereinigung, S. 67-74, Köln 2016 [zit.: *Scholz,* in: Gesellschaftsrecht in der Diskussion 2015].

Schwark, Eberhard/Zimmer, Daniel (Hrsg.), Kapitalmarktrechts-Kommentar, 5. Aufl., München 2020 [zit.: Schwark/Zimmer/*Bearbeiter*].

Siegmann, Matthias, Personengesellschaftsanteil und Erbrecht – Ein Beitrag zu Grundlagen und Einzelfragen des Rechts der Anteilsvererbung, Berlin 1992 [zit.: *Siegmann*, Personengesellschaftsanteil].

Soergel, Kommentar zum Bürgerlichen Gesetzbuch, Bd. 22: Erbrecht 2, §§ 2064-2273, §§ 1-35 BeurkG, 13. Aufl., Stuttgart 2003 [zit.: Soergel/*Bearbeiter*, BGB].

Staub, Handelsgesetzbuch, Kommentar, hrsg. v. *Canaris, Claus-Wilhelm/Habersack, Mathias/Schäfer, Carsten*,

Bd. 3: §§ 105-160, 5. Aufl., Berlin 2009;

Bd. 4: §§ 161-237, 5. Aufl., Berlin 2015

[zit.: Staub/*Bearbeiter*, HGB].

Staudinger BGB, J. von Staudingers Kommentar zum Bürgerlichen Gesetzbuch mit Einführungsgesetz und Nebengesetzen,

Buch 1 Allgemeiner Teil: §§ 164-240 (Stellvertretung, Zustimmung, Fristen, Verjährung, Selbsthilfe, Sicherheitsleistung), Neubearb. Berlin 2019;

Buch 5 Erbrecht: Einleitung zum Erbrecht, §§ 1922-1966 (Erbfolge), Neubearb. Berlin 2017;

Buch 5 Erbrecht: §§ 1967-2063 (Rechtsstellung des Erben), Neubearb. Berlin 2020;

Buch 5 Erbrecht: §§ 2064-2196 (Testament, Erbeinsetzung, Vermächtnis, Auflage), Neubearb. Berlin 2019;

Buch 5 Erbrecht: §§ 2197-2228 (Testamentsvollstrecker), Neubearb. Berlin 2021

[zit.: Staudinger/*Bearbeiter*, BGB].

Stimpel, Walter, Testamentsvollstreckung über den Anteil an einer Gesellschaft bürgerlichen Rechts, in: Festschrift für Hans Erich Brandner, Köln 1996, S. 779-798 [zit.: *Stimpel*, in: FS Brandner].

Stodolkowitz, Heinz Dieter, Nachlaßzugehörigkeit von Personengesellschaftsanteilen, in: Festschrift für Alfred Kellermann, Berlin, New York 1991, S. 439-459 [zit.: *Stodolkowitz*, in: FS Kellermann].

Todtenhöfer, Jens, Testamentsvollstreckung an GmbH-Anteilen in der notariellen Praxis, RNotZ 2017, 557-577.

Ulmer, Peter, Die Probleme der Vererbung von Personengesellschaftsanteilen – BGH, NJW 1986, 2431, JuS 1986, 856-862.

ders., Die Sonderzuordnung des vererbten OHG-Anteils – Zum Einfluß von Testamentsvollstreckung, Nachlaßverwaltung und Nachlaßkonkurs auf die Gesellschaftsbeteiligung, in: Festschrift für Wolfgang Schilling, Berlin, New York 1973, S. 79-104 [zit.: *Ulmer*, in: FS Schilling].

ders., Mehrheitsbeschlüsse in Personengesellschaften: definitiver Abschied vom Bestimmtheitsgrundsatz – Randbemerkungen zu BGH v. 21.10.2014 - II ZR 84/13, ZIP 2014, 2231 (Anteilsabtretung), ZIP 2015, 657-662.

ders., Nachlaßzugehörigkeit vererbter Personengesellschaftsbeteiligungen?, NJW 1984, 1496-1502.

ders., Testamentsvollstreckung am Kommanditanteil. Voraussetzungen und Rechtsfolgen, NJW 1990, 73-83.

ders., Testamentsvollstreckung an Kommanditanteilen? Ein Beitrag zu den Auswirkungen der Sondervererbung im Personengesellschaftsrecht auf letztwillige Verwaltungsanordnungen des Erblassers, ZHR 1982, 555-579.

ders./Schäfer, Carsten, Die Zugriffsmöglichkeit der Nachlaß- und Privatgläubiger auf den durch Sondervererbung übergegangenen Anteil an einer Personengesellschaft, ZHR 1996, 413-441.

Unsöld, Béatrice C., Die Testamentsvollstreckung an Aktien, Baden-Baden 2009 [zit.: *Unsöld*, Testamentsvollstreckung].

Vogel, Wolfgang, Zur Vererbung eines Geschäftsanteils, GmbHR 1971, 132-137.

Wachter, Thomas, Testamentsvollstreckung an GmbH-Geschäftsanteilen, ZNotP 1999, 226-233.

Weber, Johannes, Miniatur: Mehrheitsklauseln in Gesellschaftsverträgen – Anmerkung zu BGH, Urteil vom 21.10.2014 – BGH II ZR 84/13, ZfPW 2015, 123-128.

Weidlich, Dietmar, Anmerkung zu BGH, Beschluss vom 10.1.1996 – IV ZB 21/94, MittBayNot 1996, 121-123.

ders., Beteiligung des Testamentsvollstreckers und des Erben bei der formwechselnden Umwandlung von Personenhandelsgesellschaften und Gesellschaften mit beschränkter Haftung, MittBayNot 1996, 1-6.

ders., Die Testamentsvollstreckung an Beteiligungen einer werbenden OHG bzw. Kommanditgesellschaft, ZEV 1994, 205-214.

ders., Die Testamentsvollstreckung im Recht der Personengesellschaften, Köln, Berlin, Bonn u.a. 1993 [zit.: *Weidlich*, Testamentsvollstreckung].

ders., Testamentsvollstreckung an einem einzelkaufmännischen Unternehmen – Zulässigkeit auf Grund geänderter Gesetzeslage?, NJW 2011, 641-646.

ders./Friedberger, Andreas, Testamentsvollstreckung an Personengesellschaftsanteilen voll haftender Gesellschafter, notar 2021, 187-192.

Wenninger, Robert, Der Testamentsvollstrecker in der Umwandlung, Diss. Regensburg 2002 [zit.: *Wenninger*, Umwandlung].

ders., Anmerkung zu LG Mannheim, Urteil vom 10.11.1998 – 2 O 193/98, ZEV 1999, 445-446.

Werkmüller, Maximilian A., Der Unternehmensverkauf durch den Testamentsvollstrecker, ZEV 2006, 491-493.

Werner, Rüdiger, Anmerkung zu BGH, Urteil vom 13.5.2014 – II ZR 250/12, GmbHR 2014, 868-869.

ders., Regelungsbedürftige Punkte bei der Anordnung einer Testamentsvollstreckung an GmbH-Geschäftsanteilen, ZEV 2018, 252-257.

Wertenbruch, Johannes, Abschied von Bestimmtheitsgrundsatz und Kernbereichslehre im Beschlussanfechtungssystem der Personengesellschaft – Zugleich Besprechung des BGH-Urteils vom 21.10.2014 - II ZR 84/13, DB 2014 S. 2640 –, DB 2014, 2875-2880.

Wessels, Hans Ulrich, Testamentsvollstreckung an einem Kommanditanteil, Frankfurt a.M., Bern, New York u.a. 1989 [zit.: *Wessels*, Testamentsvollstreckung].

Westermann, Harm Peter, Vertragsfreiheit und Typengesetzlichkeit im Recht der Personengesellschaften, Berlin, Heidelberg, New York 1970 [zit.: *Westermann*, Vertragsfreiheit].

Wicke, Hartmut, Testamentsvollstreckung an Gesellschaftsbeteiligungen. Zugleich Besprechung von BGH, Urt. 13 Mai 2014 – II ZR 250/12, BGH NZG 2014, 945, ZGR 2015, 161-184.

Wiedemann, Herbert, Die Übertragung und Vererbung von Mitgliedschaftsrechten bei Handelsgesellschaften, München, Berlin 1965 [zit.: *Wiedemann*, Übertragung].

ders., Gesellschaftsrecht, Ein Lehrbuch des Unternehmens- und Verbandrechts,

Bd. I: Grundlagen, München 1980;

Bd. II: Recht der Personengesellschaften, München 2004

[zit.: *Wiedemann*, GesR I/II].

Wiesbrock, Michael R./Zens, Michael, Die WpÜG-Pflichten bei der Nachfolge in börsennotierte Aktiengesellschaften, ZEV 2006, 137-143.

Winkler, Karl, Der Testamentsvollstrecker, 23. Aufl., Regensburg 2020 [zit.: *Winkler*, Testamentsvollstrecker].

Zimmerman, Walter, Die Testamentsvollstreckung, 5. Aufl., Berlin 2019 [zit.: *Zimmermann*, Testamentsvollstreckung].

www.ingramcontent.com/pod-product-compliance
Ingram Content Group UK Ltd.
Pitfield, Milton Keynes, MK11 3LW, UK
UKHW021847290926
8980IPUK00005B/688

9 783631 891445

www.ingramcontent.com/pod-product-compliance
Ingram Content Group UK Ltd.
Pitfield, Milton Keynes, MK11 3LW, UK
UKHW021846290926
8980IPUK00005B/683

9 783631 814239